U0135280

WILLSENSE

档案里的清华

金富军 著

上海三联书店

出版说明

学校档案与校史照片是学校历史的重要载体,其背后是那些曾经鲜活的人物、重要的事件以及多彩的校园。作为校史工作者,接触最多的材料,就是这些历经岁月沉淀、历史气息氤氲的档案与照片。

一般认为,大学校史工作有存史、资政、育人等职能。具体而言,大学校史工作包括校史编研与出版、宣传教育、展览、校史资料与信息咨询服务等四个方面。这四个方面校史工作的对象首先侧重于校内师生,但在实际工作中,也要面向校友及社会各界,并且在日常工作中,服务校外各界人士,而且其人数并不比校内少。因此,校史工作不但内容极为丰富,而且形式多样、对象庞杂。

存史之外,校史工作资政和育人的职能很大程度上就是校史资源的转化,即将丰厚的历史文化资源转化为丰富的育人资源与宣传资源。转化的形式有多种多样,比如展览、报告、讲座、文艺创作等都是常见的形式,其中撰写通俗的校史读物,尤其是从选择典型的档案和照片切入,将档案和照片解读与历史研究结合,用通俗的语言、短小的篇幅揭示档案和照片承载的历史,不失为一种更好的形式。

有鉴于此,在日常工作中,笔者对一些典型的档案或照片,陆续撰写了一些文章,逐渐形成了解读档案和解读照片两个系列。2020年,笔者将解读照片的部分文章以《老照片背后的清华故事》为名在清华大学出版社出版。以解读档案为主题的本书稿在2020年也已经完成，只是当时忙于迎接清华大学110年校庆进行的校史馆提升改造，加上疫情影响，因而本书出版迁延至2023年。

本书初稿并没有按主题分类，只是按照文章所涉及的档案或事件的先后顺序对每篇文章简单排列。感谢微言编辑们的宝贵意见，不但将文章按照主题进行合理分类，还给每个主题起了恰当的标题。

本书稿的写作，受到清华大学党委宣传部主持的"2019年度清华大学党的建设和思想政治工作研究专项"课题立项资助，特此感谢。

本书稿写作持续时间较长，大部分篇目的撰写是笔者利用业余零碎时间完成的，因而各篇成稿时间先后不一、篇幅长短不同，各篇文字风格也不免有参差跳跃之感。出版前，笔者做了统一与修订，但仍不免留有上述痕迹，尚请读者谅解。

本书写作得到清华大学校史馆、档案馆、校友总会等校内单位的多位老师、清华校友和家属以及校外多位大学校史工作同人的热情鼓励和帮助。在此，谨向各位师友表示衷心的感谢。

金富军

2023年2月

目　录

自强不息 | 国立清华大学时期
1928——1949 |

烽火连天：国立清华大学前期（1928—1937）

弦歌未辍：国立联合大学时期（1937—1946）

日新月异
1949——至今　　**清华大学时期**

1909

断鳌立极

从游美学务处到清华学堂

1912

藏修游息各得其宜
——选址清华园

在清华大学发展历史上，曾先后用清华学堂、清华学校、国立清华大学、清华大学等校名。校名中的"清华"来自地名，即作为校址的"清华园"，这是人所熟知的。清华园悠久的历史和深厚的文化底蕴，也有专著详述。[1] 为什么选择清华园作为校址呢？

1909年6月，清政府在北京设立游美学务处，由外务部、学部会同管理，负责选派游美学生和筹建游美肄业馆。曾任清政府驻美使馆参赞，随同驻美公使梁诚与美国政府交涉退款和商议派遣学生游美事宜的外务部左丞左参议兼学部丞参上行走周自齐被任命为总办；学部员外郎范源廉和外务部候补主事唐国安因"中西学问，均属精通"任会办。

接收清华园

1909年7月，清政府批复外务部、学部联合上奏《遣派游美学生办法大纲》。《大纲》第二条规定："在京城外择清旷地方，建肄业馆一所（约

---

1 苗日新：《熙春园·清华园考——清华园三百年记忆》，北京：清华大学出版社，2010年。

容学生三百名，其中办事室、讲舍、书库、操场、教习学生居室均备）。延用美国高等初级各科教习，所有办法均照美国学堂，以便学生熟习课程，到美入学可无扞格。此馆专为已经选取各省学生暂留学习，以便考察品学而设。"[1]

在那桐等人支持下，外务部紧锣密鼓地开始在京郊考察选择校址。起初，外务部拟将校址选定在小汤山温泉行宫，并计划修建铁路支线以便交通。后来，又考察清华园，觉得清华园更为合适。[2] 1909年9月28日，外务部主稿、会同学部上奏，恳请划拨清华园为游美肄业馆馆址。呈文称：

> 窃臣等于本年五月二十三日具奏收回美国赔款，遣派游美学生办法大纲，有设立肄业馆选取学生入馆肄习，考察品学一条，当奉谕旨允准在案。……拟于明年春夏间即行参照原定办法，考选学生入馆肄习，现在应即赶速筹建肄业馆，俾诸生得以及时就学，免至有误进修。当经饬行游美学务处于京城附近地方详加相择，查有西直门外成府东北清华园旧址一区，方广约四百余亩，尚存房屋数十间，卉木萧疏，泉流映带，清爽高旷，于卫生最为合宜，且与京张铁道路线距离仅有半里，往来亦称利便，以之建筑讲堂、操场、办事室、图书馆、教习寓庐、学生斋舍，庶几藏修游息各得其宜。该园现归内务府官房租库经管，合无仰恳天恩伏准，将该园地亩房屋全行赏拨，作为游美肄业馆之用。[3]

---

1 《遣派游美学生办法大纲（宣统元年五月二十三日，1909年7月10日）》，清华大学校史研究室编：《清华大学史料选编》（第一卷），北京：清华大学出版社，1991年，第120页。

2 《清华园与清华学校》，清华大学校史研究室编：《清华大学史料选编》（第一卷），北京：清华大学出版社，1991年，第21页。

3 《外务部为抄送请拨清华园地亩兴筑游美肄业馆折件致内务府片（宣统元年八月二十五日，1909年10月8日）》，清华大学校史研究室编：《清华大学史料选编》（第一卷），北京：清华

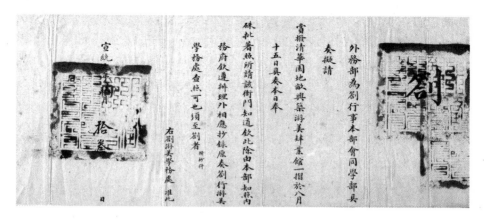

外务部关于朱批改名清华学堂的劄文

可见，环境优美、交通便利是清华园被选为校址的主要原因。

30日，清政府批复同意。同日，外务部即向内务府发咨文，告知清政府批复划拨清华园为游美肄业馆馆址事，并询问具体划拨时间。[1] 外务部也通知游美学务处赏拨清华园一事。[2]

1909年10月25日，外务部、学部派郎中长福、员外郎范源廉、中营总兵王文焕等人到内务府接收清华园。[3] 清华园400余亩，存有各类房间131间，各类树木691棵。[4] 由于管理不善，清华园"原有围墙倒塌殆尽……

大学出版社，1991年，第3—4页。

1 《外务部为何日移交清华园地亩兴筑游美肄业馆事致内务府咨文（宣统元年八月十七日，1909年9月30日）》，清华大学校史研究室编：《清华大学史料选编》（第一卷），北京：清华大学出版社，1991年，第2页。

2 《外务部给游美学务处札（宣统元年八月十七日，1909年9月30日发）》，清华大学校史研究室编：《清华大学史料选编》（第一卷），北京：清华大学出版社，1991年，第2页。

3 《外务部致内务府片（宣统元年九月初九日，1909年10月22日）》，清华大学校史研究室编：《清华大学史料选编》（第一卷），北京：清华大学出版社，1991年，第7页。

4 《官房租库造报清华园房间册（宣统元年九月十三日，1909年10月26日）》，《官房租库造报清华园数株册（宣统元年九月十三日，1909年10月26日）》，清华大学校史研究室编：《清华大学史料选编》（第一卷），北京：清华大学出版社，1991年，第4—5、5—6页。

且园内房舍树木漫无保障，亦有偷拆毁坏之虞"。¹ 相对而言，工字厅与古月堂的房屋保存较好，其他房间则多坍塌以致不能遮风避雨。²

接收以后，游美学务处立即着手校园整修。通过招标，请长顺、永和、东茂等三个木厂包修清华园围墙、园内桥梁等。³

1921年，《清华周刊》发表《清华园与清华学校》，描述了清华园接收初期的建筑情形：

> 那时园中虽是有草有木，邱〔丘〕陵仍旧，溪水也清，场地也宽，却是房屋三三两两的，多半倒塌。以前房屋系宫殿式，有大宫门，和东西门房。有大殿一所叫永恩寺，即今进门路旁两颗柏树所在。今园中各处散置的白石条，即那寺拆毁的遗物。再进为二宫门，悬有御书"清华园"扁〔匾〕额的，即今之学务处。东西两旁，有朝房二间，以墙欹拆去。今工字厅前厅后厅，原称工字前殿后殿。工字厅的西边有垂花门，额曰怡春院，即今之庶务长的住宅。学务处与古月堂房屋损坏甚少。此外如马圈、车房、黄花院（今之售品公社一带）、佛楼（今荷花池旁方亭近处）坍毁竟至遮不了风雨。在今中等科厨房的东边，有座小庙，俗称土地庙，共有偶像十几尊。庙前有短小旗杆一枝，乡人以为灵异，常时礼拜。学校开办后，学生们先把偶像抱抛入河内，工人始敢毁庙。全园有四百余亩宽。空地有招租人

1 《游美学务处为报长顺等木厂包修事致外务部呈文（宣统元年十一月六日，1909年12月19日）》，清华大学校史研究室编：《清华大学史料选编》（第一卷），北京：清华大学出版社，1991年，第6页。

2 《清华园与清华学校》，清华大学校史研究室编：《清华大学史料选编》（第一卷），北京：清华大学出版社，1991年，第21页。

3 《游美学务处为报长顺等木厂包修事致外务部呈文（宣统元年十一月六日，1909年12月19日）》，清华大学校史研究室编：《清华大学史料选编》（第一卷），北京：清华大学出版社，1991年，第6页。

耕种，所谓永恩寺，亦有僧人管理，均由本校酌给恤银，叫他们搬移。周前总办自齐急将拨给的清华园地，于宣统二年，按照奏定章程，改建游美肄业馆。因原有围墙只有六十余丈未倒，乃先支银七千一百七十二两筑围墙六百五十二丈。随后将添筑讲堂、斋舍、医院、教职员住宅，各项工程依次举办。[1]

在迁移清华园中租户时，清政府以租户缴纳租金十倍给予补偿，可谓优厚。当时，承租人每人每年给内务府缴纳白银112两6钱。外务部郎中保恒在呈那桐函中写道："该佃户等均系苦人，且值寒冷之际，自宜筹给遣费，以示体恤。拟请按照原租十倍之数，赏给京平银壹仟壹佰贰拾陆两。又本园地东南角有破庙地基一块归僧人经管。兹该僧愿将所存地址、树木等让与学堂。拟请赏给京平银叁佰两。"1909年9月16日，那桐在外务部陈请上批示"照数拨给"。[2]这样，外务部、学部顺利地从内务府接收清华园并进行维修，同时也妥善处理了园内租户、僧人等问题。

定名清华学堂

清华园被划拨为校址，那学校校名如何确定呢？

1910年12月，游美学务处呈学部、外务部：

查游美肄业馆原为选取各生未赴美国之先，暂留学习而设，故命名之初，取义尚狭。现在该馆分设高等、初等两学堂，学

---

1 《清华园与清华学校》，清华大学校史研究室编：《清华大学史料选编》（第一卷），北京：清华大学出版社，1991年，第21—22页。

2 清华大学档案，1-1-10-008。

额推广至五百名，以后每年遵照奏案，尚须添招学生，而遣派
名额岁有定数，旧生未尽派出，新生相继入堂，自非预为规划，
不足以宏作育。……查该馆地基原系赏用清华赐园旧址。文宗
显皇帝御书扁〔匾〕额现仍恭悬园内，拟请仍沿旧称，定名为清
华学堂，以崇先朝手泽之贻，即彰朝廷右文之盛。而因名见义，
于事实尤属相符，所有游美肄业馆改名为清华学堂缘由……[1]

可见，游美学务处建议将地名定为校名。1911年1月5日，学部同意游
美肄业馆改名为清华学堂，并咨行外务部。[2] 4月9日，外务部主稿、会同
学部上奏，请将游美肄业馆改名为清华学堂。4月11日，清政府正式批复
游美肄业馆改名为清华学堂。[3]

从1909年至1911年间，游美学务处修建了校门、清华学堂西部、二
院、三院、同方部等一批建筑。其中最早的校门已经成为清华园中一处著
名景观，俗称"二校门"。无论远望还是近观，校门造型精美、线条流畅，
外形挺拔清丽又不失巍峨庄重，在背后两棵古柏的俯抚下更显得美丽。
同方部灰砖墙身，红瓦坡顶，欧式风格。建校初期，同方部被当作礼堂用。
1914年11月5日，梁启超先生在同方部发表著名的"君子"演讲。这些建
筑与后来陆续建成的各类建筑一道，构成清华园中一道美丽的风景线。

随着学校发展，校园面积不敷使用。1913年1月27日，唐国安校长呈

---

1 《外务部学部呈明游美肄业馆改名为清华学堂缘由（宣统二年十一月，1910年12月）》，清华
大学校史研究室编：《清华大学史料选编》（第一卷），北京：清华大学出版社，1991年，第
141页。

2 《学部札核准游美肄业馆改名清华学堂并应将初等科改名中等科编定高等中等两科课程报部
查核（宣统二年十二月初五日，1911年1月5日）》，清华大学校史研究室编：《清华大学史料
选编》（第一卷），北京：清华大学出版社，1991年，第142—143页。

3 《外务部札奏准游美肄业馆改名清华学堂订章开学（宣统三年三月十三日，1911年4月11
日）》，清华大学校史研究室编：《清华大学史料选编》（第一卷），北京：清华大学出版社，
1991年，第143—145页。

请外交部，请外交部陈请总统袁世凯转咨内务府，将近春园划拨清华学校作为校址。

　　窃惟学校之设，固宜有适当之教科，更须有宏远之规模。规模为设学要点，而校址乃规模表著也。是故扩充校址，实为教育首务。盖推广无掣肘之堪虞，斯设备有完美之可期。本校以培植游美人才为主旨，系中外人士视线所共集，组织一切尤宜完善，规画诸端务期久远。既不能存五日京兆之心，复不可有因噎废食之诮。自开办以来，国安既竞竞以此自勉，而勉各职司也，迩来日谋扩充，力求完备。徒以地址所限，进步辄阻。查本校高等之外，复有中等。学生既多，班次自繁。教室每虞不敷，斋舍亦极拥挤。陆续添招，尚无已时。校址宜扩充者一。本校注重体育，各操具备而抛球、竞走需地尤广，并不得已因风雨而事停止。现有之室外操场既不宽大而室内操场尚付缺如，且时与他校比赛，运动操地更觉不敷。校址宜扩充者二。来岁添招幼生，须另建筑斋舍，长幼各自分居，管理收效较易。校址宜扩充者三。此外，理化室之构造，图书楼之建设，种种筹备无不惟地面是赖。以本校之面积，不为不广，特房屋过多，基地自促。如学生应用之各种室间，华洋教员与办事人员各住所，以及巡警、邮局、书店、电灯厂，各地段等棋布星罗，几乎校地充塞。虽间有尺寸余基，然以之应上项之各需，不特不能分布，且于事实良多窒碍。一再踌躇，势非推广不可。经国安于校之四周详加审测，附校之基实难其选。查有近春园故址一所，毗连校左荒土一片，林木无存。在彼长此旷废，并无若何用途。倘为本校收入，诚属天然构造。不特化无用为有用，且将垂故名于不朽。[1]

1　清华大学档案，1-1-10-011。

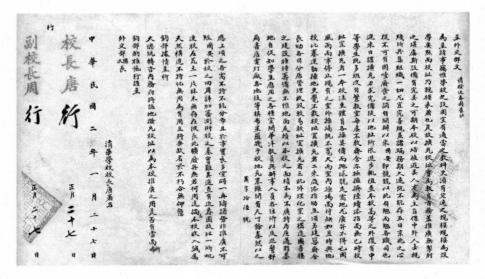

唐国安关于请拨近春园的呈文

经过近一年折冲，1913年冬，占地约480亩的近春园划拨给清华学校。"本校为将来扩充规模起见，又于二年春天请政府将毗连校西的近春园即俗称四爷园的，并入校址。因近春园去圆明园最近，自圆明园被英法联军烧毁，近春园亦全坏。时园地多由农人承种，乃照禁卫军收用畅春园例，分别酌给恤银，先后迁让。"[1]

园林的优美环境与深厚的文化底蕴，即将赴美的学生们对未来的自我期许，以及特殊背景造成的强烈的爱国之情，都激励清华学生奋发砥砺。1911年入校、后来成为著名教育家的陈鹤琴先生豪情满怀地说："我的清华时代，好像万象更新的新年，好像朝气蓬勃的春天。我的希望，非常远大；我的前途，非常光明；我的精神，非常饱满；我的勇气，非常旺盛；我的自信，非常坚强；我的自期，非常宏远。那时做人真觉得

---

1 《清华园与清华学校》，清华大学校史研究室编：《清华大学史料选编》（第一卷），北京：清华大学出版社，1991年，第22页。

有无穷愉快。"[1]

经过学校的不懈努力，清华园逐渐恢复了她旖旎清雅的景致，既是读书求学的胜地，也是生活赏景的佳处。"清华学校地处名园，远去城郭，无市尘之嚣扰，有山水之佳胜。水木清华之园，居其间者，其乐融融。校中设置周备，办理妥善。膺讲习者多中外通儒，读书此间，幸福之大可想而知矣。且毕业后，尚可受国家特别优待，遣送美国求学，以便造成完材，蔚为国用。故莘莘学子欲负笈来游，望门墙而莫入者，不知其几何人也。"[2]

身处其中的清华师生有很多吟咏之作。有学生称赞："水木清华，名园得山川之美；钟堂毓秀，学子尽麟凤之选。诵诗读札，日夕孳孳。而春秋佳日，胜景无穷。"[3]

1920年，英国哲学家罗素访华时，称赞："清华大学位于西山之麓，有不少精美而牢固的美式建筑……一进校门就可以发现中国惯常缺少的所有美德都呈现在眼前，比如清洁、守时和高效。我在清华的时间不长，对它的教学无从评价。但所见到的任何一件东西，都让我感到完美。"[4]

在学校发展过程中，清华大学面积不断扩大。风格各异的建筑如一个个凝固的音符，点缀于校园中。与潋滟的湖水，秀丽的山色，盈盈的草地，构成了一个钟灵毓秀、美不胜收的读书环境。年复一年，清华园像一个经历了风雨岁月的沧桑老人，迎来一批批立志求索、朝气蓬勃的新生，潜移默化中，熏陶着学子们的情操，铸造着他们的品格，锤炼着他们的意志，最终培养出一批批学业有成、壮志满怀的征士。

———————

1　胡适、马叙伦、陈鹤琴：《四十自述　我在六十岁以前　我的半生》，长沙：岳麓书社，1998年，第49页。

2　《毋骄傲》，《清华周刊》第26期，1914年12月22日，第6版。

3　沈诰：《清华八景征咏》，《清华周刊》第94期，1917年1月5日，第15页。

4　[英]罗素著，秦悦译：《中国问题》，上海：学林出版社，1999年，第172页。

体恤寒畯，奖励游学
——清华资助自费生

1909年5月1日（宣统元年三月十二日），游美学务处呈请学部划拨部分庚款资助在美自费留学生。"每年应行酌拨经费，为津贴在美自费生之用。但近来在美自费生，禀请给奖者甚多，自非明定章程，及早发布，无以示限制而资鼓励。现经商酌，拟定章程……总期款项不致虚糜，而诸生亦有所激励。"规定每年暂定70名；每名学生每年480美元，由驻美监督处按月发给，不得预支；津贴最多3次。[1]学务处的这个建议被采纳。7月10日，外务部奏呈《为拟定收还庚子赔款遣派学生赴美办法大纲事奏折》，附《遣派留美学生办法大纲》五条。其中明确第四条规定：

> 津贴在美国自费生经费如有盈余，每年酌拨若干为奖赏自费学生之用，至多者每年约五百美金，至少者一百美金。此项学生须由驻美出使大臣或部派驻美留学监督查照，确系在大学正班肄业实习已入第二年班以上，功课实有成绩，景况实在困苦者方为合格。至于奖金多少，亦按照景况功课酌定。[2]

---

[1] 刘真主编：《留学教育》第一册，台北：国立编译馆，1980年，第156页。

[2] 《遣派游美学生办法大纲（宣统元年五月二十三日，1909年7月10日）》，清华大学校史研究

學生有在美病故者應由監督處就近派員妥為殮葬概不運柩回國惟其家屬願自費運回者聽便

第十四條　附則

（一）學生留美時應按期寄致家書以免該家屬時向本校函詢

（二）學生到美後應各向彼國上等人家分別僦寓切勿集合邦人賃屋羣居

（三）學生起程時應聽護送員之約束在美遊學時應遵監督處與本校隨時所發之訓飭違者照第七條酌量辦理

（四）本章程於民國六年八月呈請　外交部核准立案如有未盡事宜得隨時呈請修改

（五）本章程自公布日起施行此後對於舊章一概作廢

清華學校津貼在美自費生章程

第一條　宗旨

津貼之設所以體恤寒畯獎勵遊學使在美自費生之有志上進而無力卒學者得以學成致用

清华学校津贴在美自费生章程（页1）

（丙）如此項空白收據遲寄至二次以上或期間遲至二十日以上并無充分理由者

所有津貼應即停止

第五條　年限

津貼年限每次以一年為度至多者不得逾三次

第六條　年度

每年七月一日至翌年六月三十日為一年度

第七條　陳請書

自費生請給津貼應向駐美監督處索取陳請書式按格照填附粘最近四寸照片并檢同

歷年成績及學校證書於二月底送請駐美監督查明後轉報清華校長核辦

如欲續請津貼者應向駐美監督處索取續請津貼書式按格照填於是年二月一日以前

寄交監督處轉報清華校長核辦如此項續請津貼書於二月十日後寄到者概不轉報

第八條　停止津貼

津貼生如有左列情形之一者得停止其津貼

清华学校津贴在美自费生章程（页2B）

第二條　資格

津貼在美自費生以品行純正學業優美家境貧寒並須在美國大學第二年本科肄業者

為合格

第三條　名額

暫定七十名為限

第四條　金數與發欵

每名每年美金四百八十元由駐美監督處照下開手續按月發給不得預支

（甲）發給津貼時附有空白收據三聯式該生收欵後應即日親筆將該式填就寄還

駐美監督處以便造報不得錯誤填寫姓名時尤宜注意

（乙）此項空白收據自津貼寄出之日起算至遲應於十五日之內到監督處如無

特別理由而遲至十五日以外二十日以內始行寄到者監督得於下月分津貼內罰

扣十分之一以昭儆戒除函報清華學校外即將該項罰款作為下月分監督處新收

之欵彙入報銷

清华学校津贴在美自费生章程（页2A）

（三）請假逾期回美者雖其津貼期限未滿應卽停止

第十條　報告成績

（一）津貼生每學期所習學科程度班次分數應請該校校長於每學期直接報知駐美

監督處如無報告者停止津貼

（二）津貼生如得有何項學位及其他名譽之事應卽報知監督處

第十一條　改校改科

如有改入他校或改習他科等情應報請駐美監督處核准後方能賡續給予津貼

第十二條　畢業與回國

津貼生回國後無論在何處應將其住址職業報告清華學校備查

津貼生畢業輟學者應向監督處領取報告單式按格照填存案

第十三條　附則

本章程於民國四年八月詳請　外交部核准立案如有未盡事宜得隨時詳請修改

本章程刊印實行後所有舊章一概作廢

游美　　　五十二　北京法輪墨記印刷局承印

清华学校津贴在美自费生章程（页3B）

一　學成畢業或因他項事故輟學者

二　已得津貼三年者

三　身體多病者

四　有不名譽不道德之舉動者

五　求學不勤或成績欠佳者

六　某級應習之學科如體操兵操等藉故趨避者

七　如入政黨者

八　遊學時結婚者（在本章程實行以前已結婚者不在此例）

九　家族本有供給學費之能力而捏報貧寒者

十　不克遵守本章程及清華校長與駐美監督隨時所發之訓飭者

第九條　請假

（一）津貼生如因要事須暫時請假回國者應先函報駐美監督核奪違者停止其津貼

（二）請假回國者假期內停止津貼日後亦不得補給

清华学校津贴在美自费生章程（页3A）

陳請津貼書

留美自費生

校（　　）省　縣人今年　歲現在

本科（Undergraduate）第　年肄習　科（　　大學

專科（Postgraduate）

係民國　年　月　日入校實因家境貧寒學費難支情願遵守

清華學校校長現在及將來所訂關於津貼留美自費生一切章程并

清華校長暨

駐美遊學監督隨時所發各訓伤擬懇

酌給津貼以資補助除將歷年成績學校證書陳核外理合具書附粘相片并開列祖父父兄名號

職業住址表於左陳乙

監督查明轉達

清華學校校長鑒核批示遵行謹上

駐美遊學監督

計開

	名	別號	職業	住　址	備注（如祖父等是否存在）
祖父					
父					
兄					

具書人

中華民國　年　月　日

北京法輪星記印刷局承印

清华学校津贴在美自费生章程（页4B）

清華津貼留美自費生畢業輟學報告單

姓名	華文　　英文
畢業之學校	英文原名
所習之主要科目	英文原名
畢業時期	民國　年　月　日（漢譯）
所得學位	
回華之時期	
住址	
現時留美之住址	
職業	

具單人

中華民國　年　月　日

清华学校津贴在美自费生章程（页4A）

陳請續給津貼書

清華津貼生（　）於民國　年　月

日承

清華學校校長　給津貼年支美金　元現在

大學校（　）本科（Undergraduate）第　年肄習

科（　）專科（Postgraduate）

進仍苦家貧力簿照章津貼未滿三次得繼續陳請津貼茲擬查照續請除

照舊遵守

清華校長現在暨將來所訂關於津貼留美自費生一切章程并

清華校長暨

駐美遊學監督隨時所發訓飭外理合具書陳乞

監督查明轉達

清華學校校長鑒核批示遵行謹上

駐美游學監督

中華民國　年　月　日

具書人

北京法輪星記印刷局承印

清华学校津贴在美自费生章程（页5B）

粘貼現拍四寸相片於此

填寫規則

一 姓名下括弧係備填寫英文姓名

一 大學校三字上空白係備填寫校名　譯漢其下括弧填寫英文原名

一 大學校有本科專科之別應於科字上第字下分別填注塗去（例如填本科卽將專字年字塗去）

一 肄習二字下科字上空白係備填寫學科名目其下括弧填寫英文原名

一 不用此式紙填寫或填寫不合或缺少相片者一概作爲無效

清华学校津贴在美自费生章程（页5A）

四 赴外交部會同外交部員考核

經考核之後認爲可分送相當之各機關練習任用者得酌予分別咨送

北京法輪星記印刷局承印

清华学校津贴在美自费生章程（页6B）

填寫規則

一　姓名下括弧係備填寫英文姓名

一　初次津貼者應於承清華學校字樣下添一准字其已續請而再續者應添一續字

一　大學校三字上空白係備填寫校名譯漢其下括弧填寫英文原名

一　大學校有本科專科之別應於科字上第字下分別填注塗去（例如填本科即將專
字年字塗去）

一　肄習二字下科字上空白係備填寫學科名目其下括弧填寫英文原名

一　不用此式紙填寫或填寫不合者一概作爲無效

外交
教育　部會訂清華游美畢業生回國安置辦法

一　清華學校學生畢業回國之後應即親自赴清華學校報到

二　清華學校校長於每年歸國之學生到齊之後將其詳細履歷及所學科目彙報外交
部

三　外交部應將每年歸國學生名冊敘列所學科目所得學位咨教育部由教育部派員

清华学校津贴在美自费生章程（页6A）

自费留学生"津贴之设，所以体恤寒畯，奖励游学，期使在美自费诸生之有志向上而无力卒学者得成所学，归国效用"。[1] 要求申请者："品行纯正，学业游美，家境贫寒，"[2] "以在大学正班肄业，实业已入第二年班以上者为限"，"津贴在美自费生以境况实在困苦，功课实有成绩者为限"。[3]

自费生申请程序为："自费生请给津贴，应将姓名、年岁、籍贯及曾在何处就学、现在某校、肄业某科与入校年月、历考分数等项详细开明，并由该校校长出具切实荐函，陈请核办。""自费生请给津贴，应请驻美监督据情转达，不得直向学务处陈请。""津贴各生如有转学等情，应即禀请驻美监督查明，转报学务处再行核定。"自费生资助金额为每人每年100—500美元之间，具体则由游美学务处"按照该生所入学校、所习学科及功课成绩实在景况，分别酌定"。[4]

从游美学务处经费构成看，1909年并无自费生经费。[5] 1910年，除直接留美生外，游美学务处开始资助自费生、使馆生、陆军学生等。其中，自费生薛锦标、祁玉麟，三个月津贴，每人金洋125元，每月约42美元。使馆学生高英、陈懋解、何鸿逵、邹应菘、谭葆廉、周泽岐等6名，给予三个月学费，每名每月金洋80元。陆军学生王廷棻、陶叔慇两名，三个月

室编：《清华大学史料选编》（第一卷），北京：清华大学出版社，1991年，第121页。

1 《奏设游美学务处津贴在美自费生章程》，清华大学校史研究室编：《清华大学史料选编》（第一卷），北京：清华大学出版社，1991年，第129—130页。

2 刘真主编：《留学教育》第一册，台北：国立编译馆，1980年，第156页。

3 《奏设游美学务处津贴在美自费生章程》，清华大学校史研究室编：《清华大学史料选编》（第一卷），北京：清华大学出版社，1991年，第129—130页。

4 《奏设游美学务处津贴在美自费生章程》，清华大学校史研究室编：《清华大学史料选编》（第一卷），北京：清华大学出版社，1991年，第129—130页。

5 《游美学务处为请拨宣统元年第二次留美学生经费事致外务部呈文（宣统元年十二月初六日）》，中国第一历史档案馆：《清游美学务处档案史料》，《历史档案》第3期，1997年，第69页。

学费，每人每月金洋80元。[1]

依照宣统元年三月十二日（1909年5月1日）游美学务处呈学部折，津贴自费生每人每年美金480元。[2]民国后订立的《清华学校津贴在美自费生章程》，亦规定津贴自费生每人每年美金480元。[3]据此推算，则每人每月美金40元。前述薛锦标等人每月42美元，接近40美元。1910年，游美学务处派遣直接留美生月费标准为每月80美元，自费生月费正好为直接留美生月费一半，故自费生又被称为"半费生"。

虽然资助额度有限，但每月40美元对于经济困难的自费留学生仍无异于雪中送炭。曾任交通大学校长、国民政府铁道部次长、之江大学校长、上海市政协副主席的黎照寰回忆：

> 其时在一九〇六年春，我参加反对运动失败，转赴香山，小木元乡为小学教师。一年后，以所获及三兄的些少资助，冒险自费赴美留学。经过难以尽述的困迫，先为苦工，不久幸得工读之路，由小学跳进中学，再跳进大学。两年后，又得清华大学半费生的助学金，再两年后，又幸得广东省官费生，全额因"第二次革命失败，奉命仍应留学"，于是转经其他几个大学，而进修经济、政治社会、哲学、宗教等课，又可自由而为义务的"中国区教师"，籍以"宣扬革命的道理"，指斥"帝国主义的趋势"和"封建制度的本质"，且有资力同留学美东者十余人发起中国科学社。[4]

---

1 《游美学务处为请拨宣统三年第二次留美学生经费事致外务部呈文（宣统三年六月初六日）》，中国第一历史档案馆：《清游美学务处档案史料》，《历史档案》第3期，1997年，第77页。

2 刘真主编：《留学教育》第一册，台北：国立编译馆，1980年，第156页。

3 《清华学校津贴在美自费生章程》，清华大学校史研究室编：《清华大学史料选编》（第一卷），北京：清华大学出版社，1991年，第229页。

4 黎照寰：《六十四岁自述》，未刊稿，1951年1月。

中华民国成立后，自费留美人数逐年增加。据1915年秋留美学生监督处统计：留美学生总数1,461人，自费生997人，[1] 约占68.2%。据1924年留美学生联合会编印的《留美学生录》统计，在美自费生有1,075人，占留学生总数1,637人的65.7%。[2]

自费生增加过快，主要原因是入学及毕业较易。1924年，教育部"考查自费生多赴美留学之原因，缘入美国学校甚易，且可以国内学年资格，插班听讲。不及二三年而取得毕业资格归国者甚多。所以自费生趋之若鹜"。[3]

对于经济困难的自费留学生，清华学校承前清游美学务处例，给予关心和支持，拨经费"所以体恤寒畯奖励游学，使在美自费生之有志上进而无力卒学者，得以学成致用"。名额也由每年50名增加到70名。[4]

自费生要求"品行纯正、学业优美、家境贫寒，并须在美国大学第二年本科肄业者为合格"。津贴期限每次一年，每年480美元。可以连续申请，但最多不超过三次。可见，在申请条件、资助额度与次数等方面，基本沿袭前清规定。同时，明确如出现津贴满三年、身体多病、中途辍学、学行恶劣、成绩不佳、结婚、加入政党等情况，清华终止津贴。

农学家沈宗瀚回忆：

> 民国十三年春间，余盼能在美再读书年余，然以行囊将罄，故一方恳国内友人借助，一方力谋申请官费，遂请求清华半官费（Partial Scholarship）。乔其亚大学教授以余之成绩报告单寄

---

1 《留美中国学生之确数》，《留美学生季报》第3卷第1期，1916年3月，第177—178页。

2 常道直：《留美学生状况与今后之留学政策》，《中华教育界》第15卷第9期，1926年，第6、8页。1925年《学生杂志》第12卷第3期上发表《留美中国学生之调查》，统计数据与常道直文章数据完全一致。

3 《教育部停送留学生》，《中华教育界》第14卷第3期，1924年，第13页。

4 《清华学校津贴在美自费生章程》，清华大学校史研究室编：《清华大学史料选编》（第一卷），北京：清华大学出版社，1991年，第229—231页。

清华，证明求学成绩优异。七月初，清华复函允补半官费一年，月给美金四十元，故余升康奈尔（Cornell）之计遂决，因该校为世界第一流学府，遗传育种学亦极著名。[1]

社会学家言心哲回忆：

在美国上学，计有九年，经费的来源，主要是依靠勤工俭学。留美后期，因学业成绩较优，于1925年至1927年获得北京清华大学半公费两年。当时清华大学的全公费为每月美金八十元，半公费为每月美金四十元。[2]

值得注意的是，清华明确要求自费生不得与闻政治，如发现学生参加政党，则停止津贴。"不得与闻政治"是清华学校对在校学生的要求，[3] 学生毕业后赴美留学，留学生管理规程中则再无此要求。

全费留学生的资助标准，1909年学生每月约60美元，1910年增加到80美元，辛亥革命前减少到60美元。[4] 中华民国成立，仍然维持每月60美元标准。直到1921年，清华学校留美预备部留美生月费增加到每月80美元。中华民国后订立的《清华学校津贴在美自费生章程》，承清政府自费

1　《沈宗瀚自述》（上），合肥：黄山书社，2011年，第92页。

2　《言心哲自传》，《晋阳学刊》第4期，1982年，第73页。

3　《管理学生规则》，清华大学校史研究室编：《清华大学史料选编》（第一卷），北京：清华大学出版社，1991年，第190页。

4　《游美学务处请拨宣统元年第二次留美学生经费事致外务部呈文（宣统元年十二月初六日）》，《游美学务处遵办使馆书记官改充官费学生事致外务部呈文（宣统二年十二月十六日）》，《游美学务处请拨宣统三年第二次留美学生经费事致外务部呈文（宣统三年六月初六日）》，中国第一历史档案馆：《清游美学务处档案史料》，《历史档案》第3期，1997年，第69、73、76页。[美] 江勇振：《舍我其谁：胡适（第一部：璞玉成璧，1891—1917）》，北京：新星出版社，2011年，第208页。

生资助标准，规定津贴自费生每人每年美金480元，[1] 合每月40美元。因此，虽然自费生一直被称为"半费生"，实际上直到1921年才名副其实。[2]

由于自费生非清华送出、且已在美就读，故对于自费生学校与专业，清华并无特别干涉，只规定"如有改入他校或改习他科等情，应报请驻美监督处核准后，方能赓续给予津贴"。[3]

对自费生资格，清华学校审查极为严格。这可从周诒春校长婉拒圣约翰大学校长卜舫济事可见一斑。1916年11月28日，周诒春致函卜舫济，婉拒其为某学生谋求清华津贴的请求。

> 亲爱的卜舫济博士：
>
> 收到您为王先生（Wong Koh-Wo）写的信时我正好外出不在学校。我得在这里告诉您。很遗憾，我们不能考虑王先生的情况，我们只授予本校毕业生奖学金。虽然也曾为一些优秀的自费学生准备了数量有限的奖学金，但只授予贫困的学生，而且已被在美国公认有名望的机构所接受，学习成绩还要非常令人满意。我准备将本信的内容写信告诉王先生，并附寄一份本校授予奖学金的规则。
>
> 周诒春[4]

1　《清华学校津贴在美自费生章程》，清华大学校史研究室编：《清华大学史料选编》（第一卷），北京：清华大学出版社，1991年，第229页。

2　1917年9月10日，奉外交部令成立清查清华学校资金状况的筹备清华学校基本金委员会提交外交部报告中写道："其游美经费一项，现有全费生二百七十五人，每人每月美金八十元，半费生九十三人，每人每月美金四十元……"（《筹备清华学校基本金委员会报告书》，清华大学校史研究室编：《清华大学史料选编》（第一卷），北京：清华大学出版社，1991年，第241页）报告中称全费生每月80美元，与此前、此后学校规程中每月60美元资助标准有出入。对此出入，有待进一步研究。

3　《清华学校津贴在美自费生章程》，清华大学校史研究室编：《清华大学史料选编》（第一卷），北京：清华大学出版社，1991年，第229—231页。

4　《卜舫济与中国友人来往书信选译》（一），《档案与史学》第4期，1999年，第9页。

周诒春毕业于圣约翰书院，是卜舫济非常欣赏的学生。周诒春一生非常尊崇卜舫济。[1]但通过此信可见周诒春公私分明，足以说明清华学校在自费生资助资格审查上非常严格。

1920年代，曾任游美学务处会办、教育总长的范源廉曾致函留美学生监督处监督赵国材与清华学校校长曹云祥，分别推荐范定九、宋麐生、陈咏岚、许孕六和杜元载等五人申请自费生津贴。[2]查1937年《清华同学录》，只有范定九一人获得资助。可见，清华一直坚持严格审核。

留学生中，有部分学生同时申领并获得多个经费资助。1923年，罗隆基在一份报告中提道："清华学生在美每月除月费外，另有入款者，最少有四五十人之多，倘将减少月费之章程实行，则清华每年可多送学生三四十人，关系固不小也。"[3]

在这部分学生中，有人度其支出主动减少受资助金额，以省奖金普惠他人。例如沈宗瀚1926年第二次赴美时，除继续得到清华半费资助，同时也受到世界教育会资助。

> 世界教育会继续给余研究院补助金，问余在康大所需几何？余答以每月美金八十元，盖加上清华半官费四十元共为一百二十元，充余日用，绰有余裕。惟该会问其他研究员，均谓每月需二百元，则余言之太少矣。然余不自悔，盖余勤俭自持，少用公费官费，希该会能有节余，可多助人也。以后该会常赞我为人勤俭诚实。[4]

1 周诒春与卜舫济关系可参见金富军：《周诒春图传》，北京：清华大学出版社，2019年，第5—7页。

2 《范源廉集》，长沙：湖南教育出版社，2009年，第399—401页。

3 努生：《清华大学改革案之本文》，清华大学校史研究室编：《清华大学史料选编》（第一卷），北京：清华大学出版社，1991年，第405页。

4 《沈宗瀚自述》（上），合肥：黄山书社，2011年，第100页。

也有部分学生择一领受，将其他资助退回。例如赵忠尧。

> 看到国内水平与国外的差距，我决定出国留学。当时，清华的教师每六年有一次公费出国进修的机会。但我不想等这么久，靠自筹经费于1927年去美国留学。除三年教书的工资结余及师友借助外，还申请到清华大学的国外生活半费补助金每月40美元。[1]

> 到美国后，我进入加州理工学院的研究生院，师从密立根（R.A.Millikan）教授，进行实验物理研究。

> 第一年念基础课程，我顺利通过了考试。由于导师密立根教授根据预试成绩给中华教育文化基金会的有力推荐，以后三年，我都申请到每年一千美元的科研补助金，便把原来清华大学的半费补助金转给了别的同学。[2]

1923年《清华概略》中统计，清华学校"现在留美学生"400人，"半费生"50人。[3]如果除去约40—50名专科男、女生，将"现在留美学生"狭义地理解为清华学校毕业生的话，则半费生人数约为清华学校毕业生数七分之一，比例不算低。据1928—1929年度监督处开支报告，从1928年9月至1929年6月自费生月费支出总额1,880元，则1928—1929年度自费生应为47人。[4]据留美监督处1929—1930年度收支预算，1929—1930年度清

---

[1] 赵忠尧：《我的回忆——在美国留学时期（1927—1931年冬）》，《现代物理知识》第6期，1992年，第11页。

[2] 赵忠尧：《我的回忆——在美国留学时期（1927—1931年冬）》，《现代物理知识》，第5期，1992年，第2页。

[3] 《清华概略》，清华大学校史研究室编：《清华大学史料选编》（第一卷），北京：清华大学出版社，1991年，第30页。

[4] 《民国十七年七月至十八年六月国立清华大学留美学生监督处开支报告（1）每月用费总表》，

华仍将资助28名自费生。[1]

据1937年《清华同学录》，清华前后共资助499人。根据舒新城《民国十年至十四年留学欧美自费生统计表》所列之留美自费生人数[2]，取其平均数为基准，得知1912—1929年间的留美自费生约1,600多人。由此可知，当时接受清华津贴的自费生人数约占总人数的三分之一[3]，这个比例可谓相当高。津贴生中，涌现出蒋梦麟、蒋廷黻、陈瀚笙、章益、林语堂、何廉、朱经农、郭秉文、方显廷、袁同礼、孙洪芬、沈宗瀚、庄长恭、陈隽人、陈焕镛、寿振黄、林徽因、周志宏、余上沅等在各领域做出重要贡献的人才。可以说，无论从清华资助自费生占总人数的比例，还是从受资助的自费生中涌现出的杰出人才看，清华的自费生资助都有积极作用。

1928年以后，中国赴外留学生中，自费留学学生占留学生总数比例呈上升趋势。例如，1930年教育部发出留学证书1,484张，自费留学1,329人，公费留学155人。其中赴美留学372人中，自费生301人，公费生71人。[4]由于种种原因，尤其是第二次世界大战全面爆发后引起生活费用上涨，一些自费生生活困难，难以完成学业。

在国内，随着抗日战争进行，清华大学的财务情况也日益恶化。1938—1939年度，"联大经费之来源，系北大、清华原定经费之四成，及南开应领教部补助之四成拨充，合计每月不足八万元"。至于本年度清华经费，1939年1月"财部当局因海关收入十九为敌人所扣留，遂将庚款债款，

《国立清华大学校刊》第85期，1929年8月30日，第2版。

1　《国立清华大学留美学生监督处收支预算表》，《国立清华大学校刊》第85期，1929年8月30日，第3版。

2　舒新城：《近代中国留学史》，上海：上海书店出版社，2011年，第153—154页。

3　沈希珍：《清华留美学生之研究——以留美预备部学生为对象》，台湾中兴大学历史研究所硕士论文，1994年，第25页。

4　《中国留学生人数之调查》，《醒钟》第1卷第2期，1931年，第9页。

（为关税担保者）一律停付。本校经费，一时遂竟无着落"。[1] 1939—1940年度，西南联大"经费方面，今年较去年经、临总数，增加十六七万。但因学生人数之骤增，各物价格之飞涨，入不敷出，反较去年为甚"。[2] 尽管如此，清华大学毅然决定1940年重启津贴留美自费生政策，"以符政府之期望，而应社会之需耳"。1941年4月，梅贻琦校长指出：

> 溯自二十八年一月，政府将庚款暂行停付，本校经费只以基金利息拨充，收入因而锐减。而自去年仍行恢复考送留美公费生及津贴留美自费生二事者，实因自抗战以来，专门人才需要迫切，而清华派遣留美学生，向为其特殊事业之一部分，故虽在经费困难，乃至借款补充之今日，不得不勉力筹办，以符政府之期望，而应社会之需要耳。[3]

1940年2月5日，清华大学第六次评议会通过《清华大学留美自费学生奖学金给予办法》，规定：凡中国自费留美学生已在美国大学研究院肄业成绩优良、经济确属困难者，可以申请本项奖学金；每年至多资助15名。《办法》并确定："暂定自二十九年度起施行三年。"[4]

自费生奖学金共实行3年，据已有资料统计，清华共资助自费生48人次，基本符合《奖学金给予办法》中每年至多15人的规定。除周贻困一人

1 《抗战期中之清华（1939年4月）》，清华大学校史研究室编：《清华大学史料选编》（第三卷上），北京：清华大学出版社，1994年，第20、21页。

2 《抗战期中之清华（续）（1940年4月）》，清华大学校史研究室编：《清华大学史料选编》（第三卷上），北京：清华大学出版社，1994年，第23页。

3 《抗战期中之清华（二续）（1941年4月）》，清华大学校史研究室编：《清华大学史料选编》（第三卷上），北京：清华大学出版社，1994年，第28页。

4 《清华留美自费学生奖学金给予办法》，清华大学校史研究室编：《清华大学史料选编》（第三卷上），北京：清华大学出版社，1994年，第264页。

國立清華大學留美自費學生獎學金給予辦法

一、凡中國自費留美學生已在美國大學研究院肄業成績優良經
準確屬因難者，得申請本項獎學金。

二、本項獎學金金額定為全學年美金四百元，自九月至次年六
月每月發給四十元，學生如中途回國，其離美以後各月停
發。

三、本項獎學金給予名額至多以十五名為限。

四、學生領受本項獎學金以一年為限，如成績特優而名額尚有
餘賸時，得予延長，但申請手續仍應照前次辦理。

五、學生申請獎學金時應填寄本校所備表格，並附送以前大學
各期成績，教授保薦書，及研究計劃等，於二月底以前送
交華美協進社彙轉本校評議會審查決定。（二十九年度申請
截止期准展至四月底。）

六、本項辦法暫定自二十九年度起施行三年。

七、本辦法經本校評議會通過後呈教育部備案。

国立清华大学留美自费学生奖学金给予办法

两次受到资助外，其余均资助一次，俾使更多人受益于这项制度。

1940	潘孝硕 姜尧 萧彩瑜 徐恩锡 陈世材 周贻困 卜钟麟 刘诒谨 卢鹤绅 王俊奎		
1941	清华大学 教员、助教	张钟元 周舜莘 张守全 胡声求 张宪秋 周贻困
		朱木祥 倪因心 毛应斗 张捷迁 陈汉标 王谟显 高振衡 朱弘复 吴尊爵 夏翔
未确定资助时间	李琼 李荣 林惠贞 吴栋材 王淑德 施家榘 陈金淼 李惠林 慎微之（Wei-ts Zen）余懿德 万文仙 薛兆旺 郑安德 张汇兰 王克勤 许亚芬 国瑜（Kuo Yu）马竹桢 张宣谟（Sien-moo Tsang）徐教仪 朱葆真 徐泽予		

清华大学档案，X1-3：3-110：5-025；清华大学档案，X1-3：4：2-015；清华大学档案，X1-3：3-110：5-002；清华大学档案，X1-3：3-109-007；清华大学档案，X1-3：3-4：2-014

值得注意的是，清华大学留美自费生资助也面向校内教员和助教，"教员及助教在校连续服务满五年者可以申请，以便赴美留学，而资深造"。[1]

1941年6月，清华批准朱木祥、倪因心、毛应斗、张捷迁、陈汉标等上年度清华资助出国教师获得本年度自费生奖学金资助。[2] 1941年5月5日，清华第14次评议会议决，同意王谟显、高振衡、朱弘复、吴尊爵、夏翔等五人获得自费生奖学金。[3]

1940年5月5日，朱弘复、吴尊爵、周新民、徐贤修、高振衡、孙宝珍、曹宝颐、赫崇本、郑丕留、刘汉、钟士模、罗建业、苏汝江13位教员、助教联名致函梅贻琦校长，申请提高留美待遇。对朱弘复13人来函，清华大学非常重视，并将这一申请提交5月8日召开的清华大学第7次评议会讨论。评议会通过决议：本校助教依照本校留美自费生补助办法，申请到美继续研究，得请者，本校给予一年美金400元之补助费，此外另给一次

---

1 《朱弘复等13名教员、助教为改善自费留学待遇呈校长函（1941年5月5日）》，清华大学校史研究室编：《清华大学史料选编》（第四卷），北京：清华大学出版社，1994年，第268页。

2 清华大学档案，X1-3：3-109-007。

3 清华大学档案，X1-3：3-4：2-014。

川资，其数额与留美公费生之川资相同。[1]

清华津贴留美自费生政策受到了广大留学生欢迎，但僧多粥少，能得到资助的毕竟只占少数。1941年4月，梅贻琦校长遗憾地指出：

> 留美自费生津贴办法自去夏试行以来，申请者甚多，成绩优良者亦复不少，但因限于名额，未能尽予津贴，至感遗憾。[2]

太平洋战争爆发后，清华大学财务持续恶化。1942年4月，梅贻琦在致校友书中说："自美国封存各国资金后，本校大部分美金全陷冻结，待太平洋战起及我国对日宣战，本校所赖以维持之基金利息，以告断绝。近年来，本校经费一部分即赖借贷维持，现下全部将唯借款是赖。凡此情形，自须待战事结束后，始能重加调整也。"[3] 这种情况下，清华大学已无力继续津贴留美自费生。故在三年计划完成后，1942年12月16日，清华第19次评议会议决：自下学年起，留美自费生奖学金办法暂停。[4]

1　清华大学档案，X1-3：3-109-006。

2　《抗战期中之清华（二续）（1941年4月）》，清华大学校史研究室编：《清华大学史料选编》（第三卷上），北京：清华大学出版社，1994年，第28页。

3　《抗战期中之清华（三续）（1942年4月）》，清华大学校史研究室编：《清华大学史料选编》（第三卷上），北京：清华大学出版社，1994年，第33页。

4　《第十九次评议会关于暂停自费留美奖学金办法的决议》，清华大学校史研究室编：《清华大学史料选编》（第三卷上），北京：清华大学出版社，1994年，第270页。

预为规划，以宏作育
——从游美肄业馆到清华学校

从单纯甄选留学生到开展留美预备教育，再到改办完全大学，这是清华早期发展的三部曲。从游美学务处到清华学堂，再到清华学校，不仅仅是校名的变化，更是学校性质变化和水平提升的象征。

1910年12月，游美学务处向外务部、学报申呈，请将"游美肄业馆"改名为"清华学堂"。

查游美肄业馆原为选取各生未赴美国之先，暂留学习而设，故命名之初，取义尚狭。现在该馆分设高等、初等两学堂，学额推广至五百名，以后每年遵照奏案，尚须添招学生，而遣派名额岁有定数，旧生未尽派出，新生相继入堂，自非预为规划，不足以宏作育。现经拟定办法，于该馆高等、初等两科各设四年级，并于高等科分科教授，参照美国大学课程办理，庶将来遣派各生，分入美国大学或直入大学研究科，收效较易，成功较速，而未经派往各生，在馆毕业，亦得各具专门之学，成材尤属较多。如此办理，则该馆学生不仅限于游美一途，自应改定学堂名称，以为循名核实之计。查该馆地基原系赏用清华赐园旧址。文宗显皇帝御书扁〔匾〕额，现仍恭悬园内，拟请仍沿旧称，定名为清华学堂，以崇先朝手泽之贻，即彰朝廷右文之盛。而因名见义，于事实尤属相符。[1]

1911年1月，学部批复同意将肄业馆改名为清华学堂。[2] 2月，游美学务处和肄业馆迁入清华园。3月，学生在北京宣武门内学部举行入学复试，共有468名学生参加复试。这批学生全部合格入学，其中五分之三编入中等科，其余入高等科，成为入读清华最早的一批学生。他们当中有许多后来成为著名学者，如侯德榜、金岳霖、戴芳澜、陈鹤琴、吴宓等。3月30日，清华学堂在清华园暂行开学。[3] 4月9日，清政府正式批准改名为清华学堂。[4]

金岳霖1911年考入清华，他是经过两次初试才参加复试，并直接考取了高等科。金岳霖回忆："重要的东西是头一场考试：国文、算学、英文。英文我觉得不怕；算学靠运气，怕的是国文。我在湖南考过留美预备的中等科。湖南的国文题目是《"士先器识而后文艺"论》。我不知道这是唐朝裴行俭的话。落选了。北京考场的国文题目是《人有不为而后可以有为义》。这就好办。算学的运气好，题目极难，考生大都做错，我当然也做不出。题目是一位顾先生出的。我考取了。第二场考试的题目很多，可是，

1 《外务部学部呈明游美肄业馆改名为清华学堂缘由（宣统二年十一月，1910年12月）》，清华大学校史研究室编：《清华大学史料选编》（第一卷），北京：清华大学出版社，1991年，第141页。

2 《学部札准游美肄业馆改名清华学堂并应将初等科改名为中等科编定高等中等两科课程报部审核（宣统二年十二月初五日，1911年1月5日）》，清华大学校史研究室编：《清华大学史料选编》（第一卷），北京：清华大学出版社，1991年，第142页。

3 《游美学务处添招留美学生缘由及招考简章致外务部申呈（宣统三年四月二十六日，1911年5月24日）》，清华大学校史研究室编：《清华大学史料选编》（第一卷），北京：清华大学出版社，1991年，第136页。

4 《外务部札奏准游美肄业馆改名清华学堂订章开学（宣统三年三月十三日，1911年4月11日）》，清华大学校史研究室编：《清华大学史料选编》（第一卷），北京：清华大学出版社，1991年，第145页。

显然不重要。"[1]

1911年2月颁布的《清华学堂章程》规定,高等科与中等科各4年。"高等科注重专门教育,以美国大学及专门学堂为标准,其学程以四学年计,中等科为高等科之预备,其学程以四学年计。"中等科入学年龄在12—15岁,高等科在16—20岁。[2] 1929年,最后一批八年制留美预备生毕业。

清政府设计选送学生赴美学习的学科时,提出"派出留学生的目的在于获得充实的学习效果。派出的留学生中有百分之八十将专修工业技术,农学,机械工程,采矿,物理及化学,铁路工程,建筑,银行,铁路管理,以及类似学科。另外百分之二十将专修法律及政治学"。[3]且不论具体比例,就涉及学科而言可谓量大面宽。因此,作为出国预备教育,清华学堂课程有相应安排。学堂学科分为十类:

学科	哲学教育 本国文学 世界文学 美术音乐 史学政治 数学天文 物理化学 动植生理 地文地质 体育手工

每类学科功课分为通修与专修两种,通修种期赅博,专修种期精深。[4]这样的课程涉及学科宽博,加之八年长学制,有利于学生形成综合的知识基础,为以后赴美留学打好基础。

不到半年,1911年9月,游美学务处向外务部转清华学堂改变学制申请:"本学堂开办已历数月,征诸实验,觉向定章程与现在情形尚有未尽适宜之处,不能不酌量变通,以期完善。""中等科毕业年限原定四年,今

1 《我考取了清华学堂》,刘培育主编:《金岳霖的回忆与回忆金岳霖》(增补本),成都:四川教育出版社,2000年第2版,第45页。

2 《清华学堂章程(宣统三年正月,1911年2月)》,清华大学校史研究室编:《清华大学史料选编》(第一卷),北京:清华大学出版社,1991年,第146、147页。

3 《派遣美国留学生的章程草案》,清华大学校史研究室编:《清华大学史料选编》(第一卷),北京:清华大学出版社,1991年,第107页。

4 《清华学堂章程(宣统三年正月,1911年2月)》,清华大学校史研究室编:《清华大学史料选编》(第一卷),北京:清华大学出版社,1991年,第146页。

改五年，高等科毕业年限原定四年，今改三年，正与部定中学堂暨高等学堂毕业年限相符。"[1] 这样，"四四"学制改为"三五"学制："高等科三年毕业，中等科五年毕业。"课程设置上，在原来十类基础上，更为细化，如下表所示：[2]

	课程
中等科 （18门）	修身 国文 英文 算术代数 几何 三角 中国历史 中国地理 外国历史 外国地理 博物 物理 化学 英文地质 手工 图画 乐歌 体操
高等科 （20门）	修身 国文 英文 世界历史 美国史 高等代数 几何 三角 解析几何 物理 化学 动物学 植物学 矿物学 生理学 法文或德文 拉丁文 手工 图画 体操

清华诞生之日，正值清政府末期风雨飘摇之时。清华学堂章程修订一月后，辛亥革命爆发，各地云集响应，举国震动。清政府为了稳定人心，在北京实行戒严，并封锁前线战事消息。吴宓在其日记中写道："日来警报纷纭，一日数起，闻之殊令人惊惶异常。现北京各报，已为政府禁止登载各省乱事，以故一切详情难得确知。"[3]

随着形势恶化，11月5日傍晚，范源廉在高等科发表演说："现在事情紧急，人心惶恐更非昔比。而学生中多数出校，现在诸位中国教员又皆纷纷请假辞退，教课之事殊难进行。故现在决定停课一月，如一月后事尚未定、人尚未齐，当再议延长之计。现在功课停止后，诸生中有愿意回家及他往逃避者，即可自由他往。如不愿他往及不能回家者，可仍留校中温理

1 《游学学务处改行清华学堂章程缘由致外务部申呈（宣统三年七月十四日，1911年9月6日）》，清华大学校史研究室编：《清华大学史料选编》（第一卷），北京：清华大学出版社，1991年，第151页。

2 《游学学务处改行清华学堂章程缘由致外务部申呈（宣统三年七月十四日，1911年9月6日）》，清华大学校史研究室编：《清华大学史料选编》（第一卷），北京：清华大学出版社，1991年，第152页。

3 《吴宓日记（1910—1915）》，北京：生活·读书·新知三联书店，1998年，第161页。

学课。饭食一切及管理诸事，均如常日。诸管理员并美国教员及其眷属皆居此不去。"范源廉表示，清华学堂校警已经全部由满人更换为汉人，且从18人扩大到20人，并将进一步扩充校警队伍。因此，留居清华非必有危险。接着，唐国安与三名美国教师相继登台演说，亦劝慰同学不必惊慌。[1] 当晚，学生邓立斋等人在食堂召集学生开会，建议向校方提出申请，将学堂所有现金提出，分散诸生，使各自奔逃回家。[2] 8日中午，高等科、中等科各派2人为代表，向校方提出散发旅费请求，以便学生各自逃命。[3]

在内外交困情况下，11月8日晚8时，校方宣布："事情紧急，美兵既不来保护，则实无法维持。故现定办法，将本学堂暂行解散。现仅余存款三千金，当分给诸生作旅费各谋他适，计每人可得二十元，明晨发给。凡职员、学生人等，统即于明晨搬出云云。"[4]

自11月9日起，清华学堂停课。[5]

1911年12月29日，各省代表会议在南京召开，选举孙中山为中华民国临时大总统。1912年1月1日，孙中山在南京就任中华民国临时大总统。1月3日，中华民国临时政府在南京成立，一个新的时代开始。

孙中山对教育的重要性有深刻认识，把恢复教育秩序作为巩固革命胜利果实的一件大事来抓。孙中山明确指出："学者，国之本也。若不从速修旧起废，鼓舞而振兴之，何以育人而培国脉？"[6] 9日，中华民国临时政府教育部成立。19日，教育部颁布《普通教育暂行办法》与《普通教育暂行课程标准》两个法令，作为新学制颁布前办理学校教育的依据。其中，

---

1 《吴宓日记（1910—1915）》，北京：生活·读书·新知三联书店，1998年，第183—184页。

2 《吴宓日记（1910—1915）》，北京：生活·读书·新知三联书店，1998年，第184页。

3 《吴宓日记（1910—1915）》，北京：生活·读书·新知三联书店，1998年，第186页。

4 《吴宓日记（1910—1915）》，北京：生活·读书·新知三联书店，1998年，第187页。

5 《吴宓日记（1910—1915）》，北京：生活·读书·新知三联书店，1998年，第187页。

6 《孙中山全集》第2卷，北京：中华书局，1985年，第253页。

《普通教育暂行办法》第一条规定"从前各项学堂，均改称为学校。监督、堂长应一律改称校长。"《办法》命令各地教育机构改名、废止教科书等，以显示与前清的区别。

待北京局势甫一稳定，清华学堂即在国内各大报纸发布通告，宣布恢复上课。1912年5月1日，停顿了半年的清华学堂重新开学，返校学生有360人。

清华学堂恢复开学后的一件大事是裁撤游美学务处。游美学务处负责留学生的考选和派送，以及筹建游美肄业馆。随着游美肄业馆成立及改名为清华学堂，学堂各项制度日趋完善，学务处的历史使命已经完成。因此，裁撤学务处是适时之举。

1912年5月23日，游美学务处向外务部、学部呈报撤销：

> 窃查游美学务处，原为筹办学堂、考送学生而设。今清华学堂业已成立，所有办法，均经次第组织完备。当此经费支绌，自应将本处裁撤。嗣后考送学生，监督报告等事，即归并学堂办理，以一事权，而节糜费。其办事员司，除素称得力酌留二三员，由学堂监督分别委任外，一概裁汰。所有本处卷宗、账目、及一切家俱〔具〕等项，一并移交学堂接管。本处开办时曾刻木质关防一颗，自应毁销。[1]

根据教育部《普通教育暂行办法》，10月17日，清华学堂上呈外交部，将学校名称由"清华学堂"改为"清华学校"。呈文称："教育部各令皆称学堂为学校，各省学堂亦相率改名学校。本校事同一律，自应改称清华

1 《外务部学部呈报裁撤学务处归并学堂并将关防销毁（民国元年四月初七日，1912年5月23日）》，清华大学校史研究室编：《清华大学史料选编》（第一卷），北京：清华大学出版社，1991年，第155—156页。

外务部、学部呈报裁撤学务处归并学堂并将关防销毁

学校，以规划一。"呈文落款，已将"监督"改为"校长"。[1] 清华学堂为遵教育部令改名向外交部呈请，反映了中华民国成立后，短期内仍沿袭前清外务部、学部共管体制。但是很快，清华由两部共管变为独归外交部管理，一直到1929年。

自此，清华进入清华学校时期，至1928年改为"国立清华大学"，共17年。

1 《呈外交部文》，清华大学校史研究室编：《清华大学史料选编》（第一卷），北京：清华大学出版社，1991年，第158页。

1912

砥砺磨坚

清华学校时期

1928

女学发达，可拭目而俟
——招考留美专科女生

　　1911年、1913年，美国驻华公使嘉乐恒[1]与美国30多个地方的青年会致函清政府外务部和北洋政府外交部，呼吁选派女学生赴美留学。[2]1911年辛亥革命爆发，清政府被推翻，第一次呼吁未及实行。1913年，嘉乐恒的再次呼吁对北洋政府外交部产生了一定影响。同时，"在美国的中国学生也要求有女生参加考试，因为他们把这点看成是有活力的、有改革的共和国的象征"。[3]

　　从1914年起，清华学校开始考选留美专科女生赴美留学。专科女生要求女生年龄在18岁至25岁之间，身体健康、品行端淑、天足且未订婚，国学至少中学毕业，英文及其他学科须能直接进美国大学肄业。专科女

1　嘉乐恒（Calhoun, William James, 1848—1916），美国外交官。芝加哥律师出身。1910年（宣统二年）至1913年任驻华公使。辛亥革命爆发后，即认定"清廷绝无保全之望"，在驻京外交团会议上倡议，邀请清廷起用袁世凯，得到各国公使赞同。旋入官向载洋表达此意。袁世凯出山后，极力给袁世凯撑腰打气，并建议美国政府向其提供财政援助，支持袁世凯窃取政权。嘉乐恒死后，其妻于第一次世界大战后来北京居住，在外交界颇为活跃。章开沅主编：《辛亥革命辞典》，武汉：武汉大学出版社，2011年，第421页。

2　《请核定本年招考与派美学生川装各费》，陈立提供。

3　史黛西·比勒著，刘艳译：《中国留美学生史》，北京：生活·读书·新知三联书店，2010年，第73—74页。

女生試驗科目

Subjects of Examination for Girls' Scholarships 1923

Required (必修科)

1 國文 (作文及問答)
2 中國歷史
3 中國地理
4 英文
5 上古及中古史
6 近世史
7 地理
8 代數
9 平面幾何
10 生理衛生

—— 以上英文試必修科用英文試

Electives 5 of the following subjects must be elected (選科 任擇五門)

1 第二年法文 ⎫
2 ″ 德文 ⎬ 須任擇二門
3 ″ 拉丁 ⎭
4 物理 ⎫
5 化學 ⎬ 以上三種任擇二門
6 生物 ⎭
7 立體幾何 ⎫ 以上任擇一門
8 三角 ⎭
9 英國史 ⎫ 以上任擇一門
10 美國史 ⎭
11 政治學 ⎫
12 經濟學 ⎬ 以上任擇一門或二門
13 社會學 ⎪
14 Psychology ⎭
15 音樂 ⎫ 以上任擇一門
16 圖畫 (鉛筆或毛筆) ⎭

除國文及第二外國語外 餘均用英文致試

1923年女生試驗科目

生选习学科须在教育、幼稚园专科、体育、家政学与医科等五类学科中选择。学生到美国后，进入清华指定的大学，不得更改。留学年限为4年。[1]

专科生考试一般在北京、上海两地举行，考期一个星期，这是对智力和体力的双重考验。考试过程组织严密、安排周详，注重能力考察。

专科女生名额较少，但应考者众多。1916年第二届，"索取女子章程者亦百余，惟得允许投考者甚少"。[2]1925年，学校"自招考章程发出后，校外来函索取及询问者每日不下数百起，招考处办事员四五人犹应接不暇"。[3]从2月15日至9月15日，清华共收到大学部新生及专科留美专科女生等函件9,986件，发函10,571件。[4]需要指出的是，1925年的数据是大学部、国学研究院、专科男生、专科女生四类招考的总统计，专科女生报名人数当不在少数。

收到考生报名申请后，清华会对报名者进行考试资格审查，最终确定参加考试的考生。由此也体现专科女生考试的严格。

年份	1914	1916	1918	1921	1923	1925	1927
考试人数	39[5]	40[6]	30[7]	40[8]	35[9]		
录取人数	10	10	8	10	5	5	5
录取率 %	25.6	25	26.7	25	14.3		

---

1 《女学生赴美留学试验规则》，清华大学校史研究室编：《清华大学史料选编》（第一卷），北京：清华大学出版社，1991年，第226—228页。

2 《虽多亦少》，《清华周刊》第73期，1916年，第16页。

3 《招考处》，《清华周刊》第342期，1925年，第16页。

4 《招考处收发函件总数》，《清华周刊》第24卷第3期，1925年，第82—83页。

5 陈衡哲著，冯进译：《陈衡哲早年自传》，合肥：安徽教育出版社，2006年，第169页。

6 《招考志略》，《清华周刊》第79期，1916年，第16页。

7 《投考合格人数》，《清华周刊》第四次临时增刊，1916年，第9页。

8 《招考处纪事》，《清华周刊》第七次增刊，1921年，"新闻"栏第1页。

9 《报考踊跃》，《清华周刊》第285期，1923年，第74页。

从 1916、1918、1921、1923 等四年数据看，专科女生资格审查严格、考试竞争激烈，录取率低。

1914 年，陈衡哲在上海参加了第一次专科女生考试。她回忆：

> 我顺利地通过了体检，因为我一向强壮健康。那时候一共有四十一个人报名，有的是教会学校的学生，有的是中国学校的学生，其中三十九人通过了体检。我碰到了一两个老相识，我们一起去参加笔试。笔试持续了一周，每天上午考三门课，下午考两门。上海那时候天气已经转热，我们因为体力的消耗和脑力的紧张都大量出汗。
>
> 我对于通过过去的学习或"临时抱佛脚"了解的科目都尽力回答。当然，像几何和三角这样的科目临时抱佛脚也没有用，但历史就不同了。我总能死记硬背一些新的人名地名去碰碰运气。这就是我对付英国历史和美国历史的办法。有的问题我含糊其词地回答，比方说，"安德鲁·杰克逊为什么被弹劾？"我回答："因为他违反了宪法。"我觉得自己这样回答十分聪明！我坐船去美国的时候，负责记录我们考试成绩的秘书告诉我，我美国历史不及格，因为我那些含糊其词的回答都得了零分！
>
> 笔试持续了一周。每天晚上考试结束后，考卷被飞速送到北京清华学校，由那儿一个特别的考官小组审批。[1]

由陈衡哲回忆可看出，清华对外地考试组织极为严格，试卷由清华送去并回清华评阅。

1921 年，黄孝贞参加在北京举行的考试，她回忆：

1　陈衡哲著，冯进译：《陈衡哲早年自传》，合肥：安徽教育出版社，2006 年，第 169—171 页。

五十年前，我以北京女师范毕业的学历，投考清华留美女生的考试，实在可算一个大胆的尝试。

　　……

　　民国十年夏天，清华招考留美女生，我就大胆地报名去投考。考试分在北京上海两地举行，考生约有七八十人，多数在上海投考，我们在北京的投考生，住进了水木清华的清华园，人数大约有三十人，分住在两间相连一大一小的房间内。……

　　我们在清华住得很舒服，吃得很好，工字厅风景秀美，不必细说，但这使我们很羡慕男生们在此读书的环境及享受。

　　考期十足一个星期，我始终没有觉得过分紧张，因为始终没有存必取之心。国文、历史、地理用中文考，女师毕业生较占便宜；考到英文是我的弱点，但初生猫儿不怕虎，我看见题目就做。其中最重要的一道题，是写三本英文小说的概略，我可巧就读过三本书，一本是 *Pride and Prejudice*，一本是 *Treasure Island*，一本是 *Ivanhoe*。我不管英文写得对不对，尽量照自己的记忆，将这三本书的大概写了下来，总算是交了卷。考物理的时候，有一道要说明电话装置的题目，我在考卷上画了一个简略的电话机装置图，可巧梅先生（就是后来的梅校长，也就是出物理题的先生）走过桌旁，似乎看见了这个图，并且点点头。后来在美国碰见梅校长，还问我是不是攻读理科。

　　考得最糟的是德文，也是最后的考试，拿起考题一看，好像一个字都不认识，心想糟了，这非交白卷不可了。可是头一个交白卷，一定要受到监考先生的注目，等有人交了卷子再交上去才比较好些，所以定心把考题又细细看了一下，发觉有几个字是认识的，并且发现有两道题无非是要填写 die, das, dem, den 之类，当时考试并没有填错要倒扣分的规定，想填对与填错，机会均等，何不碰碰运气，将这两道题都填了。看见有人交卷，马上拿起卷子交了上去，头也不敢抬，就出了课堂。

　　考试完毕，还有英文会话的口试，由王昆山先生主考，幸亏是一个一个单独考试，他问了几句话以后，就问"你读了几年英文"。我一算从高小起就上英文课，怕不是已经读了十年，就不假思索地说"读了十年"。昆山先生瞪了我一大眼，但他是很仁慈的，随便再问了几句，就放我出来了。

　　经过这英文会话与德文考试以后，我就完全失掉心中所有一点的希望，但也不觉得难过，回到家中休息，也不想到考试的事了。

　　过了大约十天，接到清华通知，我的名字居然列在考取女生榜上，并且名次还不太低，那次考取的女生共有十人，是桂质良、倪征琮、王国秀、陆慎仪、倪逢吉、张继英、黄倩仪、颜雅清、林同曜同我。[1]

　　值得指出的是，对留美专科女生的要求前后有所调整。1923年及以前大体要求"女生考试，须有直接入大学程度者"。属于中学毕业程度，比专科男生程度要求为低。1925年则要求"专科生报名应试者之资格至少须在国内大学或高等专门学校毕业，且至少须有一年以上教授或服务之经验"。[2] 显然要求考生达到大学毕业程度，与专科男生要求一致。

　　由于考试科目多，考试时间长达一个星期。1923年招考日程如下：[3]

1　李黄孝贞：《投考清华的追忆》，《清华校友通讯》新36期，1971年4月20日，第18—19页。

2　清华大学档案，汪鸾翔档案。

3　清华大学档案，汪鸾翔档案。

民國十二年清華學校招考日程

(一)上午八時至十時
(二)上午十時半至十二時半
(三)下午二時至四時
(口試英語時間臨時再定)

		高等科插班 High School Entrance	女學生 Girls' Scholarships	農科 Agriculture	化學工程科 Chemical Engineering	土木工程科 Civil Engineering	電機工程科 Electreal Engineering	法科 Law	採鑛工程科 Mining Engineering
七月二日	一	國文,作文	國文,作文	國文,作文	國文,作文	國文,作文	國文,作文	國文,作文	國文,作文
	二	中國歷史	中國歷史	中國歷史	中國歷史	中國歷史	中國歷史	中國歷史	中國歷史
	三	中國地理	中國地理	中國地理	中國地理	中國地理	中國地理	中國地理	中國地理
七月三日	一	English	English	English	English	English	English	European History	English
	二	General Science	Physics	Physics (Optional)	Physics	Physics	Physics		Physics
	三	Citizenship	Chemistry	Chemistry	Chemistry (General)	Graphic Statics	Chemistry		Metallurgical Analysis
七月四日	一	Hygiene and Physiology	Physiology	Principles of Agriculture I	Calculus	Calculus	Calculus	中國法(一)	Calculus
	二	General Geography	General Geography	Principles of Agriculture II	Analytical Chemistry	Hydraulics	Hydraulics	中國法(二)	Mining Engineering (Part one)
	三	Algebra	Algebra	Principles of Agriculture III	Organic Chemistry	Engineering Mechanics	Engineering Mechanics		Mining Engineering (Part two)
七月五日	一		國文,問答	國文,問答	國文,問答	國文,問答	國文,問答	國文,問答	國文,問答
	二		Biology	Botany (Higher Forms of Plant Life)	Physical Chemistry	Strength of Materials	Strength of Materials	中國法(三)	Geology (Part one)
	三		Music, Art	Zoology	Geology	Elements of Electrical Engineering	Elements of Electrical Engineering	Anglo American Law; Contracts, Torts	Geology (Part two)
七月六日	一		French or German	French or German	French or German	French or German	French or German	French	French or German
	二		American History	American History	Materials of Construction	Masonry Construction	Theory and Calculation of Alternate Current Circuits	American History	Metallurgy (Part one)
	三		Ancient and Mediaeval History			Steam and Gas Engineering	Steam Engineering	Anglo American Law; Criminal Law, Procedure	Metallurgy (Part two)
七月七日	一		Plane Geometry		Mechanism	Plane Surveying	Mechanism	Anglo-American Law; Commercial Law, Procedure	Assaying
	二		Modern History		Industrial Chemistry and Chemical Machinery	Railroad Curves	Electric Machinery	Jurisprudence; Roman Law	Ore Dressing
	三		Solid Geometry or Trigonometry			Bridge Design	Telegraph and Telephone		Mineralogy
七月八日	一		English History; Economics			Water Supply	Electric Lighting and Power Plant	English History	
	二		Sociology			Sewerage System	Wireless Telegraphy	Public and Private International Law	
	三		Political Science; Psychology				Electric Railway Engineering		

1923年清华学校招考日程

时间	科目
七月二日	国文，作文
	中国历史
	中国地理
七月三日	English
	Physics
	Chemistry
七月四日	Physiology
	General Geography
	Algebra
七月五日	国文，问答
	Biology
	Music, Art
七月六日	French or German
	American History
	Ancient and Mediaeval History

七月七日	Plane Geometry
	Modern History
	Solid Geometry or Trigonometry
七月八日	English History Economics
	Sociology
	Political Science Psychology

不同于后来先定专业、只考几门专业课程的选拔方式，留美专科女生选拔是先选拔，再定专业。即先让考生参加多门考试，根据成绩被录取后，再选定留学学校和科目。[1]

自1914年至1927年，录取留美专科女生共7批53人。

时间	人数	姓名
1914	10	汤蔼林 王瑞娴 周淑安 张瑞珍 陈衡哲（唐玉瑞） 杨毓英 韩美英 林荀 李凤麟 丁懋英 [2]
1916	10	袁世庄 陈翠贞 蔡秀珠 李清廉 黄桂葆 梁逸群 方连珍 刘华采 邝翠娥 严惠卿
1918	8	王淑贞 丁素筠 顾岱毓 杨保康 胡卓 章金宝 杨佩金 朱兰贞
1921	10	王国秀 林同曜 桂质良 倪征琮 张继英 陆慎仪 黄孝真 黄倩仪 倪逢吉 颜雅清
1923	5	王志宜 朱其廉 胡永馥 胡汉纳 顾静徽
1925	5	唐绿蓁 张玉珍 张纬文 凌淑浩 黄桂芳
1927	5	张锦 曹简禹 曹静渊 应谊 龚兰珍

《清华同学录》，1937年

---

1 潘秀玲（教）:《春日话旧——访黄孝贞女士21（专） 琐谈清华专科女生考试与清华人》,《清华校友通讯》新75期，1981年4月29日，第43页。

2 1914年招考的第一批专科女生之一的唐玉瑞出国前因乘坐电车摔伤不能按时出国，清华学校校长周诒春以备取生丁懋英递补。王晓慧:《1914年清华学校首批留美专科女生考略》,《江苏师范大学学报》（哲学社会科学版）第44卷第3期，2018年，第1—3页。

一般来说，专科女生都有等额备取生，以备正取学生因故不能留洋时递补。1914年唐玉瑞不能出国即由丁懋英递补。再如，1925年正取5名，备取庄安全、袁慧瑛、沈珏、王世宜、李志宝5名。[1]

留美专科女生籍贯分布为：

	江苏	广东	浙江	福建	河北	湖北	江西	山东	总计
1914	4	1	3	2					10
1916	3	3		1	1	1	1		10
1918	6		1					1	8
1921	3	1	2	2		2			10
1923	2				1	1	1		5
1925	1	2	2						6
1927	2		2					1	5
总计	21	7	10	5	2	4	2	2	53
百分比	39.6	13.2	18.9	9.4	3.8	7.5	3.8	3.8	

《本校历年毕业生统计表》，清华大学校史研究室编：《清华大学史料选编》（第一卷），北京：清华大学出版社，1991年，第50—55页。《统计表》中1918年江苏籍考生为7人，根据1937年印行《清华同学录》修订为6人

由表可见，考生分布于8个省，苏、浙、粤三省考生占总数71.7%，其余5省仅占28.3%。对比留美预备部学生来源，留美预备部学生来源虽也集中，但因各省招考有配额从而保证22省均有学生。可见，如果完全自由竞争，由于思想开放程度深浅不一、经济与教育发展程度参差不齐，会导致生源过分集中于少数发达地区。

留美专科女生在美毕业学校分布为：[2]

---

1 清华大学档案，汪鸾翔档案。

2 吴长赋：《清华专科男生女生统计分析》，《清华校友通讯》新73期，1980年10月31日，第10—11页。

	1914	1916	1918	1921	1923	1925	1927	合计
哥伦比亚	1	4	4	3				12
约翰·霍布金斯	1	2	1	1				5
密西根		2	1		2			5
奥勃令			1	1	1	1		4
康乃尔		1		2		1		4
芝加哥	1			1		1		3
伊利诺							2	2
Radcliffe	1			2				3
Wellsley	2							2
Smith						1		1
Vassar	1							1
西北					1			1
新英格兰	1							1
俄亥俄					1			1
Western Reserve						1		1
无资料		1					3	4
合计	8	10	7	10	5	5	5	50

留美专科女生在美学科分布为：[1]

	1914	1916	1918	1921	1923	1925	1927	合计
文学	2	1				1		4
音乐	3		1		1	1		6
教育	1		2		1			4
历史	1	1		2		1		5
社会	1	1		1				3
家政	1			1				2

1　吴长赋：《清华专科男生女生统计分析》，《清华校友通讯》新73期，1980年10月31日，第11—12页。

							合计
美术	1						1
新闻		1					1
医学	3	3	2	2	1		11
生理	1						1
牙科	1						1
物理				1			1
化学	1				1	2	4
数学		1	1				2
商业		1	1				2
无资料	1		1			3	5
合计	10	10	8	10	5	5	5	53

从留美专科女生选习学科看，约三分之一按照规定选修教育、家政、医科等，三分之二选修的11个科目不在规定范围之内，体现了清华在留学管理上弹性、人性化的特点。

在美求学期间，专科女生呈现两方面特征：第一，除了刻苦钻研学业，还积极融入社交活动，努力在多方面发展自身能力。第二，将爱国热情转化为造福中国社会的具体行动，特别是将女性解放与中国富强联系起来。[1]

留美专科女生学位统计：[2]

	1914	1916	1918	1921	1923	1925	1927	合计
学士	7	5	2	2	3	4		23
硕士	2	3	4	5				14
博士		2	2	2	1	1	2	10
合计	9	10	8	9	4	5	2	47

1　王晓慧：《1922年清华停送专科女生留美始末》，《现代大学教育》第3期，2017年，第58页。

2　吴长赋：《清华专科男生女生统计分析》，《清华校友通讯》新73期，1980年10月31日，第12页。

留美专科女生要求程度为中学毕业，赴美后能克服种种困难，取得优异成绩，获得学位比例为88.7%，其中学士、硕士、博士比例分别为43.4%、26.4%和18.9%。1912—1929年间清华留美预备部赴美留学生获得学士、硕士、博士比例为25.5%、44.81%、18.81%，[1] 可见留美专科女生获得学士比例超过留美预备部毕业生，获得博士学位的比例略高于留美预备部毕业生。

这批留美女生大多是民国早年女青年中的佼佼者，回国后大都成为我国较高层次女知识分子的先驱人物，比如：中国第一个女教授、历史学家陈衡哲，厦门大学音乐教授周淑安，上海暨南大学英文教授张端珍，上海大同大学图书馆主任胡卓，湖南大学数学教授陆慎仪等。

1927年后，清华再无专科女生考试选拔。

1　沈希珍：《清华留美学生之研究——以留美预备部学生为对象》，台湾中兴大学历史研究所硕士论文，1994年，第123页。

求学识俱优之专门人员赴美研习精深之科学

——招考留美专科男生

　　1914年起，清华学校开始招考留美专科女生。美国驻华公使芮恩施[1]向北京政府外交部提议专科生不应限于女生。这一提议得到外交部次长曹汝霖的同意。1915年清华学校呈准每年选派专科男生10名。[2]

　　自1916年起，清华学校开始考选留美专科男生，每年不超过10名，要求考生年龄在26以内、身体健康、国内外专门学校毕业、程度能直接进入美国大学院 post-graduate course。与留美专科女生类似，清华对留美专科男生所习专业进行规定，集中于法、矿、电机、机械、土木、纺织、农林等科目。专科男生留学年限一般为3年，"如欲展长年期，必须有特殊之成绩与其他充分理由报陈监督处，转商本校校长核办"。[3]

　　关于考生程度，专科女生要求"国学至少中学毕业，英文及其他学科

1　芮恩施（Paul Samuel Reinsch，1869—1923），美国人。1892年毕业于威斯康星大学。1901—1913年任该校政治学教授。1904年组织美国政治学协会，任该会主席。1913年任驻华公使，1919年辞职后受聘为北京政府法律顾问。1923年在上海病逝。张磊主编：《孙中山辞典》，广州：广东人民出版社，1994年，第375页。

2　《请核定本年招考与派美学生川装各费》，陈立提供。

3　《专科学生赴美留学试验规则》，清华大学校史研究室编：《清华大学史料选编》（第一卷），北京：清华大学出版社，1991年，第224—226页。

北京清華學校赴美留學專科生試驗規程　民國十二年分

（甲）大綱

（一）本校本年招考土木工程科化學工程科電機科農科鑛科法科學生擇尤錄取以五名爲限

（二）錄取與否視考生此次應試所得之分數與從前所習之成績參酌決定

（乙）資格

（三）報名者須屬民國國籍品行端正體質健全年齡不過二十八歲曾在國內外上列各科專門學校或大學畢業能選入美國大學研究科 Post-Graduate School 進求高深學問者方爲合格

（丙）考試科目

（四）各科應考門類皆分爲普通學科專門學科兩部載於另單

（丁）報名須知

（五）考生須於五月十日以前函詢附郵票二十分向本校招考處索取報名應需之履歷書成績證書體質證書等件

（六）考生將履歷書及成績證書按式詳細填寫註請其原肄業學校長簽字證明

（1）考生須將畢業科大學畢業之醫生查驗身證在本校所備證書內用英文詳細填寫註簽字作證醫生出身證一併註明

（2）考生須將畢業文憑等憑證或各科學校等選送證書亦應一併寄來備驗（此項文件寄遠時所需郵費須一併寄來）

（3）考生於報名時須交費銀拾元由所在郵局送匯至京西清華園郵局交本校招考處

（4）考生須照履歷書中所載「照像須知」預備本年所照四寸半身像片四張

（7）所有上條五項各件至遲須於五月二十五日一併掛號寄到本校招考處以便審查

（8）審查後如本校認爲所填不符或程度不合不能准考者當即函告除成績體質證書留存外其餘各件一併寄還

（9）審查後認爲合格者即由招考處寄發准考證一紙以爲屆時應試之憑證其交憑及任事經歷憑證俟揭曉後方再寄還　一經准考無論應考與否取錄與否槪不退還考費

（戊）試期及地點

（十）本年考試定於七月二日起在京西清華園本校及上海康腦脫路南洋路鑛學校舉行　考生須於報名時擇定一處擇定後不得更改

（己）留學須知

（十一）錄取學生如染有危險病症卽不得放洋

（十二）錄取各生應填具志願書保證書各一紙存校備查

（十三）錄取各生均須照定期於八月間由滬放洋其川資學費等項悉照本校選派赴美留學章程辦理

（十四）各生到美後應卽入先時認定之大學進修各該專科非經督處核准不得改換學校或改習科目

（十五）留學年限定爲三年如欲延長必須有特殊成績或其他充分理由方得呈請監督處轉詢本校校長核辦

（庚）通信須知

（十六）關於詢問招考事件或索取章程來函務須逕致本校招考處並附相當郵票以免延誤而便寄覆

（十七）函索此項規程一份不要證書等件者寄郵票六分

（十八）欠資函件槪不收受由北京城內來函務照外埠例貼足郵票

1923年北京清华学校赴美留学专科生试验规程

须能直接进美国大学肄业"。专科男生则要求"国内外专门学校毕业、程度能直接进入美国大学院 post-graduate course"。显然，专科男生要求比专科女生高。考生年龄，专科女生要求18—25岁之间，专科男生要求不超过26岁。看起来似乎相差不大，但考虑专科男生要求专门学校毕业，因此对专科男生要求更高。这一男女有别的要求，适应了当时国内男女受教育情况的实际。

关于留学时间，专科男生、女生有一点区别。可能是考虑到女性实际情况，清华将专科女生留学时间定为4年，比专科男生多一年，但《女学生赴美留学试验规则》中没有延期规定，说明女生留学时间仅为4年，4年后不能再申请延期。而《专科学生赴美留学试验规则》虽然规定男生为3年，但规定男生可申请延期。

值得一提的是，由于清华学校1925年成立大学部。大学部定位于"纯以在国内造就今日需用之人才为目的，不为出洋游学之预备"。[1] 大学部学生不享受毕业后公费留美权利，但可以参加专科男生考试留洋。这为大学部优秀学生开辟了一条留学途径，同时也在一定程度上缓解了大学部与留美预备部学生出国权利的巨大差异而产生的不平衡。大学部学生周同庆、沈有鼎、袁翰青、杨业治等正是通过这种途径出国留学。

专科生考试报名踊跃，清华收到考生报名申请后，会对报名者进行资格审查，最终确定参加考试的考生。

---

1 《大学部组织及课程》，清华大学校史研究室编：《清华大学史料选编》（第一卷），北京：清华大学出版社，1991年，第293页。

專科生試驗科目單

(民國十二年分)

For Fellowship in Civil Engineering

A. 1. 國文 (作文及答問)
2. 中國歷史
3. 中國地理
4. English
5. Oral English
6. French or German
7. Physics
8. Geology
B. 1. Calculus
2. Engineering Mechanics
3. Hydraulics

4. Strength of Materials
5. Plane Surveying
6. Railroad Curves
7. Bridge Design
8. Graphic Statics
9. Masonry Construction
10. Re-inforced Concrete Construction
11. Water Supply
12. Sewerage System.

For Fellowship in Electrical Engineering

A. 1. 國文(作文及答問)
2. 中國歷史
3. 中國地理
4. English
5. Oral English
6. French or German
7. Physics
8. Chemistry
B. 1. Calculus
2. Engineering Mechanics
3. Hydraulics
4. Strength of Materials

5. Elements of Electrical Engineering
6. Mechanism or Kinematics
7. Steam Engineering
8. Theory and Calculation of Alternate Current Circuits
9. Electric Machinery
10. Electric Lighting and Power Plant
11. Telegraph and Telephone
12. Wireless Telegraphy
13. Electric Railway Engineering

For Fellowship in Mining Engineering

A. 1. 國文(作文及答問)
2. 中國歷史
3. 中國地理
4. English
5. Oral English
6. French or German
7. Physics
8. Calculus
B. 1. Geology
2. Mining Engineering
3. Mineralogy
4. Ore Dressing
5. Assaying
6. Metallurgy
7. Metallurgical Analysis

For Fellowship in Agriculture

A. 1. 國文 (作文及答問)
2. 中國歷史
3. 中國地理
4. English
5. Oral English
6. French or German
7. Physics (optional)
8. Chemistry (General, Qualitative and Quantitative)
9. Botany (higher forms of plant life)
10. Zoology
11. Principles of Agriculture:
a. Soils and Farm Management
b. Farm Crops and Horticulture
c. Animal Husbandry and Dairy
B. (a) Agronomy:
1. Soils
2. Farm crops

3. Plant Breeding
4. Irrigation and Drainage
5. Horticulture
6. Agricultural Chemistry
or (b) Plant:
1. Botany (lower forms of plant life)
2. Plant Physiology
3. Plant Pathology
4. Entomology
5. Horticulture
6. Agricultural Chemistry
or (c) Animal Husbandry:
1. Animal Breeding
2. Dairying
3. Feeds and Feedings
4. Principles of Veterinary Science
5. Poultry

For Fellowship in Law

A. 1. 國文 (作文及答問)
2. 中國歷史
3. 中國地理
4. English
5. Oral English
6. French
7. American History
8. English History
9. European History
10. Comparative Government
B. 1. Chinese Adjective Law, including Constitution of Courts and Civil and Criminal Procedure

2. Chinese Substantive Law, including Civil, Criminal and Commercial Law
3. Anglo American Law, including General Principles of Contracts, Torts, Criminal Law, Property, Procedure, and Commercial Law
4. Jurisprudence, Roman Law, Public and Private International Law,

For Felowship in Chemical Engineering

A. 1. 國文 (作文及答問)
2. 中國歷史
3. 中國地理
4. English
5. Oral English
6. French or German
7. Physics
8. Chemistry (General)
B. 1. Calculus
2. Analytical Chemistry

3. Organic Chemistry
4. Physical Chemistry
5. Industrial Chemistry
6. Chemical Machinery
7. Mechanism
8. Steam and Gas Engineering
9. Elements of Electrical Engineering
10. Materials of Construction
11. Fuel and Gas Analysis

注意： 1. A 係普通科目，B 係專門科目。
2. 電機科考生可於 B 組最後五門 (即 9，10，11，12，13) 中任擇三門。
3. 農科考生可於 B 組 (a)，(b)，(c) 三項中任擇其一。
4. 以上兩科選考門類，及考生願考法文或德文，均須於報名時擇定，擇定後不得更改。
5. 國文門問答題，以關於文學及公民常識者為主。

1923年专科生试验科目单

年份	1916	1917	1918	1919	1921	1923	1925	1927	1929
考试人数	50[1]	28[2]	38[3]		30[4]	50[5]			140[6]
录取人数	10	7	7	8	10	5	5	5	10
录取率 %	20	25	18.4		33.3	10			7.1

由上表可见，专科男生录取率较低。

1927年在上海参加考试的江泽涵回忆：

  我是一九二六年从南开大学数学系毕业的。那年暑假后姜立夫师往厦门大学任教一学年，带我去任数学系助教。一九二七年清华大学宣布该年考送两名英文、一名数学和一名化学共四名留美专科生。我在厦门大学就一面工作一面准备应试。正碰上那年厦大罢课一些时候，我有了较多的准备时间。

  那年专科生的考场设在上海交通大学，应考的都集中在那里，时间是暑假的开始。我只记得我考过的科目有：国文、英文（笔试和口试）、数学（内容比较多）。考数学专科生的还有别人，其中有一人每次考完后常和我谈论，他总认为他考得比我好。考场上因此我有些气馁，几乎忘记了考最后一场：英语口试。清华派来主持这场口试的是何林一；他提醒我还要考这一场，所以我至今还记得他的姓名。当时我的印象：清华校长是曹云祥，数学系主任是熊庆来；交通大学考场上的监考人员

1　《招考志略》，《清华周刊》第79期，1916年，第16页。

2　《报考一束》，《清华周刊》第三次临时增刊，1917年，第14页。

3　《投考合格人数》，《清华周刊》第四次临时增刊，1916年，第9页。

4　《招考处纪事》，《清华周刊》第七次增刊，1921年，"新闻"栏第1页。

5　《报考踊跃》，《清华周刊》第285期，1923年，第74页。

6　人言：《关于清华留美专科考试》，《国立清华大学校刊》第85期，1929年8月13日，第8版。

都是清华派来的，试题试卷都是清华送来的，应考的答卷也都是送到清华去评阅的。[1]

由江泽涵回忆也可看出，如同专科女生考试，清华对外地考试组织极为严格，监考人员由清华派遣，试卷由清华送去并回清华评阅。

专科男生的考试与女生考试均为一星期，区别在于专科男生是分科考试，不同的科目考试内容有同有异。

专科生考选严格，宁缺毋滥。从1916年至1929年，清华共考选9批67名留美专科男生。

时间	人数	姓名
1916	10	王成志 王锡藩 李迪华 李铿 茅以升 黄寿恒 许坤 裴维裕 燕树棠 薛次莘
1917	7	沈良骅 吴学孝 黄家齐 过养默 裴爕钧 薛卓斌 谭真
1918	7	王节尧 侯家源 徐世大 张文潜 康时敏 杨肇燫 顾宜孙
1919	8	丁人鲲 任尚武 李顺卿 胡经甫 涂绍宇 陈桢 刘基磐 薛绍青
1921	10	王崇植 李继侗 邹恩泳 桂铭敬 张念源 冯锐 董时进 裴庆邦 诸水本 潘履洁
1923	5	石颖 朱物华 李书田 吴韫珍 许应期
1925	5	朱祖晦 庄前鼎 程乃颐 曾友豪 刘晋年
1927	5	江泽涵 李克鸿 范存忠 张资珙 郭斌和
1929	10	王赣愚 沈有鼎 周同庆 胡坤升 张宗汉 梁庆椿 袁翰青 郭斌佳 冯德培 杨业治

《清华同学录》，1937年

与专科女生一样，一般来说，专科男生也有分科等额备取生，以备正

---

1 江泽涵：《回忆往事》，《清华校友通讯》复第15期，1987年，第9页。

取学生因故不能留洋时递补。例如，1925年分科备取5名：[1]

姓名	科目
孙瑞璋	电机科
曾省	生物科
周传儒	历史科
朱有光	教育科
沈达时	商业经济科

1929年分科备取3名：[2]

姓名	科目
潘世宁	工程
杨曾威	地理
张镜予	社会人类

67名留美专科男生籍贯分布为：

	江苏	广东	浙江	河北	四川	江西	安徽	湖南	山东	广西	总计
1916	6		2	1		1					10
1917	3	2	1				1				7
1918	2		2		1	2					7
1919	1	2			1	1		2	1		8
1921	5	2		1	1	1					10
1923	3			1						1	5
1925	2	1		1		1					5
1927	3	1				1					5
1929	5	1	2		1	1					10
总计	30	9	7	4	4	7	2	2	1	1	67

1　清华大学档案，汪鸾翔档案。

2　《国立清华大学校刊》第83期，1929年7月27日，第1—2版。

百分比	44.8	13.4	10.4	6.0	6.0	10.4	3.0	3.0	1.5	1.5	

《本校历年毕业生统计表》，清华大学校史研究室编：《清华大学史料选编》（第一卷），北京：清华大学出版社，1991年，第50—55页。《清华同学录》，1937年4月印行

由表可见，67名考生分布于10个省，苏、粤、浙三省占总数68.6%，苏、粤、浙、赣四省占总数79%，集中度很高，这与专科女生考生类似。

专科生赴美后入哪所学校学习，清华完全尊重学生自主选择。这从1925年7月24日，清华学校通知朱祖晦、庄前鼎等人的信中可见一斑：

Dear Mr. Chu（朱祖晦）

This is to notify you that you have passed the Fellowship Examination held by this College and that you have been selected to go to the United States to pursue further study according to our regulations.

As soon as possible, please inform us what College or University you have chosen, or wish to join.

We send you herewith one copy of information for Chinese students going to the U.S.A., one copy of general regulations and a circular with informations. You are advised to be at Shanghai not later than August 6th. And then call on Mr. L.Y.Ho（何林一），who will represent the College, at the Travel Department of the Shanghai Commercial & Savings Bank, 97 Szechuen Road. Mr. Ho will give you all directions that you may need.[1]

---

1 《清华学校通知朱祖晦函》，哈佛大学档案馆藏档案。《考取清华留美官费通知》，清华大学档案馆，庄前鼎档案。

攻取清華留美官費通知.

July 24, 1925.

Dear Mr. Chuang, (莊前鼎)

This is to notify you that you have passed the Fellowship Examination held by this College and that you have been selected to go to the United States to pursue further study according to our regulations.

As soon as possible, please inform us what College or University you have chosen, or wish to join.

We send you herewith one copy of Information for Chinese students going to the U. S. A., one copy of general regulations and a circular with informations. You are advised to be at Shanghai not later than August 6th. and then call on Mr. L. Y. Ho (何琳一), who will represent the College, at the Travel Department of the Shanghai Commercial & Savings Bank, 97 Szechuen Road. Mr. Ho will give you all directions that you may need.

Yours truly,

K. Z. Chang

清华学校通知书

清华通知朱祖晦的信也清晰地勾勒了专科生出国的流程，即先到上海集中，然后由学校代办出国手续，并统一出国赴美。

经统计，专科男生在美毕业学校分布为：[1]

	1916	1917	1918	1919	1921	1923	1925	1927	1929	合计
康乃尔	3	4	2	2	4	2				17
哈佛						2	1	3	5	11
麻省理工	3	2	1		2		1			9
哥伦比亚	1		2	2	1		1			7
耶鲁	1		1		1	1				4
芝加哥				1			1	1	1	4
伊利诺					1				1	2
罗威尔			1	1						2
加州				1	1					2
普林斯顿									1	1
约翰·霍布金斯								1		1
威斯康星	1							1		2
司丹福		1								1
卡乃基迈伦	1									1
菲德福特				1						1
伦敦									1	1
无资料					1					1
合计	10	7	7	8	11	5	4	6	9	67

在前揭清华学校通知朱祖晦信中，并无赴美后学习学科的要求，可以认为是在默认招考规程中规定的法、矿、电机、机械、土木、纺织、农

1　吴长赋：《清华专科男生女生统计分析》，《清华校友通讯》新73期，1980年10月31日，第10页。

林等科目范围内自由选择。经统计，专科男生在美学习学科分布为：[1]

	1916	1917	1918	1919	1921	1923	1925	1927	1929	合计
土木	2	5	3		1					11
机械	1				1		1			3
电机	2	1	1	1	3	2				10
航空	1									1
采矿	1	1								3
建筑			1							1
桥梁建筑	1									1
铁路建筑					1					1
水力				1		1				2
纺织			1	2						3
森林植物				1						1
物理					1				1	2
化学								1		1
生物	1			2	1	1			1	6
生理									2	2
医学								1		1
心理							1			1
数学							1	1	1	3
农业经济					1					1
商业经济							1		1	2
工商管理							1			1
政治							1		1	2
法律	1		1		1					3
文学								2	1	3

1　吴长赋：《清华专科男生女生统计分析》，《清华校友通讯》新73期，1980年10月31日，第11页。

续表

									哲学	
哲学									1	1
历史									1	1
合计	10	7	7	8	9	5	6	5	10	67

由表可见，虽然清华学校规定专科男生专业应集中于矿、电机、机械、土木、纺织、农林等实科，但学习文史、经济、数学、管理的有14名，占总数20.9%；学习数学、物理、化学、生物、生理、医学、心理等有16名，占总数23.9%。换言之，44.8%的专科男生赴美后学习专业不在规定范围之内，这是清华尊重学生个性选择的又一例证。

专科男生学位统计：[1]

	1916	1917	1918	1919	1921	1923	1925	1927	1929	合计	比例 %
学士	1		1	1						3	4.48
硕士	7	7	5	5	6	2	2	2	4	40	59.70
博士	2		1	2	4	3	3	3	6	24	35.82
合计	10	7	7	8	10	5	5	5	10	67	

专科男生出国前要求专门学校毕业，程度较高。因而获得硕士、博士比例远高于学士比例。

在这67名专科生中，涌现出茅以升、燕树棠、陈桢、李继侗、朱物华、庄前鼎、江泽涵、王赣愚、周同庆、沈有鼎、胡坤升、袁翰青、冯德培、杨业治等杰出人才。

1929年后，清华再无专科男生考试选拔。

---

1 吴长赋：《清华专科男生女生统计分析》，《清华校友通讯》新73期，1980年10月31日，第12页。

广育高才，撙节经费藉图久远之计
——清华学校改办大学

1916年，周诒春校长正式提出改办大学，清华开始了改办大学的进程。清华改办大学，反映了近代以来中国人追求教育独立、学术自主的努力。

自容闳带第一批直接留美幼童赴美留学开始，中国官派或自费留学便络绎不绝。留学本质上是一种文化交流。近代以来，中国与西方资本主义强国相比，不论在经济还是科技等方面，均大幅度落后。在中西发展不平衡的情况下，出现大量留学生，取人之长，补己之短，不但必然，而且必要。

1906年，王国维批评："吾国之所素乏及现在之所最需要者，高等及中等教育也。"[1] "高等教育既兴，则外国留学可废；以后海外留学生限于分科大学卒业中选之，以研究学术之阃奥。"[2] 王国维指出："留学生之数之多，如我中国之今日，实古今中外之所未有也。通东西洋之留学生不下万人，每人平均岁以五百元计，则岁需五百万元；以此五百万兴国中之高

---

1 王国维：《教育小言十二则》，舒新城编：《中国近代教育史资料》（下册），北京：人民教育出版社，1981年，第1000页。

2 王国维：《教育小言十二则》，舒新城编：《中国近代教育史资料》（下册），北京：人民教育出版社，1981年，第1001页。

等教育，不虞其不足，即令稍有不足，其受教育之人数必倍于今日之留学生之数无疑也。"[1]

1914年，胡适发表《非留学篇》，沉痛地指出留学"吾国之大耻也"，"废时伤财事倍功半者也"，"救急之计而非久远之图也"。[2]胡适指出："留学之目的，在于为己国造新文明。"因此，留学者以不留学为目的。[3]

胡适对比了近代以来中日留学情况，"日本之遣留学，与吾国先后同时，而日本之留学生已归而致其国于强盛之域"。而中国留学成绩却非常之差，"今返观吾国则何如矣：以言政治，则但有一非驴非马之共和；以言军事，则世界所笑也；以言文学，则旧学已扫地，而新文学尚遥遥无期；以言科学，则尤可痛矣；全国今日乃无一人足称专门学者；言算，则微积以上之书，竟不可得；言化学，则分析以上之学几无处可以受学；言物理，则尤凤毛麟角矣；至于动植之学，则名词未一，著译维艰，以吾所闻见，全国之治此学者一、二人耳。凡此诸学，皆不可谓为高深之学，但可为入学之津梁、初学之阶梯耳。然犹幼稚浅陋如此，则吾国科学前途之长夜漫漫，正不知何时日耳"！[4]

胡适认为，中国留学政策是失败的。原因之一就在于政府舍本逐末，"不知振兴国内教育，而惟知派遣留学"。[5]胡适指出，美国退还大笔庚款，"足以建一大学而有余"，但政府却只用来资助学生留美。资助学生又重

1 王国维：《教育小言十二则》，舒新城编：《中国近代教育史资料》（下册），北京：人民教育出版社，1981年，第1001页。

2 《非留学篇（一）（二）（三）（1914年1月）》，《留美学生年报》第三年本，白吉庵、刘燕云编：《胡适教育论著选》，北京：人民教育出版社，1994年，第19页。

3 《非留学篇（一）（二）（三）（1914年1月）》，《留美学生年报》第三年本，白吉庵、刘燕云编：《胡适教育论著选》，北京：人民教育出版社，1994年，第22页。

4 《非留学篇（一）（二）（三）（1914年1月）》，《留美学生年报》第三年本，白吉庵、刘燕云编：《胡适教育论著选》，北京：人民教育出版社，1994年，第23页。

5 《非留学篇（一）（二）（三）（1914年1月）》，《留美学生年报》第三年本，白吉庵、刘燕云编：《胡适教育论著选》，北京：人民教育出版社，1994年，第23页。

视实业工科，轻视文哲政法，目光短浅。胡适特意提到清华学校，"其赔款所立之清华学校，其财力殊可作大学，而惟以预备留美为志，岁掷巨万之款，而仅为美国办一高等学校，岂非大误也哉"！[1] 胡适指出："留学乃一时缓急之计，而振兴国内高等教育乃万世久远之图；留学收效速而影响微，国内教育收效迟而影响大。"[2]

稍后，与胡适同年考取第二批直接留美生的许先甲也发表《遣派赔款学生办法管见》，亦以清华为例，建议"增高学生之程度"，提高留学生层次，节省留学费用。[3]

周诒春作为留美生，作为清华学校校长，与留学生保持着密切联系。1913年，他与顾维钧为主，联合梁敦彦、颜惠庆、王正廷、詹天佑等人发起和创建了欧美同学会，鼓励留学回国者继续研究其所学而又互相团结，担负起中西方文化交流的任务。因此，对胡适等国内外留学生的意见，周诒春非常清楚。[4] 这些意见，也促使周诒春认真思考清华学校的办学定位、宗旨和目标。

之所以说1916年是"正式"提出改办大学，是因为清华办理大学的计

1　《非留学篇（一）（二）（三）（1914年1月）》，《留美学生年报》第三年本，白吉庵、刘燕云编：《胡适教育论著选》，北京：人民教育出版社，1994年，第23—24页。

2　《非留学篇（一）（二）（三）（1914年1月）》，《留美学生年报》第三年本，白吉庵、刘燕云编：《胡适教育论著选》，北京：人民教育出版社，1994年，第24页。

3　许先甲：《遣派赔款学生办法管见》，《留美学生季报》，民国三年（1914）夏季第二号，上海中华书局发行。舒新城编：《中国近代教育史资料》（下册），北京：人民教育出版社，1981年，第1098页。

4　胡适与周诒春私交甚笃，十分尊敬周诒春，他在1934年一篇文章中写道："照我这十几年来的观察，凡受这个新世界的新文化的震撼最大的人物，他们的人格都可以比一切时代的圣贤，不但没有愧色，往往超越前人。老辈中，如高梦旦先生，如张元济先生，如蔡元培先生，如吴稚晖先生，如张伯苓先生；朋辈中，如周诒春先生，如李四光先生，如翁文灏先生，如姜蒋佐先生：他们的人格的崇高可爱敬，在中国古人中真寻不出相当的伦比。这种人格只有这个新时代才能产生，同时又都是能够给这个时代增加光耀的。"季羡林主编：《胡适全集》第4卷，合肥：安徽教育出版社，2003年，第532页。

划尚可前推。据叶企孙回忆，早在1911年清华学堂成立，第一任教务长胡敦复即有开办大学班的想法，旋因美国教员反对作罢，不久胡敦复也辞职离校，[1] 此议遂不了了之。1913年，周诒春已有将清华逐渐改为完全大学的考虑。[2] 计划将清华发展为完全大学的计划，筹设法律与政治、工程、财政、教育、基础与应用科学等学院。[3] 惟兹事体大，当时清华处初创时期，改办大学条件尚不具备。

1916年，清华建校已届五年，初步度过了"创建时期"，进入"发展时期"。周诒春认为，清华有良好的基础、充足的经费，为久远计，将清华"逐年扩充至大学程度"，是学校今后发展的"当务之急"。否则，1940年庚款还清之后，清华经费将难以为继。为此，7月27日，周诒春向外交部呈文，正式提出将清华改办为完全大学。

周诒春在报告中提出三点理由：

> 一可增高游学程度、缩短留学期限以节学费也。考吾国十余年前之游美学生，多半须先入彼国高等学校，以资预备。今日之游美学生，已能直入彼国大学，省时节费，业见进步；然闻日本今日之在国外留学者，均已在国内大学毕业，然后出洋进求高深之学问经验。我国亦应仿此办理，故拟将清华逐年扩充至大学程度。凡属大学之学程，均在本校内完全设备，至学生在大学毕业后，再择尤（优）派遣赴美，逐入日本所称之大学院内肄业，进求大学以上之专科学术。准此办理，则于留学

1　虞昊、黄延复著：《中国科技的基石——叶企孙和科学大师们》，上海：复旦大学出版社，2000年，第14页。

2　曹云祥：《清华学校之过去现在及将来（清华之教育方针目的及经费）》，清华大学校史研究室编：《清华大学史料选编》（第一卷），北京：清华大学出版社，1991年，第38页。

3　*THE TSING HUA ANNUAL*, Published by the Students of Tsing Hua College (For the 1915 Panama Exposition), Vol.1. Printed By The Methodist Publishing House In China, August 1914.

期限及留学经费，实可减少大半；此外敦聘少数名师，造成多数成材之士，于每一学生之所费，较之应予一学生之留美学费，节省之数尤巨。平均以每一教员，实授学生三十人计之，节省之数，可达六分之五。

一可展长国内就学年期，缩短国外求学之期，庶于本国情形不致隔阂也。查近年留学生回国，每于国内情形不甚熟谙，以致言行动作，不能尽合时宜。盖因幼年出洋，本国之识历未充，或者居外日久，事多遗忘。如能在国内肄习其大学学业，同时使其年历相长、志学并进，于其后来立身致知之方，亦可早日裁定，此于学成致用之道，尤能兼备。

一可谋善后以图久远也。清华经费，至民国二十九年庚子赔款摊还清结后，亦将无以为继。届时更恐维持之不暇，势难更求增进之要图。不如趁此时机，渐求扩充，藉可撙节经费。至赔款退清之时，则大学之规模设备，均可早定基础。至时须筹通者只常年经费耳。此项经费或本校回国学生可达数千，如经常费无着，则可望其中富者出财，智者尽力，为母校分任维持之义务，则退还赔款虽已终结，而学校仍可图继续存在。

以上三点，归根结底，"皆为广育高才，撙节经费藉图久远之计"。周诒春指出："我国地大物博，已设之完全大学，寥寥无几。当此百度维新之候，尤宜广育人才，以应时需。"[1]基于上述三点，尤其是第三点，周诒春以时不我待的紧迫感推进改办大学。正如校友孙继丁指出的："他要在庚款尚能有效运用时期，将清华设备成一所完善的大学，将来我们的学

1 《详外交部文为逐渐扩充学程预备设立大学事（民国五年七月二十七日）》，清华大学校史研究室编：《清华大学史料选编》（第一卷），北京：清华大学出版社，1991年，第276—277页。

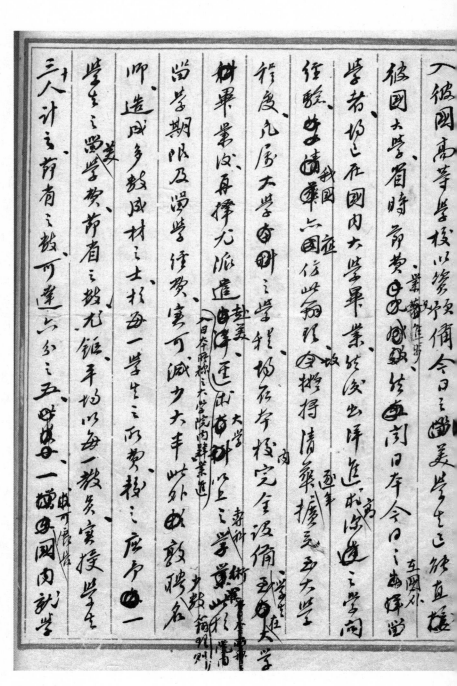

入彼國高等學校以資預備、令日之留美學生之能直接
彼國大學肄業者尚少、業薄進步、又既成後再習日本令日之歸洋學
學者均已在國內大學畢業然後出洋進此我國高
經驗學績肄業國信此編那令擬持情藥擾之五大學
修後凡屬大學肄業之學程均於學校完全設備赴太學
樹畢業後再擇尤派遣赴美大學科學之學業赴太學
當學期限及當學經費實可減少大事此外數聘名
師、造成多數成材之士於每一學生之而費稍之座方也一
學生之當學經費者之數尤鉅平均以每一教員實授學生
三人計之節省之數可達此約之五國內就學

外交部云 為函辦擴充學程預備設立大學事

詳為辦理擴充學程預備設立大學事宜以清華學

校仍於宣統三年就招美肄業館陸續備至參先後之

歷年當學畢業回國學生日見其眾加以年來志

切來學者至見修儕不絕誠以眼於定章來意廣廳

英才故辦於原定學程少年擴充增加籌課國速評於

年之後得定全域一軍大學本科之程度以應時勢之

需要故特擴充最切要之理由三端謹為

鈞部飄垤陳之一可增高肄業程度縮短肄業年

明以節學費此考各國十餘年前之游美學生多年級是

年期、國外籍學、差期經於國內情形不能隔膜也、壹追年

留學生回國每於國內情形不甚熟諳、以致言行動作不

給適合時宜、此蓋因出洋年齡、識歷較、或者曾學店

外見聞事多遺忘、以此修之國內

相長志學業進於坻域未之國

覺感路用之道、尤國其備、一可得善後以國久遠

也、清業總費至民國二九年庚子賠款撥、凌山將

每以為經屆時至此作持之不敢勢鄰交求增近之要圖、

而此趙此時機澎枞擴充籍可撥充經費至賠款互

退清之時剑大學之規模設備均可早定基礎、屬於時

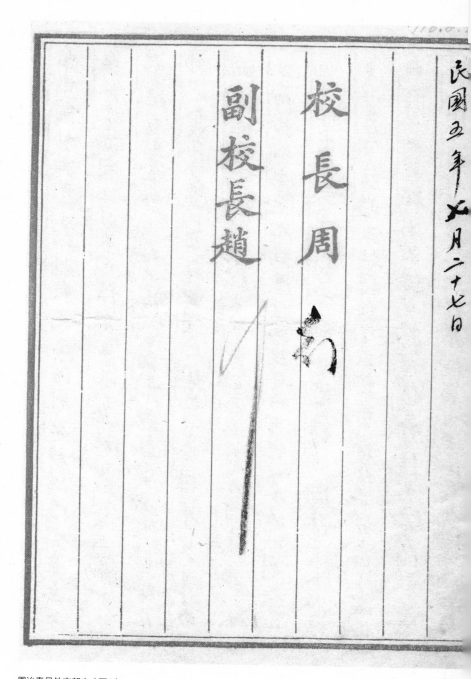

校長周[印]

副校長趙

周诒春呈外交部文（页3）

校通情形断图擴充之一切建築布置博政學科以應

國文諸端、是當随時詳細妥為規畫陳请

謹核示遵、所有通国擴充學程預備設立大學緣由、

理合具詳上陳是否有當伏乞

鈞裁批示祇遵、谨禀

外交部 次長

生可在国内读大学，留美后即入研究院，研究高深学识。"[1]

不到半月，外交部即批复周诒春的报告。周诒春立即开始在改革课程、选聘教员以及增添设备、兴建馆舍等方面着手准备。

周诒春扩大资送学生人数、改办大学大兴土木等导致学校财务紧张，引起部分别有用心之人攻击而于1918年初辞职。至1922年曹云祥任清华校长，期间先后有赵国材（代理）、张煜全、罗忠诒（未到职）、严鹤龄（代理）、金邦正、王文显（代理）等任校长。校长的频繁更迭影响了校务发展。曹云祥曾感叹："周校长离校后，学风衰颓，校长数易，仅改组董事会以求维持局面，更无计划之可言矣。"[2]

虽然校务动荡，但改办大学并未中辍、仍在推进。1918年2月，赵国材呈请"增高程度，升为大学，各生由大学毕业，再行派美，则既可缩短留学期限，亦可减轻留学经费"。[3]张煜全就筹办大学一事，在全体中西教职员会议上通过设立"大学筹备委员会"，[4]负责"筹定计划，逐渐增高本校之程度，期跻于完全之大学"。[5]1920年1月，张煜全将该会的工作计划呈报外交部。这个计划最重要的一个措施是逐渐停办中等科，"而以办中等科之力量与经费，改办大学"。[6]计划确定，自1920年起停招中等

1　孙继丁：《"重试游美"杂感》，《清华校友通讯》新36期，1971年4月20日，第2页。

2　曹云祥：《改良清华学校之办法》，清华大学校史研究室编：《清华大学史料选编》（第一卷），北京：清华大学出版社，1991年，第413页。

3　《清华学校基金保管委员会》，03—08/18—2，《清华学校代校长赵国材致董事会》，1918年2月22日。转引自苏云峰：《从清华学堂到清华大学：1911—1929》，北京：生活·读书·新知三联书店，2001年，第75页。

4　《发外交部陈报筹设大学（民国九年一月十五日）》，清华大学校史研究室编：《清华大学史料选编》（第一卷），北京：清华大学出版社，1991年，第279页。

5　《大学筹备委员会预定报告大旨（民国九年）》，清华大学校史研究室编：《清华大学史料选编》（第一卷），北京：清华大学出版社，1991年，第281页。

6　《发外交部陈报筹设大学（民国九年一月十五日）》，清华大学校史研究室编：《清华大学史料选编》（第一卷），北京：清华大学出版社，1991年，第279页。

科一年级新生，三年后在校该科学生全部结业，中等科即告结束。高等科仍保留，并扩大学额。1921年又将高等科四年级改为大学一年级。虽然办了大学程度的班级，但这毕竟不是彻底改办大学的措施。

1922年5月，曹云祥代理清华校长。1923年9月，张彭春任教务长。清华改办大学的工作加速进行。

1923年2月，曹云祥从学校经费着眼，提出"十八年（1923—1940）计划"，筹划逐步改办大学的具体方案。学校组织"课程委员会"筹划改办大学的具体步骤与措施。课程委员会先后三次提出改办大学方案，最后，由教职工会议通过，决定自1924年起为大学筹备期。从这一年秋天起，开始逐年停招留美预备生（旧制学生）。至此，清华改办大学的计划，由酝酿阶段正式进入实施时期。

1924年2月，清华聘请胡适、范源廉、张伯苓、张福运、丁文江为大学筹备顾问。[1] 10月，"大学筹备委员会"成立。筹委会下设召开联席会议与分组会议。其中，分组会议包括课程及计划组、教职员待遇组、招考新生组、派美游学官费组等四组。分组会议的决议，提交联席会议，通过后，再提交大学筹备顾问，并呈报学校董事会，最后呈报外交部，批准后实施。各分组会议平均每周开会一次，每次三小时。教职员待遇组除开会外，曾召集公开讨论两次。联席会议，曾开非正式会议一次。课程及计划组与教职员待遇组，曾开联合会一次。以上各项会议外，最重要的是联席会议正式开会。[2]

1924年12月16日，联席会议第一次正式开会，后每逢星期二开会。1925年2月中旬后，每星期开会两次（星期二、星期五），到3月6日结束，共计开会12次。在两个半月讨论中，除了官费留学问题外，主要讨论了课

1　见本书《对于清华大学教育应取之方针与应有之计画，不吝指导——聘请大学部筹备顾问》一文。

2　蔡竞平：《筹备大学略史》，《清华周刊》第339期，1925年3月13日，第1页。

規畫隨時詳部核奪可也此令

中華民國五年八月

外交總長 陳錦濤

九

日

外交部照准清华学校扩充学程设立大学的指令（1916）

指令　實字第二號

外交部指令　　令清華學校校長周詒春

據詳逐漸擴充學程預備設立大學已悉所具理由

程及计划、招考新生、教职员待遇、研究院与大学课程等问题。讨论结束后，大学筹备转入实施阶段。[1]

1925年4月，外交部批准了大学筹备委员会提出的《清华大学工作及组织纲要（草案）》。学校随即按照《纲要》成立了"临时校务委员会"，由曹云祥、张彭春等10人为委员。临时校务委员会负责将清华学校改组为大学部、留美预备部和研究院三部分，并决定到1929年旧制生全部毕业后，留美预备部停办。

1925年5月，大学部正式成立，开始招生。共招收大学普通科研究一年级学生（新制生）132人，报到者有93人。

由于此时校内仍有留美预备部学生在读，为防止大学部学生提出与留美预备部学生同享公费留美可能引发纠纷。清华特别声明："学生在本大学部肄业完全与留美学额无关，但将来清华举行留学考试时，本校专门科毕业生均得报名应试，凡投考本大学之学生务须明了此项办法以免误会。"[2] 声明中的"留学考试"指当时清华组织进行的留美专科男生和专科女生考试。由于"本校大学部暂不收录女生"，故实际上仅为留美专科男生考试一项。这项考试此前只面向校外考试，此时兼及大学部新生，可谓因时制宜的两全之策。

大学部成立后，为避免因为系科划分尤其为了避免分科过早过细造成知识割裂的弊端，大学部分为普通科与专门科。

"普通科为大学之前二年或三年，以使学生知中国之已往与世界之现状，藉以明了中国在此过渡时代之意义，并鼓励学生使为择业之考虑为宗旨。"专门科为"已选就终身职业或学科之学生作专精之预备而设"。[3]"专

1 蔡竞平：《筹备大学略史》，《清华周刊》第339期，1925年3月13日，第1—2页。

2 《大学部组织及课程》，清华大学校史研究室编：《清华大学史料选编》（第一卷），北京：清华大学出版社，1991年，第297页。

3 《北京清华学校大学部暂行章程》，清华大学校史研究室编：《清华大学史料选编》（第一卷），北京：清华大学出版社，1991年，第302页。

门训练之期限视其门类之性质而定，亦约为两年或两年以上。"[1]普通科不分系，课程设置如下：

	课程		单位数
第一年级	休学目的及方法		1
	国文		2
	英文		2
	近代科学思想发达史（半年），机械技艺实习（半年）		2
	实验科学 生物或化学或物理		3
	历史（中国及外国）		4
	选习	第二外国语 或数学 或读书（就必修科之一从事博览由教师指导之）	3
	体育		1
总计			18
第二年级	国文		1
	英文		2
	现代中国问题		2
	文学（中国或西洋）或哲学（中国或西洋）或社会科学一门（经济学或政治学或社会学）		3
	选习		8
	体育		1
总计			17

其中，大学部学生于开学一学期后加习兵操。表中"单位"指学生每周在该课程应投入时间，包含上课及自修，一个单位约为三小时。至于课

---

1 《大学部组织及课程》，清华大学校史研究室编：《清华大学史料选编》（第一卷），北京：清华大学出版社，1991年，第293页。

内与课外时间比例，教师可斟酌自定。[1]

教学上，普通科"重综合的观察"，即学习一些普通的基础课程，学习期满后由学校发给修业证书与成绩单，"学生或入本校所设之各项专门训练，或转学他校，或外出就事，一听其便"。[2]专门科基础与理论、研究与实践并重，分三类：1. 文理类；2. 应用社会科学类，如商业、新闻业、教育及法政等；3. 应用自然科学类，如农业、工程等。学生成绩合格后，发给毕业证书与学位证书。普通科学生如愿意继续升入本校专门科，需要通过入学考试。教学方法上，张彭春竭力倡导英国大学的"导师制"，让师生之间有个人的接触和讨论。[3]

大学部的这种划分，与国内一般大学不相衔接；且普通科培养目标不明确，学生反映普通科"不文不理"，年限太长。因此，不少人入学后纷纷退学。这促使清华在1926年取消了普通科，而将"普通训练"的时间缩短为一年，并提早设系，规定"大学部本科修业期至少四年，学生毕业后给学士学位"。[4]

1926年，大学部设立17个系，其中已开出课程的有11个系，即：国文学系、西洋文学系、历史学系、政治学系、经济学系、教育心理学系、物理学系、化学系、生物学系、农业学系、工程学系。暂未开出课程的有6个系：哲学系、社会学系、东方语言学系、数学系、体育学系、音乐系。

至此，清华改办大学告一段落，校内大学部与留美预备部及同年成

---

1 《大学部组织及课程》，清华大学校史研究室编：《清华大学史料选编》（第一卷），北京：清华大学出版社，1991年，第294—295页。

2 《大学部组织及课程》，清华大学校史研究室编：《清华大学史料选编》（第一卷），北京：清华大学出版社，1991年，第294页。

3 《高等教育的新试验》，《孟宪承文集》（卷一），上海：华东师范大学出版社，2010年，第233页。

4 《清华学校组织大纲》，清华大学校史研究室编：《清华大学史料选编》（第一卷），北京：清华大学出版社，1991年，第297页。

立的国学研究院并存，清华开始向完全大学过渡，这是学校发展上关键性转变。1929年，随着留美预备部结束与国学研究院撤销，过渡结束，清华成为完全大学。

成立大学部，起于周诒春，中经赵国材（代理）、张煜全、严鹤龄（代理）、金邦正、王文显（代理）等校长，最后成于曹云祥，历经10年。这些校长任期有长有短，能力有强有弱，名誉有誉有毁，但在学校发展这件永续工作上，他们犹如接力赛选手，抱定"明其道不计其功"的信念，尽力跑好自己一程并将接力棒交给下一任，推动学校往前发展。他们的事功也永远铭刻在学校历史上。

知遇之重
——吴宓、汤用彤延期出国留校工作

著名学者、我国比较文学奠基人之一吴宓，著名哲学家、哲学史家汤用彤分别于1916、1917年从清华学校毕业。鲜为人知的是，他们都因为体检不合格而延期一年赴美。在延期的一年，他们积极治疗，并得到学校的帮助留校工作，生活无虞，学业无碍。一年后，吴宓、汤用彤先后赴美，学问大进，与陈寅恪并称为中国留学生中的"哈佛三杰"，成长为我国著名学者。

对吴宓、汤用彤二人延迟赴美、留校工作，相关研究基本都将这一年时间视为二人清华求学的延续，大多一带而过，部分论及也有不够严谨之处。如果细究二人留校背景与过程，不但能加深对二人精彩生命历程的认识，也能对当时清华选派留学生的工作有更为全面的认识，从而一定程度上加深对中国近代留学史的认识。

留校工作

清华学堂、清华学校时期，学生经过严格、认真的学习和选拔，毕业后公费留美。但毕业并不能保证一定可以赴美，出国前还要体检，合格

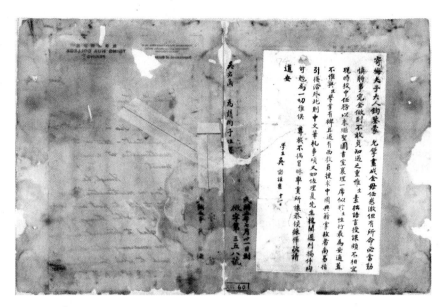

1919年7月11日，吴宓致周诒春的求职信

后方得乘船赴美，不合格者则须留国治疗。

1916年6月，吴宓从清华学校毕业，由于眼病等原因未能出国。于是，吴宓请周诒春（字寄梅）校长帮忙。

周诒春马上伸出援助之手，热心安排周诒春留校工作。起初周诒春希望吴宓能担任教师授课，但为吴宓婉拒。7月11日，吴宓写信给周诒春校长，希望能在学校担任图书室襄理或中文文案的工作。

寄梅夫子大人钧鉴：

蒙允擘画成全，毋任感激。但有所命必当勤慎，将事完全做到，不敢负知遇之重。惟生素拙语言授课，颇不相宜现时校中任务。以朱继圣图书室襄理一席，似于生性行最为妥适。盖不惟与生学业有裨，且遇有西教员搜求中国典籍掌故者，尚易指引接洽。外此则中文笔札事项，又如佐理夏先生校阅周刊稿件均可勉为一切。惟俟尊裁。不揣冒昧，率贡所怀，恭候采择。敬请道安。

学生 吴宓 谨禀

十一日 [1]

由信可见，吴宓自认拙于语言授课，希望在图书馆觅得助理职位，或者任中文文案。在周诒春的关心下，吴宓被聘为中文文案。[2] "留校一年，练习体育，医治目疾。" 1917年，吴宓顺利赴美留学。吴宓曾有《感事》诗一首。

> 苦恨今秋压线忙，为谁遗嫁织罗裳。
> 年时织就鸳鸯锦，羞向床头启故箱。

诗前吴宓题注 "予毕业，未得游美，任清华学校文案处翻译及文牍职事，凡一年"。[3]

吴宓时常躬耕自省，"拙于言词" 是他一贯的自评。早在 1915 年 11 月 5 日，吴宓在日记中写道：

> 余生平有最伤心之事，即余拙于言词，短于酬应，优孟登场，辄少成功，所谓出风头之才不足是也。人固以实是为贵，然既处社会间，即不得不以平人之眼光，为敷衍从俗之举。往往一己言动举止，人即藉是以决我之智力，影响甚大。乃以此弱点，常多失败，往往商事、晤人、演说、欢聚，先期筹思妥

1　清华大学档案，1-1-9：2-021。

2　《吴宓书信集》，北京：生活·读书·新知三联书店，2011年，第1页。

3　《吴宓诗集》，上海：中华书局，1935年，第29页。

当，内蕴不乏，徒以当场见绌，声色遽减，不克尽如所期。近者年愈长，识愈敏，处事愈多，而此弱点，亦更深切著明，其伤余心实甚。常力求改进，终少禆补。屡遭蹞颠，令人气沮。推而远之，终身潦倒，世将弃我如遗，亦意中事。然此层关系，尚不尽在一时，而在平日。平日以此弱点，能令人处凡百社会，抑郁寡欢。今欲再事革新，亦当于平日着着注意，毋矫毋怠、毋徇毋偏、毋过矜持，则庶几可有万一之补。[1]

值得一提的是，"拙于言词，短于酬应"也是周诒春校长对吴宓的认识。按例，清华学生毕业时要选择赴美留学专业，周诒春对学生进行辅导。吴宓记载：

> 本年，将近暑假，清华周诒春校长，逐一召见高等科丙辰级将毕业之学生，商定最后由校长决定。各生赴美所习之专科及所入之学校。学院，或大学。宓自己提出专习"新闻学"即"报业"Journalism，美国哥伦比亚大学之新闻专修科最著名。否则学习化学工程。周校长谓：宓无交际及活动之才能，不谙习事务与社会人情，决不宜为报馆访员（记者）。统观宓之才性，最适合于文学Literature。故派定宓学习"文学"，即欲在杂志、期刊中，以言论指导社会，亦必先在大学中，习"普通文科"Liberal Arts。其中包括文学、历史、政治、经济、心理、社会学等课目，而仍以文学为首要，故所议定者暂止于此。学校，则拟派宓赴美国之勿吉尼亚省立大学。谓：该校虽在美国之南方，实东方之中南段。以"保守"Conservative著名，然该校之传统、风气及课程、教授，实皆极好。且清华驻美学生监

───────────────

1 《吴宓日记（1910—1915）》，北京：生活・读书・新知三联书店，1998年，第519页。

督黄佐廷先生（名鼎），圣约翰大学卜舫济校长之内兄，或内弟。即由该校毕业者。故该校曾一再表示：盼清华派学生迁往肄业。故今选派宓往。实深资倚重，云云。按：据周校长对宓之评断，可云："校长实是宓之知己。"其处理亦未为错误。但在当时，以至1916年后之许多年，宓恒憾周校长（由其人于中国之旧文化、旧学术，所造甚浅）从不了解宓，不赏识宓，认宓为"无用""无前途"之人，因而轻视宓，且不悦于宓者。——此实宓之大错误。晚年宓始自知其误也。[1]

可见，周诒春通过平时观察，了解吴宓性格与特点，因而能提供精准的择业辅导。

吴宓在文案处工作一年，"拙于言词"有所改观。这种变化引起了好友汤用彤的注意，但两人对这一变化的看法却颇不相同。1919年12月29日，吴宓在日记中写下了汤用彤评价：

> 锡予言，"宓在清华时，颇有造成'学者'之志趣，之气度。及民国五六年间，在校任职一年，而全失其故我。由是关心俗务，甚欲娴习交际，趋重末节，读书少而心志分，殊可惋惜"云云。[2]

虽然吴宓认为这是朋友诤言而惕厉自省，"惟锡予既如是言之，复初亦尝有讥讽之意，是诚我之大缺失，亟宜改省"。但吴宓坚持：

> 按宓近今之见解，以为人生应有之普通知识，及日用礼节

---

1 《吴宓自编年谱：1894—1925》，北京：生活·读书·新知三联书店，1995年，第149页。

2 《吴宓日记（1917—1924）》，北京：生活·读书·新知三联书店，1998年，第113页。

规矩，例应通晓，且习之亦不必即害正业，故亟欲一洗前此偏僻朴陋之病，非有从俗学交际之心。且生来本无此才也。[1]

工作一年带来的变化，既有从学生到助理身份的转变、工作需要引起的转变，也有吴宓基于自省而主动改变的努力。应该说，只要不过分追求"从俗学交际"，洞明世事、人情练达本身也是生活的一部分。

1917年6月，汤用彤从清华毕业，让他没有料到的是，好友吴宓的情况在他身上重演。体检时，汤用彤因患痧眼不能出国。同样，汤用彤寻求学校帮助。周诒春校长援引吴宓前例，面嘱汤用彤暑假后留校担任中文课教师，并治疗眼病。与吴宓婉拒教师职位不同，汤用彤愉快地接受了周诒春的建议。8月7日，汤用彤致函周诒春。

寄梅夫子大人函丈：

前以目疾不克出洋，深负栽植。嗣面承钧嘱，暑假后来校担任中文教课。藉得同时练习一切，尤深感激。兹暑假已将告终，学生拟于本月二十五日前后北来。藉请教益。特先肃禀陈达，伏希鉴荷，并候崇安。

学生 汤用彤 谨上
八月七号[2]

1918年5月23日《清华周刊》报道："国文教员高际春先生因事南旋。暑假前恐不克返校。一切功课，悉由教员汤用彤、查良钊二先生分任云。"[3]可见，汤用彤留校后的确担任中文课教员。

1 《吴宓日记（1917—1924）》，北京：生活·读书·新知三联书店，1998年，第113页。

2 清华大学档案，1-1-9：2-028。

3 《教员消息》，《清华周刊》第142期，1918年5月23日，第4页。

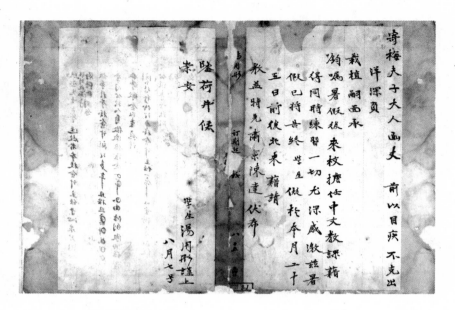

1917年8月7日，汤用彤致周诒春的信

汤用彤能在校任国文教员，得益于他所受的教育和积累。汤用彤自述：

> 彤幼承庭训，早览乙部。先父雨三公教人，虽谆谆于立身
> 行己之大端，而启发愚蒙，则常述前言往行以相告诫。彤稍长，
> 寄心于玄远之学，居恒爱读内典。[1]

1911年，汤用彤入清华。虽然清华为留美预备学校，所学多重西学。1913年，汤用彤与吴宓、闻一多等人，一起编入国文特别班，由国文教员姚华、饶麓樵等先生讲授。[2] 家庭和学校的教育，给汤用彤打下了坚实的

---

1 《跋》，汤用彤著：《汉魏两晋南北朝佛教史》，武汉：武汉大学出版社，2008年，第604页。

2 吴学昭：《吴宓与汤用彤》，汤一介、赵建永编：《汤用彤学记》，北京：生活·读书·新知三联书店，2011年，第130页。

国学基础，国文成绩也迅速提高，从1913—1914年度的75.0分迅速提升到1914—1915年度的90.3分，此后的两年度分别为90.2分和91.3分。

在清华，汤用彤博览群书、善于思考、长于写作，这从他在《清华周刊》发表题材广泛的文章可见一斑。"从汤氏就读清华时期发表的一系列文章来看，其中有对西方文化的介绍和阐发，诸如哲学、生物学，以及为当时知识界津津乐道的社会进化观念，但更为显著的是阐述其理学救国的学术思想。在'幼承庭训'的传统教育的基础上，开始形成其'昌明国故，融化新知'的保守主义的文化观念。当然，这也同当时用国粹激励种姓，增强国民道德的时代思潮相吻合。"[1] 正因为有扎实的国学修养，汤用彤才能毕业后因未能出国而留校任国文教员。

清华读书期间，汤用彤学业极为优异，给老师留下了深刻印象。1918年，汤用彤赴美入翰墨林（哈姆莱）大学直接插入大四。1919年即取得学士学位，升入哈佛大学研究生院。在申请哈佛时，曾在清华任教、后返美任翰墨林大学教授的沃尔科特（Gregory D. Walcott）在推荐信中写道：

> I was over at Tsing Hua College, Peking, China, two years ago and came to know Mr.Tang very well, although I did not have him then as a student, since he had graduated the year before I went there as a teacher.

在介绍了汤用彤优异成绩后，沃尔科特不吝笔墨称赞汤用彤聪明与勤奋：

> I became very enthusiastic during the year over his ability to acquire and to organize knowledge. My only fear for him at

---

1 麻天祥著：《汤用彤评传》，武汉：武汉大学出版社，2007年，第6页。

Harvard is that he will kill himself with work. I have warned him against this. I feel sure that, if he keeps his health, he will show himself very brilliant in his chosen field.[1]

汤用彤留校工作事情在一些师友回忆中时有记载，但不免夹杂误传。例如，钱穆在回忆汤用彤文章中写道：

> 吾友汤锡予，少年报考入北京清华学校留美预备班。其时校中缺一国文课教师，即命锡予以学生身份充任，其时锡予之国学基础已可想见。[2]

这段文字值得辨正。汤用彤国学基础扎实堪任教师没错，但并非因缺教师命其以学生身份充任，实为未能按时出国的无奈之举。

在清华工作期间，汤用彤还曾兼任《清华周刊》顾问。1918年，汤用彤顺利赴美留学。[3]

得以留校任教原因浅析

理论上，学生毕业，学校可以不再负责学生工作和生活。但清华学校在学生治疗期间，积极伸出援助之手。更为难得的是，学生赴美留学数年，取得学位回国时，清华学校努力帮忙介绍职位，对学生的关爱可以说

1　哈佛大学档案馆藏档案。

2　钱穆：《忆锡予》，汤一介、赵建永编：《汤用彤学记》，北京：生活·读书·新知三联书店，2011年，第130页。

3　林齐模：《关于汤用彤生平几点史实的考证》，《中国哲学史》第2期，2008年，第12—14页。

无以复加。之所以如此，与清华学校性质有关，与周诒春校长关心学生成长有关，也与当时国情有关。

一、清华作为留美预备学校，肩负为国育才、为国储才使命

清华早期是一所留美预备学校，学制八年。1925年成立大学部开始培养大学本科生，"以在国内造就今日需用之人才为目的，不为出洋游学之预备"。[1] 此前招收的学生，一般情况下在校经过八年学习，毕业后公费留美。每年，清华学校招少量插班生。插班生在校学习时间视插入年级而定。也有少数学生因各种原因学制延长，如留级等。例如闻一多，因为英语不好留级一年，又因为参加罢课延期一年出洋，在清华学习时间长达十年。无论哪类情况，毕业后赴美留学，学校都给予全费资助。

清华学校历来教学严谨、严格，考试频繁，淘汰率高。清华学校校长曹云祥统计指出：到1924年，清华历年招收学生总数1,500人，毕业636人（42.4%），退学135人（9%），在校肄业383人（25.5%），开除301人（20.1%），死亡45人（3%）。[2] 仅退学、开除两项之和即已近30%，淘汰率之高可见一斑。

学校教学严谨、严格，淘汰率高，保证了清华毕业生素质较高。清华学校高等科的三、四年级，相当于大学的一、二年级或美国大学的初级大学（Junior College）。[3] 学生毕业后公费送美留学，一般都插入美国大学二、三年级，少数甚至能上大四，一年后即取得学士学位。吴宓、汤用彤留校工作安排，周诒春首先想到的都是担任教师，可见周诒春对二人程

---

1 《大学部组织及课程》，清华大学校史研究室编：《清华大学史料选编》（第一卷），北京：清华大学出版社，1991年，第293页。

2 曹云祥：《改良清华学校之办法》，清华大学校史研究室编：《清华大学史料选编》（第一卷），北京：清华大学出版社，1991年，第416—417页。

3 《"中等程度学校"≠"中学"》，金富军著：《老照片背后的清华故事》，北京：清华大学出版社，2020年，第6—10页。

北京清華學校高等科揷班生試驗規程　民國十二年分

(甲) 學額資格及程度

(一)本校本年招收高等科一年級揷班生共三名

(二)投考者須品行端正體質健全年在十七歲以內尚未定婚问未經學校開除或因記過退學方為合格

(三)投考者須有初級中學畢業程度國文通順英文通順英文習過五年左右能以英語自由談話

(乙) 試驗科目

(四)下列應考各門除國文及本國史地外俱用英文考試(1)國文(2)本國歷史(3)本國地理 (4) English, written and oral (5) Algebra (6) World Geography (7) General Science (8) Physiology and Hygiene (9) Citizenship

(丙) 報名須知

(五)考生須於五月十日以前函附郵票二十分向本校招考處索取報名應用之履歷書成績證書按字等件

(六)考生將履歷書及成績證書詳細填註並請其肄業所在學校之校長簽字證明

(七)考生請歐美著名醫科大學畢業之醫生簽發身體本校所備證書內用英文詳細填註簽字作證醫生出身須一併註明

(八)考生將國文或算學證書寄來備驗如有所在學校之章程及同學錄等亦可寄來(此項文件退還時所需郵資務一併附寄

(九)考生須按履歷書中所載並照本年所照四寸半身像片三張

(3)考生將修業或畢業證書寄來時須於五月二十五日一併掛號寄來交本校招考處

(4)考生須交考費國幣五元由所在郵局速匯至京西清華園郵局交本校招考處

(5)考生交考費或照像證不符或染有危險病症等情不能准考者富即函告並將考費及第六條第(3)項各件一併掛號退還

(6)所有上條五項各件及投考志願書至遲須於五月二十五日一併掛號寄還

(7)審查後本校備查以便審查

(8)審查後如本校認為合格者即由招考處函告並將考試証一紙以為屆時應試之憑其第六條第(3)項各件俟揭曉後再行退還

(9)審查後認為合格者由招考處寄與准考証一紙以為屆時應試之憑其第六條第(3)項各件俟揭曉後再行退還

　　與否取錄與否概不退還考費　　一經准考無論屆時來考

(丁) 試期及地點

(十)本年考試定於七月二日起在京滬兩處舉行北京在清華園本校上海在康腦脫路南洋路鑛學校　考生須於報名時認定一處認定後不得更改

(十一)資格不符而謊隱報考者雖經錄取無論何時查出即令退學

(戊) 入學須知

(十二)新生到校時由本校校醫覆驗體質如查有危險病症等情即不得入校

(十三)新生入校時應填寫入學志願書並請常川在京現有職業而能負責者二人為証並出具保証書

(十四)衣服行李等務求簡潔一切不正當物品及不良小說俱不得攜入校內

(十五)入學時應繳梗單衣袋存費五元預存膳費五元又每學期膳費三十元體育費三元洗衣費二元又一年級手工實習費每學期二元

(己) 通信須知

(十六)各生須自備書籍文具每年約需四十元每月零用約需三元

(十七)凡詢問招考事件或索取章程還函本校招考處並附相當郵票以免延課而便答覆

(十八)函索此項規程一份者須寄郵票三分

(十九)欠資函件概不收受由北京城內來函務照外埠例貼足郵票

北京清华学校高等科插班生试验规程

度均有信心。

清华学校毕业生赴美后享受公费资助，在美留学3—5年的占61.5%，5年以上学生有111位，占总数的11.4%，甚至还有5名学生留学8年。这说明，清华对留学生的管理基本按照留学管理规程，留学资助以五年计。但对不同学科、不同特点的部分学生，也给予弹性管理，准予延长资助期限。较为灵活的留学期限管理有利于针对不同学科留学生完成学业。据统计，清华学校毕业赴美留学生，获得学士、硕士、博士学位的分别占25.49%、44.81%、18.81%，未获得学位的占8.22%。[1]

根据袁同礼编《中国留美同学博士论文目录（1905—1960）》，在2,789位留学生中，1912—1936（清华留美预备部最后一批学生得学位年份）获得博士学位596人，同期清华留美博士184人，占596的30.87%，即三个留美博士中，有一个清华毕业生，这个比例非常可观。又据1917年清华学校编的《游美同学录》，1881—1911年间，留美学生取得博士学位者仅27人，不及清华获得博士学位人数的15%。[2]可见在整体上，清华学校留美预备生优于同时期其他渠道派遣的留学生。

清华在学生选拔、培养、资送、在美留学生监督等方面形成了一整套严格、规范的工作体系。学校全力保障因体检原因而非学习程度不合格而不能出洋的学生积极治疗、顺利深造，也就不难理解了。

二、清华学校留学生选拔派遣处于扩张期，客观上有充裕的经费保障

1911—1922年，校内、校外两个方面因素，清华学校扩大留学生选拔、派遣和资助。

从清华校内看，由于经费稳定，加之早期学校规模不大、在美学生累

---

1 沈希珍：《清华留美学生之研究——以留美预备部学生为对象》，台湾中兴大学历史研究所硕士论文，1994年，第122—123页。

2 沈希珍：《清华留美学生之研究——以留美预备部学生为对象》，台湾中兴大学历史研究所硕士论文，1994年，第94—95页。

计不多因而留学费用支出较少等原因，学校经费较为充裕。

从社会看，扩大选拔、派遣留学生范围和规模也是清华对社会部分批评的积极回应。随着晚清以来的留学热潮，批评留学之声也不绝如缕。一方面，批评留学所费甚巨而所获甚微。1914年，胡适发表《非留学篇》，指出留学乃"吾国之大耻也"，"废时伤财事倍功半者也"，"救急之计而非久远之图也"。胡适认为中国政府舍本逐末，"不知振兴国内教育，而惟知派遣留学"。胡适特意提道："其赔款所立之清华学校，其财力殊可作大学，而惟以预备留美为志，岁掷巨万之款，而仅为美国办一高等学校，岂非大误也哉！"[1]

另一方面，美国退还庚款溢款独用于清华而非普济全国教育，清华毕业生自动享受公费留美，不免引起有关教育公平的争议。1914年，许先甲指出：清华学生"有应最后考试之资格；其他无论程度如何，举不得与，此事理之最不公者也"。[2] 1915年，胡明复提出："第二次出洋考试最为适当。凡有志出洋者皆应得预考，不问其为清华与否也；考而及格，即与出洋，不问其为清华与否也。"[3] 胡适、许先甲、胡明复本身即为庚款留美学生，他们的批评令清华颇为尴尬。

再次，清华学校用于在校学生开支较其他学校为高。1916年度，清华有学生568人，全年度支出75万元，人均约1,300元。而当时复旦为738元，北洋为341元，北大为299元，清华为三校之和。[4] 在全国各地因经费短缺而罢教、罢考频发情况下，清华自然不免饱受众议。

---

1 白吉庵、刘燕云编：《胡适教育论著选》，北京：人民教育出版社，1994年，第19、22、23、23—24、24页。

2 许先甲：《遣派赔款学生办法管见》，《留美学生季报》，民国三年（1914）夏季第二号，上海中华书局发行。舒新城编：《中国近代教育史资料》（下册），北京：人民教育出版社，1981年，第1098页。

3 胡明复：《论近年派送留学政策》，《科学》第1卷第9期，1915年，第970页。

4 清华大学校史编写组编：《清华大学校史稿》，北京：中华书局，1981年，第56页。

从中国实际、学校实际出发，尊重、采纳社会舆论的合理建议，并征得外交部同意，清华扩大留学生选拔、资助范围。

从1914年起，清华开始考选女生赴美留学。每两年选拔一次，每次不超过10名。留学年限为4年。自1916年起，清华开始招考留美专科男生。每年考选专科生不超过10名，年限一般为3年。鉴于中华民国成立后自费留美人数逐年增加，学校利用清华基金"体恤寒畯奖励游学，使在美自费生之有志上进而无力卒学者，得以学成致用"。[1] 同时，针对国内部分地区和部门公派赴美、经济困难学生，清华择优资助，称为特别生。

1922年以后，由于形势变化以及经费支出过多过快导致财务困难，清华留学生派遣由此前扩张转为收缩。此时，距离吴宓、汤用彤延期留校已过去数年。

三、周诒春校长关心学生、积极支持留学

清华早期留学生派遣成绩显著，不能不提周诒春校长的贡献。周诒春（1883—1958），又名周贻春，字寄梅，祖籍安徽休宁；早年毕业于圣约翰学院，后赴美入耶鲁大学、威斯康星大学留学，获硕士学位；1913—1918年任清华学校校长。

周诒春任校长时创立留美专科女生和男生考选制度，扩大了留学生选拔派送类型；增加了津贴生资助覆盖面。周诒春还将职业辅导引入国内，对留美预备部学生进行形式多样的留学辅导。[2] 这些措施，使得清华学校留学生选拔、培养、辅导、资助等形成了一整套工作体系。

周诒春对学生关爱有加，深得学生爱戴。1915年考入清华的梁实秋写道："我刚到清华的时候，见到校长周寄梅先生，真觉得战战兢兢，他

1　《清华学校津贴在美自费生章程》，清华大学校史研究室编：《清华大学史料选编》（第一卷），北京：清华大学出版社，1991年，第229—231页。

2　金富军著：《周诒春图传》，北京：清华大学出版社，2019年，第96—113页。

自有一种威仪使人慑服。至今我仍然觉得他有极好的风度，在我所知道的几任清华校长之中，他是最令大家慑服的一个。"[1] 正如前揭两封信揭示的，吴宓、汤用彤能在清华工作一年治疗疾病，并顺利出国，与周诒春校长关心有直接关系。

近代以来，世界日益成为一个紧密联系的整体，任何民族、国家、文明不可能自外于这个整体而独立发展，只有互相学习交流，取长补短，在共存、融合中共同前进。正如蔡元培所言："世界的大势已到这个程度，我们决不能逃在这个世界以外，"只能"随大势而趋"。[2] 1912年清华毕业的侯德榜曾说："留学自有留学特别存在理由。非特后进之国有留学之举，即于先进国中亦有互相留学。留学无罪，吾人对于留学之见解须认精确也。留学如中国今日者，非国家之荣，亦非国家之利，长此而望中国科学昌明，实业发达，其为期远乎哉？"[3]

清华学校从世情、国情出发，站在国家民族发展和世界学术发展的高度，将留学与国家的现代化紧密联系在一起。1916年，周诒春校长勉励清华学子"他日回国后为国家建立无量功业……广布其良善效果于全国，使国家转弱为强，方不负清华数年之培植"。[4] 在此理念指导下，清华制定完善的留学生选送、资助制度，为国育才，体现了学校自觉担负服务国家与社会的责任。吴宓、汤用彤出国前在清华工作一年，是他们多彩人生中的小插曲，但正反映了特定时代清华在办学上吉光片羽的理念和特色。

1　梁实秋：《雅舍忆旧全集》，天津：天津人民出版社，2018年，第30页。

2　高平叔编：《蔡元培全集》（第三卷），北京：中华书局，1984年，第218页。

3　侯德榜：《论留学之缺点与留学之正当方法》，《留美学生季报》第6卷第1期，1919年，第98页。

4　《周校长对于高四级毕业生训辞》，《清华周刊》第2次临时增刊，1916年6月17日，第13页。

他们的人格崇高可爱敬

——周诒春与张伯苓的交谊

1934年9月3日夜，胡适写道：

> 平心说来，"最近二十年"是中国进步最速的时代；无论在智识上，道德上，国民精神上，国民人格上，社会风俗上，政治组织上，民族自信力上，这二十年的进步都可以说是超过以前的任何时代。照我这十几年来的观察，凡受这个新世界的新文化的震撼最大的人物，他们的人格都可以上比一切时代的圣贤，不但没有愧色，往往超越前人。老辈中，如高梦旦先生，如张元济先生，如蔡元培先生，如吴稚晖先生，如张伯苓先生；朋辈中，如周诒春先生，如李四光先生，如翁文灏先生，如姜蒋佐先生：他们的人格的崇高可爱敬，在中国古人中真寻不出相当的伦比。这种人格只有这个新时代才能产生，同时又都是能够给这个时代增加光耀的。[1]

这些被胡适誉为圣贤的人都是知名贤达。其中，周诒春与张伯苓有

---

1 季羡林主编：《胡适全集》第4卷，合肥：安徽教育出版社，2003年，第530页。

着深厚的交谊。周诒春和张伯苓都是民国时期教育家和社会活动家。周诒春曾任清华学校校长、燕京大学校长和董事长、协和医学院董事长等；张伯苓创办了南开中学和南开大学。他们二人，也都先教育后从政，无论公交还是私谊，无论是办学还是参政，他们都互相支持，留下一段佳话。

周诒春与张伯苓的交往从1910年代开始。1911年5月清华开办后不久，张伯苓曾短期任清华学堂教务长。不久，张伯苓辞去教务长，专心办理南开中学。1912年，周诒春到清华后，先后任教务长、副校长、校长。

周、张二人接近，首先是他们有许多相似的教育理念，在办学过程中他们互相支持。例如重视学生德智体全面发展、重视体育在培育健全人格中的作用、着力构建丰富多彩的校园文化氛围、强调学生要了解国情服务国家、注重在教育过程中培养爱国理念与社会观念，等等。

周诒春多次邀请张伯苓来清华参观、演讲。例如，1914年4月2日下午，周诒春邀请张伯苓到清华做题为"中国教育之现状"的演讲。张伯苓演说完毕，周诒春发言。1915年2月1日上午，严修、张伯苓来清华参观。中午周诒春宴请午饭，赠学校章程、图书等。下午，张伯苓应清华教员之约发表讲演。周诒春在国内最早开始职业辅导、开设职业辅导演讲，张伯苓给予积极支持。1916年3月18日，张伯苓做题为"教育之大纲"职业演讲，首述教育之重要，次讲教育之功用。张伯苓分教育之要素为牺牲与忍耐，并以问答体与同学互相讨论，给学生上了生动的一课。

周诒春离开清华后，参与办理协和医学院时，热情邀请张伯苓赴协和演讲。例如，1926年6月周诒春去函敦请张伯苓参加6月16日协和医学院毕业典礼。

周诒春、张伯苓都曾任清华校领导。离开清华后，他们都关注清华的发展。1927年春，清华华北同学会发起筹建清华同学会会所，周诒春任委员会主席负责筹款，在曹云祥校长以及颜惠庆、范源廉、张伯苓等大力支持与赞助下，校友踊跃捐款，购置了骑河楼清华同学会所，成为清华校友联谊的平台。

政園壽椿

惠椿吾兄賜鑒 青月十七日屆敝校二十三週年紀念日並舉辦女中新校舍

校落成典禮 於是午時曾函面約我

哥屆期惠臨以為敝校光垂面約顏駿人先生同時蒞止演說賜教

吾蒙允諾非常欣幸現在為期不遠特奉上請柬乞賜

台駕于斯日午時早賜光降至煩

尚 駿人先生勖駕屆期惟于弊校尤慇懃祗叩

時祉不備

王國軍威漬乞壽住美國美術學聞

弟 張伯苓拜上 中華民國十五年拾月拾貳日

170

1926年10月12日，张伯苓致函颜惠庆、周诒春，请其参加10月17日下午二时半南开女中新楼落成典礼，并请其演说君子之交，来而不往非礼也。张伯苓也热情邀请周诒春去南开演讲，在交流中共同提高。例如1926年10月12日，张伯苓致函颜惠庆、周诒春，请其参加10月17日下午二时半南开女中新楼落成典礼，并发表演说。周诒春因故未能赴约，10月22日，张伯苓致函周诒春，介绍当日南开校庆盛况，言及"该日天气甚好，事事均极为满意，而来宾到者尤属非常众盛"。并附寄校庆纪念册及纪念刊。1927年11月15日，张伯苓致函周诒春，云："敝大学地势尚称清旷，空气亦佳，尊驾如不见外，敢请光临，小作勾留，藉资休息，便中并可为敝校指教一切。"

周诒春对张伯苓苦心孤诣办理南开中学和南开大学的奋斗精神非常敬重。他对南开大学的教学与研究，在经费、资料、人才、信息等方面提供各种帮助。

1928年3月27日，张伯苓致函时任财政整理会秘书长的周诒春，请其为南开大学何廉、萧遽和蒋廷黻赴北京收集资料提供帮助。

寄梅仁哥先生赐鉴：

　　敬启者，敝大学部教授何廉、萧遽、蒋廷黻三君乘春假之暇，将赴北京参观财政整理会、财政部、农商部、审计院、统计局等，意在搜集资料，藉裕教材。因各方均不甚相熟，拟恳我哥分别代为介绍，俾多关照。弟拟定四月一日即星期日上午十二钟在前门外致美楼恭迓驾临，便酌一叙，并为三教授介绍于我哥。至期务请早赐光降，是为至盼。此订祗颂

　　大安

弟 张伯苓 拜上
十七年三月廿七日 [1]

1　南开大学档案馆档案。

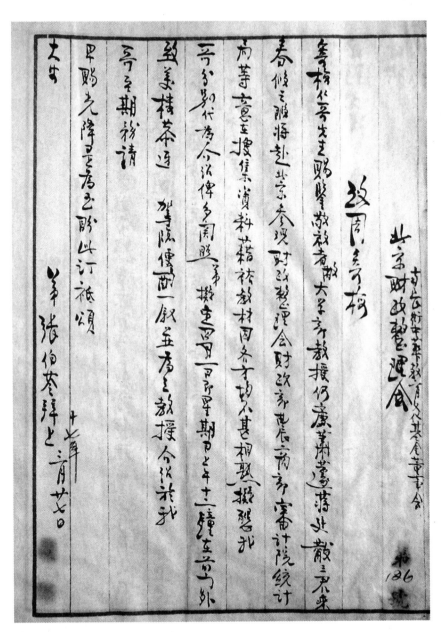

1928年3月27日，张伯苓致函北京财政整理会周诒春等，请其为何廉、萧蘧、蒋廷黻赴京参观财政整理会等提供方便

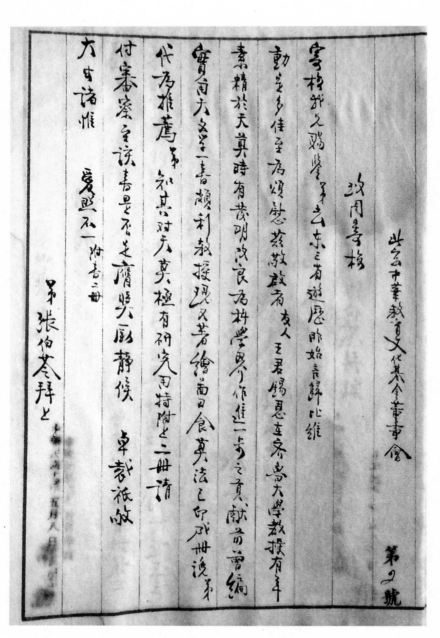

此致中華教育文化基金董事會

第2號

玫周寄梅

啓者敝校之附屬華北工東三省避地即始言辭北維勤者多佳至爲頌慰茲敝校有友人王君錫恩充齊魯大學教授有年素精於天算時有發明改良爲科學界引作進一事之貢獻前曾編實用天文學一書頗利教授現又著繪爲日食莫法已印成冊送來代爲推薦其對天莫極有研究因特附上二冊請付審察至該書是否足膺獎勵靜候卓裁祗敬大生諸惟愛默不一附書二冊

弟 張伯苓拜と

上海十七年五月八日

1928年5月8日，张伯苓致函中华教育文化基金董事会周诒春，介绍齐鲁大学教授王锡恩所编《实用天文学》一书，"至该书是否足膺奖励，静候拙裁"

寄梅先生賜鑒 敬啟者敝校舊同人胡學源先品學優美久為弟

所深佩現自美國留學歸未遽謀進而益上不願再執教鞭極

思就實業界服務藉以行其所學特為介紹晉謁

台端尚祈

鈞安

關照俯賜接見並相機代為位置至所感荷祇頌

弟張伯苓拜上

中華民國十五年九月拾七日

134

1926年9月17日，张伯苓致函周诒春，请其帮助南开学校旧同人胡学源找工作周诒春劝何廉坚守南开是一件广为传颂的事情。何廉（1895—1975），湖南邵阳人。耶鲁大学博士，清华津贴生。曾任南开大学经济学院院长、经济部常务次长、经济部农本局总经理、资源委员会代理主任、国民党中央设计局副秘书长等职。何廉积极推进经济学教学"中国化"，主张"教学与研究相辅而行"，率先倡导开展中国社会经济的研究，被誉为"在国内最早引入市场指数之调查者"和"我国最早重视农业的经济学家"。1927年，中华教育文化基金董事会社会调查部以400元月薪聘请何廉担任主任，而南开大学月薪仅为180元。是接受高薪，还是坚守南开？何廉征求周诒春意见，周诒春表示：南开虽苦，但可以做事。劝何廉勿轻易脱离，应与张伯苓校长妥为商洽。[1]在周诒春劝说、张伯苓积极挽留下，[2]何廉选择在南开大学教学与研究，为国家培养一批高级经济人才。

　　周诒春接受张伯苓邀请，积极为南开大学经济学院发展筹谋划策。1931年4月27日上午，南开大学经济学院董事会在秀山堂召开成立大会。成立董事会是何廉的提议，目的在于为经济学院"负责政治指导与寻求新的支持赞助"，成员包括丁文江、王景春、任鸿隽、周诒春、周作民、吴鼎昌、金叔初、胡适、范旭东、陶孟和、张伯苓、张公权、穆藕初、刘鸿生、颜惠庆等，均为一时俊彦。由于在"大学中设立经济研究调查适宜于中国经济学说与事实尚属创举"，因此周诒春、胡适、任鸿隽、丁文江等都很重视，特为此事由北平赴津与会。会议讨论通过了董事会章程，审定了1931—1932年度的预算，并讨论以后一切进行办法；选举颜惠庆为会长，吴鼎昌为副会长，范旭东为名誉秘兼会计，除以上三人为当然常务委员外，加周诒春、张伯苓为常务委员，组成常务委员会负责处理各项事务。周诒春对南开经济学院的帮助不遗余力。"第一，财政整理会的资

1　刘师舜：《与好友何廉（津）谈恩师周诒春校长》，《清华校友通讯》（台湾），新29、30期合刊，1969年10月29日，第2页。

2　[美]何廉著，朱佑慈、杨大宁、胡隆昶、王文钧、俞振基译：《何廉回忆录》，北京：中国文史出版社，1988年，第41页。

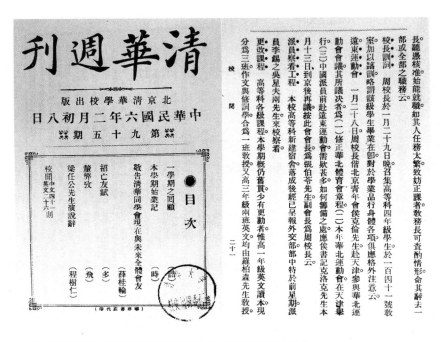

1917年《清华周刊》第95期报道周诒春与张伯苓为发展体育事业密切合作

料，全部贡献出来；第二，其他各机关的资料，寄师同交通部路政司长刘景山也是极力帮忙；第三、在那一阶段，寄师几乎每日利用其财政整理会汽车，陪同淬廉到处奔走，蒐集材料。"[1]

其次，周诒春与张伯苓都积极热心社会事业。他们共同参加许多社会、政府团体。据不完全统计，他们共同参加的各类团体有华北体育会（1917年）、中国参加菲律宾远东运动会筹款委员会（1919年）、基督教全国青年会（1920年）、中华职业教育社（1917年）、中华教育文化基金董事会（1924年）、协和医学院顾问委员会（1927年）、协和医学院董事会（1929年）、太平洋国际学会第四届大会（1931年）、东北热河后援会（1933年）、华北

---

1 刘师舜：《与好友何廉（津）谈恩师周诒春校长》，《清华校友通讯》（台湾）新29、30期合刊，1969年10月29日，第2页。

战区救济委员会（1933年）、故宫博物院理事会（1934年）、华北农业合作事业委员会（1935年）、中华基督教全国联合会（1938年）、中美文化协会（1939年）等团体。这些团体时间跨度长，覆盖范围广，体现了他们对社会的责任感和服务精神。也通过这些活动，增加了他们的互信，成为友谊长期保持的纽带。

在一些团体中他们是重要领导者，互相积极配合。例如，1917年，张伯苓、周诒春分别任华北体育会正副会长，一起为华北地区体育运动水平提高殚精竭虑。1917年4月3日，张伯苓到清华与周诒春讨论远东运动会事项，在清华勾留两日，宿于周诒春住宅。1920年4月5日，全国青年会在天津开会，张伯苓主席。会议通过张伯苓提出的周诒春、王正廷、冯玉祥、郭秉文等70人为干事。1929年7月，周诒春、张伯苓任协和医学院董事会正副主席，等等。

周诒春、张伯苓的友谊长期保持。1945年4月5日上午8时，周诒春与陶孟和、梅贻琦、蒋廷黻、姜立夫、梅贻宝、顾毓琇等以及南开校友、河北籍人士200余人到重庆南开中学，祝贺张伯苓70寿辰，表彰他办理南开中学、南开大学以及参政为抗战所做的贡献。

周诒春与张伯苓倾心人才培养、热心服务社会的精神赢得了广泛赞誉。本文开头胡适赞誉无疑是对周诒春、张伯苓实事求是的评价。

预筹较优位置
——制定《清华游美毕业生回国安置办法》

清华学校作为留美预备学校，在培养、考选、管理留美学生外，也积极考虑学生回国以后的就业安置。

当时，留学生出国所学与回国就业割裂、学用不一情况非常普遍。

1915年，胡明复观察到："今日吾国大学毕业而回国之留学生，何止数百，然其多数皆所用非所学。"[1] 1919年，陶孟和指出："一般留学生在他们留学的国里，很可以运用其所学的，但是一到祖国，那社会政治，经济种种状况与他们留学地方的环境迥然不同，他们就好似出水之鱼无所凭寄的了。所以归国后之留学生，真能把他所学得智识技能，贡献于祖国的有几个？"[2] 1925年，清华曾对已回国学生进行调查。在采样的458人中，用非所学在工程、商业、政法、社会科学、自然科学、其他等比例分别为15%、11%、30%、20%、6%、15%，平均为16%。[3] 1926年，舒新城调查再次印证了这一事实：

---

1 胡明复：《论近年派送留学政策》，《科学》第1卷第9期，1915年，第970页。

2 陶履恭：《留学问题》，《新教育》第2卷第2期，1919年，第141页。

3 朱君毅博士讲，张锐笔述：《职业指导之重要及方法》，《清华周刊》第24卷第6期，1925年10月16日，第387页。

此外还有一事为清华与其他留学生的共同问题，即毕业归国之留学生其职业与在学时所习之科目不相称，而且有集中于教育界之趋势。照第十六表所示，习工程者五十八人，而第十七表业工程者只二十九人，习矿科者二五人，业矿务者只二人，习农科者一〇人，业农务者一人。以上均系职业与学科较，所任之专职不及所习之专科的二分之一以至十二分之一。又第十六表习商科者十六人，业银行、公司、洋行者一〇二人，超过六倍余，专习教育者只一人，而专为高等中等学校教职员及其他教育事务者已一七七人，再加以教育为本业而兼他种职务者共为一八九人，为任何职业之最多数：我们知道教员的来源，不只是专习教育，从理论上讲，习哲学与科学文学者均可以教员为职业，若将习哲学，科学文学等科之人数相加共一八八人，为数约略相等，但细查习科学之一二七人，中有七一一人非教育职务。（此七一人中已故者四人，未详者一一人，服务于公司者一六人，服务于铁路及银行者各一〇人，工程七人，洋行、航空各三人，技士二人，教会、矿务、外交官、编辑、农业各一人。）此七十一人今填补者多数为工程师。由此可知职业与学科之差异甚大。[1]

用非所学原因比较复杂，既有本国发展原因，也有国家差别原因，1919年侯德榜分析指出：

留学之学问难直接应用于中国人民之习惯社会之需求，物产之支配，国内之情形。各国不同，斯其人民有特别建立、特别制度、特别发展。在留学时代所习者为异国教科书，用异国

1 舒新成：《近代中国留学史》，上海：上海书店出版社，2011年，第160—162、164—165页。

文字，其所言事物为异国事物，所用制度为异国制度，所应用情形属异国情形。譬如论制造，彼国所用原料，未必以其最适用也。为该国产此原料多也。制造所用之法，未必其最佳者也，为对于该国工佣生活种种情形最为合宜也。其他异点，不胜枚举。今吾学生留学回国，在留学时代所习者如此，回国后所遇情形竟如彼。无怪其欲兴办一事觉难措手。我国留学生回国不能即有所建设，半坐此弊。故留学生回国非于本国情形细加研究，于留学所得学问大加损益，则其所学对于中国难有实用。[1]

所用非所学当然不能完全归结于所学无用，但毕竟对个人发展不利，对国家更属浪费。是故，有人评论："清华学校每年派学生赴美者不下数十人，回国后皆投身各界为领袖人物，影响于中国前途者甚大。若学而不得其用，不独虚耗青年可宝贵之光阴，且徒费国家数百万之金钱。"[2] 1931年梅贻琦在就任清华大学校长典礼演讲中，仍指出："清华的旧同学，其中有很多人才，而且还有不少杰出的人才，但是回国以后，很少能够适当利用的。多半是用非所学，甚至有学而不用的，这是多么浪费——人才浪费——的一件事。"[3]

对这一长期存在、很难解决的问题，很多人积极想办法解决或者缓解。1915年，清华留美学生监督处监督黄鼎在寰球中国学会演讲中提道："吾国每年派赴美洲游学，年复一年，洵不乏人。如本年北京清华学校所派各生，以学习工业者居多。但国人均注意学生出洋学习，而未尝留心其学成回国之位置，是亦一大缺点。余谓各界各团体各工厂，或有需才之处，

1　侯德榜：《论留学之缺点与留学之正当方法》，《留美学生季报》第6卷第1期，1919年，第95—96页。

2　庄泽宣：《职业指导部筹备情形及进行计划》，《清华周刊》第286期，1923年9月20日，第30页。

3　刘述礼、黄延复编：《梅贻琦教育论著选》，北京：人民教育出版社，1993年，第10—11页。

宜先时函告本会，或清华学堂，请其留心此项人才。一有所得，即当介绍于是，相得需要甚殷，相得益彰之乐。且学生于未出洋之前，已得回国之位置，必能更尽力于学术也。"[1] 黄鼎用意良美，但他提出的解决办法实际中很难执行，但不失为一种积极努力。

清华学校从为国储才、人尽其才和关心校友出发，很早就积极想办法，力图有所改善。

1914年，1909年派遣的第一批留学生即将毕业回国。清华预先为这批学生回国后的安置做安排，希望通过制度安排保障留学生回国就业。1914年6月，清华学校校长周诒春呈文外交部，谓学生出洋每人年费千余金，原为学成归国，藉供任使。现在本校第一批留美学生行将归国，若不预筹较优位置，不但乖当日派遣之初心，且有负美国教育之盛意。周诒春请求制定清华学生留学回国后的任用办法。外交部对周诒春呈文不置一词，教育部则认为预筹位置的办法殊为可笑。[2] 当时，清华归外交部管理，故周诒春呈请外交部，并请外交部转咨教育部。6月15日，外交部将周诒春呈文转咨教育部。咨文中写道："查现在各项学堂并无预定用途办法，惟该校经费系取诸美国退还赔款。诚使学成之后，置诸闲散，不独岁糜钜款，至为可惜。亦殊无以对美人助我兴学之盛意。"教育部24日咨复外交部，称："查游学各省卒业归国，其学习法政等科者即可应各项文官试验，其学习理工等科者即可应各项技术官试验。如果学有专长，成绩优美，自不患无效用之地。再本部对于国内外专门以上各校毕业生正拟特定酌给学位称号各办法，尤足以资鼓励该校长所请特与规定游美毕业生用途一节，似毋庸置议。"[3] 回复明确拒绝周诒春关于制订留学生回国安置办法的建

1 《黄佐廷先生演讲吾国游美学生之状况》，《寰球》第1卷第1期，1915年，第2页。

2 《清华校长预筹毕业位置》，《申报》第14867号，1914年7月1日，第6版。

3 《咨外交部清华学校游美毕业生用途毋庸特与规定文（第二百五十九号，三年六月二十四日）》，《教育公报》第2期，1914年，第37页。

《清华游美毕业生回国安置办法》，《清华周刊》第146期，1918年10月24日

议。这一结果并不意外，清华与教育部并无隶属关系，教育部事实上也力有不逮。

1918年，张煜全任校长后，继续争取外交部与教育部制定针对清华留学生回国安置办法。张煜全吸取了四年前周诒春失败的教训，通过外交部直接上呈国务院而不是通过外交部转咨教育部。如果得到国务院批准，则外交部、教育部等只能服从执行。

1918年9月，张煜全通过外交部上书国务院，呈请对清华留学回国学生多予以关心。"由外交部与教育部核准学生所学与所长，委派适合工作。俾各尽所长，供效祖国。"[1]张煜全的呈请很快得到国务院批准。于是，遵国务院令，外交部、教育部联合制定了《清华游美毕业生回国安置办法》，

1 《供效祖国》，《清华周刊》第145期，1918年10月10日，第12页。

办法全文如下：

  一、清华学校学生毕业回国之后，应即亲自赴清华学校
报到。

  二、清华学校校长于每年归国之学生到齐后，将其详细履
历及所学科目汇报外交部。

  三、外交部应将每年归国学生名册叙列所学科目、所得学
位咨教育部，由教育部派员赴外交部，会同外交部考核。

  四、经考核后，认为可送相当之各机关练习任用者，得酌
予分别咨送。[1]

  不难看出，《清华游美毕业生回国安置办法》只是原则性规定，并无
具体实施细则。也可以说，《清华游美毕业生回国安置办法》的制定，体
现了外交部、教育部对国务院令的落实。但没有实施细则，原则性规定不
免流于空文。揆诸当时国内状况，外交部、教育部委派少数留学生合适工
作难度不大，但要完全解决每年陆续回国清华学生事实上无此能力。退
一步讲，只安排清华学生而置其他留学生于不顾，于情不合，也必招致公
开反对。

  1921年，清华又成立了清华学生职业介绍部并订立规则。规则如下：

  第一条 清华学校为社会谋介绍适当之人才及为清华学生
谋介绍相当之职业起见，特设清华学生职业介绍部。

  第二条 介绍部先附设于本校，以后体察行情，得推广附

---

1 《安置回国学生》，《清华周刊》第146期，1918年10月24日，第11—12页。《外交、教育部
 会订清华游美毕业生回国安置办法》，清华大学校史研究室编：《清华大学史料选编》（第一
 卷），北京：清华大学出版社，1991年，第232页。

设于驻美清华学生监督处。

第三条 介绍部事务由清华学校校长派主任一人、事务员若干人办理之。

第四条 介绍部掌管事项如左：

（一）本国实业机关及其需要之调查。

（二）职业及人才之介绍。

（三）游美同学回国姓名、学历等之报告。

第五条 介绍部关于介绍事宜，其职责仅以达到介绍目的为度，他事概由本人负责以清界限。

第六条 本规则呈外交部核准后施行。[1]

职业介绍部的主要职责，在于调查与推荐。即与各界联系，调查社会各界职业人才需求情况，调查、登记留学生情况并推荐给合适机关。[2]

《清华游美毕业生回国安置办法》的制定与职业介绍部的成立鲜明地体现了学校对学生管理与服务延续到了留学回国后。如果说前者是清华希望借助于外力增加留学生就业机会，那么后者显然是立足于学校本身为回国的留学生服务。

《清华游美毕业生回国安置办法》的制定和职业介绍部的成立对清华留学回国学生就业安置产生什么样的影响，限于资料，目前还难以定量评估。1922年，有清华学生向学校提建议："清华的责任不是把学生招进来，等他们毕业，然后送出，便能交差的。他乃是受了国家的委托，使他为国家造就能用的人才。现在回国毕业生在社会里的职业、的生路都表示国家屈了他们的材，亦是国家一件亏本的买卖。清华既受了委托，即可以提醒

---

1 《清华学生职业介绍部规则》，《清华周刊》第212期，1921年3月18日，第26页。

2 《介绍部掌管事》，《清华周刊》第212期，1921年3月18日，第26—27页。

《清华学生职业介绍部口则》，《清华周刊》第212期，1921年3月18日

政府，拟出安插回国毕业生的具体办法。"[1] 由学生的抱怨可知，此前制订的《清华游美毕业生回国安置办法》以及成立的职业介绍部似乎未发生太大效力。

　　留学生回国以后，用非所学，或者学用不协，是近代以来一直存在的问题。为解决这个问题，在留学前后，清华学校从力促制定《清华游美毕业生回国安置办法》和加强对在校学生出国前的职业辅导两方面入手，希望有所改善。虽然学校在这两个方面做了极大的努力，但实际效果并不明显。原因无他，这并非纯粹的技术问题，也不是简单的个人兴趣、特长与社会需求三者不匹配的问题；它既是教育问题，也是社会问题。正如清华校友张忠绂指出：

1　行知：《七年清华生活的回顾》，《清华周刊》第250期，1922年9月11日，第18页。

清华教育的毛病，不是奢侈不是豪华。清华同学既不与政治接近，也不与优伎交往；绝大部分的同学都能用功和苦干。八年毕业后，他们到美国继续学业，又数年，返国后他们加入社会才发现他们辛勤学得的，不一定能派到用场。他们与中国社会或多或少的脱了节。学机械的找不到工厂，学理科的找不到试验室，学军事、政经及社会科学的又常常遭遇到排挤。中国的问题不是西方的问题。他们纵然是良医，既难悬壶，自然也无能治病。这是中国教育的特殊问题，也是中国社会的特殊问题。有些学校的毕业生，他们善能适应中国的环境，医道虽不高明，却反能大行其道，门庭如市。误己误人，那却是另一问题了。

清华的一切训练，都侧重专门人才。国家社会若有轨道可循，这般毕业生应当可以多所建树。然而在过去数十年中，国家社会却迄未上轨道。以完整的零件装置在腐朽的机器内，机器仍无法正常运行，而零件反易损坏。日本留学生有只学制造海船螺旋钉的，返回日本后，立即可以应用。中国留学生若只学海船螺旋钉，返国后，连生活都成问题。严复、张伯苓不都是学海军的吗？他们能对海军有多少贡献？这是他们两人的过失吗？[1]

1　张忠绂：《八载清华》，《学府纪闻　国立清华大学》，台北：南京出版有限公司，1981年，第319页。

勿徒询一二学生偏私之见而误吾校之前途
——1923年清华学校国学部反对聘胡适为顾问

胡适一生与清华结缘，开始于1910年考取直接留美生赴美留学。1917年回国，积极参与清华办学。世人熟知的，胡适支持征用圆明园、推荐国学研究院导师、允任大学部筹备顾问、给学生开列必读书目、建议清华等三校合组西南联合大学等，都从正面着眼。鲜为人知的是，1923年清华学校拟聘请胡适为国学部顾问，却遭到国学部教师的一致反对，成为胡适与清华关系史上一个小小的反向插曲。

一

1923年3月，清华学生进行了"生活测量"调查。这次调查共有169人参加，占全校412人的41%，因而调查结果有一定的代表性。

"生活测量"调查的第二个题目是"你以为清华现在亟待改良的是什么？"在分项中，学校教务方面，认为"国学部"亟待改良的有8票、认为"国学课程"亟待改良的有4票。教职员方面，一共14票，其中认为中文教员亟待改良的最多，达6票。

调查的第四个题目是"你赞成那几个来清华教书？"赞成胡适的有86

票；赞成梁启超的有68票；第三为马寅初，20票；第四为章太炎，17票；后面还有夏元瑮、赵元任、陈独秀、辜鸿铭、周作人、张君劢、梁漱溟、吴宓、郭秉文、秉志、蔡元培等人。显然，胡、梁二人与后面诸人票数相差悬殊，这反映了胡、梁在清华学生心目中的地位。[1]

此一时期，梁启超、胡适二人也与清华多有往来，对清华校务多有建言。

1923年2月上旬，胡适接受《清华周刊》关于清华改办大学问题采访，赞成清华改办大学，并对国学部教员直言不讳地提出批评，他说：

> 欲办大学必须有计画，有了计画，便须作公开的讨论。我看清华至少该办成文科和理科。……欲办文科，则国学最为要紧。在中国办大学，国学是最主要的。聘请国学教授又是极困难的问题。譬如《中国历史》一门，国中即无几个合格的教授人才。清华既有大学之议，现在便该开始罗致有名的学者来充教授之职。清华现在的教授，国学部恐颇少合格者，……要聘好的国学教授，先要定一个标准。国学教授绝非只是什么"举人""进士""师爷""幕僚"便能担任的，请不到合格教授，大学终是办不好。[2]

早在1914年冬，梁启超即因环境幽静而暂居清华园从事著述，[3] 写成《欧洲战役史论》一书。梁启超在清华，住工字厅西客厅，取名"还读轩"。梁氏与清华师生朝夕相处，"感情既深且厚"，"觉无限愉快"。[4] 此后梁启

---

1 《清华学生生活测量的报告》，《清华周刊》第275期，1923年3月30日，第7、9、11页。

2 华：《与胡适之先生谈话记》，《清华周刊》总268期，1923年2月9日，第28页。

3 《欢迎嘉宾》，《清华周报》第24期，1914年12月8日，第2版。

4 《梁任公先生演说辞》（程树仁述意），《清华周刊》，1916年2月8日，第15页。

超不时来校讲学。

1923年3月1日出版的《清华周刊》第271期刊登了梁启超对清华学生的谈话。学生记者问梁启超："清华学生对于国学虽欲刻苦研究，而苦无人指导。国内学者，对于国学深有研究又能所得授人者，依先生所见，大概有那几位？"梁启超说：

> 有学问的人不一定会教，教得好的人不一定都有学问。依我看来，又有学问又能教人的先生，现在在中国恐怕一个都寻不着。现在北京、东南两大学里的教授有深博学问的确很有几位，但是我不敢说他们教授都很得法。我近来筹备在天津办一个文化学院，供给这种人才也是我目的之一。我希望将来我们国学界里能多产几位人才。[1]

与胡适的尖刻相比，梁启超较为温和且艺术，"有学问的人不一定会教，教得好的人不一定都有学问"。足为后面批评留有余地。说北大、东南大学而不提清华，提北大、东南大学教授也在肯定他们学问渊博前提下委婉批评教授不很得法。姑且不论学术思想的分歧，单就梁、胡二人月旦臧否语气而言，梁启超无疑更容易获得国学部教师的认可和接受。

与此同时，已有强烈的"文化自觉"的清华学生[2]对学校国学教育提出强烈批评。5月，吴景超在《清华周刊》第282期发表社论《清华教育的两层缺点》，写道：

> 我们都不是教育专家，所以现在讨论这个题目，并不从理

---

1 冠：《与梁任公先生谈话记》，《清华周刊》第271期，1923年3月1日，第20页。

2 欧阳军喜：《在中西新旧之间穿行：五四前后的清华国文教学》，《清华大学学报（哲学社会科学版）》第3期，2013年，第45页。

论上着眼，而从我们所感受的痛苦上发言。

……

清华教育的第二层缺点便是国学上的设备太幼稚。我们在此应该辨别国文与国学二词的涵义。国文所包含的，为文法与文学。国学所包含的很广，全部中国文化史，便是国学。我们在清华七八年，不要说国学一点没有学到，就是把国文学通的，也没有几个。同学中国文通顺的，可以用两种原因来解释：（一）进清华前国文已通了；（二）自己刻苦用功，所以便上了通顺的路。我们很难找出几个同学，从课室中听先生的讲解，便把国文学通的。

这种情形，我们觉得真是可怜。……但国学部的组织——现在清华的国学部，只可说是毫无组织的国文系——非国学深有根柢的人不办。校中应该请一位精通国学的大师来办理这件事情。现在国内具有这种资格的人，自然不多，但诚心求之，也未始请不到。我们以为同学最愿意请到清华来教书的两位先生，胡适之和梁任公（见《清华周刊》二七五期《清华学生生活测量的报告》）都可以做这件事。胡先生现在无事，据他和私人的谈话，以后要永远脱离北大了。我们此时如诚心请他加入清华，大约不是毫无希望的事罢。梁先生的文化书院，下学年是开不成，我们也正可乘这个时机请他再来清华。固然他们如肯长住清华，是再好没有了。否则只要他们肯到清华来任一年或半载的国学部主任，把国学门的课程定好了，国学门的教员请好了，也是于学生有益的事。

所以我们以为挽救清华教育第二层缺点，是请一位国学大师来组织国学部。[1]

1　景：《清华教育的两层缺点》，《清华周刊》第282期，1923年5月18日，第1、3—4页。

吴景超的文章实际上是3月份生活测量调查中学生意见的具体展开，即：国学教育需要改良、中文教师需要更新，极希望胡适、梁启超能来清华任教。要指出的是，作为安徽同乡，吴景超受胡适影响较大。4月8日，胡适对来访的吴景超谈求学与作文之法，强调要"小题大做"，切不可"大题小做"。[1]

　　清华学生这种强烈分明的褒贬必然带给国学部老师刺激。胡适批评于前、学生不满于后，这又极易让国学部老师认为清华学生对他们的批评是受到胡适的蛊惑。很快，国学部老师的不满，伴随着反对聘请胡适任国学部顾问而爆发。

二

　　在清华提出聘请胡适任国学部顾问之前，恰好爆发了胡适、梁启超关于最低限度国学书目争论。

　　1923年3月，在《努力周报》增刊《读书杂志》上，胡适开列了"一个最低限度的国学书目"。胡适说："这个书目是我答应清华学校胡君敦元等四个人拟的。他们都是将要往外国留学的少年，很想在短时期中得着国故学的常识。所以我拟这个书目的时候，并不为国学有根柢的人设想，只为普通青年人想得一点系统的国学知识的人设想。""这虽是一个书目，却也是一个法门。这个法门可以叫作'历史的国学研究法'。"胡适说自己起初教人从想"小学"入手，劝人先通音韵训诂。但近来忏悔了！因为"那种话是为专家说的，不是为初学人说的；是学者装门面的话，不是教育家引人入胜的法子"。"老实说来，国学在今日还没有门径可说。""在这个没有门径的时候，我曾想出一个下手方法来：就是用历史的线索做我们的天

1　胡适著，曹伯言整理：《胡适日记全编》4，合肥：安徽教育出版社，2001年，第11页。

然系统，用这个天然继续演进的顺序做我们治国学的历程。这个书目便是依着这个观念做的。这个书目的顺序便是下手的法门。""这个书目不单是为私人用的，还可以供一切中小学校图书馆及地方公共图书馆之用。"[1] 不久，这份书目转载于《清华周刊》第275期《书报介绍副镌》（第二期）和《东方杂志》第20卷第4号。

不久，这个书目引起了梁启超的批评。4月26日，梁启超拟定了《国学入门书要目及其读法》，发表在5月11日出版的《清华周刊》第281期《书报介绍副镌》第三期，后又发表于6月10日出版的《晨报副刊》和《学生杂志》1923年第10卷第6期。梁启超说："两月前《清华周刊》记者以此题相属，蹉跎久未报命。顷独居翠微山中，行箧无一书，而记者督责甚急。乃竭三日之力，专凭忆想所及草斯篇。"《国学入门书要目及其读法》分"要目"和三份附录，后者分别是"最低限度之必读书目""治国学杂话""评胡适之《一个最低限度的国学书目》"。可见，梁启超是在看过了胡适的"书目"之后，有针对性地列出了自己的"要目"，并且对治国学做了一番论述，明确表示"胡君这书目，我是不赞成的"。批评"胡君致误之由：第一在不顾客观的事实，专凭自己主观为立脚点。……胡君第二点误处，在把应读书和应备书混为一谈"。[2]

胡适、梁启超的书目以及梁启超对胡适的批评引起了社会的广泛关注。

1923年3月10日，与胡适私交甚笃、正在联系进入清华任教务长的张彭春在日记中写道：

> 昨天看胡适的"一个最低限度的国学书目"……从这个书

1　胡适：《一个最低限度的国学书目·序言》，《读书杂志》第7期，1923年，第1页。

2　梁启超：《国学入门书要目及其读法》，《清华周刊·书报介绍副镌（第三期）》第281期，1923年5月11日，第1、21、22页。

目里看不出什么求国学的法门。然而可以看出胡先生所谓国学的是从这些书中可以得来的。既说是历史的国学研究法，所以必须把这些书，按胡先生的次序，从头到尾读一周。

这是他所提倡的。这还是一种"死功夫"。为少数人或可试办（专心研究思想同文学史的人，大学国学科必须有的两个学程），为那些不能专心研究文科的人，应当如何可以得一点国学的知识？这是为大多数教育的问题。

就是为少数的人，有这些书应当读，而读法也不同。如何读法是一个问题。……[1]

张彭春的评价比较冷静。虽然他直言不讳地批评"从这个书目里看不出什么求国学的法门"，但并无其他批评字眼。

清华学生本身则认为这份书目与他们所希求的"最低限度"国学书目的初衷有差距，认为是专为哲学、文学专业学生、而非所有学生。3月11日，《清华周刊》记者致信胡适，提出了两个问题。

第一，我们以为先生这次所说的国学范围太窄了。先生在文中并未下国学的定义，但由先生所拟的书目推测起来，似乎只指中国思想史及文学史而言。思想史与文学史便足代表国学么？先生在《国学季刊》的发刊宣言里，拟了一个中国文化史的系统，……中国文化史的研究，便是国学研究，这是先生在该宣言里指示我们的。既然如此，为什么先生不在国学书目文学史之部以后，加民族史之部，语言文字史之部，经济史之部……呢？[2]

---

1 《张彭春清华日记（1923—1924）》，香港：开源书局出版有限公司，2020年，第26页。

2 《清华周刊·书报介绍副镌（第二期）》第275期，1923年3月30日，第47页。

第二，我们一方面嫌先生所拟的书目范围不广，一方面又以为先生所谈的两方面——思想史与文学史——谈得太深了，不合于"最低限度"四字。我们以为定清华学生的国学最低限度，应该顾到两种事实：第一是我们的时间，第二是我们的地位。我们清华学生，从中等科一年起，到大学一年止，求学的时间共八年。八年之内一个普通学生，于他必读的西文课程之外，如肯切实地去研究国学，可以达到一个什么程度，这是第一件事应该考虑的。第二清华学生都有留美的可能。教育家对于一般留学生要求一个什么样的国学程度，这是第二件事应该考虑的。先生现在所拟的书目，我们是无论如何读不完的，因为书目太多，时间太少。而且做留学生的，如没有读过《大方广圆觉了义经》或《元曲选一百种》，当代的教育家，不见得会非难他们，以为未满足国学最低的限度。[1]

学生请胡适再拟一个书目，"一个实在的最低限度的国学书目"。[2]

3月14日，胡适回信答复《清华周刊》记者疑问，进行了解释。关于第一个问题，胡适说："我要说，我暂认思想与文学两部为国学最低限度；其余民族史、经济史等等，此时更无从下手，连这样一个门径书目都无法可拟。""第二，关于程度方面和时间方面，我也曾想过，这个书目动机虽是为清华的同学，但我动手之后就不知不觉地放高了，放宽了。我的意思是要用这书目的人，从这书目里自己去选择；有力的，多买些；有时间的，多读些；否则先买二三十部力所能及的，也不妨；以后还可以自己随时添备。若我此时先定一个最狭义的最低限度，那就太没有伸缩的余地了。"[3]

---

1 《清华周刊·书报介绍副镌（第二期）》第275期，1923年3月30日，第47页。

2 《清华周刊·书报介绍副镌（第二期）》第275期，1923年3月30日，第48页。

3 《清华周刊·书报介绍副镌（第二期）》第275期，1923年3月30日，第48—49页。

三

正当社会上热烈讨论书目的时候，清华学校提出聘请胡适担任国学部顾问的计划，征求国学部意见。此计划甫一提出，即遭到国学部教师的反对。反对的主要理由即为广受社会关注的胡、梁书目之争。

清华学校国学部为原国文部。1922年7月底，清华组织"国学课程委员会"，由戴梦松、李奎耀、汪鸾翔、朱洪、陆懋德、吴在6人组成。8月1日起，国学课程委员会讨论国学改良问题。在国学课程委员会建议下，国文部改为国学部。并计划在将来改大学后，各科再更名为各系，以强调中西并重。[1] 如此，使学生"于短少时间，多受国学之利益。我国数千年相传之文化，纵不能尽窥奥旨，亦可得其梗概"。[2] 欧阳军喜认为，从"国文"到"国学"的转变，是"为实用而改革国文"到"为文化而改革国文"的转变。此前清华的国文改革，动机都是为了"实用"，而此次改革，则是建立在中国文化为立国之本的信念之上。[3]

5月22日，吴在致函学校，反对聘请胡适：

> 敬启者，昨闻校中有请胡君适之为国学部顾问之议。胡君之名，已如雷贯耳，敢不倾倒？但观《清华周刊》二七五期所载附录一之《一个最低限度的国学书目》，已骇怪不可言状。周刊记者与胡君书亦深致怀疑，又观该周刊二八一期《国学入门书要目及其读法》附录三，梁君卓如评语，与在骇怪之意不谋而合。设来校后，依其所定标准，实地施行，在以为惟有使国

---

1 《本校秋季开学志事》，《清华周刊》第286期，1923年9月20日，第16页。

2 《曹校长秋季开学演说辞》，《清华周刊》第250期，1922年9月11日，第1页。

3 欧阳军喜：《在中西新旧之间穿行：五四前后的清华国文教学》，《清华大学学报（哲学社会科学版）》第3期，2013年。

学课程纷纷乱如麻，不可究诘巳耳。不只使一年来讨论就绪之课程前功尽弃，及教者学者俱无从下手也。在不才，在本校教学将及一年，又得与于国学部帮办之列，窃谓他事或可以尝试，至于教育事业，断不可以闭户造车者，一试其合辙与否。如或一试，则学校与学生之受害，将无可救。语云心所谓危，不敢不告。顾先生一审思之，勿徒询一二学生偏私之见而误吾校之前途也。至胡君之学，在亦深所景仰，兹但就为清华所定书目言，盖可谓不适于清华情状者，先生幸勿以在为多所排距，在亦实为清华计耳。[1]

同日，国学部主任戴梦松也致函学校，反对胡适所拟国学书目；并以退为进，赞成胡适任国学部主任取代自己。戴梦松写道：

对于胡适之国学书目未便赞同，理由有三：

（一）胡先生《一个最低限度的国学书目》（见本校周刊二七五期）系为我清华所拟者，龄以为与我清华现在情势不甚相宜。

按梁任公所拟定国学入门书要目及附录一（见本校周刊二八一期）比较的不偏倚，且于我校现在之情势中，亦颇有实行可能性。[下学年国文科选修目所用十四种书，在任公拟附录一中，有十一种，余三种亦在其所拟要目（甲）（丙）两项中，但此非因意见偶同，遂至阿好，就我校现在情势论，只得如此。]

（二）胡先生为顾问，倘按所拟书目，对于国学部而有所主张，龄则责任所关，必须加以审慎考虑，此中窒碍，正复不少。

（三）胡先生为顾问，必须送以相当之津贴。主任以外，复

1　清华大学档案，1-1-9：1-034。

有顾问，就制度论，不无问题。就财政论，似亦不甚经济。

倘聘胡适之先生为主任，则可赞同，理由亦三：

（一）胡先生□□□□□国学部分，可负全责，或有可以贯□□□□□□希望。

（二）胡先生为主任□□□而为教员，则无责任的关系，功课（缺五字）当尽可照做。

（三）胡先生为主任，则国学部仅主任一人，学校仅出主任一人之薪金，无所谓顾问、无所谓津贴之支出，于制度不生问题，于财政亦甚经济。

戴元龄 谨复
五月二十二日¹

吴在、戴梦松同日致函学校反对，应该不是巧合，而是两人商议之后的一致行为。

6月，国学部教师陆懋德也强烈批评胡适开列书目为"驴唇不对马嘴"：

前此胡适之为清华开一"驴唇不对马嘴"之书目，而《清华周刊》反登一专论曰："有如此好的书目，吾们还不发愤读书吗？"余谓此论如能代表全体，则清华可谓无人，无怪北大学生所笑。余既不愿打消周刊之狂热，又认胡氏书目无批评之价值，故默而不言。及梁任公书目发表后，同人多为满意。……任公书目大体余亦满意。²

---

1 清华大学档案，1-1-9：1-058。

2 陆懋德：《评梁任公国学入门书目》，《清华周刊》第九次增刊《清华周镌》，1923年6月，第143—144页。

對於胡適之「國學書目未便贊同理由有三、

(一)胡先生(一缺五字⋯⋯)皮的國學書目、(見本校周刊二一五期)係為我清華所擬者、齒以為興我清華現在情勢不甚相宜

按梁任公所擬國學入門書要目及附錄一、(見本校周刊二一期)比較的不偏倚且於我校現在之情勢中、亦頗有實行可能性(下學年國文科選修目所用十四種書、在任公所擬附錄一中有十一種、餘三種亦在其所擬要目(甲)(丙)兩項中、但此非因意見偶同遂至阿好、就

国学部主任戴梦松致函学校反对胡适所拟国学书目（页1）

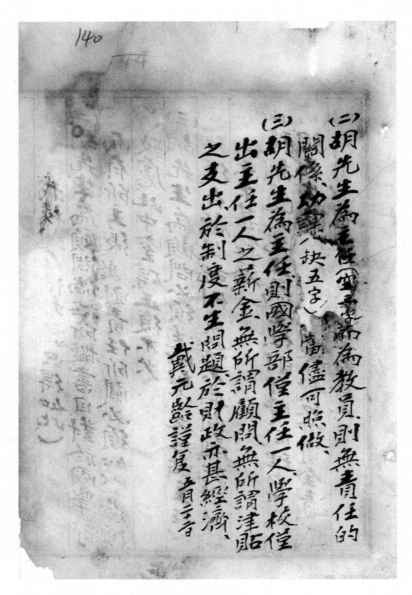

140

（二）胡先生倘主任（塗去數字）為教員則無責任的
關係、功課（缺五字）當儘可照做、

（三）胡先生為主任則國學部僅主任一人、學校僅
出主任一人之薪金、無所謂顧問無所謂津貼
之支出於制度不生問題於財政亦甚經濟、

戴元齡謹復　五月二十日

国学部主任戴梦松致函学校反对胡适所拟国学书目（页2B）

134

我校現在情勢論、只得如此。)

（二）胡先生為顧問、倘按所擬書目、對於國學部
而有所主張、齡則責任所關必須加以審慎
致慮此中空礙、正復不少

（三）胡先生為顧問必須送以相當之津貼、主任以
外復有顧問就制度論不無問題、就財政論
似亦不甚經濟

（一）胡先生（缺五字）國學部、分可負全責、或
倘聘胡邊之先生為主任則可贊同理由示三、
有可以賢（快六字）希望

国学部主任戴梦松致函学校反对胡适所拟国学书目（页2A）

135

戴梦松、吴在、陆懋德三人的信函或文章批胡褒梁，吴、陆二人同时批评学生和《清华周刊》菽麦莫辨，显然是发泄对学生言论的不满。

6月4日，国学部经过讨论，回复学校，以"文不对题"的书目开始，明确表示"以不聘胡君为顾问为宜"。

> 国学部对学校拟聘胡君适之为顾问案讨论结果如左：
>
> 　　查周刊二七五期，胡君为本校所拟《一个最低限度的国学书目》。就本校现在情势考虑，绝对不能适用，且□中所列各书，亦有极大斟酌之处，即梁任公先生对于胡君书目亦有"文不对题"对批评（见本校周刊二八一期），则□主张是否有益于本校，谅可断定。就以上各点讨论，以不聘胡君为顾问为宜，遵即覆闻，用便核夺。[1]

据张彭春观察，从学术理念论，戴梦松"是不能容纳胡适之一派的人。他很愿意梁任公来做特别讲师，可以给他的主张上加力量"。[2] 张彭春没有明言是清华校内还是社会上反对胡适的"派"，但既为"派"，则肯定不止戴一人。显然，吴在、陆懋德等人均属"派"中之人。同时，有此"派"则必有彼"派"。1923年9月，在东南大学任教的清华校友孟宪承对来访的清华学生贺麟指责"我看清华下学期新聘的国文教员尚有前清举人翰林之属，以这种旧人物来做国文教员，足见清华的国文，还没有上轨道"。[3] 显然，孟宪承这点基本是胡适观点的翻版。

戴梦松、吴在、陆懋德三人以及国学部公议对梁启超与胡适的褒贬，除去个人意气外，更重要的是反映了学术理念上的分歧。被社会一般人士

1　清华大学档案，1-1-9：1-062。

2　《张彭春清华日记（1923—1924）》，香港：开源书局出版有限公司，2020年，第86页。

3　贺麟：《与孟宪承先生谈话记》，《清华周刊》第287期，1923年9月28日，第14页。

视为"新"式学校的清华，其国学教学却趋保守而远激进。实际上，早在上年，戴梦松、李奎耀、汪鸾翔、朱洪、陆懋德、吴在等六人为委员的"国学课程委员会"经过讨论，决定哲学史课程教材"不用胡适本，改由教员陆懋德先生自编讲义"。[1]

值得指出的是，为了反对胡适，戴梦松以退为进，以辞职向校长曹云祥施压。7月，清华校内讨论国文部废留时，原来赞成分西文部、国文部的戴梦松，转而提出裁撤国文部。张彭春在7月18日日记中讥讽："戴现在愈力辞，愈是贪位的表现。""下午同戴谈到改组事，他的意思是要做'副教务主任'……他自明知国文主任不能久占，所以想移到教务上去！可怜！"[2]

四

在戴梦松、吴在、陆懋德等人反对之下，聘请胡适担任国学部顾问的提议未能实现。与反对胡适恰成对比，与梁启超观念接近的戴梦松、陆懋德等赞成聘梁氏为顾问。7月，张彭春提出"下年可请梁任公作国文系[3]顾问"，戴梦松积极支持并"愿意亲身请梁来"。[4]最终，梁启超被聘为国学部顾问。从1923年9月起，梁启超开始在清华长期讲学，所开"最近

1 《国学部新闻》，《清华周刊》第250期，1922年9月11日，第33—34页。

2 《张彭春清华日记（1923—1924）》，香港：开源书局出版有限公司，2020年，第83页。

3 国文系即原来国学部。1923年，曹云祥校长聘张彭春到清华学校任教务长改革课程。当时清华曾有各科分系计划，曹云祥曾建议"把国学部名称改为'国文系'，请戴为'代理国文系主任'"。（《张彭春清华日记（1923—1924）》，香港：开源书局出版有限公司，2020年，第74页）但后来各科分系计划未实现。1925年成立大学部后，1926年才在大学部下设立17个学系。

4 《张彭春清华日记（1923—1924）》，香港：开源书局出版有限公司，2020年，第75页。

三百年学术史"与"群书概要",[1] 受到清华同学的热烈欢迎。[2] 每个星期，他在清华四天读书、讲课或辅导学生，在城内三天，处理其他事务。[3] 此时的清华，已经成为梁启超主要活动地点之一。

此后数年，戴梦松协助吴宓筹办国学研究院；1926年大学部设立学系，吴在和陆懋德分别担任国文系和历史系首任系主任。清华筹办大学部，胡适欣然担任筹备顾问，为清华发展建言献策。他们都为清华学校早期发展发挥了重要作用。

1 《良师到校》，《清华周刊》第286期，1923年9月20日，第19页。

2 梅汝璈：《欢迎梁任公先生》，《清华周刊》第288期，1923年10月5日，第1—3页。

3 《1923年11月5日致梁思顺》，张品兴主编：《梁启超全集》（第10册），北京出版社，1999年，第6204页。

对于清华大学教育应取之方针与应有之计画，不吝指导

——聘请大学部筹备顾问

从1916年起，清华学校开始正式筹备改办大学。至1922年曹云祥来清华，中经周诒春、张煜全等几任校长努力，改办大学筹备已具备一定条件。

曹云祥上任后，为进一步推进改办大学，在校内成立了调查委员会，调查校情，积极研究改办大学事宜，供决策参考。[1] 1923年2月，曹云祥提出"十八年（1923—1940）计划"，[2] 筹划逐步改办大学的具体方案。学校成立了"课程委员会"，筹划改办大学的具体步骤与措施。课程委员会先后三次提出改办大学方案，最后，由教职工会议通过，决定自1924年起为大学筹备期。从这一年秋天起，开始逐年停招留美预备生（旧制学生），至此，清华学校改办大学的计划，才由酝酿阶段正式进入实施时期。曹云祥还聘请张彭春任教务长，负责学校课程设置等重要事项，稳步推

---

1 《曹校长秋季开学演说辞》，《清华周刊》第250期，1922年9月11日，第2页。

2 1901年签署的《辛丑条约》规定中国政府履约时间为39年，即1940年条约到期。故后来很多计划都按照1940年作为重要节点。1916年周诒春向外交部申请改办大学，理由之一是："一可谋善后以图久远也。清华经费，至民国二十九年庚子赔款摊还清结后，亦将无以为继。"（《详外交部文为逐渐扩充学程预备设立大学事［民国五年七月二十七日］》，清华大学校史研究室编：《清华大学史料选编》［第一卷］，北京：清华大学出版社，1991年，第277页）周诒春、张煜全、曹云祥等人都怀有紧迫感推动清华改办大学。

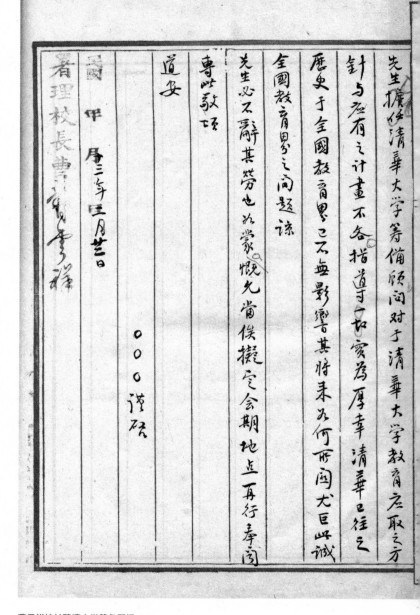

先生擔任清華大學籌備顧問對于清華大學教育启取之方

針与启有之計畫不吝指導一切實為厚幸清華已往之

歷史于全國教育界已不無影響其將朱及何所問尤巨此誠

全國教育界之問題誅

先生必不辭其勞也以蒙慨允省俟擬定會期地点一再行奉問

專此敬頌

道安

　　　　　　　○○○謹碣

民國　甲　月三年五月三日

督理校長曹云祥

曹云祥校长聘请大学筹备顾问

140

范靜生一
胡適之一
張福運一票
張伯苓一
周寄梅二
丁在君二

先生大鑒敬啟者清華學校素為留美預備機關比年

以來先覺之士鑒於國內高等教育之幼稚與依賴留學制度

之弊計均認自辦大學為當務之急而對于清華之改辦大學

期期為大切因无清華當事者已廣為改革之計顧形格勢

禁迄未有就是可憾也○○近与校内教職員詳細研究採取象

議決定对于現有學生仍依舊制辦理而將程度漸為提高至于

此後招入新生則一律續入新大學制度將入校与當學劃為兩

事惟是造端伊始舉措正應審慎

執事教育大家學界泰斗素言懿行中外同欽对于改造清

華必有宏猷碩畫敬請

1924.3.26

动改大工作。

为吸收校外对于清华改办大学的意见，经张彭春提议，清华聘请范源廉、胡适、张福运、周诒春、丁文江、张伯苓等六人为大学筹备顾问。1924年2月22日，清华学校以曹云祥校长名义向范源廉等六人发出邀请，请担任清华大学筹备顾问。信件底稿内容如下：

　　先生大鉴，敬启者：

　　清华学校向为留美预备机关，比年以来，先觉之士鉴于国内高等教育之幼稚与依赖留学制度之非计，均认自办大学为当务之急，而对于清华之改办大学期望尤切。因之清华当事者已屡为改革之计，顾形格势禁，迄未有就是可憾也。

　　近与校内教职员详细研究，采取众议，决定对于现有学生仍依旧制办理，而将程度渐为提高。至于此后招入新生，则一律归入新大学。制度将入校与留学划为两事。惟是造端伊始，举措至应审慎。凤仰执事教育大家、社会领袖、学界泰斗。嘉言懿行中外同钦，对于改造清华必有宏猷硕画，敢请先生担任清华大学筹备顾问，对于清华大学教育应取之方针与应有之计画，不吝指导，实为厚幸。清华以往之历史于全国教育界已不无影响，其将来如何，所关尤巨。此诚全国教育界之问题，谅先生必不辞其劳也。如蒙慨允，当俟拟定会期地点，再行奉阅。

专此敬颂

　　道安

　　　　　　　　　　　　　　　　　　　谨启

　　　　　　　　　　　　　　　民国十三年二月廿二日

　　　　　　　　　　　　　　　署理校长曹云祥[1]

1　清华大学档案，1-1-3-033。

由信可知，聘请顾问主要考虑教育大家、社会领袖和学界泰斗三类人。范源廉、胡适、丁文江、张伯苓、周诒春、张福运等六人自然当之无愧。但细考其详，张彭春的提议是经过深思熟虑的。范源廉、张伯苓分别担任过清华学堂副监督、教务长，均为著名教育家；周诒春曾任清华学校校长，与张伯苓、张彭春私交甚笃，在教育、政治、经济等领域等有一定社会影响力；胡适与张彭春同为1910年第二批直接留美生，张福运为1911年第三批直接留美生，三人同属清华最早三批校友，胡、张二人均为社会著名人士；丁文江是学术界知名人士，与北大的蔡元培、胡适，南开的梁启超、张伯苓等来往密切，且与张彭春私交甚笃。

除私交外，这个人员也反映出张彭春联合北大、南开反对黄炎培、陶行知等人对清华染指。1924年2月26日，张彭春在日记中写道："我想的几个清华大学筹备顾问，他们必有说我私的，只同南开和北大接近。"2月26日，张彭春在日记中写道："我也免不了有党见，想联合北大、南开来同鄭[1]战。我早看到清华这块肥肉，大家要抢的。毕业生，特别是近两三年回国的，合力来要占地盘。"[2] 可见还有派系争夺教育权的因素在内。

收到邀请函后，范源廉、胡适、张福运、张伯苓、丁文江等五人迅即回复，欣然应允。2月25日，范源廉复函：

> 庆五先生大鉴，敬复者：
>
> 奉读来示，知清华有改组大学之议，并欲以贱名厕入筹备顾问之列。虽自问谫陋，愧少贡献，惟欣闻盛举，亦愿自效一得之愚，谨当遵命以备咨询。[3]

1　指黄炎培、郭秉文二人，"鄭"是张彭春自己造的字。

2　《张彭春清华日记（1923—1924）》，香港：开源书局出版有限公司，2020年，第257、258页。

3　清华大学档案，1-1-3-035。

2月25日，张伯苓复函：

庆五先生，阁下来函敬悉：

改造清华事委参末议，惭悚交拜。盖谫陋如苓，深虑于高深，无所补益。但既有尊命，固却又恐不恭。谨当承认，嗣后遇管见所及，定为勉效刍献，上供采择。[1]

2月26日，张福运复函：

云祥学兄校长道席，获承华翰：

诵悉贵校提高程度，筹改宏开学府，茂育英才，造福于教育前途、树人于国家来日。福运属为母校所在，尤为欣喜无既。惟以筹备顾问齿及下走。自维才识谫陋，夫何克当谨随明达之后，恭觇盛举之成，仰瞻弘谟，藉聆崇论。[2]

2月27日，丁文江复函：

庆五先生惠鉴，辱承手教：

敬悉贵校采纳舆情力图改造假选送美留学之基金为兴创大学之宏计，范围益广，植才弥增，卓识宏猷，曷胜景仰。江猥以庸质，谬膺过奖，备员顾问，本何敢当。惟以雅意殷挚襄兹盛举，既垂下问，敢吝刍荛，谨如嘉命以待明教。[3]

---

1 清华大学档案，1-1-3-036。

2 清华大学档案，1-1-3-037。

3 清华大学档案，1-1-3-038。

接到丁文江来函，曹云祥校长批示：胡适之先生复后筹备开会。

目前没有看到胡适复函，但从不久清华学校准备召开大学筹备顾问会名单中有胡适可知，胡适允任大学筹备顾问。实际上，胡适对清华改办大学一直非常热心，不时就清华发展发表意见。姑且不论他1914年《非留学篇》的重要影响，[1] 就在一年前的1923年2月，胡适接受《清华周刊》采访，对清华改办大学提出自己看法，认为："清华改办大学是很对的，因为留学政策是不经济的。"[2] 这是他对1914年《非留学篇》意见的坚持。关于清华改办大学的方向，胡适认为，"清华至少应办成文科和理科"。他谦虚地表示，"理科在注重设备，关于这一门，我是外行"。"欲办文科，则国学最为要紧。在中国办大学，国学是最主要的。"[3] 这个意见与此时胡适大力提倡"整理国故"是相一致的。胡适还对清华聘请有水平的国文教师提出自己意见。[4] 六个人中，只有周诒春婉拒。2月23日，周诒春复函：

> 庆五先生大鉴：
>
> 接奉惠书，敬审贵校有改办大学之举，重承不弃，宠以备顾问，衷盛谊，感纫何言。惟是诒春进事颇繁，势既难于兼顾，且年来对于教育一事尤少接近。情形隔阂，愧不克胜。率直覆陈，乞谅为幸。[5]

---

1 参见本书《广育高才，撙节经费藉图久远之计——清华学校改办大学》一文。此外，1922年2月，在清华发生校长更迭风波时，曾有美国使馆人员提议胡适担任清华校长。季羡林主编：《胡适全集》第29卷，合肥：安徽教育出版社，2003年，第524页。

2 华：《与胡适之先生谈话记》，《清华周刊》总268期，1923年2月9日，第27页。

3 华：《与胡适之先生谈话记》，《清华周刊》总268期，1923年2月9日，第28页。

4 胡适对清华国学部的意见直接导致国学部教师联合起来反对学校聘请他为国学部顾问，见本书《勿徒询一二学生偏私之见而误吾校之前途——1923清华学校国学部反对聘胡适为顾问》一文。

5 清华大学档案，1-1-3-034。

事实上，正是周诒春任校长时正式向外交部申请改办大学。征得外交部同意后，周诒春即着手改办大学的各项准备。即令受到很多批评，周诒春总能坦然面对，而坚持自己的宏大计划。[1] 1918年，周诒春因诬告愤而辞职。1924年婉拒大学筹备顾问，除了复函中提到的原因，与他离开清华学校不愉快有关。[2] 清华推进改办大学很快，5月初即举行顾问会议，开始工作咨询。1924年4月19日，清华学校向范源廉、张伯苓、张福运、胡适、丁文江发出会议通知，请他们参加5月3日（星期六）上午11点在北京饭店午餐，讨论筹备大学事宜。[3]

1924年10月，清华学校"大学筹备委员会"成立，改办大学加速进行。具体程序是："大学筹备委员会"下设召开联席会议与分组会议。其中，分组会议包括课程及计划组、教职员待遇组、招考新生组、派美游学官费组等四组。分组会议的决议，提交联席会议，通过后，再提交大学筹备顾问，并呈报学校董事会，最后呈报外交部，批准后实施。[4]

各位顾问以高度责任心，积极建言献策，帮助清华学校改办大学稳步推进。在学系设置上，胡适曾建议"清华至少应办成文科和理科"。[5] 大学部成立后开出课程的11个系中，属于文理学系的有8个，并且"商业系附于经济系"，[6] 以文理为主的大学框架初步形成。这是清华历史发展的一个转折点，清华的教育和学术独立向前跨了一大步。

1　清华校友孙继丁回忆："民六春到母校拜访师长，看到周寄梅校长。他对回国的校友，极表关切，带我参观学校的新建筑——大礼堂、体育馆、图书馆等，并对我说为这三座建筑物，他受了很多恶意批评。"孙继丁：《"重试游美"杂感》，《清华校友通讯》新36期，1971年4月20日，第2页。

2　金富军著：《周诒春图传》，北京：清华大学出版社，2019年，第118—123页。

3　清华大学档案，1-1-3-041。

4　蔡竞平：《筹备大学略史》，《清华周刊》第339期，1925年3月13日，第1页。

5　华：《与胡适之先生谈话记》，《清华周刊》总268期，1923年2月9日，第28页。

6　梅贻琦：《清华学校的教育方针》，《清华周刊》第28卷第14期，总第426期，1927年12月23日，第668页。

1925年4月，外交部批准清华学校大学筹备委员会提出的《清华大学工作及组织纲要（草案）》。学校随即按照《纲要》成立了"临时校务委员会"。临时校务委员会负责将清华学校改组为大学部、留美预备部和研究院三部分，并决定到1929年旧制生全部毕业后，留美预备部停办。

1925年5月，清华学校成立大学部，并开始招生。

值得一提的是，在热心提供咨询建议的同时，发生了张伯苓、丁文江两位顾问退还清华学校付车费的事。

1924年5月15日，清华学校向张伯苓、丁文江发函，邀请参加第一次筹备大学顾问会议，并奉上车费20元。[1] 5月18日，清华学校收到张伯苓写于17日的信件。张伯苓在信中表示，自己并非专程到北京参加大学筹备顾问会，而是"因事抵京，就便一参末议，并非专意为莅会"。因此，退回清华学校20元车费。[2] 19日，清华学校向张伯苓再发一函，感谢张伯苓参加顾问会，希望下次再勿推辞车马费。[3]

5月19日，清华学校收到丁文江写于16日的信。信中，丁文江以"开会因迟到，未及与议，至引为憾。车费廿元未便遵收"为由，"请将原票寄还"。[4] 当天，曹云祥校长即批复"再送"。学校19日起草、20日发函，感谢丁文江远道来京参会，但不能应迟到而退车马费，否则"既劳大驾，又垫车资"，请丁文江赐纳。[5] 由于资料有限，后来丁文江是否收取这20元车马费，还是继续退回，不得而知。

张伯苓、丁文江参加清华学校会议，完全有理由接收车费。但他们退还车费，反映了他们敏于做事、不恋钱财几近苛刻、足为人楷式的崇高人格。

1　清华大学档案，1-1-3-042。

2　清华大学档案，1-1-3-043。

3　清华大学档案，1-1-3-044。

4　清华大学档案，1-1-3-045。

5　清华大学档案，1-1-3-046。

造就专门人才
——国学研究院的教学

　　1925年，清华学校成立大学部。根据1925年4月公布的《北京清华学校大学部暂行章程》[1] 和1926年4月15日制定的《清华学校组织大纲》，清华学校分大学部与留美预备部两部。大学部分本科和大学院，大学院未成立之前暂设研究院。[2] 研究院下分普通科、专门科与研究院。"研究院系为研究高深学术而设。先设国学一科，以后按照需要及经费情形添设他科。"[3] 但揆诸实际，研究院以国学一科贯其始终。因此，习惯上又称研究院为国学研究院。同时，由于人事、经费、教学等方面相对独立，使得国学研究院成为校内与大学部、旧制留美预备部并列的三个相对独立的教学单位之一。

　　研究院筹备期间，曹云祥校长聘请吴宓任筹备主任。吴宓贯彻"昌明国粹，融化新知"理念，认真筹备国学研究院。

1　《北京清华学校大学部暂行章程》，清华大学校史研究室编：《清华大学史料选编》（第一卷），北京：清华大学出版社，1991年，第302页。

2　《清华学校组织大纲》，清华大学校史研究室编：《清华大学史料选编》（第一卷），北京：清华大学出版社，1991年，第297页。

3　《北京清华学校大学部暂行章程》，清华大学校史研究室编：《清华大学史料选编》（第一卷），北京：清华大学出版社，1991年，第302页。

国学研究院以"研究高深学术,造就专门人才为宗旨"。[1] 1925年9月,吴宓在研究院开学典礼演说中阐述研究院开办旨趣:"(一)值兹新旧递嬗之际,国人对于西方文化,宜有精深之研究,然后可以采择适当,融化无碍;(二)中国固有文化之各方面(如政治、经济、哲学),须有通彻之了解,然后于今日国计民生,种种重要问题,方可迎刃而解,措置咸宜;(三)为达上言之二目的,必须有高深学术机关,为大学毕业及学问已有根柢者进修之地,且不必远赴欧美多耗资财,所学且与国情隔阂。此即本校设立研究院之初意。"[2] 简而言之,成立研究院旨在融会中西、贯通古今。1926年3月,曹云祥校长在学术追求之外,还强调国家精神。"近年教育既日趋欧化,旧有之文化学术,遂日见沦丧。夫国家精神,寄于一国之宗教哲学文词艺术,此而消亡,国何以立。谓宜以西洋治学之方法,整理之,发扬光大之,则国学研究,不容缓也。本校延名师,设专院,招海内成学之士,讲贯肄习焉者,竟在是也。"[3]

针对当时国内国学研究"紊乱残缺,不绝如线,亟待提倡,以资保存……国内提倡国学之机关甚少,而又办理不善,人才缺乏,或则陈腐,嫌其过旧,或则偏激,强名曰新,或则但务琐屑之考据;或则徒事浮华之辞章",[4] 吴宓提出,国学研究应该树立两个目标:第一,整理全部材料,探求各种制度之沿革,溯其渊源,明其因果,以成历史的综合。第二,探讨其中所含义理,讲明中国先民道德哲理之观念,其对于人生及社会之态

1 《研究院章程》,清华大学校史研究室编:《清华大学史料选编》(第一卷),北京:清华大学出版社,1991年,第376页。

2 《清华开办研究院之旨趣及经过》,清华大学校史研究室编:《清华大学史料选编》(第一卷),北京:清华大学出版社,1991年,第373页。

3 曹云祥:《清华学校之过去现在及将来》,清华大学校史研究室编:《清华大学史料选编》(第一卷),北京:清华大学出版社,1991年,第42页。

4 吴宓:《研究院发展计画意见书》,《清华周刊》第25卷第4期,总第371期,1926年3月19日,第216页。

度，更取西洋之道德哲理等，以为比较，而有所阐发，以为中国今日民生群治之标准，而造成一中心之学说，以定国是。如能实现第一个目标，则中国之文明，可以昌明树立于世界；实现第二个目标，则中国对于全世界之迷乱纷争，或可有所贡献。

在此思想指导下，研究院采取了异于国内其他大学的国学研究之道，即"注重正确精密之方法（即时人所谓科学方法），并取材于欧美学者研究东方语言及中国文化之成绩"。[1]

研究院招收对象，除"国内外大学毕业生，或具有相当之程度者"外，还有"各校教员或学术机关服务人员，具有学识及经验者"，"各地自修之士，经史小学等具有根柢者"。[2] "学员经录取后，须按期到院，常川住宿，屏绝外务，潜心研究，笃志学问，尊礼教授，并不得有逾越行检，妨害本院之行为。"[3]

从体制和功能看，研究院没有北大国学门那样复杂的建制和多功能特征，而纯粹是一个培养高层次人才的教育机构。[4] 研究院明确培养两类人才，即"以著述为毕生事业者"和"各种学校之国学教师"。[5] 围绕这个培养目标，研究院在招生、学习和毕业等环节上，都有一套规范的制度。

研究院"学员研究期限，以一年为率，但遇有研究题目较难，范围较

---

1 《清华开办研究院之旨趣及经过》，清华大学校史研究室编：《清华大学史料选编》（第一卷），北京：清华大学出版社，1991年，第374页。

2 《研究院章程》，清华大学校史研究室编：《清华大学史料选编》（第一卷），北京：清华大学出版社，1991年，第376—377页。

3 《研究院章程》，清华大学校史研究室编：《清华大学史料选编》（第一卷），北京：清华大学出版社，1991年，第377页。

4 胡逢祥：《从北大国学门到清华国学研究院——对现代高校学术机构体制与功能的一项考察》，《中国图书评论》第10期，2006年，第32页。

5 《研究院章程》，清华大学校史研究室编：《清华大学史料选编》（第一卷），北京：清华大学出版社，1991年，第376页。

广，而成绩较优者，经教授许可，可续行研究一年或二年"。[1]

研究院兼容并包，学术自由，充分发挥各位教师的特长和主动精神。《研究院章程》明确规定："本院略仿旧日书院及英国大学制度：研究方法，注重个人自修，教授专任指导。其分组不以学科，而以教授个人为主，期使学员与教授关系异常密切。而学员在此短时期中，于国学根柢及治学方法，均能确有所获。"[2]

研究院教学方式分为"普通演讲"和"专题研究"。普通演讲即课堂讲授，每星期至少一小时，所讲为国学根柢之经史小学，或治学方法，或研究心得。普通演讲要求研究院学生均须到场听讲。

专题研究指在教授指导下学生进行课题研究。各教授就自己的专长提出指导范围，自由划分，不嫌重复，让各生根据自己的志向、兴趣和学力，选择教授作为指导教师，确定研究题目。如题目需要多位教授指导，也可以同时请多位教授指导，以收转益多师之效。题目和导师选择以后，不得更换，以免纷乱。《章程》规定"教授于专从本人请业之学员，应订定时间，常与接谈，考询成绩，指示方法及应读书籍"。[3]

各教师在教学实践中，严格按《章程》执教。各位老师指导范围和开设演讲如下：[4]

1 《研究院章程》，清华大学校史研究室编：《清华大学史料选编》（第一卷），北京：清华大学出版社，1991年，第377页。

2 《研究院章程》，清华大学校史研究室编：《清华大学史料选编》（第一卷），北京：清华大学出版社，1991年，第378页。

3 《研究院章程》，清华大学校史研究室编：《清华大学史料选编》（第一卷），北京：清华大学出版社，1991年，第378页。

4 《研究院各教授指导之学科范围》，清华大学校史研究室编：《清华大学史料选编》（第一卷），北京：清华大学出版社，1991年，第380—381页。

姓名	教授指导学科范围	普通演讲
王国维	经学：书，诗，礼 小学：训诂，古文字学，古韵 上古史 中国文学	古史新证 说文练习
梁启超	诸子 中国佛学史 宋元明学术史 清代学术史 中国文学	中国通史
赵元任	现代方言学 中国音韵学 普通语言学	方音学 普通语言学
陈寅恪	年历学 古代碑志与外族有关系者之研究 摩尼教经典回纥译文之研究 佛教经典各种文字译本之比较研究 蒙古满洲书籍及碑志与历史有关系者之研究	
李济	中国人种考	人文学

　　部分课程并非只限于研究院学生，征得教授同意后，大学部、留美预备部学生也可以选修。例如梁启超的《中国通史》、赵元任的《普通语言学》等。[1]

　　研究院的课程，兼具广博与精深，不少即使在今天，仍然属前沿性质。研究院讲授内容超越了一般所谓国学的范围。事实上王国维、陈寅恪的学问途径，与西方汉学的方法多有一致之处，他们原本就是国外汉学界最看重的中国学者。赵元任的语言学研究，也属于现代语言学的范畴。李济的民族学和考古学，更直接运用了人类学的方法。

　　例如王国维的《古史新证》，讲授他历年研究成果。1917年，王国维

---

1 《研究院各教授指导之学科范围》，清华大学校史研究室编：《清华大学史料选编》（第一卷），
　北京：清华大学出版社，1991年，第381页。

发表《殷卜辞中所见先公先王考》《殷卜辞中所见先公先王续考》《殷周制度论》三篇文章，运用"二重证据法"，开辟出一条"古史新证"的新路。王国维之子王登明回忆："他主讲的几门课程如说文、尚书、古史新证等课的研究生，学后都说受益匪浅。特别是《古史新证》是父亲改订《殷卜辞中所见先公先王考》《续考》《三代地理小记》《殷周制度论》等论文而成，传授了他的治学与研究方法和他自己的研究心得。他还直接指导许多研究生进行专题研究。受他专业指导及受到他的牖诲而成才的，不下数十人，后来大都成为古文字学、史学、考古学诸方面有高深造诣的人才。"[1]

由于老师、学生常川住校，师生之间朝夕相处。王国维、梁启超、陈寅恪、赵元任、李济等教师经历、治学等各有特点，学生在老师言传身教中获得教益。

王力回忆：

> 国学研究院有四位教授，都是赫赫有名的学者：梁启超、王国维、赵元任、陈寅恪。我至今还十分怀念他们的教学方法。研究院采取的是书院制，每个教授讲一门课，梁启超先生讲授历史研究法，王国维先生讲授《诗经》《尚书》，赵元任先生讲授《音韵学》（介绍高本汉的学说），陈寅恪先生讲授佛教文学。他们除讲课外，其余时间都在办公室等候学生询问。学生上什么课可以自由选择，上课时间也可以不去听课，有问题则可以随时请教老师。学制也是灵活的，一般一年，读完一年不走，念两年三年也可以。[2]

1　王登明：《王国维在清华园》，宗璞、熊秉明主编，侯宇燕副主编：《永远的清华园》，北京：北京大学出版社，2013年，第4页。

2　田小琳：《苦学精研八十春——访王力教授》，《语文教学通讯》第8期，1980年，第51—52页。

當之註釋期使普通人士皆喜讀之而能解之　時用淺顯文字要而明是正的　又如西國學者校用名家詩文讀本之例（三）

以新科學方法及西人所得材料研究中國學術事物所獲結果戎　刊印專書　選歐美東

方學家及漢學家之重要著述而譯成國文　如Karlgren, Etude sur la phonologie chinoise 之類　以上三種內

客體例各各不同第（三）種戎且以西文撰作　中多西文名詞及公式亦可　照西書　昂不然而

橫行排版不必拘定一格此版本之大小形式均須畫一而以作成之先後排

列流數作為清華研究院叢書第幾種歸本院出版其經費由本院

擔任之　左本院教授學生之著譯外校外人士如有著作有關學術催　校勘之權、　列流數作為出版但須經本院教授會議審定並有具價值者本院亦可收入叢書之列代為出版

清华学校国学研究院教务会议记录（一二次）

研究院教務會議紀錄

第一次教務會議　中華民國十四年九月初八日下午一至五時
到者　王梁趙三教授　李講師　吳主任（主席）

議決事項：（一）普通演講講題時間表

（二）各教授指導學科範圍表
即用本院第三號布告發表茲不另錄

第二次教務會議　中華民國十四年拾月拾六日上午十至十二時
到者　王梁趙三教授　李講師　吳主任（主席）

議決事項：本院不刊發雜誌
學生中雖有以此請求者但仍以不辦雜誌為是理由如下：（一）雜誌按期出版內容材料難得精粹若但以照片祝詞等充塞敷衍於本院聲名有損無益（二）學生研究期限暫定一年研究時間已苦無多若再分心於雜誌之著述及編撰必荒學業（三）佳作可刊入叢書短篇可於週刊及學報中分刊登

印叢書由教授指導學生為之叢書之內容體例可分三種（一）精校古籍影印孤本略如羅振玉之所刻各書之例（二）國學要籍加以新句讀新序惜及簡明精

虽然学生可以根据自己的志向、兴趣和学力，选择教授作为指导教师，确定研究题目。但研究院老师在教学中，很注意学生特点，因材施教。

国学研究院学生也从游诸位名师，耳濡目染，深获不言之教，为人为学大有进益。王力回忆：

> 自从进入国学研究院之后，我就热爱语言学了。喜欢赵元任先生讲的学问。如果说发现十四箱书是我治学的第一个转折点，使我懂得了什么是学问。那么研究院的这一年是我治学的第二个转折点，有了名师的指点，我懂得了到底应该怎么样做学问。给我印象最深的有两件事：一是王国维先生的治学。他在讲授《诗经》和《尚书》时有很多好的见解，但有的地方，他说自己不懂，就隔过去不讲。这样的知名学者，能够知之为知之，不知为不知，这种做学问的态度，给了我极深的教育。还有一件事更是我终生难忘的。我的毕业论文是《中国文法》。梁启超先生给我很好的评语，但是赵元任先生却只批了六个字："说有易说无难。"这句话我一辈子受用不尽。研究院的四位先生都给我留下很深的印象，陈寅恪先生博闻强记，真是惊人，他念过的书简直是永远不会忘记。他还懂十几种外语，那时他年岁不大，许多外国学者都拜他为师。我虽然在研究院只学习一年，这一年是永远难忘的。[1]

姜亮夫回忆：

> 我本想做个"诗人"，就把四川时所写的四百多首诗词，拿出来请教王先生同梁任公。他们都认为我不适宜于文艺创作，

---

1 田小琳：《苦学精研八十春——访王力教授》，《语文教学通讯》第8期，1980年，第52页。

主要是"理障"而无才华。这与林先生意见全同。我回到寝室，一根火柴把这小集子烧了。诗人之梦幻灭，这是我治学道中的一个关键性转变。我遂从王先生指导以"诗骚联绵字考"一书得卒业。[1]

研究院教学、研究并重，短时间内可算著述甚丰。研究院的出版刊物主要有三种：（一）教授主编之丛书，比如王国维的《蒙鞑备录笺证》《黑鞑事略笺证》《圣武亲征录校注》和《长春真人西游记校注》、陈寅恪的《大宝积经论》、赵元任的《现代吴语的研究》、李济的《西阴村史前的遗存》等；（二）《国学论丛》，到1929年3月共出版二卷六期，内容除本院教师之著作外，凡学生之研究成绩，经教授会同审查，认为有价值者及课外作品之最佳者，均予登载，比如刊载有吴其昌的《宋代之地理学史》、周传儒的《中日历代交涉史》、刘盼遂的《说文汉语疏》等；（三）《实学》，本着"经以明圣贤之心，攻诸史以寻治乱之迹。汇百家之学，集万国之观……洽于古今，通乎中外"的宗旨，前后共印行六期，这些学生的著述，受到校内外学人的瞩目。其中代表性著作如：高亨的《韩非子集解补正》、吴其昌的《三统历简谱》、王镜第的《周官联事考》等，都令人称道。

研究院四年间共收四届，录取74人；除有2人退学和4人病故外，实际完成学业68人。研究院学生中，王力、高亨、吴其昌、姚明达、周传儒、徐中舒、姜亮夫、陆侃如、刘节、刘盼遂、谢国桢、罗根泽、蒋天枢等，日后都成为我国20世纪人文学术的中坚力量。

---

1 《姜亮夫自传》，《文献》第4期，1980年，第188页。

清华学生提前出洋之纠纷
——留美预备部学生提前出洋风潮

　　1927年，留美预备部最后两届学生申请提前出洋。此申请得到校长曹云祥支持，但遭到大学部学生和部分教授反对，造成校长和部分教授、大学部和留美预备学生的对立，引起社会关注。

　　对于此次风潮起因，反对者——留美预备部学生——称"清华学校自民国十四年增设大学部后，新制（大学部）与旧制（留美预备部）并行，学校以制度参差、顾此失彼，办事上深感困难。董事会有鉴于此，谋早日结束旧制，专力发展新大学，故有将旧制现余两级今秋提前（出）洋之议"。[1] 反对者认为，随着国民党北伐由南往北的推进，国内形势发生剧烈变化，留美预备部最后两届学生"见革命势力，急转直下，深恐时局一变，受有影响，不能出洋"。因此，相互联络，申请在1927年夏提前出洋。[2]

　　3月21日下午，清华学校评议会上，曹云祥校长报告：董事会开会议决"旧制学生，于必要时均可送往美国留学"。[3] 6月16日，曹云祥校长召

1　《清华出洋纠纷之一函》，《新闻报》，1927年8月4日，第3版。

2　《清华学生提前出洋之纠纷》，《新闻报》，1927年7月31日，第3版。

3　清华大学档案，1-2：1-6：1-029，1-2：1-6：1-030。

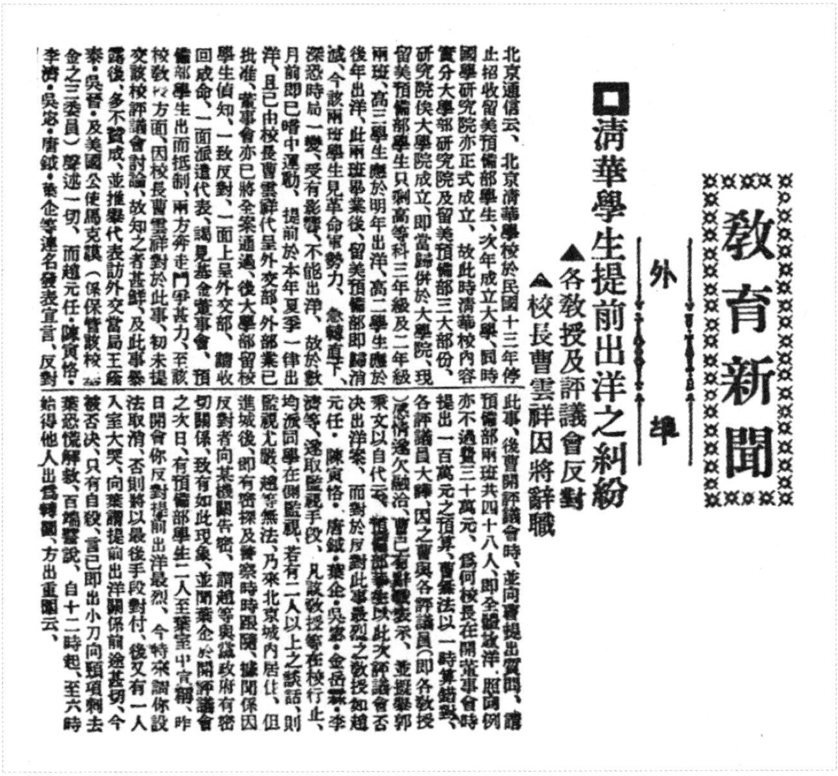

教育新聞

外埠

□清華學生提前出洋之糾紛

▲各教授及評議會反對

▲校長曹雲祥因將辭職

北京通信云、北京清華學校於民國十三年停止招收留美預備部學生、次年成立大學、同時國學研究院亦正式成立、故此時清華校內容實分大學部研究院及留美預備部三大部份、研究院俟大學院成立、即當歸併於大學院、現留美預備部學生只剩高等科三年級及二年級兩班、高三學生應於明年出洋、高二學生應於後年出洋、此兩班畢業後、留美預備部即歸消滅、今該兩班學生見革命軍勢力、急轉直下、深恐時局一變、受有影響、不能出洋、故於數月前即已暗中運動、提前於本年夏季一律出洋、且已由校長曹雲祥代呈外交部、外部業已批准、董事會亦已將全案通過、後大學部留校學生偵知、一致反對、一面上呈外交部、請收回成命、一面派遣代表、謁見基金董事會、預備部學生出而抵制、兩方奔走鬥爭甚力、至該校教授方面、因校長曹雲祥對於此事、初未提交該校評議會討論、故知之者甚鮮、及此事暴露後、多不贊成、並推舉代表訪外交當局王蔭泰・吳晉・及美國公使馬克謨（保保管該校[illegible]金之三委員）聲述一切、而趙元任・陳寅恪・李濟・吳宓・唐鉞・葉企等連名發表宣言、反對此事、後曹開評議會時、並向曹提出質問、請預備部兩班共四十八人、即全體放洋、照向例亦不過費三十萬元、爲何校長在開董事會時提出一百萬元之預算、曹[illegible]以一時算錯對、各評議員大譁、因之曹與各評議員（即各教授）感情遂欠融洽、曹已有辭職表示、並擬舉郭秉文以自代云、預備部學生以此次評議會否決出洋案、而對於反對此事最烈之教授如趙元任・陳寅恪・唐鉞・葉企・吳宓・金岳霖・李濟等、遂取監視手段、凡該教授等在校行止、均派同學在側監視、若有二人以上之談話、則監視尤嚴、趙等無法、乃來北京城內居住、但進城後、即有密探及警察時時跟隨、據聞係因反對者向某機關告密、謂趙等與黨政府有密切關係、致有如此現象、並聞葉企於開評議會之次日、有預備部學生二人至葉室中宣稱、昨日開會你反對提前出洋最烈、今特來謂你設法取消、否則將以最後手段對付、後又有一人入室大哭、向葉謂提前出洋關係前途甚切、今被否決、只有自殺、言已即出小刀向頸項刺去、葉恐慌解救、百端譬說、自十二時起、至六時始得他人出爲轉圜、方出重圍云、

《清华学生提前出洋之纠纷》，《新闻报》，1927年7月31日，第3版

集临时会议，梅贻琦、赵元任、吴宓、杨光弼等参会讨论。会议认为，提前出洋兹事体大，须审慎决定。如外交部有成议，则依部进行。6月24日，第38次评议会，曹云祥校长报告，董事会已经通过派送高二、高三两级旧制生出洋案，外交部总、次长已有允意，且已派人征询美公使意见。在这次评议会上，对提前出洋事并没有讨论。[1] 7月8日，第39次评议会就派

1 清华大学档案，1-2：1-6：1-029，1-2：1-6：1-038。

送高二、高三级学生出洋、部分学生如何处理等事进行讨论。[1] 由上述会议看，提前出洋事宜似未遭到校内教授反对，进行得似乎颇为顺利。

留美预备部学生提前出洋，意味着不仅要缩短学制，还要提前支用留学费用，可能延及清华基金。最先起来反对的是大学部学生，7月15日，大学部召开全体大会，一致反对留美预备部学生提前出洋，并选举11人组成"清华大学部留校同学反对旧制提前出洋动用基金委员会"。委员会一面向美国公使、社会舆论等宣示提前出洋的不当；一面发表宣言，申明反对理由。"一妨碍清华大学发展，破坏经济基础。二高二高三学生，距毕业期尚有时日，遽欲□等提前出洋，根本学识，既不充足，徒虚靡国币。三即承认高二三亦获得出洋权利，然按之校章，亦必俟大一毕业，方可放洋。今提前一二年，实大背校章。四为旧制同学本身计，提前出洋有害无益。盖旧制高二三学业既未修毕，年龄多属幼稚，是根基已不稳固，难免不受外界诱惑，结果势必误己误国误社会也。"[2]

6月16日，曹云祥校长召集的临时会议上，梅贻琦、赵元任、吴宓等同意，如外交部有成议则依部议。但不久，他们态度发生变化，明确反对提前出洋，并将矛头指向曹云祥。

7月16日，在梅贻琦做东的午宴上，来自大学部、国学研究院的赵元任、陈寅恪、李济、吴宓、唐钺、叶企孙等教授决定公开发表宣言反对留美预备部学生提前出洋，并请吴宓起草宣言。根据大家意见，吴宓起草的原稿为：

> 此次本校留美预备部高三高二级学生，未届毕业期限，竟予提前出洋。此种办法，实属有违校章，且挪用巨额基金，妨碍全校发展。某等对于此举，极不赞成。除向当局陈说，力图

1 清华大学档案，1-2：1-6：1-029，1-2：1-6：1-039。

2 《清华学校大学部反对高中学生出洋》，《新闻报》，1927年7月24日，第3张第2版。

取消此案外，特此宣言。

　　北京清华学校教授赵元任、陈寅恪、李济讲师、梅贻琦、吴宓、唐钺、叶企孙等同启。[1]

17日，叶企孙、赵元任、吴宓、陈寅恪等在赵元任住宅再次商议。吴宓主张用兵谏之法，将声明出示校长曹云祥，迫使曹云祥取消提前送学生出洋之议。陈寅恪持审慎态度，"主张由同意之三四人另发宣言，表明一己态度。不嫌激切"。陈寅恪并建议宣言修改为：

　　此次……二年级……期限，学校当局，竟予……出洋。似此办法，实属违背校章，某等原拟反对，近闻该项系留学经费，须移用巨额基金，必致妨碍全校发展，尤不赞同，除向当局……宣言。[2]

修改后的宣言，态度鲜明如旧，但语气较为和缓。

18日，这份宣言在《大公报》发表。[3]校内争议转为社会公议，双方都在寻求社会舆论支持。

大学部学生、部分教授反对宣言分别发表后，引起社会关注，给学校造成压力。7月17日晚8点至11点，学校召集教授会讨论。曹云祥校长做说明，认为："旧制提前出洋，意在结束旧制，专办大学，未始无便利之处。但现因（一）校外舆论，（二）评议会征求教授意见，谓不宜违背校章，（三）动用基金有困难。故由评议会慎重讨论。认为旧制高三高二级不当

1 《吴宓日记（1925—1927）》，北京：生活·读书·新知三联书店，1998年，第370页。

2 《吴宓日记（1925—1927）》，北京：生活·读书·新知三联书店，1998年，第371页。

3 《清华教授反对高等科学生提前出洋　赵元任等连名发表宣言》，《大公报》，1927年7月18日，第3版。《清华学生提前出洋之纠纷》，《新闻报》，1927年7月31日，第3版。

于本年出洋，但董事会及外交部应明白保障旧制照章应有之出洋权利。至大学部学生此次宣言，指辞未免激烈，甚望新旧学生此后能和衷共济，勿存意见，以顾大局而利前途。"在蔡竞平的建议下，教授会决定马上召开第40次评议会讨论。讨论时，留美预备部学生代表来陈述提前出洋理由。经协商，评议会同意留美预备部学生写明提前出洋理由供评议会审议。评议会从晚上11点开到凌晨1点半，可见双方争执的程度。18日上午10点，学校召开第41次评议会。经过两个小时审议，评议会否决留美预备部学生提前出洋的申请。评议会三项议决如下：

（一）按照校章，及为学校前途计，旧制高三高二级不应提前于今年出洋。

（二）校章所定旧制高三高二级毕业留美之权利应积极保障。

（三）旧制及新大学学生，应互相爱敬、融和无间，不宜以此次事故而稍存芥蒂。

评议会决议即时公布，并呈报董事会。[1] 7月30日，第43次评议会通过呈外交总、次长说明，再次重申第41次评议会通过的决议案。[2]

虽然评议会和大学部反对，留美预备部学生也未坐以待毙，仍在积极争取提前出洋。于是，"清华大学部留校同学反对旧制提前出洋动用基金委员会"又发表第二次宣言，要点为："一清华大学，为全国人之大学，同人此次反对少数人擅用基金危害学校，为替全国人发言，同人立于超然不败之地位。二旧制此次提前出洋，毫无理由可言，纯为自私自利之鄙计。三同人根本目的为反对动用基金，故凡欲破坏清华大学基金者，

1　清华大学档案，1-2：1-6：1-029，1-2：1-6：1-040，1-2：1-6：1-041。

2　清华大学档案，1-2：1-6：1-043。

皆同人之敌，亦为全国学子之公敌云云。"大学部还推荐张大东、云钺、林文奎三人为全权代表赴沪，向南方宣传此次风潮原委，求得南方社会舆论支持。[1] 对于大学部的反对，8月4日，留美预备部学生在《新闻报》[2]《时报》[3] 等发表宣言说明情况，并逐条反驳大学部的反对宣言。

此次风潮中，曹云祥支持留美预备部最后两届学生提前出洋。这从7月17日曹云祥在教授会上的说明和8月4日留美预备部学生发表在《新闻报》上的答复内容基本一致可以看出来。为此，评议会上曹云祥受到了叶企孙、赵元任、吴宓等人批评。而教务长梅贻琦与叶企孙、赵元任等人配合默契，颇堪玩味，似乎有当时清华校内少壮派与校长权力之争的影子。[4]

社会部分舆论也对提前出洋提出反对，并对学校提出批评。1927年7月18日，天津《大公报》社论指出：

> 旧制学生动用基金提前出洋，确于道理不合。因为看见时局不好，恐怕学校将来变动，便不顾多数同学之前途。先提基金，出洋作了汉。这种思想未免太自私自利，太近于西方式的功利主义，我们委实不赞成中国青年染此等习气。……至于就这次想要提前出洋的学生诸君讲，我们很想奉劝，不要着急，因为即令政治变动，清华根本绝不致动摇。万一真正动摇，诸位即在外国，一样可以撤销，况且中国捣乱的日子还长，你们

1　《清华学校大学部反对高中学生出洋》，《新闻报》，1927年7月24日，第3张第2版。

2　《清华出洋纠纷之一函》，《新闻报》，1927年8月4日，第3张第3版。此文为留美预备部学生对大学部学生宣言的答复。参看档案，此文对事情原委，尤其学校评议会讨论所述基本符合实际情况，可信度较高。不同在于评议会决议只有议决事项，无法知道每位成员的态度。此文则有曹云祥、梅贻琦、赵元任、吴宓、叶企孙、蔡竞平、陈福田等人发言和态度。

3　《清华旧制生答复"反对留美预备部提前出洋宣言"》，《时报》，1927年8月4日，第8版。此"答复"与同日《新闻报》答复不同，仅有对大学部宣言的逐条反击而无对事情来龙去脉及校内各教授态度和表现说明。

4　《清华出洋纠纷之一函》，《新闻报》，1927年8月4日，第3张第3版。

抢早出洋，回来依旧论不到做建设事业。要说出洋回来，就刻意骗人，这是时代过去的梦话。清华游美学生，回国找英文教习尚不可得者还多着咧，况且就是求学，你们准备不够，早去也是白费。这种损人不利己的事，还是不干的好。清华当局为了少数学生私心，牺牲多数学生利益，办法也是欠妥。依我们看，还是及早转圜，别闹笑话才好。[1]

8月7日，评议会有感于校长曹云祥校长的做法不符合学校组织大纲，全体提出辞职。辞职函由吴宓起草。

按照本校《组织大纲》第三章第九条评议会职权第一第四第六项之明文，此次留美预备部高三高二级提前出洋问题，在校内，自应先交评议会讨论决定。乃此事发生之始，未经评议会正式讨论，即由校长与部中直接商办。其后因大学部学生反对，乃在校教授表示意见，评议会遂于七月十八日开会，通过决议案三条。旋外交总长，为决定此事，特邀各评议员至外交部会议。方谓部令一下，校长自必召集评议会，共商妥善办法。乃顷闻外交部批令已于八月五日送到校中，校长立即呈复，该项部令及呈文底稿，某等至今均未得见。是某等于评议会之职权，已不能执行。自愧有亏职守，实无以对选举某等之教授会，只有立即辞职。自本日起，所有评议员一切职务，某等概不负责。……评议员戴超、杨光弼、吴宓、赵元任、陈福田、赵学海提出辞职。[2]

1　《两校的新风潮》，《大公报》（天津版），1927年7月18日，第1版。

2　《吴宓日记（1925—1927）》，北京：生活·读书·新知三联书店，1998年，第386页。

在评议会反对下，8月10日，外交部下令，不支持动用款项送留美预备部高二、高三提前出洋的要求。8月15日下午，清华学校召开教授会，通报了外交部这一决定。同时，曹云祥校长引咎屈服。当场通过决议案，嗣后校长应遵守《组织大纲》，重要事件必经评议会正式议决后方可按照执行。于是，教务长梅贻琦，以及吴宓等六位评议员也都收回辞呈。[1] 至此，此风波告一段落。

1927年12月1日，清华学校第52次评议会提出，留美预备部高三级提前出洋"此事前既有部令命校中酌决呈候裁夺，似可提前结束于民国十七年夏，送该级一同出洋"。但所需经费需外交部另行补给，且要早日告知学生。[2] 外交部以"高三级学绩程度，未见提高；且因经济支绌，更难增支钜款，未便照准"为由否决了学校呈请。[3] 于是，留美预备部最后一届，仍按原计划1929年夏毕业留美。

曹云祥1922年到校，先后出任代理校长和校长。此时，梅贻琦在校任教多年。曹云祥长校前任外交官，折冲樽俎，多讲求处事圆润。正如受曹云祥聘请、刚入清华的张彭春评价："他是实力派的，想用外交手段来维护他自己的地位，他的志愿是将来可以放出公使！"[4] 但这在梅贻琦看来，曹云祥"无教育眼光，更谈不到学问"。[5] "现时董事部，外交小官僚，

---

1 《吴宓日记（1925—1927）》，北京：生活·读书·新知三联书店，1998年，第390页。

2 清华大学档案，1-2：1-6：1-052。

3 《旧制高三提前出洋问题》，《清华周刊》第432期，1928年，第381页。

4 《张彭春清华日记（1923—1924）》，香港：开源书局出版有限公司，2020年，第63—64页。

5 1923年3月18日，张彭春在日记中记载了与梅贻琦谈话内容："曹志久留，董事不能大改组。办事人无教育眼光，更谈不到学问。"23日，张彭春在日记中再次写道："清华现在办事人是毫无眼光的，勿容为讳的。"当时，曹云祥正有意援引时在天津的张彭春到清华学校任教务长，推动清华教学改革和改办大学。此前，张彭春与曹云祥、清华并无接触，日记中两次一样的负面评价只可能来自梅贻琦。《张彭春清华日记（1923—1924）》，香港：开源书局出版有限公司，2020年，第36页。

及校长都是教育上的外行汉！"[1]

1923—1926年，校内教务长张彭春主持教学改革，站在与曹云祥合作又斗争的前沿。梅贻琦则在幕后帮张彭春熟悉清华校情、商量改革进行等，并不与曹云祥直接冲突。这从《张彭春日记》中可以看出。随着张彭春辞职，梅贻琦被选为继任教务长。曹、梅矛盾不可避免地显露并逐渐激化，标志性的事件就是1927年留美预备部学生提前出洋风波。

曹云祥校长时期，在少壮派教授推动以及曹云祥本人支持下，1926年，清华学校成立评议会和教授会，教授参与学校管理与发展，逐渐形成教授治校体制，对学校快速发展起了重要的制度保障。[2]但这一制度建立非一蹴而就，更非一帆风顺，而是校长曹云祥与教授（当然，教授们也并非铁板一块）双方不断调适的结果。可以说，出洋风潮中，重申《组织大纲》，强调照章行事，这是对曹云祥校长权力的制约，也是教授治校的进一步强化。这场风波中，以梅贻琦为核心的少壮派迫使曹云祥校长让步，取得了胜利，梅贻琦的地位也得到强化。

经历了类似事件，校长与教授之间逐渐达到相安平衡。但是这种平衡，随着形势变化及校长更替，仍有可能被打破。罗家伦、吴南轩等校长先后去职，即为明证。直到梅贻琦出长清华，双方才能保持长时间平衡，学校也得到长足发展。

---

1 《张彭春清华日记（1923—1924）》，香港：开源书局出版有限公司，2020年，第49页。

2 《曹云祥校长奠定民主管理基础》，金富军著：《老照片背后的清华故事》，北京：清华大学出版社，2020年，第29页。

1928

自
强
不
息

国
立
清
华
大
学
时
期

1949

烽火连天

国立清华大学前期（1928—1937）

在北方为国家添树一个新的文化力量

——罗家伦就职典礼仪式演讲

　　1929年9月18日，国立清华大学第一任校长罗家伦正式就职。就职典礼上的讲话集中体现了罗家伦的办学理念和对学校发展的擘画。

　　演讲起始，开宗明义，罗家伦从中国近代历史尤其是革命史角度强调国民革命胜利的历史意义，并特别申明办理清华的宗旨是"首先把清华学校改为国立清华大学，正是要在北方为国家添树一个新的文化力量"！罗家伦认为，"国民革命的目的是要为中国在国际间求独立自由平等"。要达到此目的，"必须中国的学术在国际间也有独立自由平等的地位"。而把具有浓厚美国背景的清华学校改为国立清华大学与就职誓词中特别提出"学术独立"，都是这方面的深意体现。[1]

　　罗家伦心目中的学术独立，与此前教育界追求的教育独立、学术独立不同。教育界"学术独立"和"教育独立"有两层含义，一是在国内希望将教育、学术独立于政治势力干扰之外，教育经费不受党派、军阀等政争影响，舆论环境有相对独立的发展空间；二是希望能摆脱附庸于国际学术界的尴尬，能发展中国自己的教育和学术。作为国民党忠实党员，罗家

1　罗家伦：《学术独立与新清华》，清华大学校史研究室编：《清华大学史料选编》（第二卷上），
　　　北京：清华大学出版社，1991年，第199页。

伦侧重强调国民革命胜利背景下、以国民党的意识形态为指导进行教育和学术发展，摆脱对国际学术的附庸。大背景则是国民党北伐胜利以后，由军政阶段进入训政阶段、国民党和国民政府力图加强对大学的领导。

罗家伦在演讲中强调的"学术独立"有着政治、教育、社会等多方面深刻的内涵，但就狭义的学术化而言，实际上奠定了清华学术化的基础。冯友兰先生指出，在罗家伦提出的廉洁化、学术化、平民化、纪律化之中，"学术化的成绩最显著"。[1] 他说："清华国学研究所的学生与清华旧制的学生，大部分是格格不相入底。我们若沿用所谓'中西''新旧'的分别，我们可以说，研究所的学生是研究'中国底''旧'文化，旧制的学生是学习'西洋底''新'文化，他们中间有一条沟。到清华大学时代，国学研究所取消了，旧制学生也都毕业出国了。可是上面所说底那两种精神仍然存留，而并且更加发扬。他们中间底那一条沟也没有了。两种精神成为一种精神了。这是清华大学时的特色。清华大学之成立，是中国人要求学术独立的反映。在对日全面战争开始以前，清华的进步真是一日千里，对于融合中西新旧一方面也特别成功。这就成了清华的学术传统。"[2] 这其中，自然包含对罗家伦、梅贻琦等为清华所做贡献的充分肯定和高度评价。

罗家伦指出，"从今天起，清华已往留美预备学校的生命，转变而为国家完整大学的生命"。[3] 这个"转变"的内涵可以从罗家伦此后一些报告或谈话中大体确定。1928年11月，罗家伦上董事会书，批评"以往中国学校皆过借贷生活，缺少独立精神"。[4] 1929年7月6日，罗家伦在清华大

1　冯友兰：《三松堂自序》，上海：东方出版中心，2016年，第351页。

2　冯友兰：《清华的回顾与前瞻》，冯友兰著：《三松堂全集》第13卷，郑州：河南人民出版社，1994年，第751页。

3　罗家伦：《学术独立与新清华》，清华大学校史研究室编：《清华大学史料选编》（第二卷上），北京：清华大学出版社，1991年，第199页。

4　罗家伦：《整理校务之经过及计划》，清华大学校史研究室编：《清华大学史料选编》（第二卷上），北京：清华大学出版社，1991年，第6页。

学毕业典礼上，批评"中国以往的教育方针，是借贷式的，唯一的目的，就是转贩外国已有的学术"。[1] 在罗家伦看来，清华留美预备部就是中国以往借贷式教育方针态度的具体表现。"这种态度，当然有它片面的成立的理由，但是从民族的观点来看，一个民族要求独立、自由、平等，必须在文化方面、学术方面，先求得独立、自由、平等的地位方可。中国近几十年来，派送了几万的留学生，他们学成回国后，对于本国，固有相当的贡献；但是要谋我国学术的独立，必须自己有独立的最高学府，仅仅靠了外国的教育，那是无论如何不可能的。"[2]

罗家伦改造清华借贷式教育的重要措施，就是"停止旧制全部毕业生派遣留美的办法，而且要以纯粹学术的标准，重行选聘外籍教授"。[3] 相对此前的"往学"，罗家伦更强调"来教"。"站在中国的方面，请西方著名的，第一流的不是第四五流的学者'来教'。请一班真正有造就的学者，尤其是科学家，来扶助我们科学教育的独立，把科学的根苗移植在清华园里，不，在整个的中国的土壤上，使他开花结果，枝干扶疏。"[4] 这项政策正好在清华大学留美预备部结束的有利时机提出，也契合办大学要有良好师资的理念。因此，在当时没有引起争议和反对。不过，考虑到学习先进科学技术是国家建设的需要，4年以后，在国民政府支持下，清华大学又开始留学人才的派出和资助。

1　《养成一种领导时代的健全人格》，《罗家伦先生文存》，第5册，台北：国史馆，1976年，第51页。

2　《养成一种领导时代的健全人格》，《罗家伦先生文存》，第5册，台北：国史馆，1976年，第51—52页。

3　罗家伦：《学术独立与新清华》，清华大学校史研究室编：《清华大学史料选编》（第二卷上），北京：清华大学出版社，1991年，第200页。

4　罗家伦：《学术独立与新清华》，清华大学校史研究室编：《清华大学史料选编》（第二卷上），北京：清华大学出版社，1991年，第200页。

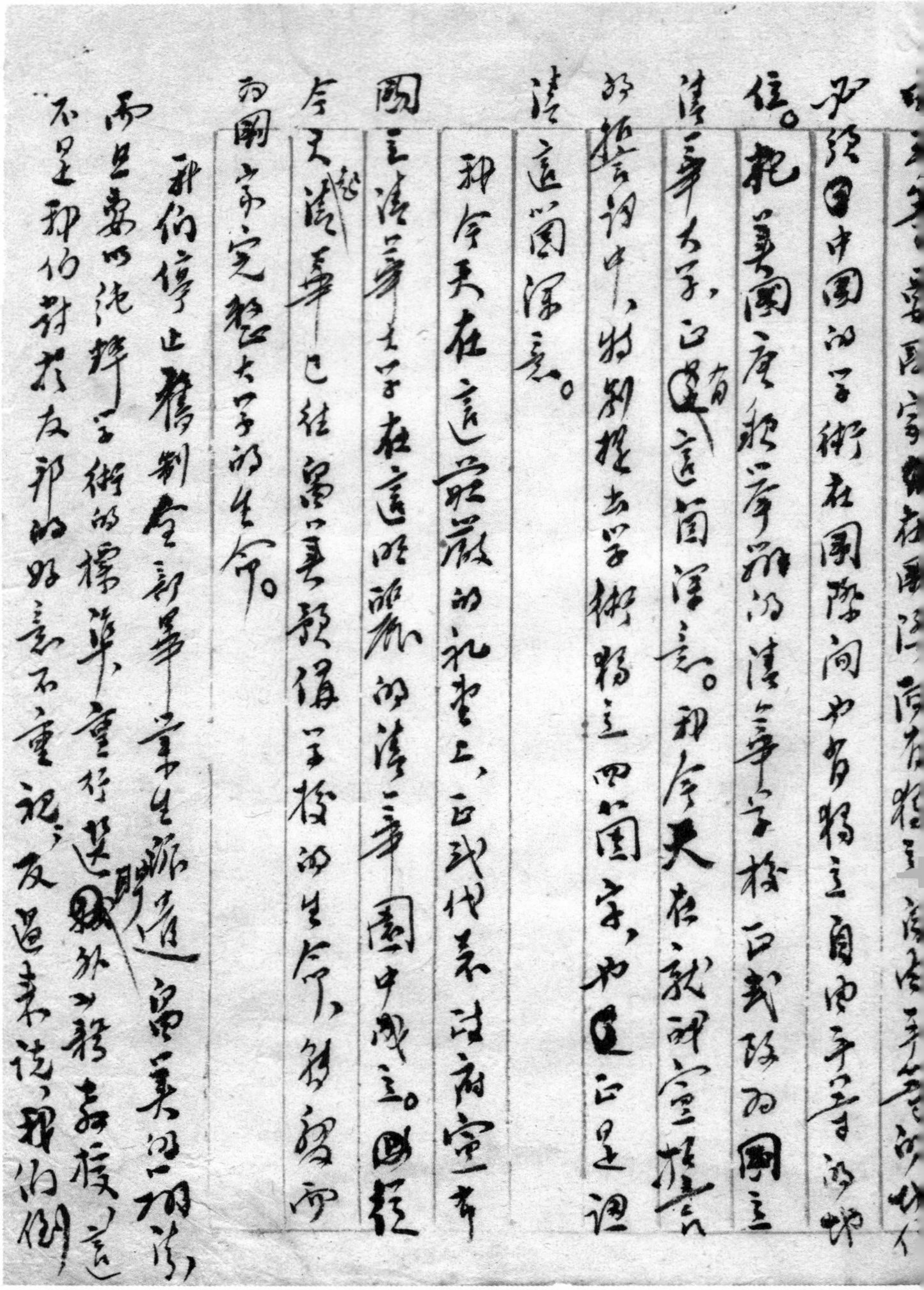

……必須使中國的學術在國際間也有獨立自由平等的地位。把美國庚款興辦的清華學校正式改為國立清華大學，正是有這個深意。我今天在就職宣誓的誓詞中，特別提出學術獨立四個字，也正是這這個深意。

我今天在這莊嚴的禮堂上，正式代表政府宣布國立清華大學在這明媚的清華園中成立。因為今天清華已經終結留美預備學校的生命，能發展為國家完整大學的生命。

我們停止舊制全部畢業生派遣留美的辦法，而只要以純粹學術的標準，重行考選若干[illegible]……不是我們對於友邦的好意不重視，友邦退來的[illegible]，我們……

1928年9月18日，国立清华大学首任校长罗家伦就职演讲《学术独立与新清华》手稿（页1）

學術獨立與新清華

新清華

（民國十七年□月　國立清華...）

在中國近代史上......

國民革命......新的文化......

國民革命的目的是要......中國在國際間求得獨立自主

清華二字......國家的......國立

......孫楷第......

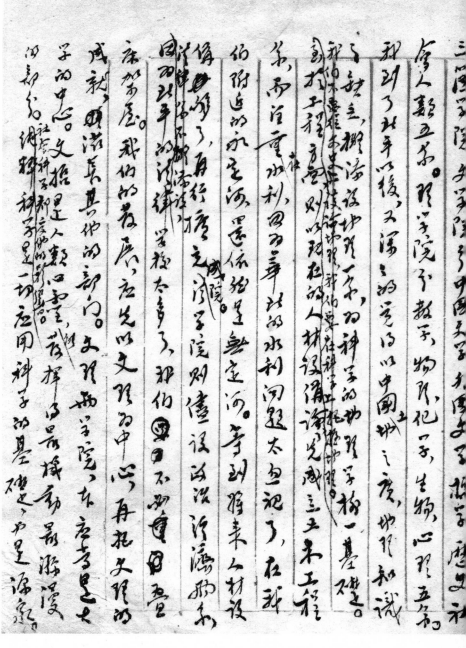

1928年9月18日，国立清华大学首任校长罗家伦就职演讲《学术独立与新清华》手稿（页2）

是特別重視。我們的院是國立大學，自然更研究我

國家重要的文化，但是我們的因別呢是否如此？我

們選擇的科學文化。不過我們接受的科學不同，不是說

在美國的方面，為甚麼中國的學生可以接受我還要

以說要考試的那些選拔方教育信傳言的學生到美

國去深造，乃是說在中國的方面，請兩方者名的，第一

流不是第四五流的，二者的未為也。請一班真正首選就

的學者大其是科學家，來扶助我們的科學的種子的根

立，把種子的根苗種植在清華園裏，不在等囹的

中國的土壤上，便仲間花結果，枝幹荣茂。

我动手來以前，便和大學院之長蔡先生言論州

州智和認識清華的院系。他們法定先成立文理法

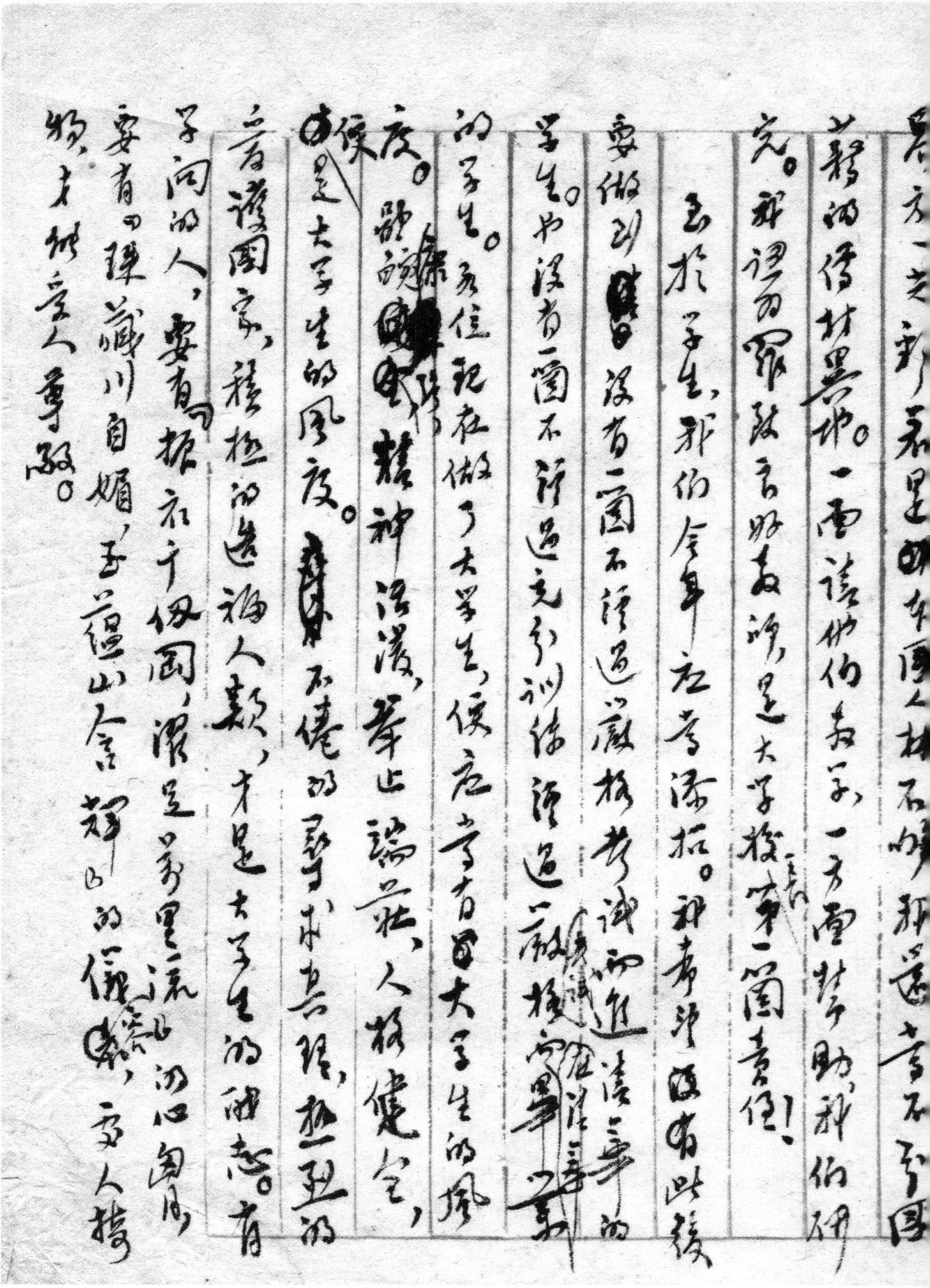

1928年9月18日，国立清华大学首任校长罗家伦就职演讲《学术独立与新清华》手稿（页3）

新设者一切图书字画，那字院向所石巧而工学院新
一字鹅那巧那的道形。沈吕〇读书身修一宜的环境，封於
文插的修养，该辟科学的研究，也影的相宜。

要大字期，必先要研读那好。为青年择师，必须研究一
切情事，两那唐必先已之四，适一甬字术的标准去
择师。须致但以後，留下的大佳为授都运字间5而四字
评經〇那——粮辟富两释分成绩的。新野的条佳耳
择中都是籍字上〇〇科学是两评的，科字是新
出的，必以那删吸收青年——雪曾自尚遂的
字者。加的那的为字集图来工作。通讯军〇为佳纸〇
晝山起，如为何夹一图字上做，一切读佣，神音畫力
讲室〇那想读客大字报晝出曲为力，而吾设佣，在这比特
生洁为夷的环境之末，诵道相考年作，一走好的图

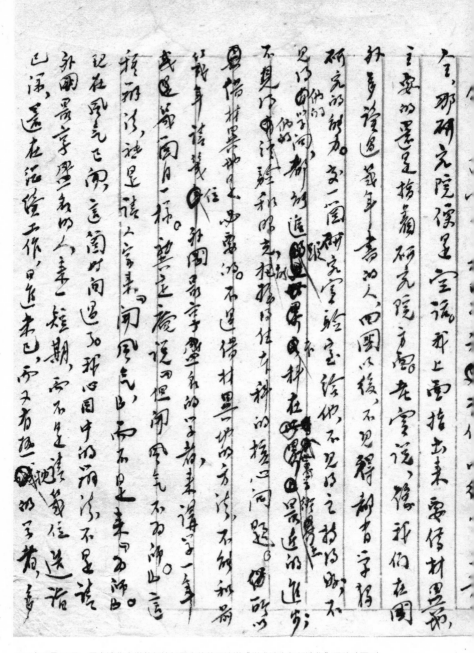

回救学生，我今天还有一两话要说。就是往今年
起，就决定招收女生。男女并重等的。我想不
出甚么话要加以限制，所以加重招女生如果更不
那是者见诸实事的去办，同时再招女生何如！
研究员是大学的灵魂。多多养两石研究，那所我
加以这无进步。不但没有进步，而且有退步。
以前的国学研究院，现在添住去办的容造须有
底债。但是那如同学是国学造石在读经仲撑
大起来，先後成立为科研究院，谏方为毕业生
都有在国内写造的操作。尤其自科学研究方面
在考探机的提倡。这样研究院是升国大学高等专门
院的帆瓷我远先後来，因为那石专家写出

181

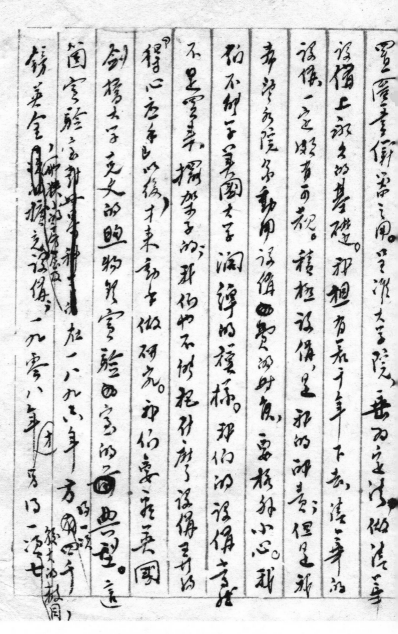

1928年9月18日，国立清华大学首任校长罗家伦就职演讲《学术独立与新清华》手稿（页5）

来藏年。在这期间，我们彦考于四完、设备上和生活上的便利，使他考口营养，不但对你那你的康健学考，而且轼置我们的为愚。三五年後，再请他四圆他研究的何究室，我们便可顺利的接过来。

那理由这是栽种学移植到中国来的最妙的研况。但是不谳一般政策，那一完在这方面的桥梁，不至一不易成功的。倘以时间那一完在这方面的吗勿进行

一切近代的研究工作，需要设备。清二等先的社的粉是彦子太甲甲都，设备未移妙。设备嗜需要的，一方需要设备。

是两方面，一方需要修养一者涅是圆养。那以後的的采是极力减方行动的需取，而年起这在大才涅

预写考初主一圆七初文，五但以三万一。三八，日年

183

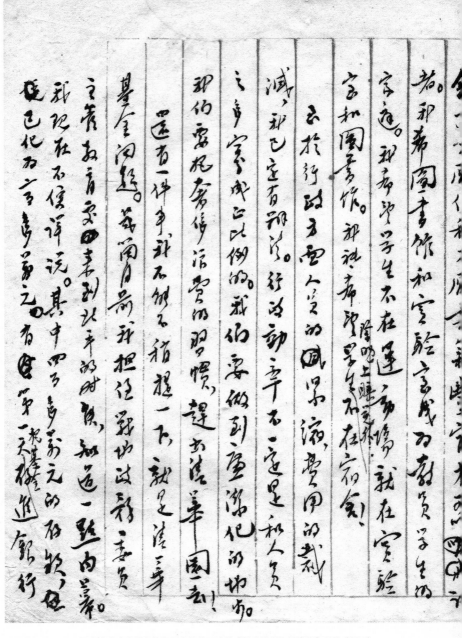

若，那希望圖書館和實驗室成功的資料的...

字典。那希望學生不在運動場時，就在實驗...

室和圖書館。那就是...學生不在寢室......

...，那已定有那法。行政方面不一定是私人資...

...，...於行政方面人員的風紀流弊用的裁...

之多實行成立比例的，我們要做到盡量淨化的地方......

那們雲花費你清楚的習慣，趕出清華園外！

選舉一件事，就不能不精選一下。就是清華員...

基金問題。...簡單前我擔任教功政務...委員...

...現在不便詳說。其中...多...元的...款，已......

...已化為...多...元。有...第一流...

...館行......

1928年9月18日，国立清华大学首任校长罗家伦就职演讲《学术独立与新清华》手稿（页6）

做研究的用途。

千一百三十五磅。要這實驗室一九三九年寶斯佛德教授 大物理家

（Rutherford）主持該實驗室的時候，五年間

所用的研究研究費五年不過二十磅，而好幾

位教授這一點小之的粒子未來做研究。但此是言

圖書館室對於與物科子的頁更太多了！

那訴在二匹三年一題的礼堂裏，其物首僅一不為，

但是那到美籍的圖書作素，置不荒的不為我

裡妈仲此謂完的地方，何以圖書的位室的此

而以別種搬這不可。

之多。那朱芳的內沙書一籍太少，中文書籍尤其少

的而情。言說種搬譯加不易。我以刀圖書作不厭

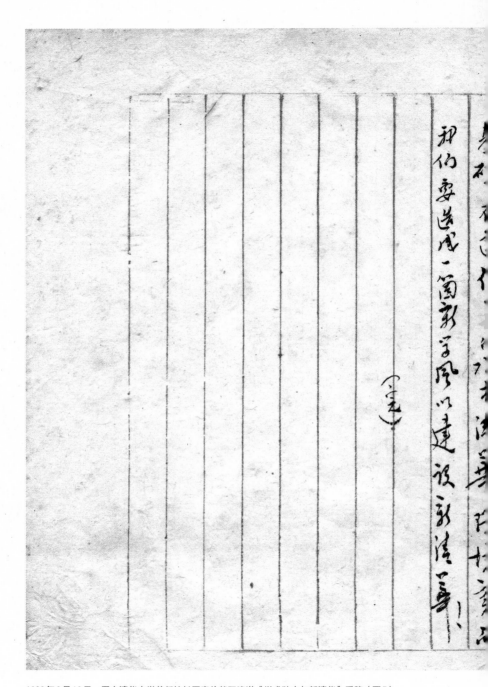

我们要造成一个新学风以建设新清华

（三七）

1928年9月18日，国立清华大学首任校长罗家伦就职演讲《学术独立与新清华》手稿（页7）

玄，第二天銀行就倒閉的事實。這至少是言護

清華，也已所週見過。我這次看見清華，將也使你

喜到安會的地步。這更使清華的價值基礎

口到穩定。各往哲旦石同，這是我的責任所在。

我更要時時清二華好的國三大字以後，將來行

郭偏正，要訶波人回到大字的跪多午後，侯清三華

訶首是慈一旦上的橋窗。

種人那脆託來把作清三華左午的樓身和我

自己以至你的勇氣和想心，来把清三華那

好。我成樣而在那地方，央不推談。我們簽就

徑平國民革命，口我不在這查祈恕那個安兵

同努力，的國家民族，好至一國口口作口口

其次，罗家伦阐述了发展清华大学学科的基本思路，即"应先以文理为中心，再把文理的成就，滋长其他的部门"。[1] 明确学科发展以文理为中心，这是罗家伦与蔡元培等人商议而定的，也是1952年前清华大学学科设置最鲜明的特点。

必须要指出的是，以文理为中心设置学科并不自罗家伦始，而是1925年成立大学部已有的指导思想，大学部学系设置即以文理学系为主。[2] 1929年清华成立文、理、法学院，1932年成立工学院，1933年起开始农业、航空、金属学、无线电、国情普查等特种研究事业，1946年成立农学院，等等。虽然学科增加，但清华大学始终都是以文、理学院为中心，直到1952年院系调整中清华变为多科性的工业大学。

罗家伦讲话第三点，强调聘请优良师资。他说："要大学好，必先要师资好。为青年择师，必须破除一切情面，一切顾虑，以至公至正之心，凭着学术的标准去执行。""罗致良好教师，是大学校长第一个责任！"[3] 他的眼光不局限国内，而是延至世界范围内。"国内著名的学者，我们自当尽量吸收，重礼敦请。国外的学者，我们也一样的邀请。"[4] 他延聘与解聘双管齐下，在短期内改善了清华大学教师队伍的阵容结构，也进一步提升了水平。[5]

讲话第四点，罗家伦提到学生。他强调要严格招生，"我希望此后要

1　罗家伦：《学术独立与新清华》，清华大学校史研究室编：《清华大学史料选编》（第二卷上），北京：清华大学出版社，1991年，第200页。

2　金富军：《曹云祥在清华的教育思想与实践》，《清华大学教育研究》第34卷第3期，2013年，第83—90页。

3　罗家伦：《学术独立与新清华》，清华大学校史研究室编：《清华大学史料选编》（第二卷上），北京：清华大学出版社，1991年，第201页。

4　罗家伦：《整理校务之经过及计划（上董事会之报告）》，清华大学校史研究室编：《清华大学史料选编》（第二卷上），北京：清华大学出版社，1991年，第18页。

5　《罗致良好教师是大学校长第一个责任》，金富军著：《老照片背后的清华历史》，北京：清华大学出版社，2020年，第31—35页。

做到没有一个不经过严格考试而进清华的学生；也没有一个不经过充分训练，不经过严格考试，而在清华毕业的学生"。学生要重视体育，养成"体魄康强，精神活泼，举止端庄，人格健全"等大学生风度和"不倦地寻求真理，热烈地爱护国家，积极地造福人类"等大学生的职志，以及要有"振衣千仞冈，濯足万里流"的心胸和"珠藏泽自媚，玉蕴山含辉"的仪容。[1]从清华历史看，严谨教学、严格要求、重视体育、注重仪表等都是一以贯之的传统。

特别值得注意的是，正是罗家伦拍板决定招收女生，从而在清华真正实现男女受教育权利的平等。

罗家伦强调的第五点是科学研究。强调科研，这与第一点强调"谋中华民族在学术上之独立发展，及完成建设新中国的使命"是紧密联系的。罗家伦认为学术独立要通过廉洁化、学术化、平民化、纪律化等途径来完成。其中，学术化是关键。罗家伦学术化理念最核心的表达，即"研究是大学的灵魂。专教书而不研究，那所教的必定毫无进步。不但没进步，而且有退步"。可见，罗家伦并非抽象、片面地强调研究，研究本身也是教学的需要，尤其是提高教学水平的必需。因此，罗家伦非常精辟地阐述了研究与教学互为补充、互相促进的辩证关系，也鲜明地阐述了自己长校后对大学研究工作的思考。[2]

罗家伦演讲中第六点就是大学设备。罗家伦强调要充实大学的建筑、仪器、设备与图书等。但不止于此，只有设备是不够的，关键还在于要有学术的灵魂。他指出："办一好大学，光是盖几所大房子绝不够（但这种观念在国很通行，在西洋也有时难免）；实则，建筑物不过是死的躯壳，

---

1 罗家伦：《学术独立与新清华》，清华大学校史研究室编：《清华大学史料选编》（第二卷上），北京：清华大学出版社，1991年，第201页。

2 《研究是大学的灵魂》，金富军著：《老照片背后的清华历史》，北京：清华大学出版社，2020年，第89—93页。

应当有学术的灵魂在内，才是一个有生命的东西。"[1] 罗家伦的这些先进观念，在当时具有普遍性，反映了那个时候教育家们的一种共识。[2]

在演讲最后，罗家伦提到要压缩行政人员和经费，也提及清华基金。

罗家伦的就职演讲依照办学宗旨与学术独立、学科建设、师资队伍、学生培养、科学研究、图书设备等方面依次展开，反映了他对学校工作全面思考和对学校主要工作层次的认识。毫无疑问，这是他管理清华校务的施政纲领。1920年代末期中国现代高等教育还处在起步阶段，罗家伦的这些认识反映了作为教育家的远见。

正是罗家伦在校务方面的精详、长远规划与切实的进行，为1930年代清华大学迅速崛起奠定了基础。正如苏云峰指出："现在很多人只知道梅贻琦是清华大学的功臣，而不知道罗家伦的奋斗成果与经验，实为梅氏的成就，铺下了一条康庄大道。"[3]

1　罗家伦：《清华大学之过去与现在》，清华大学校史研究室编：《清华大学史料选编》（第二卷上），北京：清华大学出版社，1991年，第207页。

2　《大师与大楼》，金富军著：《老照片背后的清华历史》，北京：清华大学出版社，2020年，第62—65页。

3　苏云峰：《从清华学堂到清华大学1928—1937》，北京：生活·读书·新知三联书店，2001年，第33页。

非有常设机关随时审查遇事讨论不能斟酌尽善
——清华学校董事会

1917—1929年，曾存在过清华学校董事会和清华大学董事会，对校务发展产生过重要影响。

董事会成立

董事会成立起因于清华经费支出过多引发财务紧张。1916年，清华学校开始筹备改办大学，兴建大礼堂、图书馆、科学馆、体育馆等重要建筑，学校经费支出较此前增加较多。考察清华学校1912—1918年的收支（见下页表）。

可以看出，1918年前，虽然每年预算都超出收入甚多，但每年均有结余，且结余总体呈增长趋势；尤其是1916年，结余达56万余元。但自1916年开始筹划改办大学，支出增长较快。1917年预算高达231万余元，是上年总支出额3倍有余，几近本年总收入的2倍。在外交部干预下，取消部分项目以减少支出，1917年实际支出87万余元，仍较上年多12万余元。

年份	总收入	支出预算	总支出	余额
1912	252,544.587	249,444.000	234,948.027	17,596.56
1913	410,317.062	1,331,975.000	333,058.977	77,258.085
1914	427,508.756	789,238.000	382,179.254	45,329.502
1915	715,929.839	1,016,197.000	511,753.706	204,176.133
1916	1,310,867.808	1,470,003.000	750,070.447	560,797.361
1917	1,178,059.827	2,317,686.000	870,910.055	307,149.772
1918	703,419.415	1,145,254.000	654,881.945	48,537.47

《国立清华大学二十年来收支总表》，清华大学校史研究室编：《清华大学史料选编》（第一卷），北京：清华大学出版社，1991年，第440页

　　学校支出增加较快造成经费紧张，此时社会上又有许多针对学校和周诒春校长的批评，引起外交部的注意。1917年8月27日，外交部决定设立"清华学校基本金委员会"，审查并管理学校经费使用情况，并指定外交部章祖申、周传经、许同莘、吴台、李殿璋、陈海超、吴佩洸、于德浚、赵国材、林则勋等10人为委员。[1]

　　1917年9月10日，筹备基本金委员会向外交部提交审查报告。为加强经费管理，委员会提议成立清华学校董事会，以便"随时审查"，"斟酌尽善"。董事会"大要以稽核用途，限定经费，务期积存基本金为主旨，而于教务一方面绝不裁抑，以免掣肘"。[2]

　　9月13日，外交总长汪大燮签署命令，公布《筹备清华学校基本金章程》，规定设清华学校董事会。董事会成员10人，由外交总长指定，每年改派4人。董事会权限仅在"稽核用途，增进利益，巩固基本为主"，明确

---

1 《外交部令　第八十号》，清华大学校史研究室编：《清华大学史料选编》（第一卷），北京：清华大学出版社，1991年，第240页。

2 《筹备清华学校基本金委员会报告书》，清华大学校史研究室编：《清华大学史料选编》（第一卷），北京：清华大学出版社，1991年，第243页。

清華學校董事會章程

第一條 美國退還賠欵之收入清華學校經費及游美監督處經費支出董事會得隨時稽核之

第二條 清華學校每年度編製本校經費及游美監督處經費預算草案公同審核修定

前項預算草案經董事會核定後仍由清華學校照章報部并由董事會備具報告書送部存案

第三條 清華學校經費及游美監督處經費每月計算書達部後由董事會覆加審核報部存案

前項之計算書內如有開支不當之處由董事會呈明部長核辦

第四條 董事會因事實上之必要得隨時向清華學校調取賬簿單據等件或實地調查

前項之實地調查人員由董事會公同推定陳明部長辦理

第五條 清華學校關於工程或購置及臨時等費每次支出數在二百圓以上者應由清

北京法輪星記印刷局承印

541300

《清华学校董事会章程》（页1）

第十二條　董事會於每月末一星期內開常會一次如有部長特別交議或董事三人以上提議事件時得開臨時會議所有清華學校呈請交議事件應否交議先由會長呈請部長決定

第十三條　董事會開會如有必要時得請清華學校校長副校長或主管職員到會列席

第十四條　董事會會議事件以全體董事之過半數同意作為議決
前項會議事件如董事意見未能一致時陳請部長決定

第十五條　董事會議決事件應每次備具議案送呈部長閱核存案

第十六條　董事會文牘案卷及簿冊證據等件由本部主管各科分別保管

第十七條　本章程如有應行修正之處由董事會討論決定呈請部長核准公布

第十八條　本章程自公布日施行

布告實貼規則

第一條　全校所有布告分為三種
（甲）各辦事處布告　高等科懸掛該科大樓樓梯下原有揭示處中等科懸掛該科

《清华学校董事会章程》（页2B）

華學校呈請部長交董事會核定後方得動支但部長認爲正當支出無庸交會核議者

不在此限

第六條　清華學校凡有招商投標事項除照向章由部派員監視外其應予某商承辦由

董事會遵照審計院章程審議決定

第七條　清華學校延聘外國人爲教員或職員時應先將草合同呈部交董事會審查後

方得訂定

第八條　清華學校基本金之存放生息及一切財產之保管方法由董事會籌議後呈請

部長核奪辦理

第九條　清華學校購置動產及不動產由董事會切實調查認爲確有利益呈請部長核

奪辦理

第十條　董事會公推會長一人副會長一人會議時由會長主席如會長因事不能到會

時由副會長主席

第十一條　董事會開會時須有董事七人以上出席方能開議

《清华学校董事会章程》（页2A）

表示董事会对学校"教务方面不得干预",[1] 完全贯彻了筹备基本金委员对董事会权限的设定。

9月14日，董事会成立，成员由外交部指定章祖申、周传经、张煜全、许同莘、吴台、李殿璋、陈海超、吴佩洸、林则勋、饶衍馨等10人组成，[2] 10名董事有8名为筹备基本金委员会委员。因此，这个时期董事会与清华学校基本金筹备委员会基本重合。

1919年10月25日，外交总长汪大燮签署命令，公布《清华学校董事会章程》。该章程共18条，对学校经费使用有诸多规定，但对学校行政、教务等无一提及，延续了基本金委员会董事会不干涉校务的设定。由于《筹备清华学校基本金章程》对董事会人数已做规定，因此董事会章程对成员人数及构成没再规定。但规定"清华学校基本金之存放、生息及一切财产之保管方法，由董事会筹议后呈请部长核夺办理"。[3] 清华基金的筹备成为董事会的重要工作。

这样，出现了一个介于外交部与清华学校之间的董事会。

董事会权力扩大

1918年初，周诒春辞职。不久，外交部任命张煜全为清华学校校长。张煜全来清华之前任外交部参事秘书，曾担任过清华第一届董事会董事。在张煜全校长任内，董事会依据章程，只管学校经费使用，并不干涉其

---

1 《筹备清华学校基本金章程》，清华大学校史研究室编：《清华大学史料选编》（第一卷），北京：清华大学出版社，1991年，第244页。

2 《外交部明令 第九十五号》，清华大学校史研究室编：《清华大学史料选编》（第一卷），北京：清华大学出版社，1991年，第245页。

3 《清华学校董事会章程》，清华大学校史研究室编：《清华大学史料选编》（第一卷），北京：清华大学出版社，1991年，第245—247页。

他校务。[1]

1920年1月，张煜全遭学生反对辞职。外交部感到有必要加强对学校管理，决意加强董事会。1920年1月10日，外交部颁布第13号令："近来体察情形，该校事务日益殷繁，必须将该会重新改组，辅助校长，赞画一切，方足以策进行而规久远。"[2]

改组后的董事会人数由10人缩减为3人，确定"清华学校董事会以外交部部员二人暨驻京美国使馆馆员一人组织之"。[3] 董事会三人为严鹤龄、刁作谦及美国人裴克。

这次修订，最重要一点即章程第二条："董事会对于清华学校及游美监督处一切事务有协同校长管理之权，遇有清华学校或游美监督处发生各项问题，得由董事会处理。但须将议决情形，呈请外交部部长核准，方可施行。"[4] 这条规定前后颇为矛盾，当时即有人一针见血地指出这条规定的缺陷："此条文之语言枝节，事理矛盾，实令读者莫名其妙。……由第一段言之，则'协同'二字，董事会为校长之顾问机关，校长与董事会，立于同等之地位。由第二段言之'得由董事会处理'是董事会为学校之高级机关，校长为董事会之属僚，董事会有管理学校及监督处之全权也。由最末段言之，则董事会又为总长之下级机关，管理学校之全权，在总长而不在董事也。"[5]

无疑，此时董事会已由原来"只管款项用途"转变为对学校事务"无

1　吴景超：《清华的历史》，《清华生活：清华十二周年纪念号》，《清华周刊》社，1923年4月28日出版，第5页。

2　吴景超等编：《彻底翻腾的清华革命——改组现存的董事会》，1922年，第7页。

3　《清华学校董事会章程（民国九年二月五日）》，清华大学校史研究室编：《清华大学史料选编》（第一卷），北京：清华大学出版社，1991年，第247页。

4　《清华学校董事会章程（民国九年二月五日）》，清华大学校史研究室编：《清华大学史料选编》（第一卷），北京：清华大学出版社，1991年，第247页。

5　吴景超等编：《彻底翻腾的清华革命——改组现存的董事会》，1922年，第11页。

所不管"。[1] 学校的最高权力集中于董事会，"凡处置学校一切事务之权，俱操之于三个董事之手，而校长几同虚设"。[2] 董事会相当于"太上校长"，校长的权力受到极大削弱。董事会与校长之间矛盾冲突不可避免，这是董事会制度的一大问题。

在1911—1922年清华校长风潮中，清华学生赶走张煜全后，外交部任命罗忠诒为清华学校校长，但为学生所拒。外交部一时派不出合适的校长，只好由董事会主席严鹤龄代理校长。[3] 1920年2月16日，严鹤龄来校视事。[4]

严鹤龄代理校长，他的双重身份避免了董事会与校长之间的冲突，"措置裕如，职权上不生冲突"，校务进行得较为平静顺利，但严鹤龄志不在清华，半年后，严鹤龄回外交部任职。"及严去位，新校长即发生困难问题。"[5]

董事会另一问题是成员变化频繁，并且成员属兼职，主要工作在校外而非清华。董事会成员最初为严鹤龄、刁作谦、裴克，"严去则为王麟阁，刁去则为黄宗法，黄去则为陈恩厚，陈去复为黄宗法。有在位半年而去者，有在位半月而去者"。因此，清华学生批评"缺位传舍，官衔轮转，其对清华事不但未识内容，恐亦茫无头绪"。对清华"一切事务""各项问题"有处置之权的董事会变化如此频繁，势必影响学校校务进行。[6]

1　梁朝威：《董事会之略史》，《清华周刊》第290期，1923年10月19日，第2页。

2　凌冰：《序二》，吴景超等编：《彻底翻腾的清华革命——改组现存的董事会》，1922年，第5页。

3　《董事会公函　第一号（1920年2月15日）》，清华大学校史研究室编：《清华大学史料选编》（第一卷），北京：清华大学出版社，1991年，第12页。

4　吴景超：《清华的历史》，《清华生活：清华十二周年纪念号》，《清华周刊》社，1923年4月28日出版，第4页。

5　王造时编：《清华的根本改造》（1924年2月），第11页。转引自苏云峰：《从清华学堂到清华大学1911—1929》，北京：生活·读书·新知三联书店，2001年，第35页。

6　吴景超等编：《彻底翻腾的清华革命——改组现存的董事会》，1922年，第13页。

董事会的第三点缺陷在于组成人员非教育界人士，这也是董事会最受人诟病的地方。

董事会对校政无所不管及董事会制度存在的种种问题，使"学校行政，颇生阻碍"。[1] 1923年3月22日，代理校长曹云祥上书外交部，不无忧虑地指出："默察既往，远测将来，董事会问题不能解决，则校务一日不能发展，纵有种种计划，亦属空言无补。"[2]

董事会改组

董事会制度的缺陷日益引起师生的不满。1921年10月，清华学生中爆发改组董事会的斗争，当时学生把这一斗争称为"彻底翻腾的清华革命"。[3] 当时，校内外对董事会的批评主要集中在两点：（1）董事会董事系完全外交人才，缺乏教育家或教育学者。（2）董事会之职权太笼统，与校长职权划分不清。校外对这一制度也有不少批评。清华校友、时任南开大学教务主任的凌冰认为："清华现在董事部之组织，无论从学理方面或事实方面上看，均无存在之理由。……此种组织实为各国学校所少有。"[4] 1923年3月，梁启超也明确对清华学生说："关于董事会的组织法，当时我就说，应当由中美两国的教育家合组；现在这类小官僚的董事会，

1 《清华学校的董事会》，清华大学校史研究室编：《清华大学史料选编》（第一卷），北京：清华大学出版社，1991年，第249页。

2 吴景超：《清华的历史》，《清华生活：清华十二周年纪念号》，《清华周刊》社，1923年4月28日出版，第6—7页。梁朝威：《董事会之略史》，《清华周刊》第290期，1923年10月19日，第3页。

3 事后，吴景超、罗隆基等《清华周刊》编辑收集部分清华学生对改组董事会文章编为《彻底翻腾的清华革命——改组现存的董事会》，并邀请梁启超等作序。

4 凌冰：《序二》，吴景超等编：《彻底翻腾的清华革命——改组现存的董事会》，1922年，第5页。

根本上不能存在。"[1]

在此起彼伏的改组董事会运动中，清华师生、校友等提出扩大董事会人数，并对董事会成员构成提出各种意见。较多的意见提出董事会成员应增加至九人，并增加教育专家、清华校友等，董事会成员并要定期改选等。[2]

外交部、董事会对校内师生以及社会舆论持消极态度，根本原因正如曹云祥所言"董事会改组不肯加入教育家，他们怕教育界把权夺了去"！[3]

改组董事会的风潮持续多年，1927年9月，外交部修订《清华学校董事会章程》。《章程》第一条即规定"清华学校设董事会议决并管理清华学校事务"，第六条规定了需要董事会议决的事项，包括学校预算、决算、教育与管理方针、科系设置、工程计划、契约签订、各项校规制定等，囊括了除人事权以外学校各项重要管理。因此，与1920年的董事会《章程》相比，董事会权限的表述不同，但实质没变。

这次修订，一个重要变化是董事会成员数目与构成的变化。《章程》规定：董事会由九名成员组成，其中教育专家三人、财政专家三人、清华毕业生一人、外交部员二人，以及美国公使馆代表一人。《章程》特别规定："教育专门家及财政专门家中得参加美国人共二人"，这样，九人董事会中美国董事三名。董事会成员任期三年，可以连任。董事任满由外交总长改聘，每年改聘总额三分之一。[4]

---

1 冠：《与梁任公先生谈话记》，《清华周刊》第271期，1923年3月1日，第18页。

2 吴景超曾归纳出有代表性的七类意见，参见景《现在还不改组董事会更待何时？》，《清华周刊》第269期，1923年2月15日，第1—4页。

3 《张彭春清华日记（1923—1924）》，香港：开源书局出版有限公司，2020年，第210页。

4 《公布清华学校董事会章程令（十六年九月二十七日　部令第六十一号）》，外交部编：《外交公报》第75期，沈云龙主编：《近代中国史料丛刊》三编第37辑，台北：文海出版社，1987年，第8—10页。《清华学校董事会改组讯》，《清华周刊》第28卷第4期（总第416期），1927年

1928年4月，外交部再次对董事会章程进行修订，对董事会职权表述稍有改变，"清华学校设董事会议决清华学校事务"，由"议决并管理"改为"议决"，但其"太上校长"的本质并没有变化。这次修订，董事会成员总数仍为九人，但构成有所调整。去除了上年《章程》中财政专家规定，由教育专家五人、清华校友一人、外交部员二人、美国公使馆官员一人组成，且教育专家中须有两名美国人。这样，九人董事会成员中，美国人仍保持三人。关于董事任期，保留了上年的规定及董事会成员任期三年，可以连任。董事任满由外交总长改聘，每年改聘总额三分之一。[1]

1928年、1929年外交部两度修订董事会章程，虽然对清华师生、校友、社会关注的董事会权限未做调整，但对董事会成员人数及组成结构、任期及改聘等进行调整，增加教育专家、清华校友等。显然是对长期以来清华师生、校友呼求的回应。增加董事会成员的同时，美国董事按比例增加至三人，则是为保持美国对清华的影响力。

董事会的废除

1928年6月8日，北伐军进入北京。国民政府对清华的接管，一开始便陷入大学院和外交部的矛盾之中。

经过协商，大学院与外交部达成了共同管辖清华的协议：一、将清华按照美国文理科大学办理，并逐步添设研究院；二、由大学院会同外

10月14日，第220页。《董事会改组》，《清华周刊》第28卷第6期（总第418期），1927年10月28日，第328—329页。

1 《公布修订清华学校董事会章程令（十七年四月十六日 部令）》，外交部编：《外交公报》第82期，沈云龙主编：《近代中国史料丛刊》三编第37辑，台北：文海出版社，1987年，第1—3页。《部令公布修正董事会章程》，《清华周刊》第29卷第12期（总第439期），1928年5月4日，第865页。

交部，合派董事九人，组成新的董事会，掌管清华大学；三、原"清华学校暨留美学务基金保管委员会"中外交部部长、美国公使保留，外交部次长由大学院院长（后为教育部部长）接替，仍保持三人规模。上述这些接管措施，基本上承袭了北洋政府的一套办法。不同的只是恢复了最初清华学堂时期由外务部、学部共管的局面。董事会则在此前外交部下管理基金、监管校务之外，成为外交、教育两部之下管理学校的协调机构。

根据1928年9月通过《国立清华大学条例》，董事会具有四项职权：第一，推举校长候选人；第二，议决清华重要章制、教育方针、预算、派遣及管理留学生之方针与留学经费之支配、通常教育行政以外之契约缔结、其他关于设备或财政上之重要计划；第三，审查学校决算与校长校务报告；第四，向清华基金保管机关提出保管建议，并随时了解基金数目及保管状况。[1]

显然，虽然一部独辖变为两部共管，但董事会仍无异于学校决策机关。外交、教育两部在董事会、基金等问题上龃龉不断，影响了学校的发展。罗家伦抱怨："清华为教育、外交两部所共管，已有两姑之间难于为妇之苦，今更加以董事会，则一国三公，更有吾谁适从之叹矣。"[2] 矛盾的积累，不久便激烈地爆发出来，清华师生掀起了以清查基金、改归教育部管辖、废除董事会为主要内容的改辖废董运动。

罗家伦离校期间代理校务的吴之椿指出：董事会制度，不是董事个人问题，而是制度问题。他认为董事会制度有三项缺点：1. 有权利而无义务。2. 与学校内部隔膜，用来监督学校可以，但干涉学校的一切，则会引发诸多矛盾。3. 董事会是外交、教育两部混合产物，彼此牵制，互相扞格

1 《国立清华大学条例（1928年9月通过）》，清华大学校史研究室编：《清华大学史料选编》（第二卷上），北京：清华大学出版社，1991年，第138—139页。

2 《罗校长辞职原呈（1929年4月）》，《国立清华大学校刊》第58期，1929年4月17日，第2版。

对学校校务进行产生许多阻碍。[1]

罗家伦校长在学校发展计划、预算等方面与董事会发生冲突。同时，校内师生继续要求改革。1929年4月6日，清华评议会以董事会两度否决该会关于扩充学校的建议，宣布全体评议员向教授会辞职。[2]4月7日，学生会召开全体大会，要求政府取消董事会及其一切决议案，并将清华直隶教育部，并组织取消清华董事会委员会。[3]4月17日，学生会全体发表请求取消董事会改隶教育部的宣言。[4]5月23日，学生会发表宣言，宣布"为直隶教育部、取消董事会、彻查基金而罢课半日"。[5]

教育部对于改辖废董持积极态度。1929年4月23日，教育部部长蒋梦麟接见学生会南下代表。对改辖，蒋梦麟表示："关于管辖，教部不便主张，顶好请外王自动放弃，或由谭院长出面。教部深怕管理不好，不过也明职责所在，可能范围内一定能够努力。"对于废董，蒋梦麟表示："关于董事会一层，如专归教部管辖，自可不成问题，否则董事会制度必存在，且有情面关系，一时欲取消董事会为不便。"[6]

外交部则对改辖废董持反对意见。1929年4月25日，外交部部长王正廷接见学生会南下代表，"至于董事会则不能取消，有其弊亦有其利，董事可以check校长，以免独断，欧美各国大学均有董事会，故不能取消"。[7]

一方面外交部不愿放手，一方面教育部不愿与外交部正面冲突。为

---

1 《四月十五号纪念周》，《国立清华大学校刊》第58期，1928年4月17日，第1版。

2 《评议会第六次会议》，《国立清华大学校刊》第56期，1929年4月10日，第1—2版。

3 《学生会议案汇记》，《国立清华大学校刊》第56期，1929年4月10日，第2版。

4 《国立清华大学全体学生为请求取消董事会改隶教育部宣言》，《国立清华大学校刊》第58期，1929年4月17日，第3—4版。

5 《国立清华大学学生会为直隶教部取消董事会彻查基金罢课半日宣言》，《国立清华大学校刊》第63期，1929年5月3日，第3—4版。

6 《学生会南下代表日记》，《国立清华大学校刊》第65期，1929年5月8日，第3版。

7 《学生会南下代表日记》，《国立清华大学校刊》第65期，1929年5月8日，第3版。

了彻底解决清华大学管辖问题，1929年5月，罗家伦通过个人影响力，取得国民政府高层人士蒋介石、谭延闿、戴季陶、陈果夫、孙科等人支持，[1]在外交、教育两部部长均不出席的5月10日国民政府第28次国务会议上，通过了戴季陶与陈果夫联名提交的议案，[2]将清华划归教育部管辖，彻底解决学校归属问题。[3]

改辖问题解决后，董事会的废除只是时间问题。1929年6月12日通过的《国立清华大学规程》中，规定"国立清华大学直辖于教育部"，并取消了董事会的条目。[4]

大学董事会制度来自西方，对当时大学发展并非全无意义。在军阀混战、教育经费难以保障的情况下，如果实施得当，董事会制度对于保障大学办学自主权、沟通学校与社会、筹集经费等，能起积极作用。这也是蔡元培、交通大学等教育界人士和大学积极提倡董事会制度的初衷。

北洋政府也曾积极推动高校建立董事会制度。1924年2月23日，北洋政府教育部公布的《国立大学校条例令》第23条规定："国立大学校得设董事会，审议学校进行计划及预算、决算暨其他重要事项。"并对董事会组成等进行规定。[5]

董事会介于国家与学校之间，对国家而言，它代替了部分国家教育管理职能和权限；对学校而言，它代替了部分校长的管理职能和权限。

---

1 《罗家伦在贵阳清华同学会集会上的谈话》，清华大学校史研究室编：《清华大学史料选编》（第二卷上），北京：清华大学出版社，1991年，第81页。

2 提案由罗家伦草拟，见《罗家伦在贵阳清华同学会集会上的谈话》，清华大学校史研究室编：《清华大学史料选编》（第二卷上），北京：清华大学出版社，1991年，第81页。提案全文见《对国务会议提案》，《罗家伦先生文存》第7册，台北：国史馆，1976年，第83—84页。

3 《教育部训令　第七○四号》，《国立清华大学校刊》第75期，1929年5月31日，第3版。

4 《国立清华大学规程》，《国立清华大学校刊》第80期，1929年6月14日，第3—4版。

5 《教育部公布国立大学校条例令（1924年2月23日）》，中国第二历史档案馆编：《中华民国史档案资料汇编》第三辑·教育，南京：凤凰出版社，1991年，第174页。

因此，董事会、学校主管部门和学校校长三者之间，天然存在矛盾。任何制度都非完美无缺，美国大学董事会发展历程，也是教师、校长、董事会、国家四者之间不断博弈的过程，但总体而言董事会制度促进了大学的发展。因此，如果能最大限度调动有利因素，董事会制度对中国大学在一定时期也未尝不能发挥积极作用。

清华董事会成立之初只在管理经费，后来职权过大以至于成为"太上校长"，不但引起学生、教授与校长的反对，亦与国家产生了矛盾。

就当时情形而言，国民党统治进入训政期后，教育行政逐渐纳入国家行政体制之中，政府对教育管理日趋严格。国家不需要通过董事会而直接管理大学，减少管理层次以提高管理效率，1929年7月国民政府颁布的《大学组织法》取消了董事会的规定即为明证。此正为清华大学废董运动成功的背景。易言之，清华大学废董问题之所以得到快速解决，除了罗家伦个人能力、清华师生吁求外，亦是迎合了国家权力全面渗入高等教育的趋势，这点以往多不为人所注意。

也正因董事会制度的废除有国家权力全面渗入高等教育等特定的社会背景，因此难以完全否定董事会制度并斥之为"失败的制度借鉴"，更不宜以结果否定过程。就清华而言，董事会的设立有其积极意义，尤其是清华基金的设立、管理，对清华以后的发展尤其具有重要意义。在南北分裂、社会动荡的1920年代，董事会对基金管理采取多种投资手段，大体保持了清华基金的稳定，应该值得肯定。随着董事会权限的扩大，董事会制度的弊端也进一步显现。加之与国家管理凿枘，因而最终被废除。考察民国时期董事会制度的成败得失，对当下中国高等教育的发展，仍富有借鉴意义。

完成自办清华大学的最后步骤
——清华大学改辖废董

1929 年前，清华经历外务部、学部共管，到外交部管理，再到外交部、教育部共管，直到 1929 年改辖废董，隶属于教育部，正式纳入国立大学轨道。自此，清华大学外部管理方式未再发生变化。

1929年前清华外部管理

《派遣美国留学生的章程草案》中规定："外务部负责创办培训学校并任命留美学生监督。学部负责学生培训毕业后的考试，外务部将请学部办理此事。由外务部和美国公使馆委任的官员联合负责拟派出赴美的留学生的选拔以及他们在美国学校的分配。"[1] 三者的权限划分比较明确。

游美学务处、游美肄业馆以及清华学堂的成立，无疑是中美两国政府外交活动的产物。因此，除外务部、学部外，代表美国政府的美国使馆也参与管理。

---

1 《派遣美国留学生的章程草案》，清华大学校史研究室编：《清华大学史料选编》（第一卷），北京：清华大学出版社，1991年，第106页。

美国使馆对学堂办学有影响力，但这种影响力不宜过分夸大。范源廉曾说，游美学务处时期美国"使馆偶有咨询顾问等情事，实际上无十分权力也"。[1] 作为游美学务处会办，范源廉的话应当是可信的。游美学务处主要由外务部与学部会同管理。

《章程草案》明确外务部与学部负责考选学生的不同环节。外务部负责留学生选拔和出国专业、学校等的分派，学部则专司学生的在校教育以及受外务部委托组织毕业考试。虽然文件中职权划分明确，但在具体办理游美学务处过程中，两部难免存在分歧和争执。

游美学务处最高领导为总办，学部希望两部各派一名总办，以体现共管之意。张之洞致外务部函提议："惟事关两部，似以各派总办一人禀承两衙门堂官会同办理此事，较为灵捷。""既派总办二员，自无庸再派会办，拟改设为书记官或文案二员，专司办理华洋文牍，即由两衙门各派一员分司其事。"[2] 张之洞意在形式上与外务部平起平坐，但两名总办会同管理极易造成两部协调困难。因此，外务部坚持只需一名总办总理学务处事务，两部各派一名会办协助总办。如此，则总办自然是与两部都有关系之人。学部以外务部左丞参议周自齐"曾充驻美使馆参赞，兼充游美学生监督，历有年所，于游美事宜，极为熟悉，学部与外务部合商收还美国赔款，遣派学生赴美办法，该参议筹画之力居多"为由，先行呈请，派周自齐为学部丞参上行走，然后两部合同派他为总办。[3][4] 学部员外郎范源廉和外务部候补主事唐国安因"中西学问，均属精通"[5] 而分任会办。

1　《留美通信》，《清华周刊》第275期，1923年3月30日，第30页。

2　《张之洞为游美学务处官员设置事致外务部函（宣统元年六月二十三日）》，中国第一历史档案馆：《清游美学务处档案史料》，《历史档案》第3期，1997年，第65页。

3　吴景超：《清华的历史》，《清华生活：清华十二周年纪念号》，《清华周刊》社，1923年4月28日，第2页。

4　罗香林：《梁诚的出使美国》，1977年，第13页。

5　《外务部递片奏折》，清华大学校史研究室编：《清华大学史料选编》（第一卷），北京：清华选拔留美生时，外务部、学部对学生年龄存在分歧。当时主持外务部的多是晚清留美幼童，他们出国时正是十二三岁。受自身经验影响，他们主张选派年少者留美，认为"十六岁以上，则对外国语言，已绝无专精之望"。[1] 1909年接替袁世凯任外务部尚书的梁敦彦认为"只有树苗而不是已长成的树，才能经过适当的修剪，栽培成为需要的树木"。梁敦彦对于留日学生印象很坏，"认为归国的留日学生更像是政客，而非爱国的实业家；他们从来就没有受过现代观念的教育，也缺少民族主义精神"。[2] 而张之洞等主持学部的官员则主张遣派中学已有根底的学生，否则，"三十岁以下之人，国学既乏根底，出洋实为耗费"。招考学生时，两部分别阅卷。一次，外务部英文取得第一之人在学部一分未得，而学部录取第一之人在外务部则一分未得。[3]

考察这一时期两部会同管理清华情形，从外交交涉到游美学生选拔、清华学堂的建立与管理等方面，外务部的管理责任相对更重。冯友兰指出："清朝末年游美学务处在表面上还是由当时政府的外务部（外交部）和学部（教育部）会同管辖，但是实际上实权是在外务部，学部不过是挂名。"[4] 总体而言，虽有分歧与争执，但经过学部与外务部的协调，对清华学堂的管理比较稳定，因而保证了学校的稳定。

中华民国成立后，清华学堂会办范源廉任教育次长，后升任教育总长，提议清华学校归外交部管辖，与教育部脱离关系。[5] 自此，清华由两

大学出版社，1991年，第7页。

1 《留美通信》，《清华周刊》第275期，1923年3月30日，第30页。

2 颜惠庆著，吴建雍、李保臣、叶凤美译：《颜惠庆自传——一位民国元老的历史记忆》，北京：商务印书馆，2003年，第75页。

3 《留美通信》，《清华周刊》第275期，1923年3月30日，第30页。

4 冯友兰：《三松堂自序》（第2版），北京：生活·读书·新知三联书店，1989年，第337页。

5 《校史》，清华大学校史研究室编：《清华大学史料选编》（第一卷），北京：清华大学出版社，1991年，第48页。

部共管"成为外交部的一个附属机关"。[1]外交部对清华学校拥有独立、完全的管理之权。

在唐国安、周诒春任内,"外交部并不事事过问。他只居于顾问的地位,假如校长不去请教,他是不来干涉的"。[2]

1917年9月,清华成立董事会,只稽核经费,不干涉教务。1920年董事会权限扩大到对校务"无所不管"。[3]1927年,有奉系军阀背景的刘哲任教育总长时,曾计划将清华改隶教育部管辖,[4]但很快奉系势力被赶出北京,这个计划没有实现。

清华学校时期,学校长期归外交部管辖。这种外部管理体制有其积极作用,苏云峰从三个方面肯定外交部管辖的正面作用:一、外交部主管人事较教育部主管人事稳定;二、外交部是清末民初较为现代的一个部门;[5]三、美国对清华有重要影响,而外交部与美驻华使馆经常保持接触,双方教育理念相近,容易沟通。因此,"在当时的历史条件下,清华由外交部管辖应该是一个较佳的选择"。[6]

1　冯友兰:《三松堂自序》(第2版),北京:生活·读书·新知三联书店,1989年,第337页。

2　吴景超:《清华的历史》,《清华生活:清华十二周年纪念号》,《清华周刊》社,1923年4月28日出版,第5页。《校史》,清华大学校史研究室编:《清华大学史料选编》(第一卷),北京:清华大学出版社,1991年,第48页。

3　见本书《非有常设机关随时审查遇事讨论不能斟酌尽善——清华学校董事会》一文。

4　《校史》,清华大学校史研究室编:《清华大学史料选编》(第一卷),北京:清华大学出版社,1991年,第48页。

5　张齐显对北京政府外交部的专题研究,更为全面、系统地揭示了这点。见氏著《北京政府外交部组织与人事之研究(1912—1928)》,台北:花木兰文化出版社,2010年。

6　苏云峰:《从清华学堂到清华大学1911—1929》,北京:生活·读书·新知三联书店,2001年,第25—27页。

改归教育部管辖与废除董事会

1928年北伐胜利后，国民政府大学院与外交部经过一番争斗，达成了共同管辖清华的协议，恢复了最初清华学堂时期由外务部、学部共管的局面。董事会则在此前外交部下管理基金、监管校务之外，成为外交、教育两部之下管理学校的协调机构，但基本职权并未发生变化，仍无异于学校决策机关，改革并未解决清华管理体制上的根本问题。矛盾的积累，不久便激烈地爆发出来，清华师生掀起了以清查基金、改归教育部管辖、废除董事会为主要内容的改辖废董运动。[1] 经过罗家伦等人努力，1929年5月10日国民政府第28次国务会议上，通过了戴季陶与陈果夫联名提交的议案，将清华划归教育部管辖，彻底解决学校归属问题。

改辖问题解决后，废除董事会问题迎刃而解。1929年6月29日，教育部下令取消清华大学董事会。8月2日，清华基金移交中华教育文化基金董事会管理，[2] 原清华校务暨留美学务基金保管委员会自然撤销。

改辖废董是清华外部管理的重大变化，能在短期内实现，主要有两方面原因：

首先，国民政府训政初期统一全国文化教育是清华大学改辖废董顺利实现的背景。

国民政府建立不久，蔡元培等提出设立大学院，作为全国最高学术教育机关，统一管理全国学术及教育行政。蔡元培原意在使教育独立于官僚政治，改变北洋政府时期教育部腐败风气以及各地教育各自为政、一盘散沙的状况。在国民党北伐胜利之前，军事、政治尚未统一时暂时获得同意而实行，但这和国民党推行的以党建国、以党治国的思想冲突。随着国

---

1 见本书《非有常设机关随时审查遇事讨论不能斟酌尽善——清华学校董事会》一文。

2 《中华教育文化基金会董事会致清华大学函（1929年8月22日）》，清华大学校史研究室编：《清华大学史料选编》（第二卷下），北京：清华大学出版社，1991年，第686页。

民党统治日趋稳定，由军政阶段进入训政阶段，国民党将党的力量加诸教育体制之上，对教育管理日趋严格。由独立于国民政府的大学院到完全隶属于国民政府的教育部，教育行政逐渐深度嵌入国家行政体制之中，教育政策制订与执行和其他政策一样，必须遵循训政时期行政原则。

同时，国民政府强调教育与学术独立，加强对有外国背景的教会大学的整顿，明令教会大学必须向政府注册立案，将长期独立于中国教育主权之外的教会大学纳入到国家教育行政体系之内。[1]通过革命武力取得政权的国民党，实际上将高等教育看作建构三民主义党化国家的通盘计划的一个组成部分。训政初期的文教政策旨在通过改变此前国家与大学相对疏离的局面，实际上是重构大学教育与国家的关系。[2]

清华大学改辖废董正是在这种背景下发生并取得成功的。正如罗家伦在就职典礼上明确指出的："国民革命的目的是要为中国在国际间求独立自由平等。要国家在国际间有独立自由平等的地位，必须中国的学术在国际间也有独立自由平等的地位。把美国庚款兴办的清华学校正式改为国立清华大学，正有这个深意。"[3]

第二，在师生支持下，罗家伦校长强势推动实现。

清华师生改辖废董运动的直接导火索是董事会否决罗家伦校长的工作计划，致使罗家伦奋起抗争。同时，罗家伦与蔡元培的私人关系对清华大学改辖废董也起了重要作用。

在蔡元培积极提倡下，国民政府成立大学院。"中华民国大学院，为全国最高学术教育机关，承国民政府之命，管理全国学术及教育行政

1　陈能治对此问题有系统论述，见氏著《战前十年中国的大学教育（一九二七——一九三七）》，台北：台湾商务印书馆，1990年。

2　[美]叶文心著，冯夏根、胡少诚、田嵩燕等译：《民国时期大学校园文化（1919—1937）》，北京：中国人民大学出版社，2012年，第116、119页。

3　罗家伦：《学术独立与新清华》，清华大学校史研究室编：《清华大学史料选编》（第二卷上），北京：清华大学出版社，1991年，第81页。

事宜。""大学院设大学委员会，议决全国学术上，教育上一切重要问题。"[1] 1928年6月9日，国民政府发布第267号通令，指出："教育学术为一国文化所自出，现当国民革命势力被于全国，宜有统一整理之必要。""囊以政会淆乱，系统不明，中央学术各机关往往分隶于各部院及特殊团体，如清华学校属于外交部，……似此任意灭裂，障碍前途，实非浅鲜。本政府既设大学院为全国教育学术之唯一枢机，所有从前分隶各部院及特殊团体之中央教育学术机关，自应一律改归大学院主管。"[2] 1929年1月，教育部再次强调："凡学校及有关文化之事务，均应受教育部之监督指导，以一事权，而重责任。"[3]

　　实现学术教育行政合一是蔡元培的心愿。而蔡元培又是罗家伦心中最敬爱的长者，也是对他感召最深远的人。[4] 蔡元培不顾外交部部长王正廷反对执意提名与清华毫无渊源的忠实弟子罗家伦出任清华大学校长，并在罗家伦赴任前耳提面命，教谕有加。[5] 罗家伦深深体会蔡元培的思想，

---

1 《中华民国大学院组织法》，《大学院公报》第1年第1期，1928年1月，第49页。

2 《国民政府通令第二六七号》，《国立清华大学校刊》第75号，1929年5月31日，第3—4版。

3 《南京记者与教授会代表谈话》，《国立清华大学校刊》第69号，1929年5月17日，第1版。

4 罗家伦与蔡元培关系很深，自入北大起结识蔡元培，两人保持长期的师友关系，直到蔡元培去世。罗家伦深得蔡元培器重，在北大读书期间，无论是创办《新潮》杂志，还是参加"五四"运动，蔡元培都对罗家伦照顾有加。1920年罗家伦毕业后，得到蔡元培推荐，与康白情、段锡朋等4位同学出国留学。留学期间，罗家伦仍与蔡元培保持密切联系。（《父亲在北京大学》，罗久芳著：《罗家伦与张维桢——我的父亲母亲》，天津：百花文艺出版社，2006年，第15—25页）冯夏根指出："五四前后的罗家伦在北大宽松自由的学术环境里，在蔡元培、胡适、陈独秀等新文化运动精英的影响下，已基本上完成了从追求新知识的风华少年到思想激进、勇于思考的新一代青年的转变。""五四前后的北大环境，长远地影响了罗家伦一生的信念、经历和事业，成为他各种思想最重要的发源地。"（冯夏根：《文化关怀与民族复兴——罗家伦的思想人生》，北京：人民出版社，2009年，第68—69页）

5 罗家伦说："我动身来以前，便和大学院院长蔡先生商量好如何调整和组织清华的院系。我们决定先成立文、理、法三个学院。文学院分中国文学、外国文学、哲学、历史、社会人类五系。理学院分数学、物理、化学、生物、心理五系。"罗家伦：《学术独立与新清华》，清华大学校史研究室编：《清华大学史料选编》（第二卷上），北京：清华大学出版社，1991年，

并在办理清华过程中具体推行。此外，罗家伦担任大学院大学委员会委员，深具大学院烙印而与外交部无任何关系。这种情况下，毫无疑义，罗家伦对乃师的将全国教育、学术统一于大学院的政策，必定忠实、坚决执行。

罗家伦"靠着北伐军的余威"出长清华，利用自己在国民政府内的关系，顺应清华师生诉求，着眼于清华长远发展，[1] 强势运作，推动改辖废董问题成功解决，厥功甚伟，使得清华在体制上正式纳入国立大学的轨道，廓清了学校发展中的体制束缚，为清华以后的快速发展创造了条件。对此，冯友兰高度评价："南京国民政府下令撤销董事会，把清华从外交部管辖改为教育部管辖，并将清华学校改名为国立清华大学，这就从法律上、从政治上解决了多少年没有解决的问题，完成了自办清华大学的最后步骤，这是一个贡献。"[2]

另一种角度

针对全国教育机关统归大学院管辖的国民政府第267号令，1928年6月21日，胡适致函蔡元培，毫不客气地指摘蔡氏与大学院自相矛盾之处："如统一学术机关之令，便不是谋定而后动。令文中提及文化基金会的社会调查所，而不及交通大学。今先生已将交大还与交通部，而此令亦等

第200页。

[1] 1941年，罗家伦在贵阳清华同学会集会上颇为自豪地讲："我承认我所取的办法，有点非常，或者可以说是带点霸气。但是向黑暗势力斗争，不能不如此。要求一件事的彻底解决，不能不如此。老于人情世故的人，开始就决不这样做。但是我不知道什么顾忌。人家对我的仇恨我不管，我为的是清华的前途、学术的前途。"《罗家伦在贵阳清华同学会集会上的谈话》，清华大学校史研究室编：《清华大学史料选编》（第二卷上），北京：清华大学出版社，1991年，第81页。

[2] 冯友兰：《清华发展的过程是中国近代学术走向独立的过程》，《清华校友通讯》复第18期，1998年，第72页。

于一纸空文而已。……若谓一切学术机关皆宜统一，则不但交通大学应收归大学院，连一切私立大学，以及科学社之生物研究所、北京社会政治学之门神库图书馆，都在统一之列了。"[1] 因此，胡适建议："清华学校与社会调查所皆自有经费，似不必去动他们。文化基金董事会既有自己补选缺额之权，而已成为一种'财团法人'，正宜许其办理学术研究机关。"[2] 胡适眼光犀利，看到了第267号令的矛盾之处，即大学院实际上是有选择地统一学术教育机关。易言之，对清华的争夺，并非完全由于教育和学术本身，而牵涉部门利益，尤其是庞大的清华基金。并且，学校的发展是否良好与归教育部直辖是否存在因果关系，也值得讨论。交通大学的发展即为明证。

民国时期，交通大学是部门办学且成功的典型，其隶属关系的变化极具代表性。1896—1937年长期属于中央实业部门直辖，1937—1949年属于教育部管辖，但在人员、就业、甚至部分经费等方面与交通部关系极其密切。

1927年北伐军进驻上海，按对等接收原则，南洋大学由交通部接收并管辖，校长由交通部委派。

1928年6月，国民政府第267号令颁布后，交通部长王伯群呈中央政治会议，请示交通部办理之交通大学是否归大学院办理。中央政治会议令交通部、大学院会商确定。交通部、大学院会商认为交通大学"宜仍归交通部办理，以符设校之本意"，并经中央政治会议第145次会议讨论通过，6月28日，国民政府训令第313号发布。[3] 7月16日，国民政府交通部对北洋政府交通部部属学校进行改组，南洋大学改组为第一交通大学，

1　曹伯言整理：《胡适日记全编》第5册，合肥：安徽教育出版社，2001年，第162—163页。

2　曹伯言整理：《胡适日记全编》第5册，合肥：安徽教育出版社，2001年，第162—163页。

3　《大学院公报》第1年第8期，1928年8月，第9页。见殷梦霞、李强选编《民国教育公报汇编》第7册，北京：国家图书馆出版社，2009年，第507页。

大学院长蔡元培、交通部长王伯群先后兼任校长。1928年10月，国民政府中央各部进行改组，增设铁道部。11月，交通大学改属铁道部管辖，铁道部部长孙科兼任校长。这种管理体制直到1937年抗战全面爆发。

交通大学由交通部、铁道部管理，经费由两部拨付，校长由两部选定提请国民政府任命。"学校对于教育部，除了执行一般性的教育法令和规章外，几乎不受其节制。"[1] 这点非常类似北洋政府时期清华与教育部关系。

实际上，正因为与交通部、铁道部密切联系，部校合作、建教合作的管理办法使交通大学在办学过程中，凸显出振兴实业、工科为主的特色。1930年代学校的稳步发展多少得益于这一体制。交大也进入解放前校史上的"黄金时期"，院系规模、师资力量、教学水平、设备条件等方面都达到了前所未有的高度。[2]

具有讽刺意味的是推第267号令的蔡元培即兼任交通大学校长，并保持原有管理体制。

交通大学的个案说明，学校的发展，重要的是协调好国家、社会、学校三者之间的关系，至于由哪个部门来代表国家实行管理，则应依据学校实际情况而定。多点开花似的多部门各自为政办学固然有很大缺陷，但一刀切地全部划归教育部管辖也未必是适合所有大学的灵丹妙药。

清华师生推动实现改辖废董，基于北洋政府时期学校外部管理长期的体验和感受。对南京国民政府，初期则更多有对革命的理想和期望在内。理想与现实之间，不免存在凿枘之处。因此，既有改辖废董、基金等问题快速、顺利的解决，又有持续数年的校长更迭风波。

无论如何，改辖废董后的清华进入了迅速发展时期。另外的可能只能是一种无法验证的假设。

1　王宗光主编：《上海交通大学史·第三卷·建成理工管结合的工科大学（1921—1937）》，上海：上海交通大学出版社，2016年，第29页。

2　王宗光主编：《上海交通大学史·第三卷·建成理工管结合的工科大学（1921—1937）》，上海：上海交通大学出版社，2016年，第22—33页。

使清华经济基础得到稳定
—— 清华基金移交中基会

从1916年开始，清华学校开始筹备改办大学各项事宜，加之此前留学生经费支出增长过快，造成学校经费紧张；此时社会上又出现针对学校和周诒春校长的批评，引起外交部注意。1917年8月27日，外交部决定设立"清华学校基本金委员会"，审查并管理清华学校经费使用，并派清华校长为委员，"会同讨论关于该校一切经费之范围，暨管理财产或随时增进之方法，俾该校基础益行顽固，自能日起有功，永与东西有名诸学校相竞进"。从而避免"退款终期，该校亦必随之而停止"。[1]

外交部成立基本金委员会，主要在于清华经费的使用与管理；不但有当时经费使用的管理，亦有清华长远发展经费的筹划。外交部筹划设立清华基金，将每年收入一部分固定留存，用作永久生息之款；另一部分用作学校经费。这样，兼顾学校当前与长远利益，确是两全之策。揆诸事实，在1949年前内乱频仍、政局动荡等情况下，清华能稳定发展，稳固的基金支持是最重要原因之一。

1917年9月10日，筹备基本金委员会向外交部提交审查报告。报告指

---

1 《外交部令　第七十九号》，清华大学校史研究室编：《清华大学史料选编》（第一卷），北京：清华大学出版社，1991年，第239页。

出清华学校经费"以历年开支之数，较诸退款之数收支相抵，本有盈余，而近年以来，竟至开支溢额，反形支绌者，则以兴修各项工程、添购一切器具，为数太钜之故也"。[1]

报告提出了分类管理、确定基数、量入为出的经费使用方案，将学校经费分为经常费与临时费，并分别提出管理原则。"目前急务，惟有定经常费之范围，以限用途，审临时费之缓急，以蕲减缩，然后基本金可得而筹，现拟办法即从此着手。"[2]

报告将经常费分为学校经费与游美经费。报告建议以1917年1—6月学校经费（除去建筑费）支出每月平均数（2.9万美元／月）作为此后学校每月经费定额，以1917年游美学生经费（2.8万美元／月）及留美监督处经费（0.2万美元／月）两项和（3万美元／月）作为此后每月游美经费定额。此即所谓"定经常费之范围，以限用途"。

对于临时费，报告建议缓建学生宿舍、美国教员住宅、中国教员住宅、教职员办公室，停购印刷机，暂不扩充校址等以减省经费，对于已经动工的大礼堂、科学馆、图书馆、体育馆等建筑，以及设置自来水污水管、增设电机锅炉，修路架桥、种植花草等继续进行，经费充学校历年积存余款中核实动支。此即所谓"审临时费之缓急，以蕲减缩"。

经常费、临时费确定，"则现有之历年积款即可永久保存，而将来之按月余金，亦可预行估计"。[3]

报告统计了截止到1917年6月底清华历年积存的款项，也大体计算了此后退款收入与支出数。

---

1 《筹备清华学校基本金委员会报告书》，清华大学校史研究室编：《清华大学史料选编》（第一卷），北京：清华大学出版社，1991年，第241页。

2 《筹备清华学校基本金委员会报告书》，清华大学校史研究室编：《清华大学史料选编》（第一卷），北京：清华大学出版社，1991年，第241页。

3 《筹备清华学校基本金委员会报告书》，清华大学校史研究室编：《清华大学史料选编》（第一卷），北京：清华大学出版社，1991年，第242页。

积存公砝银八十六万八千两另洋三十五万元，另内除中国银行银二十九万余两，洋十七万余元，存交通银行银十八万余两，洋十六万余元，现尚能提取现金外，计实可提现之款，只有银四十万余两、洋一万余元。又自本年四月起至十二月止所收退款，约可余洋三十万元，此外历年购存之股票、公债票、金镑、卢布等，约合洋二百万元，是为六年底以前之积款。

至美国退还赔款，自明年起尚有二十三年，前十四年每月收美金六万五千八百余元，除每月额定经费五万九千元外，可余六千八百余元，十四年以后，收数尚可增加，统二十三年计算，共收退款二千三百四十九万另二百三十二元，除去额定经费一千六百二十八万四千元，应共余美金七百二十万另六千二百三十二元，是为七年起以后之积款。

统计两项积款，益以历年息金当在美金一千万元以上，此为清华学校纯粹基本金，即为将来退款终结后永久生息的款，其额定经费所以必用美金计算者，以退款额数有定，而金价涨落无常，故以美金为准，以免参差。[1]

为加强经费管理，委员会提议成立董事会。"自非有常设机关随时审查，遇事讨论，不能斟酌尽善。且以后积存基本金，其存放收息之法，关系尤极重要，稍一不慎，损失堪虞。故董事会之设立必不可缓。"董事会"大要以稽核用途，限定经费，务期积存基本金为主旨，而于教务一方面绝不裁抑，以免掣肘"。[2]

这份报告对清华学校经费类别、使用范围等规定，确立了此后清华

1 《筹备清华学校基本金委员会报告书》，清华大学校史研究室编：《清华大学史料选编》（第一卷），北京：清华大学出版社，1991年，第242页。

2 《筹备清华学校基本金委员会报告书》，清华大学校史研究室编：《清华大学史料选编》（第一卷），北京：清华大学出版社，1991年，第242—243页。

基金支用的基本原则，对清华经费的保存、稳定等具有深远的意义。

外交部充分肯定报告建议，9月12日，外交总长汪大燮批示报告"所拟酌定经常费、临时费及设立董事会，随时讨论积存基金存放收息办法均极妥善"。[1] 13日，汪大燮签署命令，公布《筹备清华学校基本金章程》，规定设清华学校董事会。

清华学校董事会经过筹划，决定仿照欧美各国由专门委托委员会保管基金的办法，建议设立清华学校基金保管委员会。1921年3月31日，董事会拟定的《清华学校基金保管委员会章程》经外交部呈送总统徐世昌，4月6日批准后开始施行。《清华学校基金保管委员会章程》第二条规定"清华学校基金保管委员会以外交总长、外交次长、驻京美国公使三人组成之"。第三条规定基金保管委员会"得聘用银行家一人为名誉顾问，由委员会公同推选银行家受委员会之嘱托随时报告金融状况，并对于存放生息如何更为便宜之处得陈述意见"，且"基金保管委员会因保管清华学校基本金之必要得委托清华学校董事会或审计会办理调查或其他必要事件"。[2] 在《清华学校基金保管委员会章程》中，并没有规定清华基金保存形式，只规定"基金保管委员会对于清华学校基金应妥为存放生息"。[3] 在实际运作中，清华基金保管委员会主要采取了集中管理、存款生息的办法，尤其是银行定期存款。[4] 在当时中国南北政府共存、各地军阀割据情况下，这种做法不失为稳妥办法。

---

1 《筹备清华学校基本金委员会报告书》，清华大学校史研究室编：《清华大学史料选编》（第一卷），北京：清华大学出版社，1991年，第243页。

2 《拟设清华学校基金保管委员会缮具章程请签核呈》，外交部编：《外交公报》（1—2期，民国十年七月—八月），沈云龙主编：《近代中国史料丛刊》三编第34辑，台北：文海出版社，1987年，第1—2页。

3 《拟设清华学校基金保管委员会缮具章程请签核呈》，外交部编：《外交公报》（1—2期，民国十年七月—八月），沈云龙主编：《近代中国史料丛刊》三编第34辑，台北：文海出版社，1987年，第2页。

4 杨翠华：《中基会对科学的赞助》，台北：中央研究院近代史研究所，1991年，第65页。

由基金保管委员会章程制定及其规定可见，基金管理虽然有外交总长、外交次长和驻美公使组成的委员会管理，并聘请银行顾问，但实际运作仍由董事会负责。

北伐胜利以后，国民政府外交与大学院（教育部）竞相接管清华大学。由于外交部部长王正廷的力争，[1] 大学院与外交部达成了共同管辖清华的协议。由大学院会同外交部，合派董事九人，组成新的董事会，成为外交、教育两部之下管理学校的协调机构。原"清华学校暨留美学务基金保管委员会"中外交部部长、美国公使保留，外交部次长由大学院院长（后为教育部部长）接替，仍保持三人规模。

根据1928年9月通过的、由外交部与大学院共同拟定的《国立清华大学条例》，董事会具有四项职权：第一，推举校长候选人三名，由外交部、教育部择一提请国民政府任命；第二，议决清华重要章制、教育方针、预算、派遣及管理留学生之方针与留学经费之支配、通常教育行政以外之契约缔结、其他关于设备或财政上之重要计划；第三，审查学校决算与校长校务报告；第四，向清华基金保管机关提出保管建议，并随时了解基金数目及保管状况。[2]

但北伐胜利、政府南北易位，政局空前变化背景下，清华师生抓住机会再次掀起改进校务、改组董事会运动。清华师生不再只单纯提改组董事会，而是将该归教育部管辖与改组、废除董事会作为一个问题提了出来。

---

1 清华接收之际，曾任清华学校教授、时任大学院文化处处长的钱端升表示："清华归大学院管辖，已毫无问题，不过事实上外交部或仍拟握有清华管辖权之意，大学院方面，类多君子派，不愿因此而费若干周折，是故态度颇为沉静，因而种种谣传，随之而起。"（《管辖问题》，《消夏周刊》第6期，1928年8月13日，第9页）钱氏自然从大学院立场言之。1929年4月21日，董事会董事杨杏佛对清华学生会南下代表说："至于隶属教部一层，去岁曾经中央政治会议通过。后因蔡先生及予辞去大学院之事，而当时王部长又争欲会管，故蔡先生未力争。"（《学生会南下代表与杨杏佛董事谈话》，《国立清华大学校刊》第63期，1929年5月3日，第2版）

2 《国立清华大学条例（1928年9月通过）》，清华大学校史研究室编：《清华大学史料选编》（第二卷上），北京：清华大学出版社，1991年，第138—139页。

改辖与废董一体两面，改辖问题解决则废董问题迎刃而解。校长罗家伦清楚地认识到清华基金的管理与改辖密切关联，外交部不肯放手清华就是因为要管基金。[1] 董事会董事杨杏佛也直言不讳："我个人以为董事会及校长问题俱不重要，最重要者为基金保管。"[2]

经过改辖废董运动，清华归教育部管理，董事会被撤销，基金则委托中基会代管。1929年5月3日，美国驻南京总领事和教育、外交两部部长议定清华基金移交中华教育文化基金董事会管理，清华基金保管委员会自动取消。后由教育部部长蒋梦麟向中华教育文化基金董事会正式提案，经由该会第五次会议议决承诺接管。[3] 1929年7月，教育部与中华教育文化基金董事会签订《保管清华大学基金办法》和《代管清华大学每月退还庚款办法》。8月2日，清华基金移交完毕，[4] 原清华校务暨留美学务基金保管委员会自然撤销。

《保管清华大学基金办法》规定，中华教育文化基金董事会（简称"中基会"）成为清华大学基金的"永久保管者"，中基会将"清华基金之收支账目，另设特别会计，所以单据账簿，均独立记载保存，以资识别"。"清华基金之运用方法，概由本会财务委员会全权办理。""在庚子赔款未满期间，清华基金之本息，概不提用；满期后只可动用息金；由本会根据教育部核准之清华大学及留美学生经费预算，每年分别发放应用。"[5]

---

1 《罗家伦在贵阳清华同学会集会上的谈话》，清华大学校史研究室编：《清华大学史料选编》（第二卷上），北京：清华大学出版社，1991年，第79页。

2 《学生会南下代表与杨杏佛董事谈话》，《国立清华大学校刊》第63期，1929年5月3日，第2版。

3 杨翠华：《中基会对科学的赞助》，台北：中央研究院近代史研究所，1991年，第62页。

4 《中华教育文化基金会董事会致清华大学函（1929年8月22日）》，清华大学校史研究室编：《清华大学史料选编》（第二卷下），北京：清华大学出版社，1991年，第686页。

5 《保管清华大学基金办法》，清华大学校史研究室编：《清华大学史料选编》（第二卷下），北京：清华大学出版社，1991年，第694页。

保管清華大學基金辦法

第一條　本會保管清華大學基金係管委員會之議決案，及國民政府教育部之委託，承允為清華大學基金之永久保管者。關於保管此項基金之權責，由本辦法規定之。

第二條　為免除本會財產及收入與該項基金項下財產及收入混起見，本會應將清華基金之收支帳目，另設特別會計。所有單據、帳簿等，均獨立記載，俾資識別。

第三條　本會於清華基金項下款項之收支、移轉及存放，均以中華教育文化基金董事會清華基金戶名義辦理之。

第四條　清華基金之運用方法，概由本會財務委員會全權辦理。

第五條　清華基金帳，每年應聘請公正之會計師查核一次，並取具證明書附於每年總結帳報告之後，以昭覈實。

第六條　本會於每年度終了之後，應將清華基金一切帳目報告教育部，並附於本會報告之後，向公眾發表之。

第七條　本會因保管清華基金所發生直接間接之費用

得由该项基金收入项下酌量拨充，其数额由本会

董事会决定之。

第八条　在庚子赔款未满期期间，清华基金之本息，概不

挪用，满期后始可动用息金，由本会转咨教育部

核准之清华大学及留美学生经费项目，每年分

别核拨应用。

代管清華大學每月退還庚款辦法

第一條　本會受國民政府之委託，代管收領美國政府第一次按月退還之庚子賠款，並根據國立清華大學呈經教育部核准該大學及留美學生經費之預算，將該款按月分列發放。但本會之責任，以此款之收領及轉發為限。

第二條　本會每月接到美國公使送來第一次庚款之支票，應出具正式之聯收據，送交美國公使分別存轉。

第三條　本會對於此項庚款收支，應設立特別會計，將單據帳簿另行設置，不與其他款項相混。

第四條　根據清華大學呈經教育部核准之校務進行計畫大綱及該校前此借用基金之員債數額，將此項按月退還之庚款置方法，擬定如下：

甲　自民國十八年至三十年，每月退還賠款除匯給美學費外，餘款悉數撥交清華大學。

乙　自民國三十一年至三十九年，清華大學經費固定為每年壹佰貳拾萬元。除此款及撥美學生經費外，所有餘款，應（一）遺先息（二）償債（三）償清償後撥數撥入基金。

第五條　每年度決算後，本會應將經手帳目呈交本會計師查核，證明後，具報教育部備案並公佈之。

基金移交中基会管理，当时有人给予高度肯定。李景清评论："清华大学直隶教部也办到了，董事会也消灭了，基金会也交到国际信用机关的中华文化基金董事会保管了，清华的基础，虽然不敢说是建于磐石，但在制度方面确较以先完善了许多。"[1] 的确，在中基会运作下，清华基金不但实现了保值，还实现了较快增值。到1940年6月，资产总额达到国币79,116,651银圆，是接管时的9倍多。到了抗战后期，由于庚款停付、国币贬值等原因，清华基金资产有所减损。1947年底，有国币27,890,059元，美金4,324,086元，英镑6,319元。到1949年底，中基会代管的只有美元资产，账面价值4,098,646美元，市场价值4,553,868美元。[2] 由于时局变化，中基会于1949年由上海迁往香港，1950年在美国恢复业务，该会所保有的债券及现金资产，由香港美国花旗银行分行移送纽约。[3] 由于中基会迁移美国及其管理体制，这笔钱此后未能再用于清华大学的发展。

---

[1] 李景清：《清华校潮的前后》，清华大学校史研究室编：《清华大学史料选编》（第二卷上），北京：清华大学出版社，1991年，第84页。

[2] 《中基会业务状况》，第28页。转引自杨翠花著：《中基会对科学的赞助》，台北：中央研究院近代史研究所，1991年，第65—68页。

[3] 杨翠花著：《中基会对科学的赞助》，台北：中央研究院近代史研究所，1991年，第49、248页。

改派学校得力教授充任

——梅贻琦任留美学生监督

1929年10月31日，国立清华大学校长罗家伦收到教育部电报，教育部批准梅贻琦任留美学生监督。11月5日，教育部、外交部联合发布命令，任命梅贻琦任留美学生监督处监督。[1]此前，梅贻琦已于10月28日离平赴沪，从上海乘船赴美上任。[2]11月9日，梅贻琦乘坐美国塔虎塔总统号轮船离沪赴美。[3]12月7日抵达华盛顿，12月8日梅贻琦接替赵国材正式就任留美学生监督。[4]梅贻琦担任此职一直到1931年底被任命为清华大学校长。

梅贻琦是1909年游美学务处选送的第一批直接留美生，1915年起在清华任教，1926年起担任教务长，逐渐成为影响渐强的清华少壮派教授的核心人物。1928年6月4日，外交部批准温应星校长辞职，令余日宣代理校务。外交部令由教务长梅贻琦在6月6日第70次评议会上宣布。[5]但余

1　清华大学档案，1-4：4-2-053。

2　《留美监督启程》，《国立清华大学校刊》第2期，1928年10月31日，第2版。

3　《时人来往志》，《申报》第19988期，1928年11月7日，第4张。

4　《留美新监督接任》，《国立清华大学校刊》第34期，1929年1月16日，第1版。

5　清华大学档案，1-2：1-6：1-070。

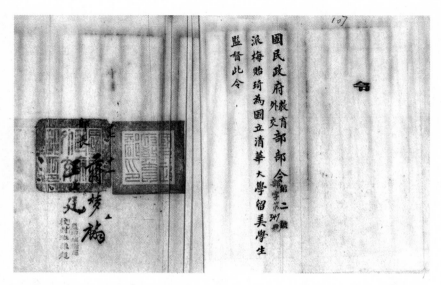

令梅贻琦为清华大学留美学生监督（1928）

日宣代理校务仅20天左右，至6月27日召开第72次评议会，学校校务已转由教务长梅贻琦主持。[1] 北伐胜利前夕，政局动荡，清华学生会通过决议："在管辖问题未解决以前，任何人不得接收清华。""在管辖问题未解决以前，请梅教务长不让任何人接收清华。"[2] 可见梅贻琦在清华的重要影响。以至于1929年梅贻琦赴美任监督，有人猜测是受罗家伦校长排挤。事实究竟如何呢？

实际上，早在1928年5月15日，清华学校第65次评议会上，会议主席、校长温应星报告中，提出拟将留美监督处监督赵国材调回，改派学校得力教授充任；并规定监督每届任职四年。学校推荐教务长梅贻琦接任留美学生监督处监督。[3] 5月25日，外交部发布第168、169号令，分别免去

1　清华大学档案，1-2：1-6：1-071。

2　《学生会》，《消夏周刊》第1期，1928年7月9日，第11页。

3　清华大学档案，1-2：1-6：1-065。

赵国材监督职务、任命梅贻琦任游美清华学生监督。[1]可见，梅贻琦赴美是学校和外交部既定的决议，迁延至罗家伦校长时期才成行。

其次，在曹云祥校长时期，余日宣与图书馆馆长戴志骞，化学系教授杨光弼、赵学海，农业学系教授虞振镛等五人与曹云祥校长接近，被学生批评为"五凶"，立誓驱逐。同时，清华学生"对梅并无大好感"，[2]也在驱逐之列。正是罗家伦坚持将梅贻琦留在清华。据郭廷以回忆：

> 当政府发表罗先生长清华后，清华毕业同学会以这个任命未经董事会先通过，曾表不满，不过学生很表欢迎。由于清华系由美国退换的庚款办的，称之为"国耻学校"，认为所接受的是不荣誉的钱，而罗先生是"五四运动"的健将，学生们希望在北伐以后局面一新，希望罗先生能彻底改革清华。但是学生会的领导分子有周同庆、高琦（警寒）、袁翰青、夏坚白、戴克光（戴戎光之兄）等人，他们认为有六个人把持学校，是"帝国主义的走狗"，酝酿一个驱逐的运动。这件事给冯友兰知道了，冯友兰毕业于北大，罗先生将请他到清华来，他告诉我几天内可能有行动。这时，梅贻琦代教务长，亦在被攻击之列。我问冯友兰的看法如何？冯说："驱逐这些障碍，罗先生来比较好干。"我说："我的看法不一样，不能都赶走了，最低限度应该留下梅贻琦，否则罗先生如何来接事？"我与周同庆在中学时期就认识了，他念清华物理系，学生会的领导分子都很佩服他，影响力很大。在我坚持下，他们接受了，留下梅，但他们声称以后还要赶，这件事不知为何梅贻琦知道了，他碰到我就

1 《新任游美清华学生监督》，《清华学校校刊》第36期，1928年6月4日，第2版。

2 《郭廷以致罗家伦函——民国十七年八月二十五日》，中国国民党中央委员会党史委员会：《罗家伦先生文存附编》，台北：中国国民党中央委员会党史委员会，1996年，第198页。

说:"郭先生,我谢谢你。"

> 罗先生在九月底才到北平,……他原要我留梅贻琦做教务
> 长,后来因留美监督赵国材辞职,而梅对这个职位求之不得,
> 便由梅赴美继任。……[1]

可见,罗家伦对梅贻琦并不排斥。相反,罗家伦了解梅贻琦对清华的重要性,称赞梅贻琦"为人廉洁诚实",[2] 不但挽留而且委以重任。梅贻琦综合权衡,主动选择赴美任留美监督处监督。这一过程,罗家伦可谓识人,梅贻琦可谓明智。

留美学生监督处的职责比较清晰,主要是管理和服务学生,包括介绍学校、发放学费、稽核功课等。在任监督期间,梅贻琦发挥自己"骆驼"[3]精神,兢兢业业地做好监督工作。

一般来说,美国普通大学入学较好申请,学生出国时已联系妥当,并不需要监督处太费周章。惟军事院校限制颇多,申请不易,需要留美监督处做许多协调工作。

西点军校是美国最好的军校,入校条件非常严苛。学生要进西点军校读书,"应具履历书及详细体格检查表,陈请驻美监督处转校,或陈请本校(在美学生呈请监督处国内学生巡陈本校),由校陈请外交部,咨陆军部批准;由外交部及本校转咨驻美公使,请求美政府提交议院通过,

---

1 《郭廷以先生访谈录》,台北:中央研究院近代史研究所,1987年,第188—189页。

2 罗家伦:《整理校务之经过及计划(上董事会之报告)》,清华大学校史研究室编:《清华大学史料选编》(第二卷上),北京:清华大学出版社,1991年,第14页。

3 抗战期间,北京大学校长蒋梦麟在重庆一次谈话中,将梅贻琦比喻为骆驼,整日在校中负着重责。天籁:《西南联大拉杂谭》,《抗战周刊》第56期,1941年。收入龙美光编《绝徽移栽桢干质——西南联大问学拉杂谭》,昆明:云南出版集团、云南人民出版社,2018年,第190页。

方克有效"。[1] 即便依规定程序申请，能否顺利入学仍存在许多不确定因素。1926年清华学校毕业的王之回忆在申请及入读西点军校时梅贻琦对其帮助：

> 我真正认识梅先生为人，是在美国。当我在清华的末一年，军阀混乱，学潮汹涌，青年学生大都抱着救国的志愿。在我们毕业班六十余人中，就有十数人志愿学习军事。那时候清华体育主任是曹霖生先生，他是美国西点军校毕业生，鼓励我们去西点学习军事。我和梁思忠同学（梁任公幼子，曾任营长，归国两年即因肠炎逝世），因学校的推荐，政府的选拔，报名入西点军校就学。哪知到了美国以后，那一届的美国国会，却因议案过多，搁置了华生入西点就学案。因此我进入威斯康星大学学历史，梁思忠进入西大德大学[2]学军事。两年以后，我们都大学毕业了，忽然留美学生监督处来了通知，美国国会已将华生入学西点的议案通过了。梁思忠同学当即表示他已大学毕业，不愿再从大学一年级读起。我得到通知时，正在美国维蒙特州骑兵营中野地露营，即日与当时任留美学生监督的梅先生通电话，说我也不想进西点。梅先生就很严厉地回答：我们国家正在整军经武，备战御敌，需军事人才之时，美国国会既已通过华生入学西点议案，正是我国培植军事人才的好机会。我们政府催促此案之通过，经过了多次的交涉；梁思忠既不愿去，你再不去，如何能对得起国家？你个人失去机会不足惜，以后我国岂能再申请此种机会？我听了不禁憬然，并且深为感动，因

---

1 《清华学生入美国西点陆军学校办法》，《清华周刊》第359期，1925年11月13日，第30页。

2 此处王之的回忆有误。梁思忠与王之二人都是1926年清华毕业的赴美留学生，但因美国国会延期原因，二人未予批准进入西点军校，而是进入了威斯康星大学。1926年9月，王之转入诺威奇大学学习军事。1927年9月，梁思忠也转入诺威奇大学学习军事。

此决心再从大学一年级读起。好在当时我仅二十一岁，还没有超过西点入学的年龄限制。

除了学校与专业外，留学生生活也是梅贻琦关心的重要工作。王之回忆：

> 西点军校是十分严格艰苦的。我记得当入伍期间，每日四次两小时的操练，中间只有十分钟的休息，我跑回营房，只有喝一杯水，躺在地上略舒腰腿的时间。我将操练辛苦的情形，写信报告梅先生，他回信说即来看我。有一天他来了，是以家长探视的资格来的，所以能在营房内见我。我在军校四年中，他是唯一能到营房内见我的人。他带来几份中国报纸和几本中国书籍，询问了军校状况，及我个人生活习惯健康情形，十分的恳切关怀。我告诉他军校规矩，新生在餐桌上如犯了过失，高年生可罚他停止进餐，我常时是饿肚子的。他回去后，就寄来了许多饼干食物。营房内虽然不能存放，梅先生的爱护盛情，使我衷心感激。[1]

监督处不仅要关心学生学习以及日常生活，还要处理一切可能的事故。梅贻琦"经常到各地了解学生学习情况，就地解决他们在专业选择上以及学习上的各种困难"。[2]任之恭回忆，梅贻琦任监督时曾赴哈佛，处理一位同学被控的事情。梅贻琦"竭尽许多交涉手腕，才把此事和解"。[3]

1　王之：《我所认识的梅校长》，《清华校友通讯》新40期，1972年5月19日，第21—22页。

2　施嘉炀：《怀念梅贻琦先生》，黄延复主编：《梅贻琦先生纪念集》，长春：吉林文史出版社，1995年，第288页。

3　任之恭：《追念梅师》，黄延复主编：《梅贻琦先生纪念集》，长春：吉林文史出版社，1995年，第95—96页。

监督处的一项职责是审核并资助在美优秀学生资助申请。梅贻琦抱着对学校、学生负责的态度，认真审核学生申请并做出妥当处理。他说：

> 完全视其修业成绩，指导教授的证明，和本人的进修计画，由监督观察、调查、洽谈，认为重要且有希望，才把审查意见报告给学校，决定延长与否及延长多久。其中亦有中途改科系、转学、转地区，或赴欧洲研究考察者；另有患病休学一年，并重须护送回国等等，皆须监督审核报告学校做决定；有时情形紧迫，监督必须立即反应，便宜做主。[1]

对此，1923年清华学校毕业赴美留学的张忠绂深有体会。他回忆：

> 一九二八年夏，清华五年公费届满，但我的论文还只作了五个月。清华过去的惯例，本可延长公费一年。不料北伐以后，国民政府更换了清华校长，……对延期请求，只批准五人。清华公费游学的用意在造就人才。原定游学期五年，是因为在通常情况下，五年可以念完博士学位。遇到例外的情形，只要有主任教授证明，即可延期，免使八年清华，五年游美所成就的人才功亏一篑。这时留美学生监督是原任清华教授梅贻琦。我到他的华盛顿办事处晋谒，向他陈说学校对此事处置的不当。
>
> 我说我自信成绩不在人下，主任教授的推荐信，其恳切的程度也难以复加。（嗣后韦罗伯教授知道我官费未得延长时，他曾另案请学校免我交纳学费）学校陡然限制延期的学额，使当事人无从准备，我虽然无权过问，但至少去取的标准似应公正。本年获得批准的五人都是我的同班，其中固不乏成就优秀

---

1 赵赓飏编著：《梅贻琦传稿》，台北：邦信文化资讯公司，1989年，第36页。

的，但是我却知道他们都有"八行书"。最后我坦白地询问梅先生，学校此次的去取，是否依赖人情多过于依赖成绩？这句话使梅先生难于置答。他思索了一下，答覆〔复〕了我三个字："很难说。"

梅先生最后向我恳切地表示说，现在为时已晚。另有一种半官费是他权力所能及的，我若愿意请求，可以从二月起发给我。今年八月到明年正月的一学期已赶不上了。这时我已有许多朋友返国做事，他们联合来信，担保我留美一年的用费，使我能安心将论文完成。后来我虽然没有用朋友的钱，但那些朋友的情义迄今犹使我怀念。……

国内朋友联合与我的支持，使我有胆量决定留美，将论文作完。梅先生给我半年的半官费更增加了我继续留美的勇气。[1]

除了留学生学习与生活，毕业以后回国安置也是梅贻琦关注的重点。留学生一大问题是回国后所学非所用。此前，周诒春、张煜全等人也曾为留学生回国工作做了很多努力。1931年梅贻琦在就任清华大学校长典礼演讲中，仍指出："清华的旧同学，其中有很多人才，而且还有不少杰出的人才，但是回国以后，很少能够适当利用的。多半是用非所学，甚至有学而不用的，这是多么浪费——人才浪费——的一件事。"[2]

正是看到这个问题，梅贻琦和周诒春、张煜全等前任校长一样，积极寻求解决办法。梅贻琦认为，国内建设人才需求孔急但留学回国人员却多怀才不遇之感。主要原因在于"人才之养成与事业之需要各不相谋，其结果遂使供不适求，学难致用。我国留学事业进行数十年之未能大收其

---

1 张忠绂著：《迷惘集》，沈云龙主编：《近代中国史料丛刊》续编第53辑，台北：文海出版社，1978年，第77—78页。

2 刘述礼、黄延复编：《梅贻琦教育论著选》，北京：人民教育出版社，1993年，第10—11页。

效者，其弊大都在此，然而人才与用途，其间缺少相当介绍机关，亦为障碍之大者"。故留美监督处"有鉴于此，用将本年清华留美学生三百余人所在学校专修学科及其成绩著作等详为调查，编成表册，以供国内各机关之参考，庶求者与供者可有接洽之机会"。梅贻琦给国内用人机关发函，建议"某校或某机关拟求某种人才，虽非目前急需，但最好能先一二年预行接洽，倘经约定，则该生在此一二年中对于某种学科或某项问题可特别注意，以得充分之预备，是则非但于该机关与该学生彼此皆为有利，抑亦我国派遣留学政策目今补救之一端也"。提供留学生信息和清华留美学生调查表，希望能加强沟通。[1]

对于国内一些科研机构进行留学生研究成果的统计与目录编制等需求，梅贻琦积极回应。例如，1930年，北平研究院致函清华大学，希望"征集留学生著，请将贵校派赴留美学生之博士论文，杂志中论文，所著书籍，及其他著作，代为调查函知，于以上各种著作之出版年月发行书局著者姓名籍贯通讯住址，统希见告"。清华将此函转监督处办理。梅贻琦回复表示："在美留学生之各种著作，与其研究概要，敝处现正设法调查，惟近来吾国留美生，缺乏统一机关，调查极为困难，但关于清华留美各生情形，不久可有一览编就，一俟出版，当即寄呈。"[2]

温应星、罗家伦以梅贻琦代替赵国材任留美学生监督处监督，主要原因是不满意赵国材开支浮滥浪费。罗家伦数次批评"赵国材从前滥用公款"，[3]明确指出"温应星时代，所以撤赵国材之故，即因其于某生医鼻费

---

1 《国立清华大学留美学生监督梅贻琦关于改进留学生能学程归国服务问题致中央大学函（1930年5月）》，中国第二历史档案馆编：《中华民国史档案资料汇编》第五辑第一编，教育（一），南京：江苏古籍出版社，1994年，第393页。

2 《国立清华大学留美学生监督处函（十九年三月二十二日）》，《国立北平研究院院务汇报》第1卷第1期，1930年，第8—9页。

3 《清大校务概况——民国十七年十一月十三日在国立清华大学董事会报告》，罗家伦：《罗家伦先生文存》第5册，台北：国史馆，1988年，第32页。

中，竟开去八百余元美金"。[1]

因此，梅贻琦赴美任监督，身负罗家伦校长整理并减省留学经费的使命。留美监督处费用过多，在北京政府时期已是一大问题。北伐胜利后，罗家伦任校长。"过去清华留美监督处开支的浮滥，早经外交部一再指责，并且训令家伦切实整顿。家伦即据以转令尚未卸任之监督赵国材君，但赵君仍置若罔闻。数月以来，原均按月汇寄四万美金，近忽来电要增至五万。现在新任监督梅贻琦君，已经启程；梅君为人廉洁诚实，曾任清华教授和教务长有年，对于留美监督处弊端，知之之详。在他未去之先，商同家伦，曾将留美章程及监督处办事章程大加修改，认真考察学生学行，减省用费，并裁减监督职员名额和经费。"[2]

梅贻琦赴美之前与罗家伦校长商量，1928年12月制定的《国立清华大学留美学生监督处办事细则》规定：监督处设"监督一人，事务员二人，分任文牍会计等事务"。[3] 连同监督在内共三名职员，缩减了监督处的规模，实际上回归到1909年7月制订的《遣派游美学生办法大纲》规定的规模。

梅贻琦到任后，极力撙节用度。他辞掉了司机，自己学习开车；将厨师和清洁工改为半日工作，只管清洁，由夫人做饭；秘书兼管买菜，等等。但他履行好监督职责、将监督处办成留学生之家却不遗余力。他的夫人韩咏华回忆："他把监督处办成留学生之家，在华盛顿的学生可以随时来监督处活动、休息。……月涵不赞成学生到社会上参加娱乐活动，不赞成学生去舞场跳舞，因而尽量把监督处办得好些，使学生们乐于来此。假日，

1　《清大董事会开会经过——民国十七年十二月十七日在清华大学总理纪念周报告》，罗家伦：
　　《罗家伦先生文存》第5册，台北：国史馆，1988年，第35页。

2　罗家伦：《整理校务之经过及计划》，清华大学校史研究室编：《清华大学史料选编》（第二卷
　　上），北京：清华大学出版社，1991年，第13—14页。

3　《国立清华大学留美学生监督处办事细则（1928年12月）》，刘真主编：《留学教育》第三册，
　　台北：国立编译馆出版，1970年，1049—1052页。

他也允许学生们在这里打打桥牌，搞些健康的文娱活动。"[1]

在梅贻琦赴美期间，清华大学出现驱逐罗家伦、吴南轩，拒绝乔万选等校长更迭风波，校务动荡。1931年底，教育部任命梅贻琦担任清华大学校长。此后，清华大学校务始告稳定。

梅贻琦离任，赵元任继任留美监督处监督。在赵元任到任前，由中国驻美使馆秘书于焌吉代理监督。

---

[1] 韩咏华：《同甘共苦四十年——记我所了解的梅贻琦》，《清华校友通讯》复第15期，1987年，第49页。

独立之精神　自由之思想
——王国维先生纪念碑的建立

王国维之死及反响

　　1927年6月2日上午，国学研究院教授王国维在颐和园鱼藻轩投昆明湖自尽。晚上，消息传到学校。晚10点，校长曹云祥、教务长梅贻琦等30余人赶到颐和园。由于时间太晚，颐和园警不让清华师生进入，相持至晚11点半，曹云祥、梅贻琦等人获准进入查检尸体。6月3日一早，学校发布讣告。晚7时，王国维遗体移至学校南面城府街刚秉庙。[1] 6月16日，在北京下斜街全浙会馆举行王国维悼祭大会，共收到挽联数百幅。

　　梁启超对王国维自尽非常震惊，他在15日致梁令娴等信中写道：

　　　　我本月初三离开清华，本想立刻回津，第二天得着王静安先生自杀的噩耗，又复奔回清华，料理他的后事及研究院未完的首尾，直到初八才返到津寓。现在到津已将一星期了。

　　　　静安先生自杀的动机，如他遗嘱上所说："五十之年，只

1　吴宓在日记中写"刚果寺"。《吴宓日记（1925—1927）》，北京：生活·读书·新知三联书店，1998年，第346页。

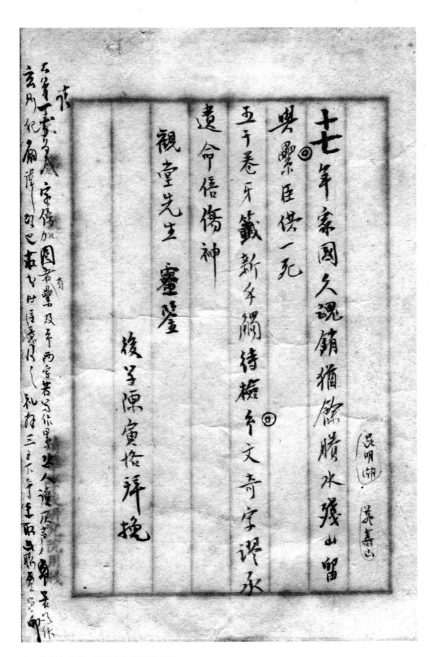

陈寅恪先生悼念王国维先生的挽联手稿

欠一死，遭此世变，义无再辱。"他平日对时局的悲观，本极深刻。最近的刺激，则由两湖学者叶德辉、王葆心之被枪毙。叶平日为人本不自爱（学问却甚好），也还可说是有自取之道，王葆心是七十岁的老先生，在乡里德望甚重，只因通信有"此间是地狱"一语，被暴徒拽出，极端箠辱，卒致之死地。静公深痛之，故效屈子沉渊，一瞑不复视。此公治学方法，极新极密，今年仅五十一岁，若再延寿十年，为中国学界发明，当不可限量。今竟为恶社会所杀，海内外识与不识莫不痛悼。研究院学生皆痛哭失声，我之受刺激更不待言了。[1]

王国维在遗嘱中将书籍委托陈寅恪、吴宓处理。吴宓在当天日记中写道："王先生之命宓与寅恪整理其书籍，实宓之大荣矣"。[2]

清华学校梁启超、吴宓、陈寅恪、王力、姚名达等师生均送上挽联或挽诗，表示哀悼。陈寅恪挽联为：

十七年家国久魂销，犹余胜水残山，留与累臣供一死。
五千卷牙签新手触，待检玄文奇字，谬承遗命倍伤神。

观堂先生　灵鉴
后学陈寅恪拜挽[3]

吴宓挽联为：

离宫犹是前朝，主辱臣忧，汨罗异代沉屈子。

1　丁文江、赵丰田编：《梁启超年谱长编》，上海：上海人民出版社，1983年，第1145页。
2　《吴宓日记（1925—1927）》，北京：生活·读书·新知三联书店，1998年，第346页。
3　清华大学档案，1618–18。

浩劫正逢此日，人亡国瘁，海宇同声哭郑君。*1*

8月14日，王国维被安葬于清华东约两里西柳村七间房墓地。曹云祥校长，国学研究院学生姜亮夫、王力、戴家祥等数十人参加。墓碑由辽阳杨留垞（仲羲）撰文，武进袁中舟（励准）书丹。1958年，清华大学扩建校园，学校会同王国维先生二子王高明将王国维墓迁往福田公墓。后王高明在"文革"期间去世，家人均不知墓地位置。1982年，清华大学找到王国维墓地的确切位置，但墓在"文革"中受到损坏。*2* 1988年秋，北京市文物局出资在福田公墓重修"海宁王国维先生之墓"。

1927年9月20日，新学年开学，梁启超率国学研究院学生前往墓地祭拜，并发表著名的《王静安先生墓前悼词》。

自杀这个事情，在道德上很是问题：以欧洲人的眼光看来，这是怯弱的行为；基督教且认做一种罪恶。在中国却不如此——除了小小的自经沟渎以外，许多伟大的人物有时以自杀表现他的勇气。孔子说："不降其志，不辱其身，伯夷叔齐欤！"宁可不生活，不肯降辱；本可不死，只因既不能屈服社会，亦不能屈服于社会，所以终究要自杀。伯夷叔齐的志气，就是王静安先生的志气！违心苟活，比自杀还更苦；一死明志，较偷生还更乐。所以王先生的遗嘱说："五十经年，只欠一死。经此事变，义无再辱。"这样的自杀，完全代表中国学者"不降其志，不辱其身"的精神；不可以欧洲人的眼光去苛评乱解。

王先生的性格很复杂，而且可以说很矛盾：他的头脑很冷

---

1 《吴宓日记（1925—1927）》，北京：生活·读书·新知三联书店，1998年，第347页。

2 王登明：《王国维在清华园》，宗璞、熊秉明主编：《永远的清华园》，北京：北京大学出版社，2013年，第5页。

静，脾气很和平，情感很浓厚，这是可从他的著述、谈话和文学作品看出来的。只因有此三种矛盾的性格合并在一起，所以结果可以至于自杀。他对于社会，因为有冷静的头脑，所以能看得很清楚；有和平的脾气，所以不能采取激烈的反抗；有浓厚的情感，所以常常发生莫名的悲愤。积日既久，只有自杀之一途。我们若以中国古代道德观念去观察，王先生的自杀是有意义的，和一般无聊的行为不同。

若说起王先生在学问上的贡献，那是不为中国所有而是全世界的。最显著的实在是发明甲骨文。和他同时因甲骨文而著名的虽有人，但其实有许多重要著作都是他一人做的。以后研究甲骨文的自然有，而能矫正他的绝少。这是他的绝学！不过他的学问绝对不止这点。我挽他的联有"其学以通方知类为宗"一语，"通方知类"四字能够表现他的学问全体。他观察各方面都很周到，不以一部分名家。他了解各种学问的关系，而逐次努力做一种学问。本来，凡做学问都应如此。不可贪多，亦不可昧全，看全部要清楚，做一部要猛勇。我们看王先生的《观堂集林》，几乎篇篇都有新发明，只因他能用最科学而合理的方法，所以他的成就极大。此外的著作，亦无不能找出新问题，而得好结果。其辩证最准确而态度最温和，完全是大学者的气象。他为学的方法和道德，实在有过人的地方。

王国维投湖自沉，成为当时社会热点，引起了广泛、持续的社会影响，梁启超、罗振玉、金梁、鲁迅、梁漱溟、陈寅恪、顾颉刚、郭沫若、周作人、马衡、张舜徽、溥仪等先后均有谈论。

王国维去世也在日本学术界引起震动。1927年6月25日，日本学术界知名学者狩野直喜、内藤湖南、铃木虎雄、神田喜一郎、吉川幸次郎等50余人聚会哀悼。

1928年，在王国维自沉周年前后，清华国学研究院《国学论丛》和吴宓主编的《大公报文学副刊》《论衡》等刊物刊行了"王静安先生纪念专号"。

由于王国维非正常亡故，因此这些文章除了对王国维生平和学术成就介绍外，也比较多的讨论了王国维自沉原因。

"海宁王静安先生纪念碑"建立

王国维先生辞世后，学校对家属关怀备至。王国维先生幼子王登明回忆：

> 父亲逝世后，清华学校当局及师生对遗孤也是关怀备至，赵元任先生让二姊松明和我在暑期到他家中，和他的女儿一起补习功课，以便插班进入校园内的成志小学。我家在父亲死后，又在清华居住一年（退去十六号房屋），才举家南迁，仅三哥贞明留研究院教务处工作。[1]

1928年3月起，国学研究院学生就发起捐款，筹建王国维先生纪念碑。[2] 研究院同学推举颜虚心、蓝文徵两人负责筹备。但直到1929年7月纪念碑才正式建立，此时清华学校已经改名为国立清华大学。

对于建王国维先生纪念碑，校内师生中有不同意见。例如，与王国维私交甚笃、受王国维遗命处理书籍并感荣幸的吴宓就不赞同且没有捐款，

1　王登明：《王国维在清华园》，宗璞、熊秉明主编：《永远的清华园》，北京：北京大学出版社，2013年，第4—5页。

2　1928年3月23日，国学研究院学生戴家祥、姚名达找吴宓，请其为纪念碑捐款。《吴宓日记（1928—1929）》，北京：生活·读书·新知三联书店，1998年，第38—39页。

憾，所以常常發生莫名的悲憤。積月旣久，只有自殺之一途。我們若以中國古代道德觀念去觀察，王

先生的自殺是有意義的，和一般無聊的行為不同。

若說起王先生在學問上的貢獻，那是不為中國所有而是全世界的。其最顯著的實在是發明甲骨文。

和他同時因甲骨文而著名的雖有人，但其實有許多重要著作都是他一人做的。以後研究甲骨文的自然有

，而能矯正他的絕少。這是他的絕學！不過他的學問絕對不祗遺點。我較他的聯有「其學以通方知類為

宗」一語，通方知類四字能夠表現他的學問全體。他觀察各方面都很周到，不以一部分名家。他了解各

種學問的關係，而遞次努力做一種學問。本來，凡做學問，都應如此。不可貪多，亦不可味全，看全部

要清楚，做一部要痛勇。我們看王先生的觀堂集林，幾乎篇篇都有新發明，只因他能用最科學面合理的

方法，所以他的成就極大。此外的著作，亦無不能找出新問題，而得好結果。其辨證最準確而態度最溫

和，完全是大學者的氣象。他為學的方法和道德，實在有過人的地方。

近兩年來，王先生在我們研究院和我們朝夕相處，令我們領受莫大的感化，漸漸成功一種學風。這種

學風，若再擴充下去，可以成功中國學界的重儀。他年過五十而毫不衰疲，自殺的前一天，還討論學問，

若加以十年，在學問上一定還有多量的發明和建設，尤其對於研究院不知尚有若干奇偉的造就和貢獻。

最痛心的，我們第三年開學之日，我覺在王先生墓前和諸位同學談話！這不值我們悲苦，就是全世

界的學者亦當覺得受了大損失。在院的舊同學親受過王先生二年的敎授，感化最深；新同學雖有些未見

王静安先生墓前悼词（页1B）

王靜安先生挽詞

王靜安先生墓前悼辭

梁啟超

案：此篇係梁先生九月二十日在王先生柩前對清華研究院諸生演說辭，與君其昌及不侯實錄之。

筆記，今錄成之。

十一月十一日，姚名達。

自殺這個事例，在道德上很是問題：依歐洲人的眼光看來，這是怯弱的行為；基督教且認做一種罪惡。在中國却不如此。——除了小小的自經溝瀆以外，許多偉大的人物有時以自殺表現他的勇氣。孔子說：『不降其志，不辱其身，伯夷叔齊歟！』寧可不生活，不肯降辱，本可不死，只因既不能屈眼社會，亦不能屈眼其身，伯夷叔齊的志氣，所以終久要自殺。伯夷叔齊的志氣，就是王靜安先生的志氣。所以王先生的遺囑說：『五十之年，只欠一死。經此世變，義無再辱。』

更者：一死明志，較像生還更樂。

這樣的自殺，完全代表中國學者『不降其志，不辱其身』的精神；不可以歐洲人的眼光去苛評亂解。

王先生的性格很複雜而且可以說很矛盾：他的頭腦很冷靜，脾氣很和平，情感很濃厚，這是可從他的著述，談話，和文學作品看出來的。只因有此三種矛盾的性格合併在一起，所以結果可以至於自殺。

他對於社會，因為有冷靜的頭腦所以能看得很清楚：有和平的脾氣，所以不能取激烈的反抗；有濃厚的

王静安先生墓前悼词（页1A）

過王先生，而屢覽故居可想見藹藹，讀遺書可領受精神：大家善用他的爲學方法，分循他的爲學路徑，加

以清晰的自覺，繼續的努力，低可以自成所學，也不負他二年來的辛苦和對於我們的期望！……

梁先生輓王先生聯

其學以通方知類爲宗，不僅
奇字譯鞮，粈通龜契。
凡情思怨，猜擬麟鶴。
一死明行己有恥之義，莫將

哀餘斷憶之四

姚名達

吾今茲致吾院師生與先生訣別之師生敘別會！吾敘至此，吾懷欲裂，吾筆欲噀，吾不知若
何而可贖罪於萬一也！四五月間，吾院同學以故齟齬，同學會職員之在位者，惟名達一人。學
年將滿，柔咸知同居之不可久也，則思大會師生，以敘別情，而促名達奔走其事。工字廳者，
清華學校宴會之廳。吾日往註冊部間明日工字廳有會乎，必曰「有。非特晚間，即正午莫不然

王静安先生墓前悼词（页2）

246

因此还颇招研究院学生怨恨。[1]

1929年7月15日，清华大学在科学馆南边土山东侧两槐树之间立王国维先生纪念碑。

上午10点，来宾及清华师生在工字厅集合休息并进茶点。11点半至碑前，成半圆形肃立。纪念碑上盖黑绫，纪念碑周围悬挂有国民党党旗和中华民国国旗。纪念碑碑体淡黑色，体现师生哀思之意。纪念碑碑身高2.2米，宽0.93米。纪念碑由陈寅恪撰写碑文、梁思成拟定碑式、林志钧书丹、马衡篆额。纪念碑正面为隶书"海宁王静安先生纪念碑"，背面碑文为：

> 海宁王先生自沉后二年，清华研究院同人咸怀思不能自已。其弟子受先生之陶冶煦育者有年，尤思有以永其念，金曰宜铭之贞珉，以昭示于无竟。因以刻石之辞命寅恪。数辞不获已，谨举先生之志事，以普告天下后世。其词曰：
>
> 士之读书治学，盖将以脱心志于俗谛之桎梏，真理因得以发扬。思想而不自由，毋宁死耳。斯古今仁圣所同殉之精义，夫岂庸鄙之敢望？先生以一死见其独立自由之意志，非所论于一人之恩怨，一姓之兴亡。呜呼！树兹石于讲舍，系哀思而不忘，表哲人之奇节，诉真宰之茫茫，来世不可知者也。先生之著述或有时而不章，先生之学说或有时而可商，惟此独立之精神，自由之思想，历千万祀，与天壤而同久，共三光而永光。
>
> 义宁陈寅恪专文　闽县林志钧书丹　鄞县马　衡篆额
> 新会梁思成拟式　武进刘南策监工　北平李桂藻刻石
> 中华民国十八年六月三日二周年忌日
> 国立清华大学研究院师生敬立

1　《吴宓日记（1928—1929）》，北京：生活·读书·新知三联书店，1998年，第38—39、40页。

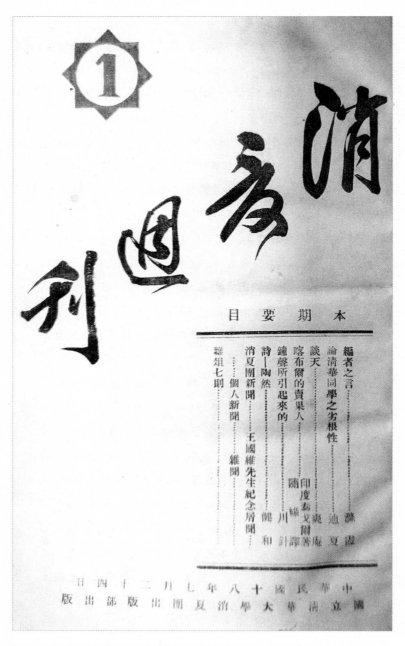

《王国维先生纪念碑落成典礼志盛》，《消夏周刊》，1929年第1期（封面）

價關係，均不願再担任無味之平校校務，因此該校長自不得不另行物色他人，以資承乏斯任。但以多數同學因與小校關係，心有餘而力不足，致迄今多日，校長不得如願旋里。惟程君以短期暑假轉瞬即逝，決不願因公懤私，至不得已時或將不顧校務之停頓。尚望熱心服務諸君，速起維持，以免多數學子，無地求學也。

(木仁)

王國維紀念屑聞

王國維先生紀念碑落成典禮誌盛

本校研究院導師王國維先生，於兩年前六月三日在昆明湖魚藻軒投湖自盡，該院同學，篤悼異常，爰擬於園內樹立一紀念物，以誌王先生之品學人格；經長時間之努力，該紀念物（碑）於今年七月十五日始落成。是碑位於科學館南土山東麓兩槐樹之間。碑之本身，約高七尺，挺立於四尺許高之碑基上，色呈淡黑，顏足表出哀思之意。碑之正面，大書『海寧王靜安先生紀念碑』十字；裏面則刻陳寅恪先生所撰碑銘，其詞曰：

「士之讀書治學，蓋將以脫心志於俗諦之桎梏，與理因得以發揚；思想而不自由，毋寧死耳！斯古今仁聖所同殉之精義，夫豈庸鄙之敢望？先生以一死見其獨立自由之意志，非所論於一人之恩怨，一姓之興亡。嗚呼！樹茲石於講舍，繫哀思而不忘，表哲人之奇節，訴真宰之茫茫。來世不可知者也，先生之著述，或有時而不章；先生之學說，或有時而可商；惟此獨立之精神，自由之思想，歷千萬祀與天壤而同久，共三光而永光」。

銘前有小引，茲略而不錄。碑之本身，雖大底告成，而碑前點綴品如噴水池等，尚未與工，亦一憾事。碑之本身，已略為交代，乃進而簡述落成典禮。先言會場市置。碑上豪黑綾，兩槐間懸黨旗及國旗，上挂總理遺像；旗前陳地，設一木台，為講演之用，台上有

24

《王国维先生纪念碑落成典礼志盛》，《消夏周刊》，1929年第1期（页1）

與經者撮一影後，乘人署噉祭點散而之四方，各尋其樂處，孔老先生及某某諸君子，由師大學生軍之駐紮頤和園者，强遊山後及南湖，時履巉崖，時披萊斬荆，時晒極强烈之日黃，汗如雨下，時過空際來風，披襟當之，不禁頷首曰「快哉此風！快哉此風！」汗盛洩之後，至某軒啜清苦，以增水分，席次五君子坦然與孔老先生相問答，清談碎玉，所獲關於歐美大學之知識尤多，洵有與君半日語，勝讀十年書之概。遊談間，江左人物以鉛筆書其悼王詩：「曠代經師絕代人，若年詞曲見精神，文章體嚴郤金玉，學行端方世所珍」，足見其傾倒之至意矣。　四時半，同人言返，囘顧西山隱隱，碧波淼淼，芙蕖盡盡，四大寂寂，哀「紛吾旣有此內美兮，又重之以修能」之哲人與波臣爲伍，傷「夕陽無限好，只是近黃昏」，難禁古往今來天南地北之無窮感慨矣。

（靈均）

個人新聞

保存讀書種子　清華同學於暑期內，相率避暑煙台，藉學游泳，最近得該處同學張君來信，據云海風極大，日中須御夾衣，張君因未帶毛衣，頗懼爲塞風所侵云，張君更謂日日臨窗，文思都爲大風吹去，好事者，已擬捐贈狐裘一領，以存讀書種子云，　　（海）

牛頭不對馬嘴　本校此次招考，留美學生，與考者聞多一時俊彥，惟因考時天氣太熱，考生未免受其茶毒，以致所答非所問者，比比皆是，茲探得牛頭不對馬嘴的問答數則於下，

問：漢武帝最喜歡那種文學，

答：漢武帝最喜歡六朝文學，　　（海）

癩子訪茄子　古月堂菜哥，近日偶患足疾，行路至感不便；但豪與壯懷，不減於昔。某日，大兩初霽，行路某哥，持杖獨賈然往西院茄府，與大茄，小茄，中茄，老茄，

26

《王国维先生纪念碑落成典礼志盛》，《消夏周刊》，1929年第1期（页2B）

桌，白布被之；碑下及台前俱置青草數盆。近十時，來
賓及本校同學陸續至，先在後工字廳略爲休息，且進茶
點。十一時齊至碑前，成半環形而肅立，由吳其昌贊禮
●照例文章做後，主席啓幕，衆人向碑三鞠躬。繼爲羅校
長講演此紀念物之意義及王先生之人格與學問，講詞中
尤健重其治學方法與其堅强之意志。校長講畢，爲侯君堮
建築及募捐經過之報告。次爲來賓演說。有梁漱溟先生對
於國事一篇感慨。復次則爲王先生公子答詞。殿以攝影。

落成典禮宣布散會後，侯君每人分發頤和園入門券
一張，大衆於是出校門，或乘洋車，或自行車，向頤和
園進發。十二時後在魚藻軒王先生湖處憑弔。禮畢後諸
人中有卽歸者，有遊園者。至午後五時，又在校中取齊
，至校東七間屬王先生坟塋公祭。（杜若）

◎物　在
◎人　亡

中國學術界鉅子王靜盦先生因目擊時艱
，國事多蹟，憤激之餘，竟往頤和園魚藻軒
昆明湖畔落水而沒。當其投水時，猶着眼鏡

，一若曩時，追奮身躍入水泥中，鏡已脱落，亦埋入泥
中，當時只僅將其遺屍撈起，鏡未之顧，如是則鏡仍在
該處無疑，吾人於憑今吊古低首徘徊之餘文不禁興「物
在人亡」之長唱矣！
（夏）

◎昆明祭
◎王瓆記

月之十五日國立淸華大學研究院師生，於舉
行海寧王靜盦先生紀念碑落成典禮後，復前
往頤和園魚藻軒王先生失足處祭奠。早蜚者
家屬有其哲嗣某，教授有義寧陳寅恪先生，滕縣孔老先
生，研究院有吳其老，劉節老，周公，侯絅及其他似曾
相識之同學，大學部同學有香雪，虛室，守雌，憎緣，
夕芬，行難，蒼苔，鼎都，士德等，陸續至者約三五人
。軒南向。蘭蕙吐其淸芬，微風輕拂，沁人心脾，瀰漫
俗塵十斛。軒中面前處設有一案，上供西洋點心多品
，未祭前，爲生人所唱嚼將及其半外，別無長物，一時
許贊禮吳其老引長其無錫白「行禮」，繼之以「三鞠躬
」，殿之以「靜默三分鐘」，禮成。攝影者立於舟中爲

25

《王国维先生纪念碑落成典礼志盛》，《消夏周刊》，1929年第1期（页2A）

典礼由吴其昌主持，众人向纪念碑三鞠躬。然后罗家伦校长演讲纪念碑意义及王国维先生人格与学问，演讲着重讲王国维的治学方法与坚强意志。接着侯堮介绍了纪念碑建造及募捐经过。然后是来宾演讲，梁漱溟发表演讲，然后王国维先生之子致答词。最后拍照。

落成典礼后，侯堮分发颐和园门票。参加仪式的人或步行、或乘车、或自行车，分赴颐和园。12点，齐集在王国维自沉处凭吊。礼毕，各人散开。有人返回，有人游园。下午5点，众人又在学校集合，到七间房王国维墓地祭奠。

王国维先生纪念碑反响

清华大学在校内建王国维先生纪念碑，在当时社会上似乎并没有引起太大社会反响。查上海图书馆《全国报刊索引（1911—1949）》数据库，只有三条记录，且均为清华校内报道。即：

1.《国立清华大学校刊》1928年11月30日第2版有《筹备王静安先生纪念碑》。

2. 清华《消夏周刊》1929年9月24日出版的第1期"新闻"栏目中《王国维纪念屑闻》，副标题为《王国维先生纪念碑落成典礼志盛》。

3.《清华周刊》1936年向导专号上王国维先生纪念碑照片。

《筹备王静安先生纪念碑》，内容为：

此事仍由上学期同学会推选之委员谢虚心（按：应为颜虚心，1928年入国学研究院）、蓝文徵两君负责办理。曾经征求碑

石图样，现已由东北大学工程系主任梁思成君代为制，不日即

拟购买碑石并接洽石工，至该碑树立地点，尚未择定。

《王国维纪念屑闻》对纪念碑形制与内容、纪念碑落成典礼及师生赴颐和园祭奠等情况进行报道。即本文第二部分"'王静安先生纪念碑'建立"。

此外，检索《申报》《中央日报》均没有纪念碑的报道。

王国维先生纪念碑是在校内师生，尤其是国学研究院师生建议下、于王国维先生自沉后两年建立的。从检索到的当时报纸、期刊看，建立纪念碑的这件事在当时就是一项学校的纪念活动，陈寅恪先生撰写的碑文也是众多纪念、评价王国维先生的文章之一，并没有引起特别的社会反响，这与王国维两年前自沉引起广泛、持续的社会反响反差明显。

此后几十年内，对于王国维先生纪念碑、陈寅恪先生撰写的碑文，也鲜有专文讨论。1980、1990 年代以来，随着政治、经济、社会快速变化，思想界、学术界的思想解放运动、人文精神大讨论等，王国维、陈寅恪等一批知识分子被重新认识和定位。王国维先生纪念碑及碑文才成为社会关注的热点而得到重点解读和发挥。

始终都是先生的力量
——胡适为吴晗半工半读事致翁文灏、张子高函

吴晗（1909—1969），原名春晗，字伯辰。浙江省义乌人。中国现代著名历史学家、社会活动家。

1928年，吴晗离开家乡，进入位于上海的中国公学学习。此时，中国公学校长为胡适。1929年秋，吴晗选修了胡适的中国文化史。自新文化运动以来，胡适是很多学生心目中的偶像。吴晗崇拜胡适，常将自己的学习心得向胡适汇报请教，给胡适留下勤奋、聪颖的深刻印象。1931年5月5日，吴晗致函胡适。函末，吴晗怕胡适对自己印象不深而做自我介绍。6日，胡适回函中，第一句便是"春晗同学，我记得你，并且知道你的工作。你作《胡应麟年谱》，我听了很高兴".[1] 可见胡适对吴晗印象之佳之深。

1930年5月，胡适辞去中国公学校长职务；6月，胡适赴北平。深受胡适影响的吴晗急切想离开中国公学北上。6月29日，吴晗致函胡适，恳切提出："我下半年要转学到北平燕大去读历史系去，想请先生写一封介绍书，不知道可以吗？"[2]

1930年8月，吴晗离开中国公学，赴北平求学。吴晗原计划转学入燕

1　苏双碧主编：《吴晗自传书信文集》，北京：中国人事出版社，1993年，第71—72页。

2　苏双碧主编：《吴晗自传书信文集》，北京：中国人事出版社，1993年，第67页。

京大学历史系，但因他在中国公学的英文成绩是 C，被燕京大学拒绝。此时各高校考期已过，吴晗只得等待来年再考。为了生计，吴晗通过燕京大学教授顾颉刚介绍，在燕京大学图书馆工作了大半年。后来为了备考北大，吴晗辞去燕京大学图书馆工作，同时继续编写《胡应麟年谱》。[1]

1931年，吴晗参加了北京大学入学考试和清华大学插班生考试。参加北京大学考试时，吴晗数学成绩为零分而落榜。由于清华大学插班生考试不考数学，吴晗以优异的文史成绩被清华大学录取。[2]

1931年8月8日，吴晗拿到清华大学录取通知。当天晚上，吴晗致函家乡小学老师杨志冰，表达了继续求学遇到的经济困难："于此生遂处于极端为难进退狼狈之地位。盖生初愿在考入北大后觅一相当位置月约六七十元者，以供二人学业。此事已有成议故敢飞函令曦来平。今忽此弃彼取，在学校地位上清华固属首屈一指，弟于生则多不合，盖因在清大校内谋事极为不易，即谋得亦属笺笺稿费又不能有固定收入。"[3]虽然经济窘迫，但吴晗自尊心强不愿意接受胡适经济资助。吴晗写道："月前前往适之师时渠时适知生窘状。曾询生以需钱用否，如欲钱用彼言时即手取钱袋欲以相授，生当时谢绝。其他如颉刚以中诸师俱曾讽以彼等愿相资助之好意，生亦一一婉言谢绝。盖受人借予则可受人曾给则绝对不可，胡、颉虽皆道义之交，但属师长。然生宁甘失学决不愿妄受人一钱，堕我气节也。"[4]

了解到吴晗的困难情形后，惜才爱才的胡适致函清华大学代理校长翁文灏、教务长张在高，请翁、张二人帮忙在校内给吴晗寻找一工作机会以解决吴晗经济困难。

1　苏双碧主编：《吴晗自传书信文集》，北京：中国人事出版社，1993年，第71页。

2　吴晗进清华是正常考入而非破格录取，参见刘惠莉《"吴晗'数学考零分、破格进清华'"说辨析》，《清华大学学报（哲学社会科学版）》第4期（第25卷），2020年，第154—158页。

3　苏双碧主编：《吴晗自传书信文集》，北京：中国人事出版社，1993年，第54页。

4　苏双碧主编：《吴晗自传书信文集》，北京：中国人事出版社，1993年，第54页。

咏霓、子高两兄：

清华今年取了的转学生之中，有一个吴春晗，是中国公学转来的。他是一个很有成绩的学生，中国旧文史的根柢很好。他有几种研究，都很客观；今年他在燕大图书馆做工，自己编成《胡应麟年谱》一部，功力判断都不弱。此人家境甚贫，本想半工半读；但他在清华无熟人，恐难急切得工作的机会。所以我写这信恳求两兄特别留意此人，给他一个工读的机会，他若没有工作的机会，就不能入学了。我劝他决定入学，并许他代求两兄帮忙。此事倘蒙两兄大力相助，我真感激不尽。附上他的《胡应麟年谱》一册，或可觇他的学力。此稿请便中仍赐还。匆匆奉求，即乞便中示覆为感。

弟 胡适

廿．八．十九

函末，胡适又加了几句话。

他的稿本可否请清华史学系、中国文学系的教授一阅，也许他们用得着这样的人作"助手"。

对于胡适的来函，翁文灏非常重视。21日，翁文灏在来信批注：

子高先生，此事请与冯蒋二君一商如何？

弟 文灏上 廿一

函中，冯、蒋分别为清华大学文学院院长冯友兰教授和历史系主任蒋廷黻教授。

1931年8月7日，吴晗入学，办理妥当住宿缴费、注册等。9日，张子高、蒋廷黻等人即召见吴晗。吴晗在给杨志冰的信中写道："9日晨晤教务长张子高先生及史学系主任蒋廷黻先生，俱以胡师曾函托关照对生甚为青目，关于工读事蒋氏已定于下周开教务会议时以史学系名义提出通过此（事），不过手续关系，其实毫无问题。办公处已定于新建图书馆中拨一室为生整理档案之用，至于工作时间及报酬多少则须于就事时始得分晓也。"[1] 可见，张子高、蒋廷黻等人非常认真地考虑、安排吴晗的工作机会。

对于胡适施以援手，吴晗非常感激。待办完入学手续，工作又有眉目，吴晗便拜访胡适，当面感谢。1931年8月27日，吴晗在致杨志冰函中提道：

> 前日往见适之先生云已尚函清大校长翁文灏、文学院长冯友兰及史学主任蒋廷黻诸先生，并生所撰之胡应麟年谱送交清大，嘱为生在清大觅一位置已得答复，允为在史学系找一工作名义为助教，或其他未定工作为整理大内档案，报酬至少为维持生活云云。适之师恐生钱不够用，另借40元为入学后购书之费，并嘱安心入学，一切事渠又设法盛意深情令生愧怍无地。[2]

可见，胡适不仅帮吴晗介绍工作机会，还有意资助吴晗完成学业，可谓慧眼识英才的伯乐。1931年9月12日，胡适在回复吴晗信中写道：

> 春晗同学：
> 　你的信使我很高兴。蒋张诸公之厚意最可感谢，甚盼你见他们时为我道谢。[3]

1　苏双碧主编：《吴晗自传书信文集》，北京：中国人事出版社，1993年，第56页。

2　苏双碧主编：《吴晗自传书信文集》，北京：中国人事出版社，1993年，第59页。

3　《胡适复吴晗（1931年9月12日）》，苏双碧主编：《吴晗自传书信文集》，北京：中国人事出版社，1993年，第75页。

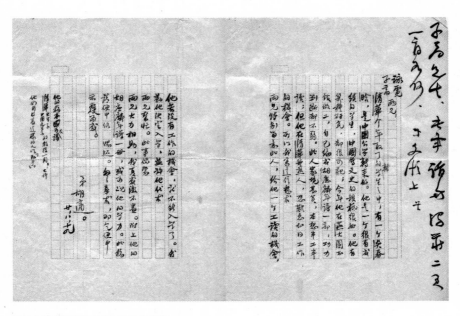

胡适介绍吴晗到清华半工半读的推荐信

9月26日，吴晗再次致函胡适，报告了入学和工作情形：

    凭着先生的好意，得入清大，一眨眼又是三个星期了。上次先生所指示的几项，读后恍如在无边的旷野中，夜黑人孤，骤然得着一颗天际明星，光耀所及，四面八方都是坦途。……

    关于工作方面，上星期蒋先生说（在向他道谢的时候）校务会议已经规定："研究生欲在校内兼任工作者须得主任允许，工作时间每日不得过二小时，报酬每月不得过25元。"生的工作范围已定整理档案，不过因为新图书馆内部布置尚未完工，须一月后方能开展工作。这事始终都是先生的力量，谨在此向先生致最恳挚的谢意！[1]

---

1 《吴晗致胡适（1931年9月26日）》，苏双碧主编：《吴晗自传书信文集》，北京：中国人事出

回顾此事前后，可知信中"这事始终都是先生的力量，谨在此向先生致最恳挚的谢意！"的确是吴晗的肺腑之言。

胡适、蒋廷黻对吴晗的帮助不止在经济上，也在学习上。吴晗入校以后，蒋廷黻建议吴晗钻研明史。对此，胡适建议：

> 蒋先生期望你治明史，这是一个最好的劝告。秦汉时代材料太少，不是初学所能整理，可让成熟的学者去工作。材料少则有许多地方须用大胆的假设，而证实甚难。非有丰富的经验，最精密的方法，不能有功。
>
> 晚代历史，材料较多，初看去似甚难，其实较易整理，因为处处脚踏实地，但肯勤劳，自然有功。凡立一说，进一解，皆容易证实，最可以训练方法。
>
> ……
>
> 请你记得，治明史不是要你做一部新明史，只是要你训练自己做一个能整理明代史料的学者。你不要误会蒋先生劝告的意思。[1]

这段谆谆之言再次体现了胡适对吴晗的器重。吴晗接受蒋廷黻、胡适建议，以明史作为专攻方向并最终取得骄人成绩。蒋、胡二人可谓吴晗伯乐。

从中国公学到燕京大学再到清华大学，胡适对吴晗的教导和提携，成为吴晗学术生命开始阶段重要助力。"从社会脉动的角度言之，吴晗生命道路的变化，具体展现了胡适或是傅斯年这样的学界领袖，如何借由

---

[1] 《胡适复吴晗（1931年9月12日）》，苏双碧主编：《吴晗自传书信文集》，北京：中国人事出版社，1993年，第75—76页。

他们的学术地位与人脉资源，拔擢学术后进，灌注学术新血，搭建起社会流动的渠道，具体而微地改变了许多边缘知识分子的生命道路，使他们有向上跃升的可能。"[1]

对于胡适的慨然相助和大力提携，吴晗一直心存感激。只是后来由于政治立场等分歧而不得不分道扬镳。

1950年代，吴晗在自传中写道：

> 工作半年积了一点钱。就辞去工作自修，插班进清华历史系二年级。
>
> 没有钱上学吃饭，胡适介绍我找清华历史系主任蒋廷黻。这位主任一看是胡适介绍的，立刻给我整理清代档案的工作，每天工作两小时，每月25元工资。并且预定我毕业后留校教明史。从这一年起，我开始专门研究明史。
>
> ……
>
> 受胡适、顾颉刚、傅斯年的思想影响都很大。虽然和他们的往来并不多，读他们的文章却很多，治学的方法，以至立场基本上是胡适的弟子。胡适和陈寅恪的考据，顾颉刚的疑古，都在我这时期的著作中留下深刻的烙印。虽然因为和另一些人接触，在文章里出现了一些经济基础社会背景的话，遭到他们的斥责，但是他们仍然很看重我，以为将来一定可以成为他们所期望的资产阶级的学者。[2]

囿于特定的历史背景和自己的身份地位，吴晗对胡适多有批评。但这段回忆仍能让人感觉到吴晗对当年胡适提携和器重的感念。

1　潘光哲：《曾经是"战友"：傅斯年和吴晗的一段学术交谊》，《读书》第9期，2008年，第92页。

2　《吴晗自传》，苏双碧主编：《吴晗自传书信文集》，北京：中国人事出版社，1993年，第4—5页。

尽自己的心力，为清华谋相当的发展
——梅贻琦任国立清华大学校长

1915年，梅贻琦到清华任教。1920年代以后，尤其是1926年接任张彭春任教务长，梅贻琦逐渐成为清华教师中少壮派的核心。1928年国民党北伐胜利，清华被国民政府接管，梅贻琦对学校平稳过渡起了重要作用。但在政府变换背景下，暂代校务的梅贻琦并没有真除，而是赴美任留美监督处监督。这一安排使梅贻琦成功地躲过清华校内校长更迭、校务动荡，以及国民党内人事纷争。迨至1931年，乱极思定，在各方势力妥协下，梅贻琦脱颖而出就任清华大学校长。从此，他领导清华大学长达17年，为学校发展做出了卓越贡献。

梅贻琦与清华的关系深且久，他在清华地位的崛起和出任校长，有一个历史过程。

逐渐成为少壮派教授核心

梅贻琦与清华渊源很深，是1909年第一批直接留美生，1915年起在清华任教。

梅贻琦工作兢兢业业，无论是教学还是辅导学生、社会服务等，都认真负责。1920 年以后，他参与部分学校常设委员会工作，逐渐参与学校管理，但影响力有限。1922 年 4 月，曹云祥代理清华校长。1923 年 5 月，因"张彭春君学问渊博，热心教育"，曹云祥聘请中华教育改进社干事张彭春为教务长，以加快推进清华学校改办大学。可见，1923 年，梅贻琦对学校校务、教务仍缺乏全校性影响。

1926 年 4 月，张彭春辞职，梅贻琦被选为教务长，成为清华名义上的二号人物，[1] 对校务发生重要影响。

梅贻琦地位上升、影响扩大，主要有三方面因素。

首先，清华教师队伍结构变化和教授治校体制的建立。

早期，外籍教师在学校的教学工作中起着主导作用，1923 年以后随着清华留美生陆续返校服务，加上留欧生和从其他大学招揽的中国教师增多。中国教师逐步成为教师的主体。这些年轻的教授对校务有积极进取的热情，对学校的种种问题深感不满并要求改革。1925 年 9 月，梁启超观察到："今之清华，渐已为本校毕业回国同学所支配；今后此种趋势，当益加强烈，此无庸为讳者，吾侪虽不愿意清华以畛域自封；然利用同学爱护母校之心理以图校业之进展，于势最便而为效最宏，故吾侪对于此种趋势，不惟不反对，且热烈欢迎焉。质而言之，则清华前途之使命，由现在在校及留美同学所负者什而八九也。"[2] 在曹云祥校长与年轻教授共同努力下，学校建立了体现教授治校原则的教授会与评议会。

中国教师比例和影响力增加，教授治校体制的建立，一定程度上限制了校长职权，客观上成为梅贻琦地位上升的背景，并提供了助力。

其次，梅贻琦为人稳重、认真负责又不尚言辞，作风民主，出身南开

---

[1] 1922 年 11 月 26 日，清华学校以节省经费为由向外交部呈请撤裁副校长一职。12 月 8 日，外交部批复同意。这样，校长之下，教务长为学校第二号人物。清华大学档案，1-1-5-067，1-1-5-068。

[2] 梁启超：《学问独立与清华第二期事业》，清华大学校史研究室编：《清华大学史料选编》（第一卷），北京：清华大学出版社，1991 年，第 420 页。

但派性不强，接张彭春任教务长后不大用私人，善用师生、同事关系，多请有水平之人，威信日益提高，得到大多数人拥护。

梅贻琦夫人韩咏华回忆：

> 一九二六年春，月涵被清华教授会推举，继张彭春先生为第二任教务长。清华大学的教务长就是从这时起改为推举产生的。他时年三十七岁，在教授中是比较年轻的。那时清华的教授中获得博士学位的大有人在，为什么却选中了他？我认为这是出于大家对他的人品的信任。月涵开始主持教务会议，即已显示了他的民主作风。在会上，他作为主席很少讲话，总是倾听大家的意见，集思广益，然后形成决议。[1]

在教师中，大体上分为三类：外籍教师、留学生和老先生。一般来说，三者互相轻视，留学生看不起外国人，也看不起老先生；老先生也瞧不上留学生，认为他们不懂国情。1928年5月8日，吴宓在日记中写道：

> 汪鸾翔来，求在评议会中为力，俾得续聘。此类老耄而学识俱缺乏之人，其卑鄙之状，殊可闵也。[2]

但谦和的梅贻琦不同。教师开会，经常中英文并用，梅贻琦常充当翻译。在这种会议上，老先生自然没有多少发言权。梅贻琦既为庚款第一批留学生，是留学生中的老大哥；又居间调和鼎鼐，容易赢得老先生们的信任和好感。

---

1 韩咏华：《同甘共苦四十年——记我所了解的梅贻琦》，《清华校友通讯》复第15期，1987年，第48页。

2 《吴宓日记（1928—1929）》，北京：生活·读书·新知三联书店，1998年，第58页。

1925年，校长曹云祥、教务长张彭春矛盾激化。1926年2月，张彭春辞职离校。4月19日，教授会议选举梅贻琦继任教务长。可见，虽然张彭春离开，但张彭春、梁启超、梅贻琦等代表的南开影响力仍在，且梅贻琦得到了反对张彭春诸人的认可。

再次，在很多少壮派教授眼里，梅贻琦不但是同事和教务长，更是他们的老师。李济、吴宓、叶企孙、钱端升、陈岱孙等在清华学校读书时均曾是梅贻琦学生，且叶企孙等组织科学社等社团时，梅贻琦又是指导教师。因此，这些少壮派与梅贻琦有师生加同事的双重关系，他们终身保持着对梅贻琦的尊重。正如陈岱孙所说："在清华教师中，许多人是他过去的学生或后辈。他们对于他是尊敬的。他也相信广大教师是有办好清华的共同事业心的。"[1]

少壮派叶企孙一直非常支持和尊重梅贻琦。1927年底，曹云祥校长和梁启超矛盾加剧时，叶企孙主张不助曹云祥，推梅贻琦任校长，梁启超为董事长。[2] 多年以来，叶企孙与梅贻琦通信中，多次以"涵师"起头以示尊重。梅贻琦也将叶企孙、陈岱孙等人倚为治校股肱。

梅贻琦成为少壮派的核心。1928年5月15日，评议会通过任命梅贻琦为留美监督处监督。吴宓在当天日记中写道："校中众所拟为梅派者，多属公正之人，宓亦在其列。将失其中心，而消散不复存矣。"[3]

1　陈岱孙：《三四十年代清华大学校务领导体制和前校长梅贻琦》，《校友文稿资料选编》第四辑，1996年，第106页。

2　《吴宓日记（1925—1927）》，北京：生活·读书·新知三联书店，1998年，第432页。

3　《吴宓日记（1928—1929）》，北京：生活·读书·新知三联书店，1998年，第61页。

协助完成接管清华与出任留美学生监督处监督

梅贻琦的影响力，还体现在国民党北伐胜利后，倚重梅贻琦顺利完成对清华学校的接管。

1928年1月，曹云祥校长辞职，董事会主席严鹤龄暂代校务。4月16日，外交部任温应星为清华学校校长。5月25日，外交部发布第168、169号令，分别免去赵国材留美学生监督处监督职务、任命梅贻琦继任。[1]梅贻琦所遗教务长一职，经5月31日教授会选举余日宣继任。[2]6月4日，外交部批准温应星校长辞职，令余日宣代理校务。外交部令由梅贻琦在6月6日70次评议会上宣布。[3]这样，余日宣以教务长代理校务，集校长、教务长权力于一身。但余日宣代理仅二十天左右，在6月27日召开第72次评议会，学校校务已转由教务长梅贻琦主持。[4]这一变化，表明虽然外交部计划中梅贻琦非校长人选，但清华既有的权力格局却是以梅贻琦为核心的。

梅贻琦代替赵国材任留美学生监督处监督的决议也因为政局动荡、国民政府倚重梅贻琦完成接管等因素并未实行，但为国民政府顺利接管清华提供了最佳人选。

6月11日，南京国民政府大学院和外交部会同致电梅贻琦，委派他"暂代校务"，听候接管。

清华学生会曾通过决议："在管辖问题未解决以前，任何人不得接收清华。""在管辖问题未解决以前，请梅教务长不让任何人接收清华。"[5]1928年9月16日，罗家伦到达北平后就和梅贻琦见面了解学校情况，

---

1 《新任游美清华学生监督》，《清华学校校刊》第36期，1928年6月4日，第2版。

2 《教务长改选》，《清华学校校刊》第36期，1928年6月4日，第2版。

3 清华大学档案，1-2∶1-6∶1-070。

4 清华大学档案，1-2∶1-6∶1-071。

5 《学生会》，《消夏周刊》第1期，1928年7月9日，第11页。

18日方宣誓就职。[1] 可见，梅贻琦在清华有重要影响当无疑义，且为南方当局承认。

从影响学校的外部因素角度看，1928年学校面临的大变局是南北政府政权更迭，而非北京政府治下政治军事斗争或人事变化。因此，尽管北伐胜利前及接管时期梅贻琦具备无可替代的地位、影响和作用，距离清华校长看似只有一步之遥，但也仅此而已。国民政府令梅贻琦"暂代校务"也符合当时清华学校实际权力格局。国民政府虽属意于梅贻琦，但仅在确保接受与过度平稳，并未真除。对此，梅贻琦心知肚明。故在国民政府任命罗家伦为校长后，"清华大学前教务长梅贻琦君，及全体学生，叠电催促家伦到校，整理校务"。[2]

1929年，梅贻琦赴美任留美学生监督处监督。[3] 在美期间，清华大学出现驱逐罗家伦、吴南轩，拒绝乔万选等校长风波，校务动荡。远离旋涡的梅贻琦得以安然置身风波之外。乱极思定，国民政府、校内师生都急需一位合适的校长领导清华。恰在此时，李书华署理教育部部长，成为梅贻琦的伯乐。

国民党内校长人选的斗争与妥协

出任有影响的国立大学校长，首先要能在国民党内错综复杂的人事关系中脱颖而出。

国民党中南方人有势力，尤其是浙江、江苏、广东等省。蒋介石、二陈、

---

1 罗家伦：《整理校务之经过与计划（上董事会之报告）》，清华大学校史研究室编：《清华大学史料选编》（第二卷上），北京：清华大学出版社，1994年，第6页。

2 罗家伦：《整理校务之经过及计划（上董事会之报告）》，清华大学校史研究室编：《清华大学史料选编》（第二卷上），北京：清华大学出版社，1991年，第5页。

3 见本书《改派学校得力教授充任——梅贻琦任留美学生监督》一文。

蔡元培、张静江等人是浙江人，吴稚晖是江苏人，胡汉民等是广东人。国民党中张继、李石曾等河北人为首则属于北方派。在北伐胜利前后接管清华时，国民党内各派势力进行反复斗争，尤其是李石曾与蔡元培。

吴有训、周培源曾不约而同地指出，梅贻琦的上台得益于北方派李石曾的提携。

吴有训说：

> 美国人抓清华，首先是抓基金，清华校长还是由国民党政府派，外国人并没有直接管理学校。
>
> ……吴南轩又碰了一下回去。为了对付学生，国民党希望在北方能找一个人来使清华相安无事。果然由于历史关系，梅来了果然能使清华相安无事下来。同时梅对国民党也是"奉命唯谨"，并不反对国民党，因此他能呆得久。……[1]

周培源说：

> 梅贻琦是怎么来的呢？梅是北方人，原来和国民党中李石曾（也是北方人）一派有关系，国民党中南方人有势力，尤其是江浙和广东人。蒋介石和二陈是江浙人，宋系和胡汉民都是广东人。在旧社会讲封建关系，国民党中的北方人就是以张继、李石曾为首的一派。梅做校长，并不是因为清华的关系，而是通过国民党北方派的关系来的。清华是靠美国办起来的，在"国民革命军"方面看来吴（南轩）属于打倒之列的，原来不是站在一边的。
>
> ……吴南轩被赶走后，国民党反动集团中找不出走狗来搞

---

[1]《吴有训访谈录（1959年7月）》，清华大学校史馆藏。

清华，因此只好通过国民党内北方人的关系找了梅贻琦来。[1]

胡适在1928年5月23日的日记中记录了一条：他（按：李石曾）发愁蔡元培自兼北大校长，而派代表去办。于是说："万不得已，只好抢清华。"[2] 7月4日，张奚若对吴宓说，"蔡消极，教育权归李石曾一派"。[3] 在清华学校，校务的梅贻琦倾向于蔡元培。1928年7月27日，梅贻琦告诉即将南下的吴宓，"防李石曾派之侵入为维持清华之大方针云"。[4] 吊诡的是，3年后，正是李石曾派提议梅贻琦出任清华大学校长。

竞争的结果，互有胜负。李石曾等人阻断蔡元培复任北京大学校长意图。"于是蔡抱消极态度，完全放弃了他办北平教育的心思。其实当时李石曾不等这个议案通过，早已在海外电来〔来电〕任沈尹默、高鲁这几个人去接收各学校去了……于是北平的大学，自此无法整顿。"[5] 但接管清华这件事，蔡元培得胜。蔡元培推荐自己的学生、同乡罗家伦出长清华。

罗家伦抱着改造清华目标而来，在清华进行了很多改革。[6] 比如他挟革命胜利余威，发挥个人影响力，促成清华大学归教育部管辖，清华基金划拨中基会管理，取消董事会，等等。但他的行事作风也引起了师生反对，加之中原大战爆发后，北方局势对他不利。1930年5月22日，罗家伦辞职离校。

罗家伦辞职后，教育部曾属意周炳琳代理清华大学校长，但周氏力辞未就。此时，势力渗入北平的阎锡山任命乔万选为清华大学校长。

1　《周培源访谈录（1959年7月）》，清华大学校史馆藏。

2　曹伯言整理：《胡适日记全编》第5册，合肥：安徽教育出版社，2001年，第123页。

3　《吴宓日记（1928—1929）》，北京：生活·读书·新知三联书店，1998年，第85页。

4　《吴宓日记（1928—1929）》，北京：生活·读书·新知三联书店，1998年，第95页。

5　《商山四皓》，罗久芳、罗久荣编辑校注：《罗家伦先生文存补遗》，台北：中央研究院近代史研究所，2009年，第33—34页。

6　见本书《在北方为国家添树一个新的文化力量——罗家伦就职典礼仪式演讲》一文。

清华多数师生坚决反对政治势力介入学校，"借着军阀的力量，来把持清华校政"。[1]"罗家伦假政治势力来长校，我们不能留他；如果有人以军人势力来闯进清华，就叫他带着卫队，我们在手枪与大刀的威迫下，也不能允许他来。"[2]在师生反对下，阎锡山被迫收回成命，"电饬"乔万选"返晋"。[3]

1930年，中原大战结束，国民政府重新稳定了对北方的统治，蒋介石亲自兼任教育部部长。此时，清华大学的校长人选又成焦点。1930年冬，周炳琳、冯友兰与郭廷以曾赴南京劝罗家伦返校，遭到罗家伦拒绝。罗家伦有意推翁文灏出长清华，但一向以抓高等院校为控制学术、思想阵地策略的CC系，却极思染指清华。在陈果夫力荐下，国民党中央政治学校副教务主任吴南轩任清华大学校长。[4]1931年4月3日，教育部正式任命吴南轩为国立清华大学校长。[5]

吴南轩到校后，实行的一些措施激起了师生的反感。不出两月，学校爆发"驱吴"运动。6月24日，教育部次长钱昌照到北平调查清华驱吴风潮，听取各方意见。丁文江、陶孟和向钱昌照推荐翁文灏接任清华大学校长。经钱昌照请示，蒋介石表示同意。[6]不久，国民政府教育部派翁

1 张德昌：《我们对于校事的态度：过渡期间督促各部继续维持校长人选须理想与事实兼重》，《清华周刊》第33卷第14期，总第493期，1930年6月17日，第4页。

2 傅永汉：《异哉清华同学之干校运动》，《清华周刊》第33卷第14期，总第493期，1930年6月17日，第7页。

3 《阎总司令复电到校》，《国立清华大学校刊》第192期，1930年7月4日。

4 陈岱孙：《三四十年代清华大学校务领导体制和前校长梅贻琦》，《校友文稿资料》第四辑，1996年，第104页。《郭廷以先生访问记录》，台北：中央研究院近代史研究所，1988年，第196页。

5 《教育部令　第550号（1931年4月3日）》，清华大学校史研究室编：《清华大学史料选编》（第二卷上），北京：清华大学出版社，1991年，第97页。

6 《钱昌照回忆录》，北京：中国文史出版社，1998年，第29、152页。

文灏代理校务。[1]

翁文灏曾在清华任教，与学校有一定渊源。作为著名科学家，翁文灏有很高的学术声望和诸多学术界联系。并且，翁文灏与蒋介石、吴稚晖等国民党高层也有良好互动。正因为此，教育部希望借重翁文灏身上集中的这些优势，稳定清华校政。

但翁文灏并不愿意过深卷入清华校长纷争的旋涡，其上任之初即提出只代理三个月。上任以后，即以事务繁多、分身乏术为由，迭辞校长职务。9月15日，翁文灏致电教育部，告即日因事赴南京，清华校务由理学院院长叶企孙暂代。24日，教育部回电同意。[2]10月1日，叶企孙致电教育部，以"国难方殷，校务繁剧"，请催翁文灏销假视事。[3]翌日，翁文灏函告钱昌照，梅贻琦欲由欧返国，已去电敦促，驻美监督一缺赵元任愿意担任，待梅贻琦返国之后再正式推荐梅任清华校长。在梅到校之前，请任命叶企孙正式代理校长一职。[4]

此时，蔡元培与李石曾在教育部等权力斗争中暂时失势。1930年11月，蒋介石自兼教育部部长，代表李石曾派系的李书华任教育部政务次长，蒋介石"文胆"陈布雷为常务次长。1931年6月，由于蒋介石赴南昌主持"剿共"，李书华署理教育部部长，陈布雷为政务次长，钱昌照为常务次长。陈布雷又被任命为国民党中央宣传部副部长。对这一任职，陈布雷说：

1 《教育部令　第字1129号（1931年7月3日）》，清华大学校史研究室编：《清华大学史料选编》（第二卷上），北京：清华大学出版社，1991年，第122页。

2 《教育部电校务由叶企孙院长代行（1931年9月24日）》，清华大学校史研究室编：《清华大学史料选编》（第二卷上），北京：清华大学出版社，1991年，第132页。

3 《叶企孙电教育部请催翁代校务销假视事（1931年10月1日）》，清华大学校史研究室编：《清华大学史料选编》（第二卷上），北京：清华大学出版社，1991年，第132—133页。

4 翁文灏致钱昌照函，中国第二历史档案馆第28全宗第18733卷。李学通：《翁文灏年谱》，济南：山东教育出版社，2005年，第75页。

教部之改组，由于李（石曾）、蔡（子民）两系之龃龉，石曾先生方面常视蒋梦麟为蔡所提挈之人（不但对蔡不满，且对于现代评论派之人物亦不满，而谥之曰吉祥"胡同名"系），然石曾先生所汲引之人如易培基（劳动大学）、褚民谊（中法大学工学院）、郑毓秀（上海法政学院）及萧瑬（中法大学）、谭熙鸿等在平沪等处办学成绩极不佳，且常蔑视教部法令，教部屡欲裁抑之，石曾先生以为难堪，主张去蒋梦麟甚力，吴稚老于李、蔡均友善，而尤同情于李，乃提议以高鲁（天文学者）代梦麟为教长，将通过矣，而胡展堂（汉民）先生反对甚力，即席声言："高鲁何如人，乃可托以教育行政之重任，岂不羞天下之士！"蒋公不得已，乃请于高鲁未到任以前，由蒋公以行政院院长名义自兼教育部长，而以李书华（润章）为政务次长，润章则石曾先生所提挈之人物，而在李氏系统中为最纯谨公正之人物也。蒋公既自兼部长，因欲以余任次长。[1]

蒋介石指示陈布雷："教育为革命建国计，凡事当请教于吴（稚晖）、李、蔡诸先进，然比勿堕入派别之见，总之不可拂李、蔡诸公之意，亦不可一味顺从李、蔡之意见，宜以大公致诚之心，斩绝一切葛藤……不以人事关系而稍微迁就也。"[2]

虽有蒋介石为靠山，考虑到"教育行政，非所素习，而此职将调和两大势力之间，尤为复杂繁难"，[3]且与李书华共事相得，"润章笃实长厚，初相遇犹不相知，继则性情浃洽，知余坦白无他，同为书生本色，遂极相

---

1 《陈布雷回忆录》，长沙：岳麓书社，2018年，第99页。

2 《陈布雷回忆录》，长沙：岳麓书社，2018年，第100页。

3 《陈布雷回忆录》，长沙：岳麓书社，2018年，第99页。

得焉"。[1] 在兼任中央宣传部副部长后,陈布雷将工作重心放在协助蒋介石军事活动而非教育部,"九一八"事变后,更将教育部事务委托钱昌照办理,因而李书华成为这个时期教育部实际负责人。[2]

李书华执掌教育部,也意味着李石曾在解决教育界问题方面影响力上升。实际上,在解决清华驱逐吴南轩风潮时,蒋介石曾请李石曾帮忙解决。

6月13日,吴南轩与清华教授代表约定在北京大学校长蒋梦麟住宅面谈,但吴以"饭后猝病,不能出席"爽约,请秘书长、教授代表离开蒋宅,推荐4人往见李石曾。"李谓曾接蒋主席电,嘱托帮忙解决清华风潮,李主各方让步,和平解决云。"同时,李石曾也与蒋梦麟商议清华风潮解决办法。[3]

翁文灏、叶企孙两人再三请辞,李书华提名梅贻琦出长清华。李书华回忆:

> 我在教育部任政务次长时期,与布雷特别注意者,为调整大学教育与慎选国立大学校长,例如:停止国立劳动大学招生;平定国立清华大学风潮;任沈尹默为国立北平大学校长;任命徐炳昶(旭生)为国立北京师范大学校长;解散北平俄文法政学院;改组中法工业专科学校为中法国立工学院;整顿上海光华大学等等是也。[4]

---

1 《陈布雷回忆录》,长沙:岳麓书社,2018年,第100页。

2 陈能治:《战前十年中国的大学教育(一九二七——一九三七)》,台北:台湾商务印书馆,1990年,第17页。

3 《清华问题之纠纷》,《教育杂志》第23卷第8号,1931年8月20日。清华大学校史研究室编:《清华大学史料选编》(第二卷上),北京:清华大学出版社,1991年,第127页。

4 《一年教育部》,李书华著:《李书华自述》,长沙:湖南教育出版社,2009年,第133页。

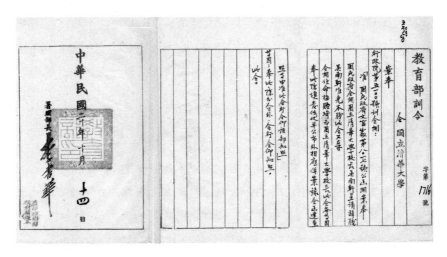

任命梅贻琦为国立清华大学校长的部令

李书华平定清华风潮最重要的举措，就是通过"慎选"，推荐梅贻琦出长清华。1962年9月8日，李书华在怀念梅贻琦的文章中写道：

民国廿年下半年我任教育部长的时候，正值清华大学久无正式校长。我急于解决这个问题，当时我再三考虑认为月涵最为适当，时月涵正在美国任清华留美学生监督，我电征其同意后，于民国廿年九月廿三日提出行政院国务会议通过以月涵任国立清华大学校长。我旋即电促月涵从速回国。不久他便由美国到南京，我们见面后几天内，他便去北平到校就职了。……他对清华尽力甚多，贡献甚大。回想我在教育部所做令我满意的并不多。我为清华选择了这位校长，却是我最满意的一件事。[1]

1　《悼梅月涵先生》，李书华著：《李书华自述》，长沙：湖南教育出版社，2009年，第230页。1969年6月，李书华在自述中，再次提及推荐梅贻琦出长清华为其任内最得意的事。见《李书华自述》第136页。

梅贻琦出任清华大学校长，是国民党内李、蔡妥协的产物。既为派系妥协，则必有"彼""此"与"往""来"。曾为学生属意的校长人选赵元任也为梅贻琦出长清华做过工作。赵元任夫人杨步伟回忆中，透露赵元任曾找同乡吴稚晖疏通：

> 第三次因校长风潮我们已离开清华，教授会六人来找元任想办法，元任找了吴稚晖老先生，可是风潮虽平下去，校长问题又到了他头上。元任又出了一大些主意托翁文灏暂代，荐梅月涵回来长校（其时梅为留美监督）。过了两个月梅还未回，翁发急了，质问元任如何办法？元任说我去替他，就可以叫他回来，并连电催梅，若一切手续未完，我们见面再交代。因此到华盛顿做了一次监督，很多人不知内幕的，莫名其妙赵元任不做校长，而做了一任不伦不类的清华留美学生的送葬监督（因为那时学生已少，定妥以后就不需要一个监督了）。其实那时是因对清华救急之故。这算是元任做过的惟一近乎行政性质的事情了。[1]

翁文灏在《年谱初稿》中写道："余自赵亚曾故后，本已立志脱离校课，专心所务，乃清华大学因校为国立，不愿因校长人选而归入政客派系之手，故于部派校长争持颇坚。政府为宁息计，命余代理其事，钱昌照来平力为劝任。余勉允暂任，以六月为限。嗣因余商荐梅贻琦为校长，荷政府采纳。"[2] 这段自述可与杨步伟回忆印证。可见，赵元任、翁文灏等在梅贻琦出任校长一事上起过作用。

可以说，梅贻琦出长清华，是国民党内各方协商妥协、李石曾派鼎力提拔的结果。

1　杨步伟：《我们的结婚》，《赵元任生活自传》，北京：中国华侨出版公司，1989年，第177页。

2　翁心钧：《翁文灏和教育工作》，《清华校友通讯》复第20期，1989年，第167页。

1931年10月14日，李书华签署教育部第1716号训令，任命留美学生监督处监督梅贻琦为国立清华大学校长。

教育部训令

字第1716号

令　国立清华大学

案奉行政院第五一〇〇号训令开：

　　"准　国民政府文官处第八〇一七号公函开：案奉国民政府令开，国立清华大学校长吴南轩呈请辞职。吴南轩准免本职。此令。又奉令开，任命梅贻琦为国立清华大学校长，此令。各等因，奉此。除填发任状并公布外，相应并案录令函达查照，等由。准此，合行令仰该部知照。"等因，奉此。除分令外，合行令仰知照。

　　此令。

中华民国二十年十月十四日

署理部长　李书华[1]

学生意见

在驱逐罗家伦、吴南轩校长，拒绝乔万选任校长的风潮中，清华大学学生发挥了重要作用。虽然学生对梅贻琦出任校长没有产生影响，但仍有必要回顾一下学生参与的经过和影响。

1928年清华学校被国民政府接管前，暂由梅贻琦代理校务，学生期待一位能大刀阔斧改革的新校长。"清华同学十九均深不满于学校现状，

1　清华大学档案：1-2：1-2：1-080。

而切望其改革。……彼等对于清华之奢靡腐败，一部分教职员之操纵把持，切齿痛恶。彼等所希望之校长，为一以教育学术为己任，富余积极改革之精神与决心，敢作敢为，大力阔斧，勇往直前之学者，举数十年来之积弊，扩而清之。至其与清华关系之深浅，是否为国内之名流，非所问也。"[1]

大学院、外交部对罗家伦的任命，遭到南京、上海等地同学会反对。南京同学会反对原因有三：外交部以前管理清华成绩甚佳，罗氏德不足以服人，且有外交关系，罗氏总不适宜。上海同学会反对原因亦有三：罗氏学识肤浅，人格卑鄙，不尊重同学会意见。[2]但"在校同学，对于毕业同学，感情颇恶，决难合作。彼等认明盘踞清华而使学校陷于目今情势者，均为毕业同学"。[3]校内学生对罗家伦表示欢迎，并发表宣言，表示"惟清华同学会系清华毕业同学之团体，自不能代表在校之清华学生，现在代表清华全体学生之机关为清华大学学生会。根据学生会之议决案，不但对罗先生毫无反对之意，且对罗先生之来长清华，深抱革除积弊及建设学术化的清华之希望。盖清华过去积弊，早经本会宣言，而历任负责人员，大都顾虑情面，因循敷衍，甚至上下勾结，狼狈为奸，致此经费比较充足之清华，不能有所发展。吾清华大学学生会，对革除积弊及发展校务，抱有彻底决心"。[4]1928年8月30日，清华学生会代表萧仁树、傅任敢、钟一航等到南京，欢迎罗家伦。[5]

---

1 《郭廷以致罗家伦函——民国十七年八月二十五日》，中国国民党中央委员会党史委员会：《罗家伦先生文存附编》，台北：中国国民党中央委员会党史委员会，1996年，第197页。

2 《南下代表报告书（1928年9月13日）》，清华大学校史研究室编：《清华大学史料选编》（第二卷上），北京：清华大学出版社，1994年，第53—54页。

3 《郭廷以致罗家伦函——民国十七年八月二十五日》，中国国民党中央委员会党史委员会：《罗家伦先生文存附编》，台北：中国国民党中央委员会党史委员会，1996年，第198页。

4 《南下代表报告书（1928年9月13日）》，清华大学校史研究室编：《清华大学史料选编》（第二卷上），北京：清华大学出版社，1994年，第53—54页。

5 《清华学生代表欢迎罗家伦》，《新闻报》，1928年8月31日，第9版。

在北伐即将胜利、清华即将被接管背景下，清华学校校内必然迎来大变化，学生对校务的不满直指学校领导和部分教职员。作为学校实际负责人的梅贻琦，实际上面临校内外双重压力。外有国民政府的疑虑，内则清华学生"对梅并无大好感"。[1] 7月，清华学生评议会推选的校务改进委员会向学生评议会提出9名校长人选，罗家伦、周鲠生得票最多，可见学生的趋向。[2]

罗家伦任校长后的一些措施，引起了师生的反对，加之中原大战爆发后，北方局势复杂。校内爆发驱赶罗家伦、吴南轩校长，拒绝乔万选就任校长的风潮。清华学生积极提出校长人选。在学生提出的数位人选中，并无梅贻琦。

驱罗期间，1930年11月15日，清华大学学生会致电兼任教育部部长的蒋介石，提请在周诒春、赵元任、胡适三人中选定一人任清华大学校长。11月18日，清华学生会呈文教育部，再次呈请教育部部长蒋介石批准罗家伦辞职，提请在周、赵、胡三人中选定一人任清华大学校长。呈文称"此三先生者方足任重德堪服人、学识经验并符硕望"。12月24日，学生会再次呈文国民政府主席蒋介石，称："校长人选，前属学生全体大会一致通过下列条件：（一）办学富有经验，（二）学识渊博，（三）声望卓著，（四）人格高尚，（五）无党派色彩，（六）确能发展清华。并根据以上条件提请于周诒春、赵元任、胡适三先生中择任一人。"[3] 学生在短期内反复提出三人备选，可见在学生心目中唯有此三人能达到六项条件，能负众望。值得指出的是，周、赵、胡三人皆为清华校友，这反映出清华学生心中清华人办清华的意识。

---

1 《郭廷以致罗家伦函——民国十七年八月二十五日》，中国国民党中央委员会党史委员会：《罗家伦先生文存附编》，台北：中国国民党中央委员会党史委员会，1996年，第198页。

2 《郭廷以致罗家伦函——民国十七年八月二十五日》，中国国民党中央委员会党史委员会：《罗家伦先生文存附编》，台北：中国国民党中央委员会党史委员会，1996年，第198页。

3 《久未解决之清华校长问题》，《申报》第20747号，1930年12月30日，第10版。

学生的提议没有成功，3月18日《大公报》报道：3月17日，蒋介石接见清华学生代表，明确表示："政府非不欲容纳学生意见，但先征周诒春未得同意，胡适系反党，不能派。"[1] 3月19日《中央日报》报道：蒋介石对学生代表说："周坚不就，赵元任非办事人才，胡适言论乖谬，碍难予以任命。"[2] 两报报道大同小异，学生推荐的三人，周诒春本人坚辞，赵、胡二人不被中央认可。

在陈果夫力荐下，国民党中央政治学校副教务主任吴南轩任清华大学校长。吴南轩到校后，实行的一些措施激起了师生的反感。校内爆发"驱吴"运动。1931年5月29日，清华学生代表大会通过呈请教育部任命周诒春为清华大学校长，撤换不得人心的吴南轩。呈文写道：

> ……吴氏莅校二月，言行背谬，措置失当，举止不经，贻笑大方，不但无丝毫发展清华之诚意，力将本校旧有之成绩规模，破坏无遗。……虽无伤于任何个人，而本校全体同学，实身受其害。然而吴氏之行犹昔，我疆我土，予取予求，变本加厉，每况愈下，是以全体同学，痛定思痛，忍无可忍，爰于本月二十九日上午九时，开学生全体大会，通过请求钧部撤换吴南轩……并请求钧部，任命周诒春先生为校长。如钧部仍不能顾及同学公意，任命其他人长校，一概坚决拒绝……窃以为周诒春先生为最适。周先生学问经验，两并优迈。前长清华五载，成绩昭昭，在人耳目。虽前钧部敦聘未果，苟能勉以大义，重之以党国使命，周先生达者，当能欣然受命也。本校学生顾察事实，不敢故作夸大希望，故提出周诒春先生，恳请任命，乞

1 《蒋告清华学生代表》，《大公报》，1931年3月18日，第3版。当日胡适在日记中保留此剪报，并写道："今天报载蒋介石给了我一个头衔。"胡适著，曹伯言整理：《胡适日记全编》6，合肥：安徽教育出版社，2001年，第98页。

2 《蒋主席召见清华学生代表》，《中央日报》，1931年3月19日，第3张第2版。

予照准，毋任企祷。[1]

学生会并"派代表三人赴周诒春处请其来校长校"。[2]

对清华学生恳请，未及教育部答复，周诒春马上婉辞。5月31日，周诒春在中山公园对记者谈话，谓："余离清华十余年，不悉校况，且本身职务繁重，对于此次学潮，仅在报端阅过，实不知真相。学生之诚意虽佳，但余不敢领受。总之，对于清华校长一席，实不能担任。"[3]周诒春婉拒，固然有离校数年不悉校情原因，根本原因还在于不愿意卷入国民政府内部政争旋涡。

国民政府任命翁文灏代理校长，清华学生表示欢迎，"翁文灏先生以当代学者，来长我校，全校师生无不深庆得人"。[4]"翁先生的学问，不用说是现在国内数一数二的第一流学者；翁先生的道德，又是洁身自好，磊落光明；至于翁先生的才力，我们只要对于他数十年来对社会的种种贡献，以及现在所惨淡经营的地质调查所的成绩略加考查，我们就可以想象而知了。"[5]

在校长更迭风潮中，学生是一支重要力量。纵观风潮中学生提出的各种校长人选，有趣的是均无梅贻琦。可见，在当时学生心目中，并未将梅贻琦视为校长人选。

1　《学生会呈教育部文》，《大公报》（天津版），1931年6月2日，第4版。

2　《学生开大会》，《申报》第20890号，1931年6月2日，第10版。

3　《周诒春谈话》，《益世报》，1931年6月1日，第2版。

4　继川：《我所希望于翁代校长者》，《消夏周刊》第1期，1931年7月13日，第1页。

5　《同方部里——欢迎会》，《消夏周刊》第2期，1931年7月21日，第55页。

余论

北伐胜利前梅贻琦维持清华校务稳定，但梅贻琦并未被国民政府任命为国立清华大学校长，而是于1929年出任留美学生监督处监督。罗家伦、吴南轩等来自浙江、江苏的"南方人"败走清华，以及乔万选到清华校门而不得入，既有个人原因，也反映着北伐胜利后几年南北政局的剧烈变化以及国民党内政争的白热化。

1928年5月15日，清华学校评议会议决，拟派梅贻琦赴美任留美学生监督处监督。作为梅派的吴宓表示担心"当局决以梅贻琦代为驻美监督。校中众所拟为梅派者，多属公正之人，宓亦在其列。将失其中心，而消散不复存矣"。[1]

以历史后见之明看，远走美国躲过校务动荡旋涡，对梅贻琦而言是好事。国民党内各方势力的妥协、外部环境的相对缓和、校内原有同事的支持等，都成为梅贻琦出长清华的有利条件。

梅贻琦出任校长，可以说是众望所归。1931年11月17日，代理校务的叶企孙致函尚在美国的梅贻琦，欢迎梅贻琦出长清华，并告知校务会诸人建议撤销留美监督处，以便节省经费充实校内经费。留美监督处负责的发支票、付学费、转学、延长官费等事务由学校直接办理，留学生医药费等事务可请中国驻美使馆代理。叶企孙提到，谋求留美监督职位的人颇多，建议梅贻琦同意裁撤留美监督处。[2]可见，在任命发布但未回国前，校内部分事务已经在请示梅贻琦进行。从善如流的梅贻琦采纳了校务会先前裁撤监督处的决议，使得监督处裁撤、留学生事务移交等均得到妥善处理。

---

1 《吴宓日记（1928—1929）》，北京：生活·读书·新知三联书店，1998年，第61—62页。

2 清华大学档案，1-2：1-96：2-005。此函落款11月17日，根据信中内容，推断为1931年11月17日，梅贻琦从美国回来之前。

梅贻琦在就职典礼上表示:

> 本人能够回到清华，当然是极高兴，极快慰的事。可是想到责任之重大，诚恐不能胜任，所以一再请辞，无奈政府方面，不能邀准，而且本人与清华已有十余年的关系，又享受过清华留学的利益，则为清华服务，乃是应尽的义务，所以只得勉力去做，但求能够尽自己的心力，为清华谋相当的发展，将来可告无罪于清华足矣。[1]

在梅贻琦领导下，结束了清华大学校务动荡，实现了学校快速发展。梅贻琦也得到了广大师生、校友及社会各界的广泛赞誉。迨至1940年代中后期，梅贻琦、叶企孙等昔日的少壮派成为元老派，清华校内再现当年代际权力之争，校外也同样出现政治格局和社会情势的大变化；但1949年后中国共产党对清华大学的接管和1928年国民党对清华学校的接管不同，二者异同值得深入研究。

---

1 《梅校长到校视事》，《国立清华大学校刊》第341号，1931年12月4日，第1版。

扩充大学之用
——清华大学与圆明园关系述略

圆明园始建于康熙四十六年（1707年），由圆明园、长春园、绮春园三园组成，占地350公顷（5200余亩），是清朝在150余年间创建和经营的一座大型皇家宫苑。它既有中国传统园林的婉约多姿，又吸取了欧洲的园林建筑形式，各种不同风格建筑浑然一体，被誉为"一切造园艺术的典范"和"万园之园"。不幸的是，这一世界名园于1860年10月惨遭英法联军野蛮地劫掠焚毁，以后又经历了多次毁灭和劫掠，最终沦为一片废墟。

清华园毗邻圆明园，前身为熙春园，长期为皇子分封园林，中间曾有约50年为皇帝御园。1911年，清华学堂在清华园成立。校名中"清华"即来自地名清华园。中华民国成立后，根据教育部"从前各项学堂均改称为学校"的命令，清华学堂更名为清华学校，至1928年改为"国立清华大学"。

随着学校发展，校园面积日益促狭，而一路之隔的圆明园却长期荒芜，园内文物损毁严重。于是，学校领导逐渐产生征用圆明园想法，一则扩大学校办学空间，着眼于学校长期发展；二则也可以更好地保护古迹。但圆明园本身具有的高度文化和政治象征意义，预示着将其划拨清华不会一帆风顺。

1910—1920年代征用部分物件

　　1910年代，清华开始了征用圆明园的努力。起初，清华并未提出征用圆明园，而是请管理圆明园的内务府拨划部分物件给清华使用。

　　当时，清政府虽然早被推翻，中华民国成立已经十余年。但按照辛亥革命时期袁世凯与清政府达成并经1912年2月6日南京临时参议院正式通过《优待条例》，颐和园与圆明园仍归内务府管理。要征用圆明园，必须与内务府直接接触。

　　1916年初，清华通过外交部，请内务府将圆明园内部分雕花石块拨给清华，但为内务府拒绝。1916年1月14日，外交部回复清华（17日到达清华），称"内务府函称该园石块石柱等项均系应行保存之件，已饬该馆官员妥为看守，未便拆卸"。1922年3月29日，清华致函内务府，请将圆明园水木清华旧址太湖石一座（刻有青云片等字）、海月开襟南岸梅花石碑一座赐予清华。4月2日，内务府回函驳回清华请求，称"该园此项山石，系属官物，未便擅动"。这两次对具体物件的征用的努力，均告失败。

　　1920年代后，随着清华改办大学步伐加快，学校面积逐渐不敷使用。1922年，学校面积仅为820.632亩，其中清华园428.116亩，近春园392.516亩。为解决面积不敷使用的困难，学校将目光又一次转向一路之隔的圆明园。

　　此时的圆明园，由于长期管理不善，古迹损毁、流失严重。

　　清华深知征用圆明园的复杂性与困难，免费拨与不可能，直接购买又无资金。为此，学校提出，以增加旗籍学生名额来换取圆明园。

　　1923年10月16日，曹云祥校长致函总管内务府事务大臣绍英、野云贝勒载涛，[1] 请将圆明园拨给清华。信函内容为：

1　载涛（1887—1970），号野云，光绪皇帝胞弟，溥仪胞叔。满洲正黄旗人。1890年封二等镇国将军；1893年晋为不入八分辅国公。1902年袭贝勒。1908年12月加郡王衔；同月与铁

迳启者，查敝校比邻圆明园故址，向由步军统领保管。敝校教职员、学生时去参观。古迹年不如年，近更荒废，古迹计已荡然，墙壁亦渐拆毁，倘非加意保存，难期久远。敝校现正筹备大学，清华园基址不敷扩充，拟请将圆明园旧址拨给敝校，为将来扩充大学之地，并可永久保存古迹。惟敝校经费支绌，不□偿以相当之价值。兹拟以学额为交换条件。敝校向无旗籍学生，当增学额十名，以宏作育而□普及。查敝校培植学生，自入校起至留美毕业回国，每人需二万六千余金，十名共计二十六万元。如此办法彼此均有利益（一）可保存古迹（二）旗籍有学额十名（三）学校有发展之地。有此三端用□。冒昧函商至可否如此办理之处。

之所以给载涛写信，是由于曹云祥听说圆明园主权仍掌握在摄政王载沣手中，而载涛正是载沣的胞弟，两人关系密切。可见，曹云祥是希望借助载涛，给载沣及内务府施加影响，促成此事。

第二天，曹云祥又致函政学两界巨子、自1914年起经常来清华讲学的梁启超，希望梁启超"撰著保存圆明园文一篇，呈送摄政王，希冀借重鸿文，俾达拨园目的"，此信由戴梦松代为转达。

10月19日，载涛回清华函，称圆明园全归内务府管理，自己未便干涉，委婉拒绝清华的请求。21日，内务府回函，"查圆明园地亩，本府前与该园佃户累年涉讼，经法庭判令原佃户承种，无故不得增租夺佃，亦不准该佃

良等任总司稽察。清廷新设禁卫军，任专司训练禁卫军大臣。1909年6月管理军谘处事务。1910年2月赴日、美、英、法、德、意、奥、俄八国考察陆军，5月派任赴英国专使大臣。1911年5月任军谘大臣；其后任蒙古镶黄旗都统。1912年1月，与载洵等组织宗社党；3月宗社党解散。1917年7月张勋复辟，溥仪任为禁卫军司令；同月复辟失败。1918年徐世昌任为将军。1927年6月任翊卫使。1931年1月，国民政府聘为国难会议会员。1949年后，历任人大代表、政协委员。1970年在北京逝世，终年83岁。

私行倒租倒佃等语。今贵校请将该园地址拨用一节，本府因法律关系，碍难照办，用特据实函达"，明确拒绝清华的请求。

虽暂遇挫折，但曹云祥校长并未放弃努力，1924年7月25日，曹云祥再次致函载涛，恳其帮忙。同时，曹云祥又特意致函曾任溥仪老师的英国人庄士敦。

1919年溥仪14岁时，庄士敦由李鸿章之子李经迈推荐，经徐世昌总统代向英国使馆交涉，正式被清室聘为溥仪的老师。他向溥仪介绍西方文明，使溥仪大开眼界。同时，他也是清室的保护人，赞成复辟大清。溥仪曾赐他头品顶戴，御书房行走等职。庄士敦对溥仪影响颇大。显然，曹云祥希望借助庄士敦对溥仪的影响力，推动落实此事。

这次信函与上年曹云祥致载涛等人信函并无差别，内容如下：

> 窃查圆明园旧址，现更荒废，古迹几已荡然，殊为可惜。前闻北京大学曾有请拨计画，愿缴纳四万元之说，并未实行。本校前以清华园基址不敷扩充大学之用，曾函商内务府拨用，籍以保存古迹，并添设旗籍学额为交换条件。旋□覆〔复〕称因与该园佃户有法律关系，碍难照办等因。兹议院提议将北京专门以上各学校均迁移圆明园，作为大学区域。惟本校正在筹备大学，拟扩充基址以便将来添设大学校舍及研究院，颇为合宜。本校□缴款六万元并向各佃户收回费用约需五万余元，修理马路围墙约需二万元，□调查各佃户每年缴纳地租洋五千元，此项租金本校愿提基金六万元存放□□银行以作每年缴纳之用，以上共计约需洋二十万元之谱。并拟添设旗籍学额每年二名，四年之后，每年旗籍生常有八名在校肄业。学校每年需费一万元，倘有学业优良，尚可派赴留美深造。如此办法，该园古迹庶可永久保存，旗籍子弟得有深造机会。本校可得扩充之余地，诚一举而三善备矣。

曹云祥动员庄士敦等人的同时，也在动员胡适、王国维等人帮忙说话。清华筹备国学院时，曹云祥通过胡适请王国维任国学院导师。在胡适致王国维信中，曾提及曹云祥就圆明园一事商请庄士敦。王国维为学术大师，1923年曾任溥仪五品南书房行走，实际上，后来王国维来清华也是"面奉谕旨命就清华学校研究院之聘"的。因此，王国维对溥仪有一定影响。胡适则是名满天下的名士，溥仪曾召见并表示钦慕。不难揣测，曹云祥欲借助王、胡二人的影响，促成清华征用圆明园一事。

就在学校积极争取的同时，清华同学也积极建言献策，丙寅（1926）级学生还组织了"设法保留圆明园古迹委员会"，开展一些活动，协助学校开展工作。

可惜，曹云祥用意良美。但圆明园问题牵涉面实在太广，直到曹云祥离职，征用圆明园一事仍无着落。

1928年，国民党北伐胜利，全国政治出现新的气象，圆明园归北平市政府管辖。这年9月18日，罗家伦任清华大学校长。罗家伦积极谋划将圆明园归并清华。1956年罗家伦在其回忆中提道："我到校以前，大约有十年的时间不曾添过一个像样的建筑，也可以说是停顿了将近十年。现在既然改了大学，就不能不有新的建置，于是我把整个的校址从新设计，另画蓝图。这个计划不限于清华园内，而且打算把英法联军烧毁的圆明园亦准备圈到大学范围以内来。"

北平市提出了清华征用圆明园的条件：（一）圆明园全部由北平市政府租与清华学校办理清华附属华北植物园。（二）每年清华出租金四千元，原佃户租金由清华代收或由清华资遣佃户，自行耕种，悉听其便。（三）合同期限三十年，期满或由市政府收回，或另加租，临时再议。但收回时付赔偿费不得过三万元。加租不得过一倍。（四）租园人须开放作为公共游览或学术参考处。

与北洋政府时期主管圆明园的内务府不同，北平市政府仍欲坚持对圆明园管理的主导权，但已不像内务府那样明确拒绝，而是提出条件，探讨双方合作的可能，这是一个很大的进步。

1931年初，有人在《清华周刊》发表文章，以北平市政府的四项条件为基础，结合学校实际情况，提出清华宜采取"租""办""永久之计"三步计划：

第一步，清华答应北平市政府四项条件，"租"用圆明园。

第二步，清华在院内开办各项事业：（一）由原有农事股、技术股、生物学系三机关组织设计管理委员会管理之。（二）原有佃户，按设计方便，资遣一部，余者加以部署，使成植物园之耕植者，暂酌收租金。（三）另雇工司种植，修筑灌溉等事，约需二十人。（四）分划全园为若干区，购苗种植。（五）周园之原有园墙加以修浚，无墙处种以洋槐，数年后即成天然围墙。（六）池沼水源，加以修濬，山坡渐加平治，筑马路数条，纵横通贯。如此每年所费约七千元，以后减少，因购种减少，而出产方面，有相当收获，可以抵补。

第三步，即永久之计，一面合办，一面由学校进行交涉。如清华办理成绩很好，一定可得舆论支持。最好能请政府当局划拨。如果不行，也可以与北平市政府协商，清华出钱购买。所需经费，由学校与毕业同学共同负担，当不难解决。

这个计划，既照顾北平市政府和圆明园内佃户利益，又着眼长远，为清华最终征用圆明园奠定基础，不失为一个详尽而可行的方案。

但这个时期，北方政局以及清华校务均极为动荡。

国内，一方面日本侵略中国野心日益膨胀，在东北、华北不断制造事端，直接策划"九一八"事变。另一方面，1929年中原大战爆发，整个华北局势深陷混乱之中。

校内，第二次驱赶校长风潮爆发，国立清华大学第一任校长罗家伦已于1930年5月去职，此后发生"拒乔""驱吴"风潮，冯友兰、叶企孙、吴南轩、翁文灏等先后执掌校务，直至1931年梅贻琦出任校长，校务才告稳定。

校内外政务、校务的不稳使得学校在征用圆明园这一问题上推进乏力，征用圆明园一事处于停滞状态。

接收圆明园交涉过程

1933年5月，南京国民政府组织"农村复兴委员会"，调查农村状况、研究农村问题、进行农村救济、倡导乡村建设。为推动高等院校参与复兴农村运动，1933年6月16日，国民政府教育部发布第5825号令，命令清华添设农学院。清华大学积极回应教育部要求，开始农学人才培养和科学研究。[1]

同时，清华大学在呈教育部的报告中专门提出将圆明园划拨给清华作为农学院实验农场。清华为此做出三点承诺：第一，"该园址内所遗残物故物，有保存价值者，本校自当设法保存，勿使毁弃"。第二，"园内建有之'三·一八'烈士墓及十三师义冢各一段，约共占地数亩，本校可特为划出保存，于其四周酌植林树，尤足用资纪念，藉垂久远。"第三，"有由经管人招人领垦者，本校可暂酌令原户领垦，或更减收其地租。惟于种植等事，应受本校指导，作为合作实验区。"另外，清华还提出，少部分土地为政府留置，清华接管后，应有按原价收回之权利。

这样，清华一面积极筹建农业研究所，一面开始了与教育部、北平市政府关于划拨圆明园的交涉。

接到清华7月8日复函后，教育部与北平市政府及北平政务整理委员会委员长黄孚进行沟通，转达了清华希望划拨圆明园作为实验农场的意见。同时，教育部请清华遣派干练办事人员与北平市政府就近接洽。

---

1 《1934—1937年的清华大学农业研究所》，金富军著：《老照片背后的清华故事》，北京：清华大学出版社，2020年，第104—109页。

北平市政府对清华的请求反应消极，其回复教育部电称："圆明园遗址历史上具有重大意义，园内石柱太湖石亦有相当价值。上年七月间，本府为慎重保管古迹起见，经邀集本市文化各机关组织遗迹保管委员会，由该会负责保管并经议定整理保管方案，由府分令所属各局对于各项建设分别切实办理在案。一年以来，整顿设施，煞费经营，预期再有两年即可渐臻完善。该园既系旧都伟大古迹之一，且经该委员会实行保管，自未便再有变更，经希查照转知为幸，北平市政府艳印。"

清华一面积极与教育部联系，一面设法打听北平市政府对此事的态度，了解到北平市政府的消极态度。8月2日，梅贻琦致信清华校友、教育部高等教育司司长沈鹏飞，探询北平市政府对教育部函电意见及教育部对北平市政府回电的态度。同时，请沈鹏飞查阅北平各文化团体会议议定保留古迹不做别用的决议案是否在教育部备案。

沈鹏飞给梅贻琦的回函中，抄录了北平市政府复教育部的内容。这样，清华在教育部25日正式转达北平市政府回电之前，提前摸清了北平市政府的态度。沈鹏飞并透露：教育部部长王世杰原来以为圆明园归内政部管辖，只需通过行政院会议决议拨给清华即可。但根据北平市政府回电，圆明园归北平市管辖，则原先设想的通过行政院会议决议划拨清华的办法行不通。王世杰建议清华派遣熟人与北平市政府当面接洽。

8月25日，教育部高等教育司转来北平市政府关于圆明园的意见。虽然北平市不同意将圆明园划拨清华，但教育部高等教育司函中最后仍指出："对于此事，仍拟设法交涉。尚希贵校将接洽经过函司备考为荷。"

面对北平市政府有意拖延，无奈之下，9月15日，梅贻琦致函王世杰，明确指出：所谓圆明园保管委员会是去年冬天圆明园中石件被经管人员凿毁引起社会批评后，北平市政府为减少压力而成立的一个机构，不过是一时权宜之计。成立一年来未再开会。另外，圆明园石件遭破坏时，古物保管委员会曾函请清华出面设法保护圆明园遗物。但清华考虑到北平市政府没有表示，所以不便干涉。针对王世杰希望清华先行与北平市接触商洽的建议，梅贻琦提出："倘由校方再与交涉，彼则一味以官话搪塞，殊难生效。惟有恳请钧座即在行政会议中提出决定。盖此种公地处置之权，当属中央，平市府不过负就地保管之责。而新组之圆明园保委会又系隶属于市政府，更非法定永久机关，自难争持。至经中央决定以后，市府于交割时，或不无留难之处，可再由校方设法疏通。因大问题既已定，则暂时唉口小利，必可就范。再中央于决议或命令中，可加入责成该校对于园中遗留古物设法保存等语，则平中文化机关亦不致借口反对矣。总之，此事惟仗钧部支持转请中央决定拨给，则以后虽有小麻烦，校方自易解决。目前，本校对于农场经费及人选，均有相当准备，惟俟该园遗址问题解决后，一切即可进行。"可见，梅贻琦希望中央能通过决议，并以中央名义令北平市政府执行。

王士杰接受梅贻琦建议，在行政院会议上提出"责成该校对于园中遗留古物设法保存"的建议。在罗家伦等人支持下，此建议获得通过。1933年11月11日，教育部转给清华大学《国民政府行政院5245号训令》，训令中转发国民政府第535号令："准中央政治会议函开：本会议第三七七次会议讨论关于北平古物保管机关处分事宜一案，经决议：（一）古物与建筑应以分别处理为原则；（二）处理方法如下：……6.圆明园故址交清华大学，办农事试验场，原有古迹及石刻等应交该大学妥为保存，相应录案函请政府查照办理等由；准此，自应照办。除分令外，合行令仰该院分别转饬遵照办理，此令。等因；奉此，自应照办。除分令内政部、北平市政府暨故宫博物院遵办，并函达中央研究院查照外，合行令仰该部即便遵照办理。此令。"教育部奉此令，"除分涵北平市政府查照将圆明园故址交该校办农事试验场，并将原有古迹石刻等一并移交，由该校妥为保存外，合行令仰遵照，并将办理情形具报"。显然，梅贻琦的建议起了作用。

11月14日，清华接到行政院训令后，立即组织了"圆明园遗址接收委员会"，负责筹备接收事宜，并派人与北平市政府商谈接管手续及移交日期。

尽管行政院通过正式决议，但北平市仍蓄意拖延。始以尚未接到中央政府命令、继以须维持园内佃租利、再以因清册缮造未齐等为由，搪塞敷衍。

行政院拨圆明园为清华大学实验农场消息传出后，引起园内佃户的不安，他们联名致信梅贻琦，强烈抨击清华接收圆明园为丧心病狂的兵匪之举。北平市农会也开始介入此事。这样，一面是北平市政府有意拖延，一面社会舆论纷纷扰扰，清华异常被动。

面对困局，清华一面积极与北平市疏通，一面请教育部出面。12月5日，梅贻琦请教育部给北平市发电催促。同日，梅贻琦拟文请行政院饬令北平市政府移交，但考虑到与北平市政府关系，此文并未发出。

12日，沈鹏飞回复梅贻琦5日信函。他从清华与地方政府关系角度出发，明确表示不赞成通过中央命令的方式迫使北平市政府移交圆明园，仍建议清华尽量与北平市政府疏通，"较诸用强硬手段易得圆满结果，且以后办事或需市府协助之处尚多。若用强硬方法，纵能接收，而感情破裂，则将来固难望其协助，且恐遇事从中再梗，亦殊不利"。显然，这也是教育部部长王士杰的态度。

北平市政府虽然不愿意，但也不敢公开违抗行政院决议，遂勉强同意将圆明园移交清华，但仍设置障碍。12月30日，北平市政府致函清华，提出三点要求：第一，园内租户有永佃权，清华应予维持。第二，园内佃户每年交纳2,683元税收，清华应仍旧交纳。第三，园内建筑遗址经保管委员会保管在案，清华应予维护。

对这三项要求，清华一一回应，全部答应。对园内佃户权益，清华表示："原在该园领种各佃户之所有先行法律保障之权利，自不因之变异。本校除遵令负责保管园址及古迹外，对于佃租农民，当予以协助指导，藉促农业改进。将来本校有需用某部土地之必要时，亦当对农民应有之权益予以救济。"对税收，清华表示"本校极愿勉尽绵薄，暂纾贵府困难。……拟自本校正式接收后，每年协助市府国币贰仟陆百元，定以三年为期"。

国立清华大学管理圆明园地亩办法

（一）凡园内已经放垦地亩，由本校接管，各佃户继续领种，不得私自倒让或转租他人。

（二）各项地亩照旧章规定，挨欵徵租，本校概不加租。

（三）放垦地亩经特别改良者，得酌给价值。其耕地如有需要本校收回自用时，于三个月前通知。

（四）为农业研究，需要本校得择定某荒地亩为合作试验农场。诚恳佃户，应于本校指导之下，进行农事之所需，实赔各费，概由本校负担。

（五）凡园内未经领垦之地，暂不放垦。

（六）各佃户领租地亩，由本校验明原照，丈量清楚，另发新照收执。

（七）各租户所租官房，经本校查明后，准其照旧租用，将来本校如有需要收回自用时，于三个月前通知。

国立清华大学管理圆明园地亩办法

　　清华提交回复后，北平市政府派颐和园事务所所长许保之来清华商洽移交手续，并由颐和园事务所呈复北平市政府。不料北平市又节外生枝，称"原议定协款每年贰仟陆百元，系根据前次函达收租贰仟陆百数十元计算。现察觉该项租金计算有错漏之处，实数应为叁仟零数十元，兹特商情贵校改按此数，重定协款"。为避免夜长梦多，清华不愿再生枝节，同意增加协款数额，每年3,000元，为期3年。

　　1934年2月9日，北平市政府致函清华，表示遵行行政院令，将"保管委员会"撤销，废止其章程。4月2日，北平市政府发给清华251号公函，通知正式将圆明园移交清华，撤销圆明园保管委员会，该委员会组织章程废止。公函并提出四点声明：第一，圆明园图只有一份，清华欲取用，可以借绘。圆明园界址，以工务局此前测量时设立洋灰桩为准。第二，圆明园土地、遗物清册随文移交。第三，清华每年缴纳税款3,000元。1933年以前欠款，清华代为催交。第四，园内砖石，在不妨害历史遗迹前提下，北平市政府随时商明清华酌量提用。对此，清华表示接受。

之后在接收圆明园交涉进行中，1934年3月，清华草拟了《国立清华大学管理圆明园地亩办法》；学校秘书长沈履还特地请法律系主任燕树棠详加研究，避免出现法律漏洞。同时，清华专门查阅了晚清时期内务府的有关档案，以及一些有关土地官司的档案，以备接收时使用。应该说，清华为接收圆明园，做了充分的准备。

4月4日，清华派人会同颐和园事务所人员，依照清册接收了圆明园。至此，接收工作暂时告一段落。

接收后的风波

1934年4月4日，清华虽然与北平市政府办理了接收圆明园的手续。但应该说这只是形式上的接收，随之而来的诸多困难，使得清华直到1937年抗战全面爆发，都未能实现对圆明园真正意义上的接管。

首先，清华接收圆明园后，随之而来的是如何管理园内佃户问题。

接收圆明园后，清华一方面立即着手调查圆明园房屋租赁情况并抄送住户名单，函请教育部高等教育司查阅。清华管理圆明园地亩办法奉教育部第14821号命令，商同内政部会议修正，准予备案。另一方面，清华发布公告，要求园内佃户缴纳租金。但是，佃户李文奎等人一面呈请行政院，请其收回圆明园拨给清华的成命，一面撕毁清华布告，拒缴税款。税款无法收缴，1935年，清华给北平市政府缴纳税金也因此停止支付。停止支付税金，成为抗战后北平市政府拒绝划拨圆明园给清华的口实之一。

其次，北平市政府或明或暗支持部分佃户的抗议行动，继续阻挠清华接管圆明园。冀察政务委员会委员长宋哲元电请行政院收回将圆明园拨给清华的命令，恢复圆明园以前管理体制。北平市市长秦德纯也函请清华，希望清华能做出让步。作为北平最高军、政领导，宋哲元、秦德纯的姿态，势必严重影响到清华对圆明园的接管工作。

再次，处于准备抗战的战略考虑，清华与湖南省政府签署秘密协议，清华在湖南开展各种研究。其中包括由湖南省政府提供部分土地，清华大学与湖南省高等农业学校合作的项目，并订立合作办法。这样一来，完全、真正接管圆明园便显得不是很迫切，原来制定的圆明园管理办法的相关办法暂缓实施。

最后，当时整个国内，尤其是华北局势日益严峻，1931年、1932年相继爆发的"九一八"事变与"一·二八"事变，成为日本侵略中国的明显信号，东北逐渐沦陷，华北局势暗流涌动。清华师生已经意识到，中日之间战争不可避免。很多教授主张从速准备，"以应付可能发生的战争。为了使学生准备作战，许多教授也改变了他们的授课内容"。梅贻琦校长在1932年开学典礼上，不无担心地指出"华北的危机，是随时可以触发的"。秘书长沈履在1936年度开学典礼上明确指出："清华是在北平，北平现在已经是国防的最前线，这是不可否认的事实。"

在这种大形势面前，清华校方预先为未来全面抗战做准备。1935年，清华决定停止在校内修建一所规模颇大的文、法学院大楼，把40万元基建款项转投长沙岳麓山，筹建一套新校舍，以作为华北战事爆发的退步。

以上种种原因，使得清华对圆明园管理进展缓慢，到1937年抗日战争全面爆发，清华未能对圆明园实行真正意义上的拥有与管理。

1940年代后期交涉

经过中国人民艰苦卓绝的抗日战争，终于迫使日本帝国主义在1945年8月宣布战败投降。翌年5月4日，梅贻琦在昆明宣布西南联大结束，清华、北大、南开三校复员北上。

清华校领导对复校有长远宏大的规划。不仅仅满足于恢复到1937年前的水平，还力图更上层楼。清华"复员不是'复原'，而是要从原来的地位上向前不断地迈进，它有积极的新生，改进的意义。清华的复员工作，不只是使她的外表恢复旧观，更重要的是她有新生的改进的内容"。

冯友兰曾提出建设"大大学"，其中"必需有很多冷僻的学问"，"使他们能够包罗万象"，"甚么专家都有"。这种"大大学"的职责不只是教育学生，而且"是国家的智囊团"，要"负起时代的使命"。梅贻琦表示清华"不应以恢复旧观为满足，必使其更发扬而光大，俾能负起清华应负之使命"。

学校恢复且扩充的一个重要内容就是扩大学校的院系、研究所设置规模。其中，在原有的农业研究所基础上，成立农学院。随之而来的，便是农学院试验农场问题。于是，圆明园的接收问题再次进入清华大学议事日程。

1946年11月23日，农学院函请梅贻琦校长，称该院"拟于明春开始田间试验工作，据估计结果农田颇不敷用，"请学校出面，设法收回圆明园作为田间试验工作用地。当天，梅贻琦批示，请相关人员查阅关于圆明园文书档案。10天后，校长办公室文书组将1933—1937年间有关圆明园交涉的经过整理后提交校长梅贻琦与秘书长沈履。

面对清华大学提出的再次征用圆明园的请示，北平市政府态度并不积极，其转来颐和园事务处函称"圆明园地亩租收为该所经费大宗，应照本校与前市府议定成案，先行核议协款，再将该址移拨由"。虽然消极，但从颐和园回复看，毕竟还有回旋余地。

但此时，清华正忙着与国民政府、军方、北平市政府等各方交涉接管清华园。由于接收过程中，军方与政治势力强行介入，处处刁难清华，并乘机大肆洗掠，"接收"变为"劫收"，使得清华战后复员工作严重受阻。学校各项工作头绪繁多，与北平市交涉征用圆明园一事不免受到影响。

1947年9月1日，梅贻琦致函北平市政府。梅贻琦首先说明1934年3月，北平市政府曾将圆明园地亩佃户等清册移交给清华，清华已经勘验接收。接着，梅贻琦提到，由于当时华北局势恶化，农学院筹备受到耽误。为此，1937年春，清华又函请北平市政府仍委托颐和园事务所代为管理。随着抗日战争全面爆发，清华奉教育部命令南迁，圆明园亦随北平市沦陷而沦陷。公函最后，梅贻琦提出"兹因本校复员以还，农学院需要积极筹设农事试验场，以期促进农业而利学生之实习，拟即收回圆明园旧址以资应用"。希望北平市政府将圆明园地亩情形告知清华，以便办理。

1947年11月5日，北平市市长何思源回复清华，对梅贻琦公函中问题逐一答复。

首先，何思源指出，根据1934北平市政府与清华大学移交圆明园协定，清华连续三年代交原来由圆明园佃户缴纳的每年3,000元税金。但清华只在1935年缴纳一次，1936年、1937年并未履行协款义务，"似嫌爽约"。

其次，清华称1937年曾函请北平市政府让委托颐和园事务所代为管理圆明园，"本所无案可稽，该校有无依据，未便悬揣"。实际上否认代管一事。

再次，在北平沦陷期间，圆明园已被颐和园事务所收回。

最后，根据登记，1946年圆明园水旱地较1934年移交清华时均有增加。1937年前，圆明园经费由清华上缴北平市政府，再转给颐和园事务所使用。1947年，颐和园事务所改为经费自足，所有圆明园地亩年租，均列为正项收入。

由何思源回复可以看出，此时北平市政府对清华征用圆明园的态度，又退回到1934年清华接收以前的状况，这是一个历史的大倒退。

在1947年11月20日下午召开的复校后第12次评议会上，梅贻琦向评议会报告了学校向北平市接洽经过及何思源复函的内容要点。

遗憾的是，由于资料有限，现在无法得知此后清华大学领导关于此事的思考以及与北平市政府的交涉情况。此后，内战日亟，北平地方当局与清华自顾不暇，遑论圆明园交涉？

北平解放后，清华大学与圆明园均进入了一个新的时期。

清华大学继续作为我国重要的教育、科研中心之一，在人才培养、科学研究、服务社会等方面为我国现代化建设做出了重要贡献。

新中国成立初，筹办101中学时，曾有人提出征用圆明园部分地段。周恩来总理说"圆明园要保留，地不要拨用了。帝国主义把它烧毁，以后有条件，我们还可以恢复嘛"。筹办中共中央马列学院（今中共中央党校）等时，也是在周总理、北京市市长彭真的关心下，征用圆明园的计划没有通过。如今，圆明园被辟为公园，"以遗址为主题，形成了凝固的历史与充满蓬勃生机的园林气氛相结合的独特的旅游景观，既具有重大的政治历史价值，又是一处难得的旅游胜地。圆明园被毁的悲剧，曾是中华民族屈辱的象征，圆明园的重生，已经成为并将继续成为中华民族奋发图强、日益繁荣昌盛的见证"。

校园始终是学校办学最重要的物质条件，是历任校长关心的核心问题之一。从1916年到1948年间的30余年里，周诒春、曹云祥、罗家伦、梅贻琦等持续不断地努力将圆明园纳入清华，为学校长远发展不遗余力争取资源，虽然最后功亏一篑。新中国成立后蒋南翔校长争取将京包铁路移出清华。1980年代以来李传信、高景德、王大中、贺美英等积极扩大校园。可以说，一部清华大学面积的扩大史、建设史，就是半部清华大学史。当后世师生徜徉于美丽如画的校园时，应时时铭记这些清华各个时期掌舵者的艰辛努力。

派遣留学之举应永为清华之一部

——梅贻琦支持留学教育

1930—1940年代清华大学留学生选拔、培养、派遣能取得巨大成绩，涌现出一批优秀人才，与梅贻琦校长积极擘画与大力推动有直接关系。

梅贻琦是1909年第一批直接留美生，直接得益于庚款资助留美政策。1916年起在清华任教，1929—1931年曾任留美监督处监督，1931年起任清华大学校长。自此，持续数年的校务动荡始告结束。待清华校务甫一稳定，学校马上开始中断四年的留学生派遣。梅贻琦对留学生派遣有深刻认识。他跳出"往学""来教"的纠结，视开放与交流为学校重要的办学传统，将派遣留学作为学校重要的工作之一。

梅贻琦指出：清华大学"不仅为国内最高学府之一个，同时亦当努力负起与国外学术界沟通之使命"。[1] "派遣留学之举，吾以为应永为清华之一部。以清华经济言，倘不受意外变动，每年可供给二三十人留学，而不致影响于全校之发展。至于校外各界所望本校仍行选派专科学生之办法，足于本校派遣研究院毕业生之旨相同。……倘将来基金无问题，学校收入稍得宽裕，则本校正愿扩充留美学额，每年加派外选专科学生数人，

---

1 梅贻琦：《五年来清华发展之概况》，清华大学校史研究室编：《清华大学史料选编》（第二卷上），北京：清华大学出版社，1991年，第45页。

以应外界之需求也。"[1]

1940年，抗日战争进入艰苦阶段，梅贻琦坚定地认为："吾人固知抗战期间经济之困难，吾人尤知建国事业需才之迫切，不及今储才备将来建国之用，后将有才难之感……凡此虽当学校经费不裕，外汇难得之际，皆以仰体政府求才之殷望，勉继吾校三十一年以来所负之使命耳。"[2]

1944年，梅贻琦在告校友书中写道：留美公费生"此项留美考试，如将来财力允许，希望能继续进行"。[3]1947年3月，清华大学已经在清华园复员开学，梅贻琦在告校友书写道："考选留美公费生，为清华一贯之政策，如与国外学术机关之联系、交换，亦为应予注意之问题。至于如何实施，将来当详为筹划，相机进行。"[4]

可见，留学生派遣在梅贻琦心目中始终占有重要地位，是清华大学重要工作。在他殚精竭虑擘画下，清华大学留学生选拔、培养和派遣在清华学校时期基础上，不但范围更广，类型更多，质量也更加提高。

梅贻琦校长负责留学生选拔、实习、派遣、资助等总体工作并非挂虚名，而是事必躬亲，亲力亲为。清华大学档案中大量档案可为佐证。以留美公费生为例，他和叶企孙等一起，从世情、国情出发，站在国家民族发展和世界学术发展的高度，将留学与国家的现代化紧密联系在一起，从公费留美生考试委员会组织、留学科目设置，到每一位学生指导导师聘请、实习和留学计划制定，以及学生最后对指导导师回函感谢等，梅贻琦校长

1 《清华一年来之校务概况》，刘述礼、黄延复编：《梅贻琦教育论著选》，北京：人民出版社，1993年，第34页。

2 《抗战期中之清华（续）（1940年4月）》，清华大学校史研究室编：《清华大学史料选编》（第三卷上），北京：清华大学出版社，1994年，第24页。

3 《抗战期中之清华（四续）（1944年4月）》，清华大学校史研究室编：《清华大学史料选编》（第三卷上），北京：清华大学出版社，1994年，第39页。

4 梅贻琦：《复员后之清华（1947年3月）》，清华大学校史研究室编：《清华大学史料选编》（第四卷），北京：清华大学出版社，1994年，第34页。

都悉心擘画、精心组织，确保质量。正如何炳棣在致梅贻琦信中称赞"校长居中主持，勤劳宵旰，尤为青年学子所钦敬。历届清华留美考试，筹备周详，规章允当，成绩卓著，早已蜚声海内"。[1]

在现存的梅贻琦推动留学生选拔和派遣的大量材料中，选取少量选聘导师与关心学生的信函，以小窥大，一瞻他对留学生选拔、培养、派遣等工作的重视。

一、悉心选择、充分尊重指导导师

留学生选拔的核心无疑是选出优秀的学生，为考取学生选择好导师同样很重要。梅贻琦对此异常重视。校长办公室拟就、发给指导导师的邀请信，梅贻琦校长都会反复斟酌，悉心修改，这充分体现了他对导师的尊重和一丝不苟的作风。1934年赵九章考取第二届留美公费生，梅贻琦致函竺可桢请其担任导师。

藕舫吾兄大鉴：

日前邮上一函，敦请吾兄担任母校本届留美公费生考试高空气象气学门考取生赵九章君留国实习指导，谅承鼎诺。经与叶企孙先生商定，兹特嘱赵君前来尊处实习，以便就近聆教。尚希不吝指导，惠于借鉴为盼。

专此即颂

秋安

弟 梅——谨启

十月廿九日

1 清华大学档案，X1-3：3-107：2-055。

其中，"经与叶企孙先生商定"、"实习"为梅贻琦校长在底稿上增加。[1]

再如1934年第二届留美公费生费青，1935年1月8日，梅贻琦拟就致上海第一特区地方法院院长郭闳畴函，请他和燕树棠共同担任费青指导导师。

闳畴先生大鉴：

别教多日，良用驰慕。比维公私迪吉，允符藻颂。敬启者，敝校廿三年夏留美公费考试国际私法门考取生费青君留国调查实习事宜，前承惠允指导，无任忻感。兹特嘱费君命来沪，面聆教益，即希赐予接见，指导一切，无任感荷。至费君在沪调查拟以一月为期，调查完毕，仍令回平预备德文及其他工作以便于来夏赴德研习此种计画。燕召亭兄亦以为当尊处想必赞同也。

梅—— 谨启

一月八日

信件底稿中，梅贻琦校长将底稿中的"赐予接见"后的"不吝指示为感"划去，增加"指导一切，无任感荷。至费君在沪调查拟以一月为期，调查完毕，仍令回平预备德文及其他工作以便于来夏赴德研习此种计画。燕召亭兄亦以为当尊处想必赞同也"。[2]

留美公费生导师对学生的指导工作结束后，梅贻琦也会修书表示感谢，尽显礼数的周全。

1936年6月18日，梅贻琦致信陈同白，对其指导第三届公费留美生薛芬表示感谢。

1　清华大学档案，1-2∶1-89∶3-001。

2　清华大学档案，1-2∶1-89∶5-092。

同白先生大鉴:

　　迳启者，顷奉惠书，忻悉一是。敝校公费生薛芬君留国实习多承指导，用能得有充分之经验，隆情厚谊，无任忻感。谨函布谢，即颂暑安不一。

梅—— 谨启

六．十六 [1]

二、关爱学生，勉励学生安心求学

　　学生在外留学，总会遇到各种问题。当学生向学校、向梅贻琦写信寻求帮助时，梅贻琦都亲自处理，积极回应，热情指导和帮助。

　　1935年5月，梅贻琦致函孙碧奇，请为第二届留美公费生张光斗提供帮助。

　　兹有母校去年考取留美公费生张光斗君，来美入学。张君初履异域，人地生疏，俾待指教。特嘱前来奉谒，尚希赐予接见，不吝指导为幸。[2]

　　1935年9月26日，第一届中德交换生乔冠华、敦福堂和季羡林到达德国后致函梅贻琦校长汇报情况。10月11日，梅贻琦批示:"复，希勉励。"[3] 10月14日，梅贻琦校长回信:

1　清华大学档案，1–2 : 1–90 : 1–123。

2　清华大学档案，1–2 : 1–89 : 2–026。

3　清华大学档案，1–2 : 1–92–028。

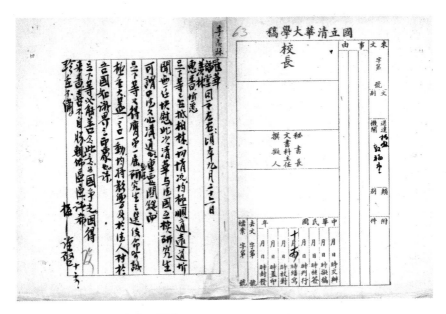

梅贻琦复信勉励乔冠华、敦福堂和季羡林

冠华、福堂、羡林同学左右：

　　顷奉九月二十六日惠书，忻悉足下等已安抵柏林，一切情况均极顺适。远道忻闻无任快慰。此次清华与德国互换研究生，可谓中德文化沟通之重要关键，而足下等又得膺第一届赴德研究生之选，使命可诚极重大。盖一言一动均将影响及于德人对于吾国知识界之印象也。谅足下等必能善念此意，为国争光。因得来书，喜不自胜，辄布区区，请希珍重不备。[1]

　　信中谆谆教诲，既有生活上关心，又有学业上的期望。1937年抗战全面爆发后，国内政治形式急剧变化，引起部分留学生的顾虑和不安。梅贻琦校长在给部分留学生的回信中勉励他们着眼国家长远需求、安心求学。

1　清华大学档案，1-2：1-92-027。

1938年6月13日，夏鼐在致李济信中提道：

> 去秋平津失陷后，生曾上书梅校长，拟即行返国。旋接由
> 中美协会转来梅校长函谕，公费生仍须继续求学。公费虽行减
> 低，但决设法维持至期满为止。[1]

"公费虽行减低，但决设法维持至期满为止。"不仅是生活上的保障和承诺，更是国难之际对民族、国家未来的自信。信中所体现的坚韧信念也鼓舞着海外学子潜心求学，来日学成归来报效祖国。

阅读这些早已泛黄的历史档案，数十年后仍能真切体会到梅贻琦对学生拳拳爱护之心、殷殷期望之情。作为清华大学校长，梅贻琦以他对教育规律的深刻把握、宽广的国际视野和卓越的领导能力，以及对学生深沉博爱，积极支持清华大学留学工作，为国家选拔、培养了一大批杰出人才。

1　清华大学档案，1-2：1-89：8-005。

酌量社会需要而定

——清华大学公费留美生科目设置

1930—1940年代，清华大学公费留美生考试与中英庚款留学生考试是两项最重要的留学生选拔考试。

1933—1936年、1941年、1944年，清华大学面向全国进行六次公费留美生选拔考试，考选了6批132名留美公费生。在这六批学生中，钱学森等34人先后当选为中国科学院（含外籍院士）、中国工程院院士，占留学生总数的25.8%。第1—9届中英庚款留学生共考选193人，先后入选中国科学院（含外籍院士）、中国工程院院士有34人，比例为17.6%。[1] 考虑到中科院院士只在1955年、1957年有文科类院士（当时称学部委员）评选，如果刨除文科，则在99名理工类考取者中，33名[2] 当选为中国科学院（含外籍院士）、中国工程院院士，比例更高达三分之一。其中，有钱学森、赵九章、屠守锷等三位"两弹一星"功勋奖章获得者，有诺贝尔物理学奖获得者杨振宁。再如，沈申甫、林同骅当选为美国国家工程院院士，何炳棣当选为美国艺术与科学院院士，夏鼐当选为美国科学院外籍院士，郭晓岚、何炳棣、叶玄、沈申甫当选为台湾中央研究院院士等。一些人虽非院士，

1　刘晓琴：《中国近代留英教育史》，天津：南开大学出版社，2005年，第362、377页。

2　当选为中国科学院（含外籍院士）、中国工程院院士的34人中，夏鼐学科为考古学。

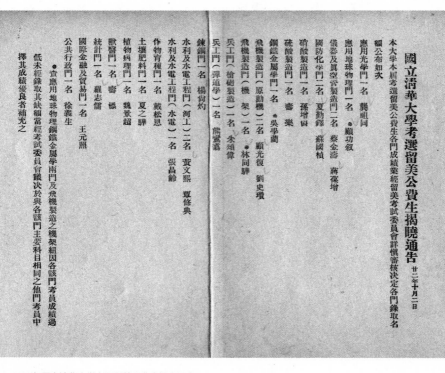

國立清華大學考選留美公費生揭曉通告 廿二年十月二日

本大學本屆考選留美公費生各門成績業經留美考試委員會詳慎審核決定各門錄取名額公佈如右

應用光學門一名　龔祖同
應用地球物理門一名　※顧功叙
儀器及真空管製造門二名　夏勤鐸　蔡金濤　蔣葆增
國防化學門二名　蘇國楨
硝酸製造門一名　孫增爵
硫酸製造門一名　壽樂
鋼鐵金屬學門一名　※吳學蘭
飛機製造門（原動機）二名　顧光復　劉史璜
飛機製造門（機架）一名　※林同驊
兵工門（槍砲製造）一名　朱頌偉
兵工門（彈道學）一名　熊鼎瀛
鍊鋼門一名　楊齎灼
水利及水電工程門（河工）二名　冀文照　覃修典
水利及水電工程門（水電）一名　張昌齡
作物育種門一名　戴松恩
土壤肥料門一名　夏之驊
植物病理門一名　魏景超
獸醫門一名　壽橝
統計門一名　羅志儒
國際金融及貿易門一名　王元照
公共行政門一名　徐義生
※查應用地球物理鋼鐵金屬學兩門及飛機製造之機架組因各該門考員成績過低未經錄取其缺額富經考試委員會議決於與各該門主要科目相同之他門考員中擇其成績優良者補充之

1933年国立清华大学考取留美公费生揭晓通告

但均在各自领域做出公认的杰出贡献，如王遵明、张骏祥、张培刚、王铁崖、吴于廑、宋作楠、钱学榘等。

　　留美公费生群体的卓越成绩，昭示着清华大学留美公费生制度的成功。实际上，清华大学在总结长期派遣留学生工作经验基础上，进行了许多制度创新，例如：组成高水平考试委员会；面向全国，严格、公平招收高水平学生；设立导师制；设定国内实习环节；可以延期、赴美兼及赴欧留学等灵活弹性的管理等。[1] 此外还有一个重要原因是清华大学较好

1　金富军：《清华大学留美公费生考试制度考察》，《清华大学学报》（哲学社会科学版）第2期，2015年，第139—152页。

地处理了大学与国家、社会关系，留学门类科目设置既适应国家发展需要，又兼顾学科自身发展，在客观公正的基础上选拔了一批优秀人才。

人才培养是大学核心职能，学科设置与培养目标则是人才培养工作展开的基本依据。派遣留学生的科目选择和人数确定，反映了清华协调与平衡基础学科与应用学科、理工科与文科、学术与政治等的关系。

清华大学在制定留学科目时，大致依据四种情形：

一、根据国防建设的需要

"九一八"事变后，国难日亟，清华非常重视国防建设的需要。仅从名称上，直接与国防、军工有关的门类有国防化学、航空、兵工、要塞工程、造舰工程、战车制造等；有些虽然看似与国防无关，但实际亦是适应国防需要，如应用光学、无线电学（注重航空定向器）等；共取中21人。

最典型的门类属航空，是唯一的每届都招生的门类。1931年"九一八"事变与1932年"一·二八"事变，侵华日军挟空中优势狂轰滥炸，给中国军队造成极大伤亡。实战中暴露出的中国空军的弱点令国人扼腕不已，"航空救国"成为当时震撼全国的呼声。而1931—1937年间，全国没有航空工程的毕业生。[1] 鉴于国防和航空工程人才培养需要，1933年，清华从第一届开始即设置航空门类，强调要选取"国内不能研究训练者"及"适应国内迫急需要者"。[2] 六届共取中8人。1933年顾光复、刘史瓒专学飞机发动机，林同骅专学飞机结构。1934年钱学森专学空气动力学。1935年钱学榘专学飞机发动机。1936年程嘉垕专学航空发动机。1941年屠守锷专学飞机

---

1 《民国二十年度到二十六年度全国大学本科毕业生分科统计表》，中国第二历史档案馆编：《中华民国史档案资料汇编》第五辑第一编，教育（一），南京：凤凰出版社，1994年，第348页。

2 清华大学档案馆，全宗号1，目录号2－1，案卷号7：2，第224页。

考號	甄號	姓名	年歲	籍貫	學歷					研究或服務經歷	專修學
					畢業學校	院別	系別	畢業年度	學位		
713	779	龔祖同	二十九	江蘇南匯	清華大學	理學院	物理學系	十九年	理學士	曾任清華大學物理學系助教二年，又在清華大學物理研究所研究一年。	應用光
385	319	顧功叙	二十六	浙江嘉善	大同大學	理學院	物理學系	十九年	理學士	曾任浙江大學文理學院物理學系助教四年。	應用地球
328	394	蔡金濤	二十六	江蘇南通	交通大學	電機工程學院	電信系	十九年	工學士	曾任廣州市政府自動管理委員會工程師，國立中央研究院物理研究所助研員。	電器及真空管
731	797	蔣葆增	二十七	江蘇鎮江	交通大學	電機工程學院	電信系	十九年	工學士	曾任清華大學物理學系助教三年。	電器及真空管
725	791	夏勤鐸	二十	安徽當塗縣	清華大學	理學院	化學系	二十二年	理學士		國防化
711	777	蘇國楨	二十七	福建永定	清華大學	理學院	化學系	二十年	理學士	曾在清華大學化學研究所研究一年，現任清華大學化學系助教一年。	國防化
726	792	孫增爵	二十二	浙江餘杭	清華大學	理學院	化學系	二十二年	理學士		硝酸製
325	391	壽樂	二十四	浙江紹興	金陵大學	理學院	化學系	十九年	理學士	曾任實業部上海商品檢驗局技士，金陵大學化學助教。	硫酸製
384	318	吳學周	二十四	江蘇武進	大同大學	理學院	物理學系	十九年	理學士	曾任浙江大學文理學院物理系助教二年，國立北平研究院物理研究所助理員一年。	鋼鐵金屬
373	307	顧光復	二十七	江蘇川沙	交通大學	機械工程學院	工業門	二十二年	工學士		飛機製（原助
397	331	劉史□	二十四	浙江鄞縣	交通大學	機械工程學院	工業門	二十二年	工學士		飛機製（原助
363	429	林同驊	二十三	福建閩侯	唐山土木工程學院		構造系	二十二年	理學士		飛機製（機架）
395	129	朱頤諫	二十七	浙江嘉興	浙江大學	工學院	電機工程	二十一年	工學士	曾任清華大學工學院電機工程系助教一年。	兵（槍砲製
738	804	熊營藻	二十四	湖北廣濟	清華大學	理學院	物理學系	二十二年	理學士		兵（彈道
407	341	楊尚灼	二十七	江西高安	交通大學	機械工程學院	工業機械	二十年	工學士	曾在膠濟鐵路四方機廠實習二年以上。	鋒
356	422	黃文熙	二十六	江蘇吳江	中央大學	工學院	土木科	十九年	工學士	曾任中央大學土木科助教一年半，慎昌洋行建築部 Designer 二年。	水利及水工（河）
720	786	覃修典	二十五	湖北浠水	清華大學	工學院	土木工程學系	二十一年	工學士	曾任整理海河委員會總工程師。	水利及水工（河）
763	829	張昌齡	二十六	江蘇江寧	清華大學	工學院	土木工程學	二十二年	工學士		水利及水工（水
306	372	戴松恩	二十七	江蘇常熟	金陵大學	農學院	農藝	二十年	農學士	曾任金陵大學農學院農藝助理五年，金陵大學農學院農藝系助教二年。	作物育
336	402	夏之驊	二十七	安徽六安	北平大學	農學院	農業化學	十八年	農學士	曾任中央大學農學院農業化學系土壤肥料兩科助教一年，中央研究院社會科學研究所農業生產技術調查土肥部調查員一年又八個月。	土壤肥
320	380	魏景昭	二十四	浙江杭縣	金陵大學	農學院	園藝	十九年	農學士	曾任金陵大學農學院植物系植物病理助教三年。	植物病
351	417	壽標	三十一	浙江紹興	金陵大學	農學院	生物學	十五年	農學士	曾任金陵大學生物助教，中央大學農學院教員，廣西農務局獸醫技士，實業部上海商品檢驗局技士，中央農業實驗所技正。	獸
345	411	羅志儒	三十一	四川江津	北平師範大學	研究院	教育系	十四年	學	曾任河南省立第一師範教員，杭州省立第一中學教員，中央研究院社會科學研究所經濟組助理四年。	統計
752	818	王元熙	二十四	江蘇沭陽	清華大學	法學院	經濟學系	十九年	法學士	曾任清華大學經濟學系助教一年，又在清華大學研究院經濟研究所	國際金
718	784	徐義生	二十四	江蘇武進	清華大學	法學院	政治學系	二十年	法學士	曾在清華大學研究院政治研究所研究二年。	公共行

附註：　計分法各科總成績共計寫100分：— 　(1) 普通科目佔20%（國文8%，英文8%，德文或法文4%）；　(2) 專門科目佔70%；

第一屆留美公費生名單及成績表

紹美公費生履歷成績一覽表

英文	德文	法文	專門科目成績							研究及服務成績	總平均	備註
41	65		工藝常識 51	電磁學 86	力學 55	微積分及微分方程 68	光學 56			80	63.32	
28	50		高等力學 65	電磁學 50	力學 75	理論化學 60	微積分及微分方程 71			40	56.62	*原報考兵工門彈道組
77	50		電磁學 86	算空管及其應用 76	力學 80	工藝常識 90	微積分及微分方程 64			80	76.80	
37	5		電磁學 63	算空管及其應用 70	力學 42	工藝常識 40	微積分及微分方程 60			50	50.66	
37	32		普通物理 77	無機化學 45	理論化學 73	有機化學 84	工業化學 50			70	64.60	
75	25		普通物理 76	無機化學 30	理論化學 85	有機化學 60	工業化學 55			85	63.80	
48	50		普通物理 84	無機化學 55	理論化學 71	有機化學 88	工業化學 50			40	63.25	
56	1		普通物理 77	無機化學 55	理論化學 74	有機化學 72	工業化學 60			30	59.49	
65		77	電磁學 34	力學 68	工藝常識 37	微積分及微分方程 65	光學 58			40	53.92	*原報考應用光學門
42	0		普通電機工程 65	內燃機 65	機械設計 70	應用力學及材料力學 68	微積分 40			50	55.96	
72	0		普通電機工程 70	內燃機 44	機械設計 75	應用力學及材料力學 82	微積分 44			10	50.92	
36		30	水利學 83	普通電機工程 87	結構學 92	應用力學及材料力學 63	微積分 66			50	67.90	*原報考水利及水電工程門 水電組
67	2		普通電機工程 76	熱力工程 65	機械設計 54	應用力學及材料力學 40	微積分 40			70	50.42	
43	65		高等力學 62	電磁學 63	理論化學 60	力學 51	微積分 75			60	59.98	
50	0		普通電機工程 35	無機化學 35	熱力工程 75	應用力學及材料力學 47	微積分			40	51.46	
33		25	水力學 88	水利工程 46	結構學 79	應用力學及材料力學 93	微積分 96			60	71.52	
50	50		水力學 83	水利工程 50	結構學 80	應用力學及材料力學 53	微積分 68			20	60.36	
47		15	水力學 73	普通電機工程 90	結構學 72	應用力學及材料力學 88	微積分 90			10	68.78	
97		0	遺傳學 58	植物生理學	育種學 67.5	生物統計 82	作物學 86.2			75	66.72	
88	70		肥料學 63	植物生理學 51	普通地質 27	土壤學 77	作物學 66.6			30	50.84	
86	40		真菌學 67	植物生理學	植物病理學 92	作物學 85.1	植物學 77			75	77.45	
88	0		組織學 45	動物生理學 18	細菌及免疫學 81	家畜病理學 68	家畜解剖學 50			80	56.12	
93		95	貨幣銀行學 85	經濟理論 80	統計學 86	微積分 15	會計學 81	財政學 63		90	73.67	
76	70		歐美近代經濟史 76	貨幣銀行學 84	經濟理論 93	國際貿易及匯兌 62	統計學 54	會計學 92	財政學 86	40	71.90	
42		70	政治制度 68	市政學 75	政治思想史 30	公共行政 84	行政法 94	財政學 70		40	64.48	

结构。1944年沈申甫专学飞机发动机。他们学成回国，对于国内航空事业发展，均有重要贡献。

再如，叶企孙等人考虑应用光学在国防上有非常重要的应用，而国内尚属空白，因此第一届设定这个科目。叶企孙动员跟随赵忠尧教授研究核物理的龚祖同报考。[1] 龚祖同考取后赴德国学习光学。龚祖同在德国柏林技术大学两年毕业，获得"优越毕业生"的荣誉和准许工程师的称号。抗日战争全面爆发后，国内急需军用光学仪器，龚祖同放弃已经进行了两年、基本做完的博士论文，放弃答辩回国。[2] 此后，他为我国光学事业的发展做出了杰出贡献，是新中国光学事业的奠基人之一。

在1933年第一届学生中，兵工的两个名额与国防直接相关。"九一八"事变后，叶企孙认为需要及早开创我国兵工弹道学，于是向国民政府建议派人赴德国进修弹道学并推荐清华物理系一年级学生葛庭燧。国民政府认为葛庭燧思想偏激，未予批准。[3] 1933年公费留美生招考时，叶企孙提议招考门类中设立兵工，一为枪炮制造，另一为弹道学。清华大学物理系1933届毕业生熊鸾翥考取，在校内补修有关专业知识一年后赴德国深造。1936年，国民政府在兵工署设立弹道研究所。翌年，熊鸾翥获得博士学位后回国成为该所骨干。[4]

部分门类的设置，看似与国防无直接关系，但亦有内在联系。比如气象学，叶企孙曾指出："气象是国家非常需要的学科，世界上气象学发展

1　《龚祖同同志回忆录》，《硅酸盐通报》第2期，1984年，第61页。中国科学院学部联合办公室编：《中国科学院院士自述》，上海教育出版社，1996年，第31页。

2　《龚祖同同志回忆录》，《硅酸盐通报》第2期，1984年，第61页。

3　葛庭燧：《回忆我在青年时期的一段往事——怀念叶企孙老师》，钱伟长主编：《一代师表叶企孙》，上海：上海科学技术出版社，1995年，第120—121页。

4　江小明、杨际青、虞昊：《叶企孙与中国的兵工弹道学》，《工科物理》第9卷第3期，1999年，第51—52页。[美] 杨镇钧：《一个清华物理系学生的回忆》，钱伟长主编：《一代师表叶企孙》，上海：上海科学技术出版社，1995年，第111页。

很快，要有学物理的人去学气象。我们清华今后要有气象学专业，还要有气象系。尤其从国防建设考虑，清华要建立航空工程系，航空离不开气象。"[1] 在叶企孙鼓励下，清华物理系赵九章转学气象，赴德国柏林大学留学。1938年获得博士学位后，在清华大学航空研究所和西南联大地质地理气象学系任教，进行气象与航空结合的研究。赵九章不断开拓研究新领域并取得重要成就，并逐渐成为中国科技界一位重要的领导者和组织者，"开创我国现代气象科学、地球科学和空间科学的事业"。[2]

二、根据国家农田水利等重要建设需要

农业、水利等门类，虽非当时国防急需，但对国计民生有重大意义。在公费留美生考试中，涉农科目有育种、土壤肥料、农业化学等16个，共取中19人。水利在国民生计中具有重要地位，但当时国内高校水利人才培养却远远不能满足实际需求。1931—1937年全国水利本科毕业生人数如下表[3]：

年度	1931	1932	1933	1934	1935	1936	1937
毕业生数	5	5	5	6	6	—	—

如此少量的毕业生，对中国这样的农业大国显然不敷使用。有鉴于此，留美公费生门类中设置水利门。六届考试中，虽然只有四届设置水利门类方向，即：1933年黄文熙、覃修典、张昌龄；1934年张光斗、徐芝纶；

1 《赵九章》编写组著：《赵九章》，贵阳：贵阳人民出版社，2005年，第19页。

2 叶笃正、巢纪平：《深切怀念赵九章先生，学习他的创业精神》，叶笃正主编：《赵九章纪念文集》，北京：科学出版社，1997年，第1页。

3 《民国二十年度到二十六年度全国大学本科毕业生分科统计表》，中国第二历史档案馆编：《中华民国史档案资料汇编》第五辑第一编，教育（一），南京：凤凰出版社，1994年，第348页。

1935年刘光文和1941年朱宝复，共取中7人。但总考取人数仅次于航空门类的8人。尤其是第一届，水利和航空均各自考选3名，是考选学生最多的两个门类。这突出反映了清华大学对当时国家水利建设事业的重视。这七名考生学成后全部回国，为我国水利事业做出了杰出贡献。

三、根据引进和发展新型学科的需要

　　清华大学敏锐跟踪国际学术前沿，通过派出人员留学，引进和发展部分新兴学科。

　　声学是一门古老科学，但现代声学却是从19世纪末20世纪初开始，1930年代，正是现代声学发展初期。建筑声学和电声学（特别是语音通讯）是当时最前沿的专业。1929年美国声学学会成立，开始有组织的学术活动和出版会志。当时中国，"科学发展举步维艰，系统的声学研究更谈不上"。[1] 1936年清华设置了电音学方向并考选了马大猷。马大猷先在加州大学洛杉矶分校学习，后在现代建筑声学发源地的哈佛大学学习。马大猷在哈佛大学参与建筑声学简正波理论的研究成果被认为是建筑声学发展的新里程碑，它使建筑声学从半经验的统计方法，走向精确的物理方法。马大猷的这些研究成果，也成为建筑声学中简正波理论的奠基者之一。[2] 回国后，马大猷将最前沿的声学理论带入国内，成为我国现代声学的奠基人。

　　再如海洋学。中国有漫长的海岸线，但对自己海洋的研究却远落后于西方。1935年清华设置了水产学。清华生物系毕业生薛芬考中并赴英国

---

1 张家騄：《中国现代声学与马大猷》，《声学学报》第30卷第6期，2005年，第481页。

2 张家騄：《中国近代声学的奠基者——马大猷》，《中国科技史料》第16卷第3期，1995年，第49—50页。

利物浦大学学习海洋学。1939年回国后，薛芬在艰苦条件下将所学用于我国科研教育事业。1946年，薛芬在复旦大学创建海洋学组，成为我国最早创建的海洋学高等教育研究机构之一，为发展我国海洋教育事业做出了重要贡献。[1]

四、根据文、实科均衡发展需要，兼顾眼前与长远发展

清华大学注重学科均衡发展，梅贻琦校长曾指出："理工为实用科学，固宜重视，但同时文法课程，亦不宜过于偏废。"[2]"学术界可以有'不合时宜'的理论及'不切实用的研究'。"[3]这既体现在日常教学中，也体现在留学科目设置上追求文理平衡、兼顾眼前与长远。

当时，国民政府实行注重实科、限制文法的政策。1937年抗日战争全面爆发后，国民政府的留学政策进一步向实科尤其是国防军事倾斜。清华大学不完全遵行这一政策，而是着眼于学术的协调发展和国家的长远需要，保持理工农医名额占多数的情况下，亦为文法留较多名额。

1933年，第一届考试中18个学门25人，其中文科有国际金融及贸易、公共行政2个学门、2个名额。[4]1935年，第三届考试中30个学门，每个学门1人。其中文科有语言学、戏剧、逻辑、土地问题、货币问题、经济史、法律、公务员任用制度、教育、历史等10个学门，占总数的三分之一。[5]

1　管秉贤:《薛芬先生和其创建的复旦大学海洋学组》,《中国海洋报》,2006年8月1日,第4版。

2　《在1933年度秋季开学典礼上的讲话》,刘述礼、黄延复编:《梅贻琦教育论著选》,北京:人民教育出版社,1993年,第52页。

3　《梅贻琦西南联大日记》,北京:中华书局,2018年,第99页。

4　《清华大学公费留美生考选办法纲要》,《江西教育旬刊》第6卷第6—7期,1933年,第87页。

5　《国立清华大学考选留美公费生规程（民国二十四年度）》,清华大学校史研究室编:《清华大学史料选编》（第二卷下）,北京:清华大学出版社,1991年,第667—668页。

在六届留美公费生中，文科学生占32名，占全部132人的24%。这些人在各自工作领域为人文与社会科学的发展和社会进步做出了重要贡献。

　　清华大学留美公费生制度的成功，说明大学发展既要兼顾社会发展的需要，也要适应教育、学术自身发展的内在需要。只有处理好二者关系，教育、学术才能真正健康、全面地发展。大学一定程度上坚持学术独立，才能在更高程度上更好地服务社会和国家。

学术界互会之盛举

——中德交换研究生制度

1935年，清华大学与德国远东协会及国外学术交换处达成协议，选派交换留学生。

交换生费用，根据中德协议："德国大学毕业生及助教欲来中国做研究工作者，本校准其为研究院特别生。除免收学费、宿费外，本校并发给足以维持其生活之费用。但须有同数本校所选送之学生及助教在德国受同等待遇。"[1] 清华派出的留学生"来往川资均自备；到德后在研究期间，一切待遇照本校与德国远东协会及外国学术交换处所约定办理，即除入学免收学费外，每年由德国学术交换处给予德币一千二百马克"。[2]

清华大学派出的交换生研究科目定为三种：甲组为西洋文学、西洋哲学、历史学、社会学、心理学；乙组为物理学、化学、算学、地学、生物学；丙组为政治学、经济学、土木工程、机械工程、电机工程。各组选派的先后顺序为：第一次选派时以抽签法定之，以后依次轮派。选派对象为三年内本校与研究科目相近学系毕业、或在该系研究部肄业或毕

---

1 《清华校友通讯》第2卷第3期，1935年，第6—7页。

2 《国立清华大学选派赴德交换研究生简章》，清华大学校史研究室编：《清华大学史料选编》（第二卷下），北京：清华大学出版社，1991年，第681页。

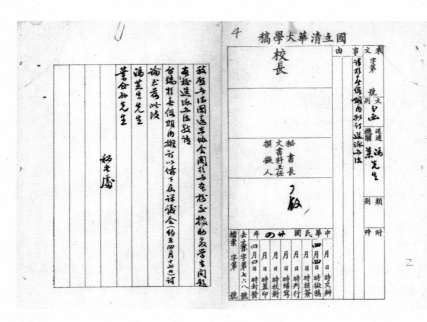

中德交换生选派办法及简章（页1）

國立清華大學選派赴德交換研究生簡章
二十四年四月

（一）本校依歷與德國遠東協會及外國學術交換處所約定交換研究生辦法規定每年選派研究生五名赴德國作交換研究工作在德研究期間以二年為限

（二）本校所選派赴德研究生來杜川資均歸自備到德後在研究期間一切待遇照本校赴德國遠東協會及外國學術交換處所約定辦理即除入學免收學費外每年由德國外學術交換處給予德幣一千二百馬克為定

（三）本校選派赴德研究所研究科目規定為下列三組
甲組　心理學
　　　西洋文學，西洋哲學，歷史學，社會學
乙組　物理學
　　　政治學，經濟學，算學，地學，生物學
丙組　化學
　　　土木工程，機械工程，電機工程

（四）本校選派研究生赴德所研究之科目每年以一組為限組中每項一名至三名其各組選派先後第一次選派時以抽籤決定之以後依次輪派

（五）每年選派研究生凡於三年內在本校與德國研究科目相當之學系畢業或在該系現任教員或助教者均得報名請求遴派

（六）每年所遴派之研究生由興研究科目相當之學系全體教授就請求入中科的學力及德文程度選出首選次選各一名請評議會決定派送

中德交换生选派办法及简章（页2）

业、或在该系任教员或助教。[1]

交换生选拔非常严格。1935年选拔第一批交换研究生，包括季羡林、曹禺、张骏祥、田德望、李长之、乔冠华、任华、朱庆永、杨凤岐等18人申请，[2] 最终取定季羡林、乔冠华和敦福堂等三人，录取率为16.7%；分别毕业于外语系、哲学系和心理学系，对应于甲组研究科目。若3人中有不能前往者，则由历史学系杨凤岐递补。

1936年，在张昌培、沙玉清、闵乃大、黄眉、伍正诚、吕凤章、娄尔康、陈耀庭、戴鸣钟等15名申请者中，[3] 清华取定伍正诚、吕凤章、娄尔康、陈耀庭和戴鸣钟等5人，分别毕业于土木系、机械系、（浙江大学）电机系、政治学系和经济学系，对应于丙组研究科目。

值得一提的是，交换生选拔不是通过考试，而是采取申请—审核制。选拔程序是：先由学生向学校提出申请，学校转请各系全体教授评议决定推荐人选。根据章程，要求各系推荐两名并排序提交学校，由学校评议会最终确定一名。一般而言，评议会尊重系的意见，以系推荐第一名入选。例如，1936年，土木系教授会推荐第一名为助教伍正诚。[4] 再如，娄尔康毕业于浙江大学电机系，1933年起在清华大学电机系任助教。1936年经电机系全体教授议决，以第一名推荐。[5]

按照简章，中德交换生"选派对象为三年内本校与研究科目相近学系毕业、或在该系研究部肄业或毕业、或在该系任教员或助教"。交换生不

---

1 《国立清华大学选派赴德交换研究生简章》，清华大学校史研究室编：《清华大学史料选编》（第二卷下），北京：清华大学出版社，1991年，第681页。

2 《请求选派赴德交换研究生名册》，清华大学校史研究室编：《清华大学史料选编》（第二卷下），北京：清华大学出版社，1991年，第682—683页。

3 清华大学档案，1-2：1-79：2-024。《中德交换生研究生》，《新闻报》，1936年9月13日，第14版。

4 清华大学档案，1-2：1-79：2-009。

5 清华大学档案，1-2：1-79：2-017。

限于在读学生或应届毕业生，也不限于清华毕业生。例如，娄尔康毕业于浙江大学电机系，1933年起在清华大学电机系任助教。1936年经电机系全体教授议决，以第一名推荐。[1] 季羡林1934年清华大学外文系毕业后回母校山东省立济南高中工作。在校的李长之替季羡林报名，并得到外文系推荐和学校批准，成功申请1935年中德交换生。[2] 1933年清华大学哲学系毕业的乔冠华赴日留学，1935年因参加反对日本侵华战争的秘密宣传工作而被日本政府驱除出境。在金岳霖教授推荐下，冯友兰等哲学系教授会商同意、评议会批准，乔冠华入选1935年中德交换生。[3]

在交换生简章中，并没有对德文提出具体要求，只提到"就请求人中斟酌学力及德文程度选出首选次选各一名，请评议会决定派送"。[4] 因此，德文程度也是决定是否予以选派的标准之一。[5] 例如，1936年9月，经政治学系赵凤喈、王化成、陈之迈、萧公权、沈乃正等教授会商，由系主任浦薛凤致函教务处：

> 教务处台鉴：
>
> 　　惠示读悉。兹已将王之珍、陈耀庭两君学业仔细审查比较。倘仅就"学力"而论，则以在校学分成绩及切实用功程度言之，王君确较陈君为优。请查阅注册部成绩单，大约王君平均为上等，而陈君则中等。惟兼就"德文程度"评估，则陈君读过德文两年，成绩尚优。第一年上等，第二年中等。而王君则未曾

1　清华大学档案，1-2：1-79：2-017。

2　《季羡林日记　留德岁月》（第一卷），南昌：江西人民出版社，2014年，第37、54、59页。《季羡林自传》，北京：当代中国出版社，2016年，第57页。

3　乔松都：《乔冠华与龚澎》，北京：中华书局，2008年，第268—270页。

4　《国立清华大学选派赴德交换研究生简章》，清华大学校史研究室编：《清华大学史料选编》（第二卷下），北京：清华大学出版社，1991年，第681页。

5　清华大学档案，1-2：1-79-5。

选修。刻与系中同仁斟酌再四，总觉中德交换研究，文字究属重要。因拟推荐陈耀庭君为首选，王之珍君为次选。是否有当，尚希评议会裁决。如果本年度丙组其他系别学生有未曾报名或因故有余额时，亦望将次选王之珍君优予考虑。俾得出国深造之机会。[1]

实际上，陈耀庭的德文程度"略可诵读粗浅德文书籍"，[2]但相对于未学过德文的王之珍来说，仍占语言优势。

再如土木系，王明之、蔡方荫、施嘉炀等教授会商后，决定首推伍正诚。

关于中德交换研究生事，经炀等商谈结果，认为本系助教伍正诚君成绩优良，在校任事亦至勤奋。德文程度尚好，应列为首选。周源桢君德文程度稍逊伍君，应列次选。[3]

按照交换研究生简章，清华每年选派5名研究生赴德做研究，学习期限为2年。[4]实际执行中，1935年、1936年，清华大学分别选送了3名和5名、总计8名交换生，并未达到每年5名的目标。

1935年，德国派送清华大学3名工程师。1936年，德国派送3名学生，专业分别为新闻、地理、法律和医学。双方派送的学生包含了文科、理科和工科的各个专业。在学生教育程度方面，清华大学送出的交换生均取

1 清华大学档案，1-2：1-79：2-006。

2 清华大学档案，1-2：1-79：2-007。

3 清华大学档案，1-2：1-79：2-009。

4 《国立清华大学选派赴德交换研究生简章》，清华大学校史研究室编：《清华大学史料选编》（第二卷下），北京：清华大学出版社，1991年，第681页。

得学士学位，而德方则派送包括学士和博士等不同程度的学生。

1936年，因交换制度在人数和经费上的对等原则，德国表示只接受三人。清华大学第113次评议会经过讨论，仍坚持派出5名交换生的计划，超出2人（抽定伍正诚、陈耀庭）在德应领津贴由清华大学负担，并以2年为限。[1]

第一批赴德三人中，1938年、1939年和1941年，乔冠华、敦福堂和季羡林分别获得博士学位。

1936年第二批派出的四人中，伍正诚1938年获得了德国卡尔斯诺工业大学国家工程师学位。吕凤章出国前，请机械系教授华敦德、冯桂连代拟有较为详细研究计划，学习"航空工程，注重空气力学及飞机机架之制造"。并且考虑到留德"年限太少，故拟利用假期，请求学校或转请航空委员会代为介绍至各工厂（如 Junker 等著名飞机厂）实习以得实际之经验"。入德国航空工业研究中心之一的阿亨高工攻读工程博士。但由于"德认为航空工程，关系国防，不得与外人研究机会"。[2]抗日战争爆发后，德国政府明令禁止中国学生赴德学习军事，留德学生大多撤回国内。吕凤章在德国没有取得博士学位。相比之下，两位社会科学专业的交换生戴鸣钟和陈耀庭，学业进行相对顺利，均取得了德国大学的博士学位。

交换留学生制度具有开创性，改变了此前中国只是留学生输出国的局面，使得中德两国教育、文化实现互动。1935年10月14日，梅贻琦校长给第一届中德交换生乔冠华、敦福堂和季羡林写信："此次清华与德国互换研究生，可谓中德文化沟通之重要关键，而足下等又得膺第一届赴德研究生之选，使命可诚极重大。盖一言一动均将影响及于德人对于吾国知识界之印象也。"[3]梅贻琦曾评论："本校自二十四年夏起，与德国大学会订立

1 　清华大学档案，1-2：1-79：2-029。

2 　《吕凤章君自德与庄先生来函》，《清华机工月刊》第1卷第4期，1937年2月20日，第17页。

3 　清华大学档案，1-2：1-92-027。

互派研究生办法，去年本校派出三人，已分在德国大学做专门研究，进行良好；德国派来学生二人，亦均到校受教。此亦学术界互会之盛举也。"[1]

鉴于1935年、1936年两届中德交换生表现良好，成绩优异。德国方面决定继续交换并扩大规模，增加交通大学唐山工学院作为中方合作大学。据1937年7月3日出版《学校新闻》报道：

> 中德政府为沟通中德两国间之文化教育，曾于前年与清华大学试办中德交换学生，两次之成绩，经过均极良好。本年度仍行续办，交换名额各三名，以生物，物理，化学，数学等项为攻习科目，两方当局刻正进行举办中。据悉，德国近鉴于历届与华交换学生，结果极为良好，本年度除继续与清华交换外，并决定增加交换生名额。自本年起与交通大学唐山工学院交换学生五名。以专攻电机机械，应用化学等项科目。该国则拟就柏林高级工科大学，汉堡工业大学，明行工业学院等三校中选择五名，送华与唐山交大交换。中德文化协会方面，并拟于下学年延聘德国著名教授来华讲学，刻正与德国方面积极进行中。[2]

留学生派遣绝非学生私事，也不限于学校之间，与两国关系甚至国际局势有关。1935年蒋廷黻恳切地告诫前来辞别的季羡林：德国是法西斯国家，在那里一定要谨言慎行，免得惹气麻烦。[3]

1937年，抗日战争全面爆发后，清华大学中德交换研究生计划终止。

1　梅贻琦：《五年来清华发展之概况》，清华大学校史研究室编：《清华大学史料选编》（第二卷上），北京：清华大学出版社，1991年，第46页。

2　益：《因与华交换学生结果良好　中德交换生今年增名额　续与清华交换外并与交大唐山工学院交换》，《学校新闻》第67号，1937年7月3日，第1页。

3　季羡林著：《留德十年》，北京：北京理工大学出版社，2015年，第15页。

养成全国医学人才并研究改进医务学术
——清华大学湘雅医学院计划

历史上，位于长沙的湘雅医学院以其医学人才培养与科研医疗水平高超而享有盛誉。1935年，分属北平长沙两地、相隔千里的国立清华大学与私立湘雅医学院由密切合作并酝酿合并成立"国立清华大学湘雅医学院"。由于时势变化，此计划未能实现。

已有研究者注意到清华与湘雅这一并未实现的合并，中南大学档案馆黄珊琦、汪瑞芳、李君等三位老师利用湖南省档案馆、中南大学档案馆档案，发表《湘雅与国立清华大学的合作》《抗战中合作与双赢的例证：国立清华大学在湘史迹初探》，对1936—1937年清华大学与湘雅医学院合作情况专题研究。[1] 在上述研究基础上，结合清华大学档案馆藏档案，对此合并计划再考察，对于深入了解清华大学历史，尤其是探讨清华大学医学学科发展，仍不无意义。

1935年起，清华决定在长沙筹建分校，以作为华北战事爆发的退

---

[1] 赵厚勰：《雅礼会在华教育事业研究（1906—1951）》，华中师范大学博士论文，2006年，第218页。《湘雅与国立清华大学的合作》，黄珊琦编撰：《老湘雅故事》，长沙：中南大学出版社，2012年，第152—157页。黄珊琦、汪瑞芳、李君：《抗战中合作与双赢的例证：国立清华大学在湘史迹初探》，西南联大研究所编：《西南联大研究》（第三辑），昆明：云南出版集团公司、云南教育出版社，2017年，第422—434页。

私立湘雅醫學院與
國立清華大學合辦之建議（湖南育群學會提）

85,000
59,5000
10,000
70.
31.
1.26,5

青府 6900
美金 庚款
美款

27

私立湘雅醫學院與
國立清華大學合辦之建議

第一條　為養成全國醫學人材並研究改進醫務學術起
見私立湘雅醫學院與國立清華大學合辦要名
為國立清華大學湘雅醫學院（以下簡稱本院）……清

第二條　本院設委員會審議一切重要事項並輔助業務
之發展其章程另訂之

第三條　本院設院長一人秉承國立清華大學校長意旨
綜理全院一切事宜

第四條　本院委員會委員由國立清華大學校長聘任若干
人及湖南育群學會美國雅禮會各推選若干人
組織之本院院長由本院委員會推選提請國立
清華大學校長聘任之

第五條　本院每年度預決算由院長分別造具送請國立
清華大學校長覆核再由委員會審訂之

第六條　本院經臨各費由左列各機關籌集之
　　（一）國立清華大學
　　（二）湖南省政府
　　（三）美國雅禮會

第七條　本院現有建築及設備依據育群學會與雅禮會
原訂及續訂各約繼續有效仍由本院使用

第八條　本院此後一切擴充事宜概由國立清華大學負責辦理

第九條　本院辦理細則另訂之

私立湘雅医学院与国立清华大学合并之建议

湘雅醫學院合併於國立清華大學之建議

胡美
顏福慶
王子玕

湘雅醫學院合併於國立清華大學之建議

第一條　為養成全國醫學人材並研究改進醫務學術起見湘雅醫學院合併於國立清華大學更名為國立清華大學湘雅醫學院（以下簡稱本院）

第二條　本院直隸於國立清華大學其組織法另訂之

第三條　本院院址設於長沙距離北平甚遠特設委員會審議一切重要事項並輔助業務之發展且章程另訂之

第四條　本院設醫院長一人秉承國立清華大學校長意旨綜理全院一切事宜

第五條　本院委員會委員由國立清華大學校長聘任本院院長由本院委員會推選提請國立清華大學校長聘任主任教授醫師技師由院長遴選經提交本院委員會通過後呈請國立清華大學校長分別聘任其餘職員由院長派充之

第六條　本院一切預算及決算概由國立清華大學統籌辦理

第七條　本院經濟之來源有左列各項
（一）國立清華大學
（二）湖南省政府
（三）美國雅禮會

第八條　本院原有一切建築及設備概由國立清華大學問育群學會及雅禮會組借每年租金一元其組約另訂之

第九條　本院此後一切擴充事宜概由國立清華大學負責辦理

第十條　本院辦事細則另訂之

湘雅医学院合并于国立清华大学之建议

路。[1]与此同时，湘雅医学院建设与发展需要资金。这为双方合作，尤其是湘雅医学院并入清华大学提供了机会。此时，清华已有文、理、法、工等四个学院，以及农业研究所，理学院虽开设医预科，[2]但没有医学。合并湘雅医学院，也是清华在医学学科建设上重要的步骤。

1935年5月12日，在长沙考察分校建设的梅贻琦给叶企孙、冯友兰、陈岱孙、顾毓琇、沈履、潘光旦写信，信中写道：

> 此次晤及湘雅医学院各方人士，皆表示愿与清华合作。经数次商谈合拟办法，以湘雅并为清华之湘雅医学院。其经费凡省府及他方补助皆仍旧。清华年补助四五万。院中一切行政由清华主持，另设委员会为咨议机关。此办法似可两利。将来到京后当与教部商量，如认可□试办数年再说。[3]

由于湘雅医学院是美国雅礼会与湖南育群学会合办学校，清华合并湘雅医学院，首先要理清法理关系。为此，清华请湘雅提供有关雅礼会、育群学会合作办学的相关文件。

1936年2月12日，湘雅医学院院长王子玕致函梅贻琦，告知已将湖南育群学会与美国雅礼会两次合约、续约英文记录稿转抄并湘雅医学院立案文件一份一并送交清华。[4]事关各方对合并事宜极为慎重，商讨拟定了

---

1 见本书《在湘举办高等教育及特种研究事业——清华大学与湖南省合作协议》一文。

2 1930年9月9日，清华大学评议会通过理学院设立医预科的提议。1931年1月22日，清华大学评议会议决通过理学院提出"本校医预科学生在本校修满三年并在本校承认之医学院修业满一年成绩及格者得由校给予理学士学位"，请教育部核准。3月19日，校评议会议决通过理学院提本大学医预科规程。从1930年9月开始酝酿，到1931年3月通过发展医预科规程，说明清华在文、理、法三学院之外，准备开始医学的发展。不过依照循序渐进的原则，暂时不独立设系和院，而放在理学院下，利用物理、化学和生物等基础。

3 清华大学档案，1-2：1-214-007。这份档案未标年份，根据内容判断，似应该在1935年。

4 清华大学档案，1-2：1-214-013。

各种合并协议，明确合并后管理体制、经费设备等。

1936年4月，湘雅医学院领导胡美、颜福庆、王子玕拟定《湘雅医学院合并于国立清华大学之建议》，建议：

第一条 为养成全国医学人才并研究改进医务学术起见，湘雅医学院合并于国立清华大学更名为国立清华大学湘雅医学院（以下简称本院）。

第二条 本院直隶于国立清华大学，其组织法另订之。

第三条 本院院址设于长沙，距离北平甚远，特设委员会审议一切重要事项，并辅助业务之发展。其章程另订之。

第四条 本院设院长一人，秉承国立清华大学校长意旨综理全院一切事宜。

第五条 本院委员会委员由国立清华大学校长聘任。本院院长由本院委员会推选，提请国立清华大学校长聘任。主任、教授、医师、技师由院长遴选，经提交本院委员会通过后，呈请国立清华大学校长分别聘任，其余职员由院长派充之。

第六条 本院一切预算及决算概由国立清华大学统筹办理。

第七条 本院经济之来源有左列各项：

（一）国立清华大学

（二）湖南省政府

（三）美国雅礼会

第八条 本院原有一切建筑及设备概由国立清华大学向育群学会及雅礼会租借，每年租金一元，其租约另订之。

第九条 本院此后一切扩充事宜概由国立清华大学负责办理。

第十条 本院办事细则另订之。[1]

---

1 清华大学档案，1-2：1-214-015。

这份建议书将湘雅医学院与清华关系、管理体制、经费来源等做了周详的计划为两校合作提供了蓝本。湖南育群学会对这份建议书进行斟酌损益，提议合办建议如下：

第一条 为养成全国医学人才并研究改进医务学术起见，私立湘雅医学院与国立清华大学合办，更名为国立清华大学湘雅医学院（以下简称本院），为清华大学学院之一。

第二条 本院设委员会审议一切重要事项，并辅助业务之发展，其章程另订之。

第三条 本院设院长一人，秉承国立清华大学校长意旨综理全院一切事宜。

第四条 本院委员会委员由国立清华大学校长聘任若干人及湖南育群学会、美国雅礼会各推选若干人组织之。本院院长由本院委员会推选提请国立清华大学校长聘任之。

第五条 本院每年度预决算由院长分别造具送请国立清华大学校长复核，再由委员会审定之。

第六条 本院经临各费由左列机关筹集之。

（一）国立清华大学

（二）湖南省政府

（三）美国雅礼会

第七条 本院现有一切建筑及设备依据育群学会与雅礼会原订及续订各约继续有效，仍由本院使用。

第八条 本院此后一切扩充事宜概由国立清华大学负责办理。

第九条 本院办理细则另订之。[1]

---

1 清华大学档案，1-2：1-214-014。

在育群学会建议书基础上，经过双方讨论，1936年7月，清华大学与湖南育群学会订立合办湘雅医学院的草案，进一步细化了建议内容：

第一条 国立清华大学与湖南育群学会为养成全国医学人才并研究改进医务学术起见，双方商定将私立湘雅医学院及附设各机关改组并扩充应用，更名为国立清华大学湘雅医学院（以下简称本学院），为国立清华大学学院之一。

第二条 前湘雅医学院董事会废止之，另设本学院委员会，以左列人员十一人至十五人组织之，聘任委员任期定位三年。

一、国立清华大学校长并为本委员会当然委员长

二、湖南育群学会会长

三、美国雅礼会会长

四、湖南省政府教育厅厅长

五、清华大学聘请四人至六人

六、育群学会公推二人至四人由委员长聘请之

七、本学院院长

第三条 委员会之职权于左：

一、调整清华大学与育群学会之相互关系

二、保管院产

三、依据清华大学整个教育政策决定本学院教育大纲

四、依据清华大学整个财政计划审核本学院之预决算

五、推选本学院院长并辅助校长监督本学院业务，但不得干涉院内用人行政。

第四条 本学院之经费来源如左：

一、清华大学

二、育群学会向湖南省政府请领之补助金

三、育群学会与雅礼会所订合约之补助金

四、其他收入

第五条 本学院现在使用之建筑及基地并各项设备，依据育群学会与雅礼会所订原续各约继续有效，完全归本学院使用。

第六条 本学院设院长一人，由本院委员会推选提请清华大学校长聘任，秉承校长意旨全权办理本学院一切事宜。

第七条 本学院以后扩充事宜由校长统筹办理。

第八条 本学院委员会组织规程另定之。

第九条 本办法由双方会呈教育部立案后，由育群学会呈报湖南省政府备案施行。[1]

湖南育群学会还与清华大学拟定了《国立清华大学湘雅医学院委员会章程》，明确了委员会的职权。章程内容如下：

第一条 本会依据湘雅医学院章程第三条之规定组织之。

第二条 本会掌管事项如左：

一、关于院务之督察事项

二、关于院内重要人员之推选及提请任用事项

三、关于院务之扩充改进事项

四、关于基金之筹集及保管事项

第三条 本会委员定为九人，由国立清华大学校长选聘热心医学事业及富有医事学识经验者充之。

国立清华大学校长、湖南省政府教育厅长、湖南育群学会

1 清华大学档案，1–2：1-214-017。清华大学档案馆藏这份档案无明确时间，草案签署时间"1936年7月"来自中南大学档案馆黄珊琦老师《临时大学办长沙 湘雅医教施援手》（未刊）一文中湖南省档案馆藏档案。

会长、美国雅礼会会长暨湘雅医学院院长为当然委员。

　　第四条 本会委员均为名誉职，但聘任委员当开会时得酌送旅费。

　　第五条 本会聘任委员任期三年，但期满得继续聘任。

　　第六条 本会由全体委员推定常务委员三人每月开常务会议二次，审议并处理本章程第二条所规定之各事项。

　　第七条 本会每年开全体会议二次，审议并追认常务委员会议决各事项。但遇必要时得由国立清华大学校长召集临时会议。

　　第八条 本会全体会议以国立清华大学校长主席，但遇因事不能出席时，得指定委员一人代理。常务委员互推主任委员一人负召集会议及担任开会时主席之责。

　　第九条 本会设秘书一人，由常务委员一人兼任，掌理会议记录及其它一切事务。

　　第十条 本章程如有未尽事宜，得由委员会过半数之提议，再呈请国立清华大学修正之。[1]

　　从几份建议书及委员会章程制定过程可见，无论是胡美、颜福庆、王子玕、陈润霖，还是梅贻琦；无论是雅礼会、育群学会、湘雅医学院，还是清华大学，对这一合作均抱有极大的期望，讨论极为审慎和认真。

　　有研究者认为，湘雅医学院愿意并入清华，"此举之主要目的可能是为解决湘雅经费困境，因为根据协议，清华大学将对湘雅给予经济补助，而对其用人及行政方面并不加干涉"。[2] 应该说，这段分析，认为合并动因是为纾解经费困境是对的。合并后的清华大学湘雅医学院实行校长领

---

1 清华大学档案，1-2：1-214-016。

2 赵厚勰：《雅礼会在华教育事业研究（1906—1951）》，华中师范大学博士论文，2006年，第218页。

导下学院制管理。由于地理、历史等原因，在校、院之间成立委员会管理沟通学校和学院，但不能说清华对合并后的湘雅医学院用人及行政不加干涉。正如前揭梅贻琦致叶企孙等人函中说的"院中一切行政由清华主持，另设委员会为咨议机关。此办法似可两利"。

应该说，湘雅并入清华大学一事，无论是清华大学、湘雅医学院校级层面，还是代表湖南省育群学会代表的湖南省级层面，均无障碍。但此事最终未能成功，可能是由于教育部反对。[1]

虽然合并未成，但清华与湘雅的合作没有中止。清华在长沙建特种研究事业，为未来可能战争预做准备，在湘师生客观上有医疗需求。而湘雅医学院经费困难也长期存在。因此，双方合作的基础并没有变化。清华愿意提供2万元资助湘雅医学院建造门诊楼，湘雅医学院也给予清华在湘教师本院教职员待遇，双方互惠互利，两全其美。

1936年6月8日，王子玕致函梅贻琦，对清华"惠助建筑门诊处基金尤深感戴。俟建筑图样绘具即当邮呈审核"。王子玕关心询问华北局势，"近阅报载华北风云紧张，情况如何，至为驰念"。并热情要求梅贻琦再临长沙。"假如台端南来视察贵校在湘建筑之农业研究所时尚祈偕同尊夫人莅止，弟谨当扫榻以待，特先致迎迓之忱。"[2] 18日，梅贻琦复函：

> 子玕院长左右：
>
> 别教多日，正深怀仰。此奉来函籀诵，旅途清适，近况佳胜，至慰渴念。华北各校目前又在罢课中。所幸秋序尚佳，得无意外。于贵院门诊处建筑图样，当以先睹为快。暑中如有南

---

1 1943年1月16日，梅贻琦在与叶企孙谈战后清华发展规划时，计划在长沙设理工分校。后来因为教育部反对而作罢。《梅贻琦西南联大日记》，北京：中华书局，2018年，第142页。

2 清华大学档案，1-2：1-214-002。

行机会，自当趋前奉访也。另致贵院一函。并祈念察酌示复。[1]

1936年6月20日，湘雅医学院董事会董事长陈润霖致函梅贻琦，对清华捐2万元助湘雅医学院建门诊楼表示感谢。[2] 6月17日，梅贻琦指示校长办公处：

> 另以公函致湘雅，谓为双方互助起见，本校愿赠助贵院建
> 筑门诊处用费两万元，而请贵院担负本校在湘工作人员医疗事
> 项，其待遇请照贵院教职员一律办理。[3]

据此指示，1936年6月20日，清华发出第690号公函。[4] 7月14日，清华收到湘雅医学院王子玕7月3日写就的复函，复函感谢清华慷慨资助，表示"贵大学在湘工作人员医疗事宜自应遵照办理"，并附送湘雅医学院职工住院及医药规则一份。[5] 并附送《湘雅医学院职工主管及医药规则》。[6]

1936年8月7日，清华大学函附汉口金城银一万元支票一张，先期支付门诊处建设费一万元。[7] 8月29日，清华大学收到湘雅医学院院长王子玕24日写就的复函，告知已收到清华汇寄的一万元。[8]

1937年7月抗日战争全面爆发，清华与北大、南开在长沙合组长沙临

---

1 黄珊琦、汪瑞芳、李君：《抗战中合作与双赢的例证：国立清华大学在湘史迹初探》，西南
  联大研究所编：《西南联大研究》（第三辑），昆明：云南出版集团公司；云南教育出版社，
  2017年，第426页。

2 清华大学档案，1-2：1-214-003。

3 清华大学档案，1-2：1-214-004。

4 清华大学档案，1-2：1-214-004。

5 清华大学档案，1-2：1-214-005。

6 清华大学档案，1-2：1-214-006。

7 清华大学档案，1-2：1-214-009。

8 清华大学档案，1-2：1-214-010。

时大学。由于三校仓促入湘，"三校原有之图书及理工设备，殆皆无法迁出；欲大量购置，又为力所不及"。[1] 在困难情况下，长沙临时大学得到了湘雅医学院、湖南大学等湖南高校的大力支持。"理工设备，经与湖南大学，及湘雅医学院接洽，大部尚可利用。""关于理工设备，其属理科各系，则与湘雅医学院合作，各项设备皆允利用。"[2]

鉴于南迁后，清华大学在湘教职员人数骤增，梅贻琦校长面嘱王子玕院长将湘雅医学院附属医院优待清华大学教职员住院章程加以修改，以适应变化的形势。1937年10月13日，王子玕院长致信梅贻琦校长，附有略加修订的《湘雅医学院附属医院优待国立清华大学教职员暂行住院章程》。《章程》共四条，对清华大学教职员有多处优待。

湘雅医学院附属医院优待国立清华大学教职员暂行住院章程

（一）国立清华大学教职员及其直系家属（限于夫妻、子女），持有正式证明函件，经本院医师诊察，认为有住院疗治必要时，特别病房照定额五折收费（但折后最低额不少于每日两元）。普通床位照章收费（现定价额为每日六角，伙食及普通药品均在内）。

（二）住院所需贵重药品，特别检验、X光造影、外科手术以及其他特殊费用均照最低额收费。需用特别护士照章收费（与医学院教职工同等待遇）。

（三）清华大学教职员及其家属患急症时，若有必要，得由清华大学请求湘雅医院医师前往会诊，医院不收出诊费。

---

1 《长沙临时大学筹备委员会工作报告书（1937年11月17日）》，《国立西南联合大学史料》（一），昆明：云南教育出版社，1998年，第5页。

2 《长沙临时大学筹备委员会工作报告书（1937年11月17日）》，《国立西南联合大学史料》（一），昆明：云南教育出版社，1998年，第5页。

（四）本章程得随时修改之。[1]

从修订《章程》缘起，可见清华大学、梅贻琦充分尊重和体谅湘雅医学院，根据急剧变化的形势，请湘雅修订《章程》。从修订后《章程》条款看，湘雅医学院对清华大学教职员的确给予优惠。信中，王子玕院长还解释"至于普通房费暂不折扣，缘由实因普通病床每日消费平均约为二元三角。最近敝院经费更感拮据，不得不略加限制，以资弥补"。[2]可以说，双方的合作自始至终都互相谅解、互相尊重。但不及半年，长沙临时大学又迁至昆明。湘雅医学院也辗转迁至贵阳办学。双方的合作也不得不中断。

1945年，中国人民艰苦卓绝的抗战取得胜利。1946年，内迁各校纷纷复员返回原址。抗日战争期间，长沙各类建筑损毁惨重，湘雅医学院损失更是惨重。1942年1月4日，日军纵火烧毁湘雅医学院校舍，"致本院留湘之房屋设备同付一炬，损失不下二千万元"。[3]清华大学在长沙残存的建筑成为各复员返回大学征用的目标。湖南大学、岳麓中学等都曾借用一部分建筑作为校舍。"此外，尚有湘雅医学院，因其校址全毁（除医院外），亦曾函商借一部分以便在湘复校。本校因同属教育机关，同为复员需要，拟亦匀调一部借与应用。"[4]清华大学对湘雅医学院的关照，可以说是此前双方合作的余续。

1　《湘雅与国立清华大学的合作》，黄珊琦编撰：《老湘雅故事》，长沙：中南大学出版社，2012年，第156页。

2　《湘雅与国立清华大学的合作》，黄珊琦编撰：《老湘雅故事》，长沙：中南大学出版社，2012年，第156页。

3　李清香、黄珊琦：《关于湘雅医院院史若干问题的浅探》，《湖南医科大学学报（社会科学版）》第8卷第4期，2006年，第239页。

4　清华大学档案，X1-3：3-124-005。

增进中波两国文化关系
——第一个获得波兰博士学位的中国人方福森

1935年，为促进和加强中国与波兰教育、科技与文化交流，中波文化协会[1]与波兰政府教育部协商，请中国设留学波兰免费学额一名，由中国政府教育部代为公开考试选拔，取得波兰政府教育部同意。[2]

1935年9月，波兰驻华公使照会外交部，称"本国教育部为欲增进中波两国文化关系，拟于一九三五年——九三六年度设奖学金一项，每月波币二百五十索罗特，专为津贴中国学生一名赴波留学之用。据本国教育部开始时给予，即自一九三五年十月一日算起。惟被选之学生，如欲在波兰任何一大学研读，则教育部拟另加津贴若干，俾充学费。倘该生不愿在任何一大学中按班上课，得于十月一日后赴波，后者所得津贴应自彼到达波兰之日起算，扣足十二个月为止。又学生津贴均按月拨付，到波后向波兰

---

1 中波文化协会是1933年在南京成立的官方性质的对外交流团体，旨在"研究及宣扬中波文化并促进两国友谊"。协会通过举行年会、茶会、慈善舞会、出版书刊、组织演讲、派遣留学生等多种方式促进和加强中波两国交流。1939年德国占领波兰后，中波文化协会也悄然取消。刘栋、张莹：《中波文化协会述评》，《江西教育学院学报（社会科学）》第33卷第5期，2012年，第165—169页。

2 《中波文化协会理事郭有守报告会务活动状况呈与社会部批（1938年9—10月）》，中国第二历史档案馆编：《中华民国史档案资料汇编》第五辑第二编，文化（二），南京：江苏古籍出版社，1998年，第496页。

教育部高等教育司报到，即可开始领取。赴波来回旅费均归学生自备，惟得住于学校寄宿舍。至选派此项津贴生方法，本公使认为最好由中国教育部与上海波兰使馆会同接洽办理"。

教育部研究决定，选派学生科目为土木工程或机械工程；并且在波兰津贴外，教育部决定津贴学生出国及返国川资国币800元；教育部并拟定《选送留学波兰津贴费生办法》。[1]

由照会内容可见，波兰政府主动提出津贴中国学生赴波留学，但并未规定留学学校和专业。教育部确定留学科目为土木工程或机械工程，鲜明地体现了国民政府注重理工、注重国家建设急需专业的政策。1930年4月，第二次全国教育会议就留学教育通过4项原则，其中第2项要求："以后选派国外留学生，应注重自然科学及应用科学，以应国内建设的需要，并储备专科学校及大学理农工医等学院的师资。公费留学生应视国家建设上的特殊需要，斟酌派遣，每次属于理农工医的，至少应占全额十分之七。自费留学生得依本人志愿，肄习任何学科，但学理农工医者，应尽量先叙补公费或津贴；学文哲政治艺术等科者，非至大学毕业入研究院时，不得受公家补助。"[2] 这个意见反映在1933年4月29日，教育部颁布具有法律效力的《国外留学规程》[3] 中。

《办法》规定："请求此项津贴费者，须曾在国内国立、省立大学工学院，或国立、省立独立工学院，土木工程系或机械工程系毕业，曾任与所习学科有关之技术职务二年以上，身体健强者，并须由原肄业学校保送。每校以保送二名为限。"并最终以考试方式决定录取，考试地点选定在首

---

1 清华大学档案，1-2：1-79：1-015。

2 《国民政府行政院档案》二（2），920，中国第二历史档案馆藏。转引自史贵全：《中国近代高等工程教育研究》，上海：上海交通大学出版社，2004年，第80—81页。

3 《国外留学规程》，中国第二历史档案馆编：《中华民国史档案资料汇编》第五辑第一编，教育（一），南京：江苏古籍出版社，1994年，第381—390页。

都南京教育部内。[1]

1935年11月2日，清华大学向教育部呈文，汇报遵部令办理选拔波兰津贴生的情形，推荐土木工程学系方福森参加教育部主持的选拔考试。

> ……当经布告通知，本校工科毕业生有愿赴波留学者，限于十月底以前，向工学院报名，经院选定，检同应具各项证件，送校保送去后，复奉钧部国外任第一四六五七号训令，抄转外交部咨准波兰公使检送波兰教育之说明要点一份，令仰知照等因，并经公布在案。现报名限期截止，业由工学院在报名各生中，选定本校土木工程系毕业生、现任土木系助教方福森君一名，检同毕业证书、服务证明书、成绩表、照片等件，请予核定保送前来。查方君所具资格，及其服务研究成绩，与钧部规定选送办法，均属相符。奉令前因，除嘱方君遵照选送办法，于十一月十五日考试期前赴部报道应试外，理合汇齐以上各项证件，备文保送仰乞钧部察核。[2]

经教育部主持的考试选拔，清华大学保送的方福森最终入选。1935年11月23日出版的《新闻报》报道：

> 我国应波兰政府之请，举办留波免费生考试，业于前日在教育部举行□事。兹悉该项考试试卷，已经王部长核定，中选者为方福森，系清华大学工学院土木工程系毕业，毕业后已在该校任助教二年。闻该部已将中选者一名，咨请外交部转达驻华波使知照云。

1 清华大学档案，1-2：1-79：1-015。

2 清华大学档案，1-2：1-79：1-019。

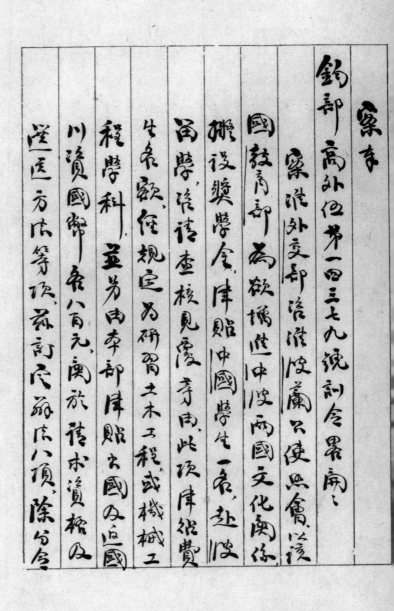

案由

鈞部高外（三）第一四三七九號訓令暨兩々

案准外交部洽准波蘭公使照會，茲後

國教育部為欲揭此中波兩國文化關係

擬設獎學金，津貼中國學生一名，赴波

留學，路請查核見覆等由，此津貼係費

生食宿，經規定為研習土木工程或機械工

程學科，並另由本部津貼出國及回國

川資國幣各八百元，庶於請求資格及

遴選方法等項，尚需民旅店八項，除分令

中波文化协会与波兰政府教育部协商，请中国设留学波兰免费学额一名（页1）

國立清華大學稿

來文		事由
文字第 號 別 支		遵令查明應試原學校曾隸經辦至之方已繕具一覧稿同予陳記以備文
送達 機關 類別	教育部	俟達伊九
附件		奉令辦也。

校長

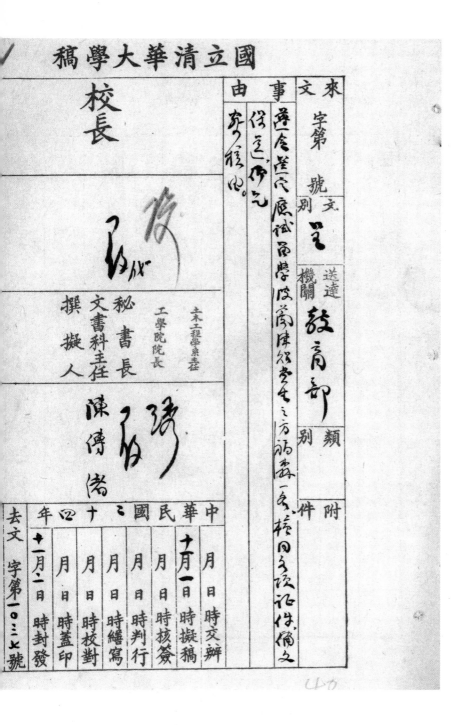

土木工程學系主任

工學院院長

秘書長

文書科主任

撰擬人　　陳傳儁

中華	月 日 時交辦
民國	十一月一日 時擬稿
三	月 日 時核簽
十	月 日 時判行
四	月 日 時繕寫
年	月 日 時校對
十一月二日	月 日 時蓋印
	時封發

去文 字第一〇二七號

證書務祈照辦書，即便志四月等候答予

核定保送前來，查房另嗣後核，及次

照辦研究所後，與

鈞部紀定選送孤依，均屬相符。事會前

因除嗣防君送四選送如依，截十月查

日考試期前忽即報引免試外，理合案

費以止手項祂俟備文保送，師元

鈞部察核，

謹呈

教育部 長

中波文化协会与波兰政府教育部协商，请中国设留学波兰免费学额一名（页2）

外，令行抄發送回學校蓋律貼

費，先蓋律一條，令行後校查照此令。

等因，附發律報空生姓氏清冊，當便備具

通知。本校畢業生有願赴校留學者，

限於十月底一前，向工學院報告。除院送定

檢同應具手續證件送校保送去後，復本

釣部國外但第一四六五七號訓令抄發

咨復。從蘭古使檢送咨蘭教育之院以安

點一條，令仰亦照等因，併經令布在案。

現報系限期敷心業由工學院在報告人

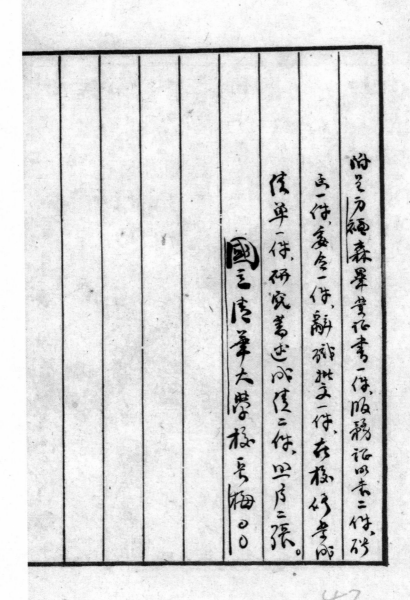

附呈方福森畢業証書一件，服務証明書二件，硯

玉一件，盒一件，斛勶批文一件，在校修業成

績單一件，研究著述成績二件，四片二張。

國立清華大學校長梅○○

中波文化协会与波兰政府教育部协商，请中国设留学波兰免费学额一名（页3）

11月25日，清华大学收到教育部通知，清华大学保送的土木系毕业生方福森"成绩最优，应予录取"。[1] 方福森因而成为中国第一个获得波兰政府奖学金的留学生。

方福森（1910—1997），别名友孟，福建福州人。1927年考入北洋大学预科，1929年考入清华大学，1933年从清华大学土木工程学系毕业，1934年6月回土木系任助教，同时准备投考清华大学公费留美生。1935年方福森参加公费留美生考试，未被录取。当得知波兰政府津贴费生考试，方福森报名并获得录取。但是否赴波兰留学，方福森曾有过犹豫。他回忆："当时有些人认为波兰工业技术落后，没有什么值得学习的，应该放弃这次留波机会，等待其他机会出国，我也犹豫不决。但我兄弟则极力鼓励促进，认为我家兄弟中还没有出国留学的，我是第一个，我能获得这次出国机会，也是很不容易的，如果放弃实在可惜；况且这是我国教育部派往波兰的第一名波兰政府奖学金留学生，还是大有可为，至少在中波文化、科技和工商业交流方面可以做一些事情。"[2] 最终，方福森决定赴波兰留学。

出国前，土木系代理主任蔡方荫及陶葆楷、张任等三位教授在工字厅为方福森饯行，表现了对方福森的关心和殷切期望。

选择赴波兰路线时，中波文化协会理事郭有守先生担心伪满洲国日伪当局加以阻挠刁难，叮嘱方福森不要取道东北到西伯利亚的路线，建议由上海乘船到海参崴（符拉迪沃斯托克）再乘火车到莫斯科。途中，"那时正值严冬，大雪封山、白雪皑皑、天气晴朗、阳光照射、缤纷灿烂、闪耀刺目，令人兴奋不已。但是遥望铁路左侧，就是我国东北三省，现已被

---

1 清华大学档案，1-2：1-79：1-020。

2 《我的一生——方福森教授自传及弟子亲友回忆集》，南京：东南大学出版社，2017年，第10—12页。

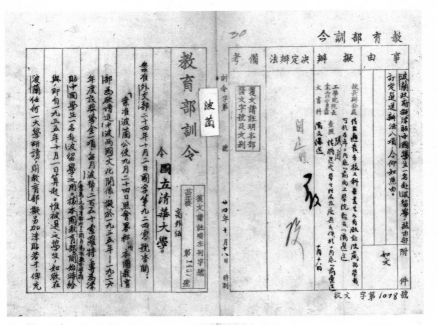

教育部訓令

事	由	擬	辦	決 定	辦 法	備 考

事由　波蘭政府補貼留中國學生一名赴波留學一案由函附
　　　　訂定選送辦法八項，令仰知照由。

擬辦　覆文請註明本部
　　　　覆文字號及文到

決定

教育部訓令

訓令字第　　號

復文請註明左列字號
高外組
第1437號

令 國立清華大學。

案准外交部二十四年十月二日歐字第九二四零號咨開：
准波蘭公使九月二十四日照會暨郭，本部據
照會囑道中波兩國文化關係，擬於一九三五至一九三六
年度該獎學金一項，由波蘭政府每月津貼事為係
貼中國學生一名赴波留學之用，擬本部教育部領始時給
與，即自一九三五年四月一日算起，惟被選之學生，如欲在
波蘭任何一大學研讀，則教育部酌為加津貼若干，俾在

波蘭津貼教育部訓令

344

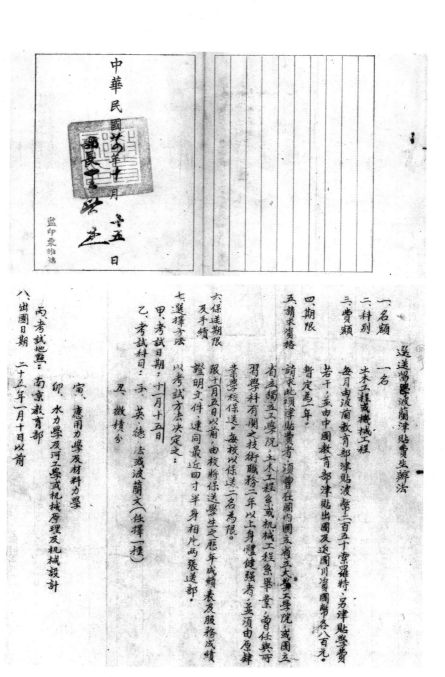

選送留學波蘭津貼費生辦法

一、名額　一名

二、科別　土木工程或機械工程

三、費額　每月由波蘭教育部津貼波幣二百五十棗羅特，另津貼學費若干，並由中國教育部津貼出國及返國川資國幣各八百元。

四、期限　暫定為二年。

五、請求資格　請求此項津貼費者須曾在國內國立省立大學工學院，或國立省立獨立工學院，土木工程系或機械工程系畢業，曾任曾與所習學科有關之技術職務二年以上身體健強者，並須由原肄業學校保送。每校以保送二名為限。

六、保送期限及手續　限十月五日以前，由本校將保送學生之歷年成績表及服務成績證明文件，連同最近四寸半身相片兩張送部。

七、選擇方法　以考試方法決定之：

甲、考試日期：十一月十五日。

乙、考試科目：子、英、德、法或波蘭文（任擇一種）
　　　丑、微積分
　　　寅、應用力學及材料力學
　　　卯、水力學及河工學或機械原理及機械設計

丙、考試地點：南京教育部

八、出國日期　二十五年一月十日以前

中華民國　年十月　五日
部長王世杰
監印栗雜遠

选送留学波兰津贴费生办法

345

日寇侵占，同胞陷入水深火热之中，使我产生极大愤慨"。[1]

1936年2月13日，方福森抵达华沙，开始了在波兰的学习。

由于方福森是波兰政府奖学金资助的第一位中国留学生，波兰政府极为重视，安排方福森住进单间外国留学生宿舍。由于方福森此前未学过波兰语，波兰政府有意识指定几位来自澳大利亚、美国、加拿大、英国、印度等国懂英语的外国留学生和方福森接触，给予辅导。[2]

当时，"清华土木系已开始在四年级分成四个学科组，即结构、水力、路工和卫工四组，供同学凭志愿和兴趣选读，这在国内尚属首创。另外，有些课程，如应用天文学、都市卫生、卫生工程试验和道路材料试验，都属新兴课程，也是清华土木系首先开出的，国内其他大学尚都未能开设这些课程"。[3]方福森在清华大学土木工程学系学的是水利，因此他计划在波兰继续研读水利工程。但波兰交通部参事兼波中文化协会理事敖京斯基（M.S.Okecki）认为中国正在发展公路建设，急需大量公路人才，极力劝说方福森改读道路工程。方福森遂入华沙工业大学土木系。[4]

波兰政府奖学金原为一年，至1937年1月。方福森在波兰要取得博士学位至少需要两年半。为此，1936年底，中波文化协会[5]、华沙工业大学向波兰政府教育部申请将奖学金延长一年并得到批准。于是，方福森获

---

1 《我的一生——方福森教授自传及弟子亲友回忆集》，南京：东南大学出版社，2017年，第15页。

2 《我的一生——方福森教授自传及弟子亲友回忆集》，南京：东南大学出版社，2017年，第17页。

3 《我的一生——方福森教授自传及弟子亲友回忆集》，南京：东南大学出版社，2017年，第8页。

4 《我的一生——方福森教授自传及弟子亲友回忆集》，南京：东南大学出版社，2017年，第17页。

5 《中波文化协会理事郭有守报告会务活动状况呈与社会部批（1938年9—10月）》，中国第二历史档案馆编：《中华民国史档案资料汇编》第五辑第二编，文化（二），南京：江苏古籍出版社，1998年，第496页。

得的波兰政府奖学金延长至1938年1月。后又由华沙道路试验研究所继续以工程师名义发给生活费共4个月，至1938年5月方福森取得博士学位。[1]

1937年冬，方福森把在波兰学习情况呈报教育部并请汇发回国川资。不久方福森收到教育部汇来回国川资国币800元。[2]当时，抗日战争已经全面爆发，教育部给远在波兰的方福森按时汇发旅费，可见教育部仍在尽量维持正常运转及对人才的重视。1938年7月底，方福森回到战乱中的祖国。

回国后，方福森先后在西南公路管理局、交通部公路总管理处、中央大学、重庆大学、交通部公路总局等任职，1952年后长期在南京工学院任教，曾兼任南京工学院学术委员会委员、道路教研室主任等职，[3]成为我国道路交通领域著名的教育家和科学家。

1　《我的一生——方福森教授自传及弟子亲友回忆集》，南京：东南大学出版社，2017年，第19页。

2　《我的一生——方福森教授自传及弟子亲友回忆集》，南京：东南大学出版社，2017年，第24页。

3　林醒山、邓学钧、陈荣生：《著名道路交通工程学家方福森教授》，《我的一生——方福森教授自传及弟子亲友回忆集》，南京：东南大学出版社，2017年，第215页。

在湘举办高等教育及特种研究事业
——清华大学与湖南省合作协议

在清华大学档案馆，收藏着一份1936年清华大学与湖南省政府签订合作协议。

湖南省政府国立清华大学为在湘举办高等教育及特种研究事业合定办法如左：

一、湖南省政府为便利国立清华大学拨用庚款在湘办学起见，愿以湖南省立高级农业职业学校左家垅新校址赠予国立清华大学（校址参看蓝图）。

二、湖南省政府依国立清华大学之需要允备价收买湖南省立高级农业职业学校新校址南部邓家湾王家坟坪一带及西部田亩一并赠予国立清华大学。

三、国立清华大学应国家之需要，愿在湘举办高等教育及特种研究事业。

四、国立清华大学拟与湖南省立高级农业职业学校合办农业研究及农业试验，并允担任该项研究与试验之建设经费，合作办法另定之。（农校之经常费仍由省政府担任之）

五、遇有必要时，湖南省政府得将旧四十九标房屋借与国
立清华大学暂用。

湖南省政府主席　　何　键

国立清华大学校长　梅贻琦

中华民国二十五年二月八日

（湖南省政府印）（国立清华大学关防）[1]

这份协议作为一份珍贵的历史档案，反映着特殊年代特定的合作内容和波澜壮阔的时代背景。

从内容看，协议确定了清华在长沙办理高等教育及特种研究事业，湖南省政府通过拨地等形式给予支持。熟稔清华历史的人都知道，清华的根在北京，自1911年建校以来，尤其是1928年改为清华大学后发展迅速，为何要到长沙异地办学？要回答这个问题，就不能不考察当时国内外形势。

近代以来，日本觊觎中国大好河山，对华侵略不断。从甲午战争到日俄战争、从"二十一条"到作为"五四"运动导火索的山东问题、从"济南惨案"到"九一八"事变及次年的"一·二八"事变等一系列耻辱，成为中国人心目中抹不去的隐痛。

1931年"九一八"事变爆发，掀开了中国人民抗日战争的序幕。国民政府高层意识到，中日关系已经不是战与和的问题，而是何时战的问题，两国之间战争已不可避免，国民政府并为此开始备战。清华大学师生也意识到这一点，时任清华大学历史系主任的蒋廷黻后来回忆，当时很多教授主张从速准备，"以应付可能发生的战争。为了使学生准备作战，许多教

---

1 《报送本校与湖南省政府举办特种研究事业合作办法（密呈）》，《清华大学档案》全宗号1，目录号2-1，案卷号207，第8页。

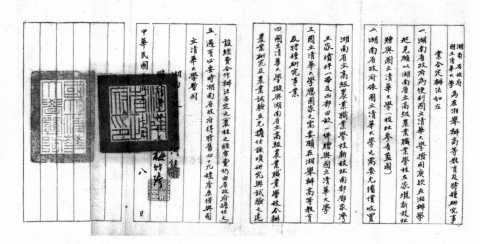

湖南省政府与清华大学合作协议

授也改变了他们的授课内容"。[1] 1932 年度开学时，梅贻琦校长甚至发出"至于本学年未来之一年中，能否仍照这样安安静静的读书，此时自不可知"的担忧。[2] 1933 年 5 月，任清华工学院院长不久的顾毓琇就大声疾呼："国难日亟，平津垂危，……利用工程的智识和方法来帮助国家解决国防和民生问题，便是我们工程师的天职。""我们应该研究怎样可以防御敌人的坚甲利兵，我们应该进一步实际上做关于国防的工作。我们应该造枪炮，我们还应该学习射击。我们应该造飞机，我们还应该学习驾驶。我们应该造无线电，我们还应该学习战时的通讯。我们应该造弹药，造防毒面具，造烟幕弹，我们还应该练习毒气战事。"[3] 1936 年度开学典礼上，秘书长沈履明确指出："清华是在北平，北平现在已经是国防的最前线，这

---

1 《蒋廷黻回忆录》，长沙：岳麓书社，2003 年，第 144 页。

2 《教授的责任——在廿一年度开学典礼上的讲话》，刘述礼、黄延复编：《梅贻琦教育论著选》，北京：人民教育出版社，1993 年，第 23 页。

3 顾毓琇：《工程教育与中国》，《清华周刊》第 39 卷第 10 期，1933 年 5 月 26 日，第 969—973 页。

是不可否认的事实。"[1]

蒋廷黻回忆，这个时期，虽然清华照常上课，但也知道来日无多。清华校方预先在心理上和组织上做了准备。在讨论清华战时迁移地点时，"有些人认为西安很适当。我提议迁往湖南，因为我认为日本的侵略决不会远及湖南。尤有进者，湖南生产稻谷，即使日本想要封锁中国，清华教职员和学生也不致挨饿"。[2]

选择长沙，除了长沙地处内地、生产粮食外，还有更重要原因：那就是从1935年开始，国民政府将长沙列入抗战后方战略基地着手大规模建设。因此，选择长沙，从地理位置上讲是相当理想的。

经过与国民政府、湖南省政府积极沟通，1935年，清华果断决定停止在校内修建一所规模颇大的文、法学院大楼，把40万元基建款项转投长沙岳麓山，筹建一套新校舍，以作为华北战事爆发的退路。[3]

1936年春，清华大学决定在湖南筹设分校。2月，梅贻琦校长与工学院院长顾毓琇等赴湖南进行考察，与湖南省主席何键商洽。何键对清华在湘设分校表示欢迎，并希望首先筹设农学院。清华大学为稳妥起见，表示拟先设农业研究所，然后逐步改为农学院。关于校址，原拟购圣经大学旧址，后因索价60万甚昂，清华无力承担，而由何键拨长沙岳麓山空地100余亩赠予清华作为建校之用。何键与梅贻琦分别代表双方签订了合作协议。

这份协议，是清华大学与湖南省政府在外患日亟背景下签订的，反映着双方共同抗日的决心和诚意，清华大学与湖南省政府都很重视，执行很快。经教育部批准后，当年即正式动工兴建校舍。清华在岳麓山修建六

1 《二十五年度开学典礼纪事（摘要）》，清华大学校史研究室编：《清华大学史料选编》（第二卷上），北京：清华大学出版社，1991年，第277页。

2 《蒋廷黻回忆录》，长沙：岳麓书社，2003年，第179页。

3 陈岱孙：《往事偶记》，庄丽君主编：《世纪清华》，北京：光明日报出版社，1998年，第126页。冯友兰：《清华大学》，鲁静、史睿编：《清华旧影》，北京：东方出版社，1998年，第10页。

所校舍。分别是甲所（理工馆）、乙所（文法馆）、丙所（教职员宿舍）、丁所（学生宿舍）、戊所（工场）、己所。

1936年12月9日，清华大学第117次评议会通过决议，确定学校在湖南的特种研究计划。计划包括农业研究、金属学、应用化学、应用电学、粮食调查、农村调查等六项内容。[1] 1937年1月6日召开的第120次评议会上，进一步细化了清华在湘办学的原则和办法，明确"本校在湘以举办各种研究事业为原则，不设置任何学院学系或招收学生"，"研究项目以确能适应目前国家需要及能有适当研究人才者为原则"，"各项研究应尽量取得政府机关之联络并希望其补助"等原则。[2]

1936年冬，清华秘密运送一批图书、仪器到汉口，每批10列车，每车约40箱。这些设备、图书，成为以后长沙临时大学、西南联合大学非常重要的教学设备为保证联大正常的教学以及有限的科研，发挥了极为重要的作用。

1937年7月，抗日战争全面爆发。8月14日，教育部决定清华、北大、南开三校组建临时大学。[3] 鉴于清华此前已经在长沙筹设分校、修建校舍、输运仪器设备，做了相当的准备工作。因此，三校组成的联合大学定在长沙。

8月底，梅贻琦奔赴长沙，参加筹备临时大学工作。9月初，清华在长沙成立办事处。在天津、南京、上海、汉口四处清华同学会的协助下，办理通知清华南下师生职员到长沙开学等事宜。[4]

---

[1] 《清华大学档案》全宗号1，目录号2－1，案卷号207，第16页。

[2] 《清华大学档案》全宗号1，目录号2－1，案卷号207，第17页。

[3] 《教育部密电梅贻琦、顾毓琇（1937年8月14日　南京—牯岭）》，清华大学校史研究室编：《清华大学史料选编》（第三卷上），北京：清华大学出版社，1991年，第4页。

[4] 梅贻琦：《抗战期中之清华（1939年4月）》，清华大学校史研究室编：《清华大学史料选编》（第三卷上），北京：清华大学出版社，1991年，第19页。

10月25日长沙临时大学开学，11月1日上课。临时大学综合了清华、北大、南开原有的院系设置，设4个学院17个学系。截止到11月20日，在校学生共有1,452人。

在短短两个多月时间内，三校师生克服交通、经济等各方困难，迅速组织联合大学并成功开学，不能不说是一个奇迹。而清华大学的未雨绸缪，则为这个奇迹提供了坚实的物质基础。

长沙临时大学初期，清华计划利用原来在长沙岳麓山南为特种研究所修的建筑，做暂时驻扎的打算。但长沙临时大学成立时，这些校舍尚未全部落成。令人惋惜的是，1938年4月11日下午，在日本27架飞机轰炸下，这些校舍大部被毁。[1] 1937年底，南京沦陷，武汉危急，战火逼近长沙，长沙临时大学被迫再度迁校至昆明。[2] 正如西南联大校歌中吟唱的："万里长征，辞却了五朝宫阙。暂驻足衡山湘水，又成离别。"

---

1 《清华长沙校舍被毁情况（1938年6月）》，清华大学校史研究室编：《清华大学史料选编》（第三卷上），北京：清华大学出版社，1994年，第349—350页。

2 梅贻琦：《复员后之清华（1947年3月）》，清华大学校史研究室编：《清华大学史料选编》（第三卷上），北京：清华大学出版社，1991年，第30页。

每次考试都名列前茅
——林家翘的本科成绩单

清华大学校史展览展出著名数学家林家翘先生本科期间成绩单，曾有参观者对着成绩单不解地问工作人员：成绩单上很多 E，如果按照 ABCDE 的顺序，E 是五等，应该是很差的成绩了，怎么你们还拿出来展览？

其实，这位观众不了解当时清华大学学生成绩计分规则。如果按照这个逻辑，那成绩单上的 S 又该作何理解？难道是按照英文字母顺序一直排下去？显然，这是不合常理的。实际上，这是科学计分法。

1918 年以前，清华学校记分法和国内其他学校一样，是百分制。1915 年至 1916 年以 60 分为及格，1917 年至 1918 年则以 70 分为及格，不及格者可以补考一次，补考再不及格，则即复习。如果总平均不满 70 分，则留级。[1]

1917 年 9 月起，清华学校开始采用科学记分法，分超、上、中、下、不列五等。[2]

1918 年秋，学校对科学记分法进行修订，采用等数计分法（又有人称之为等第因数计分法）。这种计分法在科学记分法基础上有所改进，在下

---

1 《学校》，《清华周刊本校十周年纪念号》，1921 年 4 月 28 日，第 3 页。

2 《课务改进》，《清华周刊》第 112 期，1917 年 9 月 20 日，第 15 页。

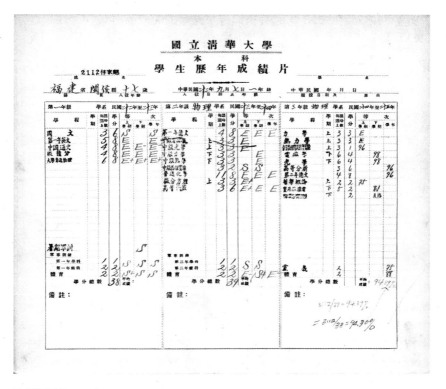

林家翘成绩单

等、不列之间增加末等，这样总的等级增加到六级，分别为超、上、中、下、末，不列。每组分数不拘多寡，概以百分计算。超等不超过5%，上等20—25%，中等50%，下等20—25%，末等和不列者不超过5%。超等、上等合计约占总数四分之一，中等约占总数一半，下等、末等和不列等合计约占总数四分之一。[1]

每等均有系数，即所谓"等第因数"，从超等至不列等依次为1.2, 1.1, 1.0, 0.9, 0.7和0.0。其中，末等不可及格者才能以0.7系数，不及格者即为

1 《科学计分法》，清华大学校史研究室编：《清华大学史料选编》（第一卷），北京：清华大学出版社，1991年，第188页。

不列等。计算成绩时，课时数乘以等第系数即为成绩时数。[1] "先定各学生成绩的等第，然后依照等第，寻出等第因数，再拿等地因数乘该学科每星期上课时数，就得各人的'成绩时数'。将各人各科目的成绩时数平均一下，就得各生各科平均等第因数。此等第因数的数目愈大，他的总成绩愈好。"[2] 所谓"此等第因数的数目愈大，他的总成绩愈好"很容易理解，等级越高，系数越高，成绩自然越好。超等至下等，每一等又细分为三级，如"超"细分为"超＋""超""超－"，以此类推，共12级。平时成绩以60分及格，期末成绩以70分及格，具体为：[3]

等级	平时计分	期末计分
超＋	97—100	98—100
超	93—96	95—97
超－	89—92	92—94
上＋	86—88	89—91
上	82—85	87—88
上－	80—81	85—86
中＋	77—79	83—84
中	74—76	81—82
中－	71—73	79—80
下＋	68—70	76—78
下	64—69	73—75
下－	60—63	70—72
末		60—69

并实行增减积分法，即中等以上，以一积点有余计之；中等以下，以

1 《等数计分法》，清华大学校史研究室编：《清华大学史料选编》（第一卷），北京：清华大学出版社，1991年，第184页。

2 曹俊升：《学校记分问题》，《中华教育界》第14卷第3期，1924年9月，第11页。

3 《新记分法》，《清华周刊》第144期，1918年10月3日，第7—8页。

不足一积点计之，末等为0点。且将平时成绩和期终考试区分，期终考试成绩分等要求略高于平时成绩分等。相对百分制计分法、科学计分法等，等数计分法在更准确测定学生成绩上有较明显改进。[1]

成绩是学习效果的重要体现，成绩评定办法反映着对学生的学习能力、学习效果的理解和认识。百分制计分法和等级制计分法都有各自优点，并非截然对立，更无本质优劣之分。相对而言，等级制在一定程度上能让学生摆脱追求分数的功利主义倾向。

1913—1922年就读的潘光旦回忆：

……有必要说一说清华当时创用的一种课业成绩计分法，称为 Weighted Credit System，可译为"权衡计分制"。据我所知道，在国内只是清华用这方法。这计分法主要的内容是把学生成绩分称五等，超、上、中、下、劣（英文符号是 E、S、N、I、F）。劣就是不及格，不得补考。在此法实行以前是容许大、小考不及格的学生补考的。更重要的是这五等的评价有着一定的比例，一班一百个学生吧，"中"的当然最多，"上""下"次之，"超""劣"最少，各占百分之五；即一次考试，或年终成绩，一班之中，总得有几个幸运的"超"，几个倒霉的"劣"，初不问成绩好的学生真好到什么程度，和坏的学生真坏到什么程度。换言之，这种评分法认定成绩只是一个相对的东西，而并无绝对的标准；因此，无论它对一般学生有多大激励的作用，对根底差而学习能力一时还难以赶上的学生是个打击，无论他如何用功，总归是个"劣"，终于要被淘汰！

当年清华的课业与教师的评分，一般是紧的，中等科的汉文课尽管拖沓，学生也总得在大考时务一把力，免得陷于"劣"

---

1 曹俊升：《学校记分问题》，《中华教育界》第14卷第3期，1924年9月，第12页。

等。五等的计分背后当然还得写个分数，在别的学校，一般以六十分为及格，即够得上一个"下"，而清华却要求一个七十分的总平均，才算及格，才够得上升级与毕业出洋。[1]

1915—1923年就读的李先闻回忆：

> 课程方面，注重英文课，上午上英文课，下午上国文课，评定成绩用"常态制"，把学生学业等级分为五等，超、上、中、下和不及格。各等的比例是：五、廿、五十、廿、五。每一学分，上课一小时或实验二小时，成绩中等得一点，上等的一点一，超等得一点二，下等得点九，不及格是零。如果补考及格，可得点七，补考不及格仍是零。这个制度，是个竞争制度，同学们对于这个制度的实施，很是头痛。连同英文课有两门不及格，就要开除，一门不及格则留级。
>
> 我们1915年同时进去的一百三十多人，到1923年毕业时，只剩下三十多人。虽然同届毕业的八十一人，为各届人数之冠，但四十多人是插班或者留级下来的。[2]

1922年，有人撰文分析传统的百分数计分法的利弊，认为无论是单科成绩取得，还是各类平均成绩，在大体反映学生学习效果的同时，存在两个主要问题：

> 一、各科教授时间，每周有多少之不同，多者至七八时，

1　潘光旦：《清华初期的学生生活》，鲁静、史睿编：《清华旧影》，北京：东方出版社，1998年，第76页。

2　李先闻：《一个农家子弟的奋斗》，鲁静、史睿编：《清华旧影》，北京：东方出版社，1998年，第145页。

少者或一二时。此则不问其教授时间之多少，而一律科以百分，使学量之轻重，失其平衡。

二、重要之科目不及格，科赖他科为之调和，以至于及格。如国文、数学，重要之科目也，设各得四十分，其距及格也远甚。然设有他科得一百分者为之调和，三科平均，得六十分，则及格矣。其结果，学生毕业，缺乏应用之职能。[1]

如何解决这两个弊端，张鸿来进行分析。解决第一个弊端，张文举了汇文学校和清华的计分法为例，解决第二个弊端，张文举了金陵大学和清华的计分法为例。可见，清华学校推行的等数计分法，能更科学地评估学生的学习效果。[2]

到1925年，学校将评分等级改为五级，即超、上、中、下、劣五等（E、S、N、I、F），取消了末等。这种计分形式一直延续到1935年。

1932年6月20日，教授会曾通过议案，建议评议会讨论应否在下、劣之间再列一等，以细化学生成绩等次。[3] 6月21日，评议会通过议决：交教务通则修订草案审查委员会一并讨论。[4] 教授会的这个提议并没有被接受。1934年11月21日，学校修订本科教务通则，积分制由等级制改为百分制。[5]

---

1 张鸿来：《"计分法"与"学分"》，《教育周刊》第三卷第二集，1922年，第1—2页。

2 1924年，廖世承在分析百分数、等书计分法、比较计分法等各类计分法优缺点、讨论改进计分法文章中，曾提出"应用测验单位计分法"，引入个人总能力（T，Total ability）、个人年龄分数（B，Brightness）、年级地位（C，Classifiction）和个人努力（F，Effort）四个变量，经过复杂的计算和考核评估学生学习效果。并在东南大学附属中学试验有效。但清华没有采取此类计分法。廖世承：《改良计分办法》，《教育与人生》第35期，1924年，第421—423页。

3 清华大学档案，1-2：1-6：6。

4 清华大学档案，1-2：1-6：3-037。

5 《本科教务通则（1934年11月21日修订通过）》，清华大学校史研究室编：《清华大学史料选编》（第二卷上），北京：清华大学出版社，1991年，第167页。

从1935年度起，清华改等级计分法为百分法，以满60分为及格。但这种改变只是形式上的改变，实际上仍有等级计分法的区别。教师记录学生平时成绩，仍用E、S、N、I、F。大体上，E相当于95分，S相当于85分，N相当于75分，I相当于65分，F为不及格。对此，学生戏谑："手枪此手枪不是那手枪，虽不能杀人，然亦系极不吉利之物。本校考试记分法，分ESNIF五种，F为劣等，不及格；如一学生一学年中，三门课程不及格，即有开除学籍之资格。其不利也可知矣。故有人象F之形而名之曰手枪。此外E名为金钉耙，S名曰银麻花，N名曰三节鞭，I名曰军棍，各曲尽其妙。"[1] 有些同学对评分较严的老师，戏谑为"军火商，手枪给得太多了"！

回头看林家翘的成绩单，就明白林家翘当年成绩是多么优秀。大一、大二的课程，都是E和S，大三课程中，力学和热力学都是E。在给出百分数的课程里，除了哲学概论75、实用无线电81和国情与国际关系及格外，其余都在96及以上。

林家翘自幼学习勤奋、基础扎实，考大学时，林家翘同时考取清华大学、北洋大学和交通大学，并且三校入学考试都是第一名。在风景如画、学风优良、名师荟萃的清华大学，林家翘更是如鱼得水。他回忆：

> 在清华的日子，是我一生中最要紧的时期，对我影响很大。我在清华时，教师授课都非常认真。同学们也都极用功。课外的生活，一般却非常愉快轻松。清华园风景好，极适宜于户外运动。我记得我们有几个人，常常在晚饭后，散步谈天，总是从学校正门出去，沿墙西行，走到西校门；然后从气象台、体育馆一带，走回宿舍，取书，再到图书馆读书。晚十一时左右回宿舍睡觉。晚饭前，则常常到体育馆活动，我是不善运动的，

---

1 《清华术语小辞典》，《清华周刊》第536期，1932年4月29日，第2页。

但是在清华园的气氛中，也多少有些活动。[1]

除了天资聪颖，良好的学习习惯也是林家翘取得优异成绩的原因，钱伟长曾回忆：

> 我有个同学叫林家翘，现在是美国麻省理工学院教授、美国科学院的院士，他的课堂笔记要整理两次。除每天晚上整理一次，写出一个摘要外，每个月后，他还要再整理一次，把其中的废话全删掉，把所有的内容综合起来，整理出一个阶段的学习成果。每学期结束后，一门课的笔记经过综合整理后，只有薄薄的一本，大约18页左右吧。这就完全成了他自己的东西了，他温书就看这个，边看，边回忆，边思考，每次考试都名列前茅。这种记笔记的方法，就是把教师和别人的东西，经过自己的思考、消化，变成自己的东西，要不断消化，不断加深理解。林家翘分三个阶段记笔记的过程，就是一个不断消化的过程。我只分了两个阶段，我现在后悔，我要早分三个阶段，学习效果一定会更好。[2]

1937年，林家翘毕业留校工作。后随校南迁，辗转长沙和昆明，在长沙临时大学和西南联合大学任教。1939年，林家翘与郭永怀、钱伟长、段学复等考取了第七届中英庚款生。1940年林家翘赴加拿大多伦达大学留学，1941年获得硕士学位后赴美进入加州理工学院继续深造，并于1944年获得博士学位，逐渐成长为世界著名的应用数学家。

---

1 孙卫涛、刘俊丽著：《应用数学大师：林家翘传》，南京：江苏人民出版社，2013年，第15—16页。

2 《钱伟长和大学生谈学习方法》，刘智运主编：《大学学习理论与方法》（第3版），武汉：武汉大学出版社，2000年，第352页。

我仍渴望亲自去看看具体发展情况

——冯·卡门指导清华发展航空学科

1932年，清华大学开始发展航空工程学科，得到了国民政府的大力支持，学科发展与国防建设需求紧密结合。同时，清华积极需求并得到了世界著名航空专家冯·卡门的热心支持。

清华发展航空学科

1931年"九一八"事变与1932年"一·二八"事变，侵华日军挟空中优势狂轰滥炸，给中国军队造成极大伤亡。战争的失利让国人逐渐意识到："今日欲救国家，必须有雄厚之军事力量；而欲有雄厚之军事力量，又必须努力发展空军，欲发展空军，尤须全国民众深切了解航空事业之重要，全国青年勤加研练航空之学识与技术，然后可以建立中华民族在国际间之地位。"[1]国民政府痛定思痛，开始积极加强空防，推进空军建设。"以前，中国政府注意航空，只偏重在那看得见听得见的枝叶部分，而忽略了根本。直到受了'九一八''一·二八'的打击教训之后，才渐有觉悟，

1　郑汉生编：《实用航空学》，上海：商务印书馆，1935年，第1页。

对于航空也发生了兴趣。"[1]

1933年，航空委员会技术处处长钱昌祚提出，航空"工程师之训练，宜于工科大学设立航空工程学系，即军官出身者，亦可送至大学训练，可利用工科大学之普通工程设备，得有良好之基础。……我国各大学中，已有二三大学，着手筹备，军事航空机关，对此极愿予以臂助。惟学科在精不在多，依目前国内大学生之程度，及最近航空界之需要，似以考收工科大学毕业生为航空工程研究生，较合实用"。[2] 1934年航空委员会在召开的航空技术会议上，决定协助各大学设立航空工程系。[3]

正是在这样的背景下，清华大学开始航空教育与研究。国家的实际需要、清华大学为国服务的办学理念与良好的科研条件结合，这是清华大学开展航空工程教育与科学研究的直接原因。可见，清华大学的航空研究与教学，一开始即有着明确的目标与抱负：学术机关应该负起重大责任，参与并推动航空等与国防有关的学术研究工作。

1932年夏，清华机械工程学系成立，下分三个组：原动力工程组、机械制造工程组、飞机及汽车工程组。其中，飞机及汽车工程组"注重飞机及汽车之制造，于发动机之装卸，试验及比较等，均施于充分之训练。将来须与政府航空机关或学校合作。然后于学理制造，及航空实验，均有充分之训练"。[4]

包括清华大学在内的几所大学发展航空学科，得到了国民政府的大力支持。

1　姜长英编：《飞机原理》，上海：大东书局，1950年，第2页。此书是姜长英1938年以克莱民（A Kelemin）的 Simplified Aerodynamics 为蓝本改编而成，碍于环境当时未能出版，这是姜长英在1938年10月写的序中的话。

2　钱昌祚：《我国航空工业之前途》，《航空杂志·航空工业专号》，1933年12月1日，第11—12页。

3　姚峻主编：《中国航空史》，郑州：大象出版社，1998年，第78页。

4　《机械工程系》，《清华副刊》第39卷第7期，1933年4月29日，第7页。

1933年10月，航空委员会第四处任职的钱昌祚观察到：

> 查航空工程为当务之急，而军事机关因缺乏教育设备，未能即为举办，殊有遗憾。环顾全国各工科大学中，北平大学工学院、中央大学工学院、交通大学及湖南大学先后俱曾在机械工程学系中增设航空工程一课，每星期约三四小时，一学期或一年完毕，俱因缺乏设备及固定之人选，未有显著成绩。[1]

于是，国防设计委员会从航空救国急需造就航空工程人才出发，会同中英庚款委员会、军政部航空署、航空委员会等机关，率先在武汉大学、清华大学筹设航空讲座，随后又在中央、交通、武汉等大学设立航空工程学系。此举一方面培养中国紧缺的航空工程人才，另一方面也初步奠定中国航空工程事业的发展基础。

关于选择支持清华大学、武汉大学等校办理航空讲座，钱昌祚认为：

> 本会拟选清华、武汉二大学设立航空学系讲座。查清华大学本有设立航空工程选科之计划，已在进行中，且其教授中已有航空工程专门人才，进行自易。如能略加资助，自可促其成功。惟华北局势未定，此项与国防直接有关之物质建设，如航空实验室、研究所等，易招强邻嫉视，能否酌于移设京畿附近，以策永久之安全，是有待于与该校当局商榷者。至于武汉大学之遴选，或以其地点适中，或因其经费宽裕，或因本会委员王部长雪艇之促成，想必有其相当理由。惟就目前之国情观之，航

---

1 《钱昌祚致国防设计委员会秘书厅意见书（1933年10月13日）》，龙锋、张江义、姚勇、王志刚选辑：《1930年代初国防设计委员会资助大学发展航空教育函电选》，《民国档案》第3期，2016年，第4页。

空重心在京杭一带，飞行学校及工厂、航空队，多在于此。如
能在中央、交通、浙江三大学中择一设立航空学系讲座，则学
生实习见闻及与军民航空当局合作较易，且各该校工科学生人
数较多，成立较易。[1]

可见，选择清华大学主要在于清华大学已经进行航空工程教育与科
研，且有相应师资等条件，这是清华的优势。因此，对已有基础的清华大
学如果能"略加资助，自可促其成功"。但清华大学的不足也很明显。正
如钱昌祚指出的，清华大学地处华北，1931年"九一八"事变后，随着东
北逐渐沦陷，华北成为中日民族矛盾的前线。在清华设航空讲座等，公开
进行国防教育与战备训练，"易招强邻嫉视"。此外，清华大学距离南京、
杭州、南昌等航空中心较远，学生实习以及与军、民航空合作不甚方便。
钱昌祚虽未明说清华大学的区位劣势，但细揣钱氏关于从中央大学、交通
大学、浙江大学择一支持的建议，不难看出。

权衡利弊之下，钱昌祚并未否决清华选项。一方面，作为校友，钱昌
祚对母校怀有感情，积极支持清华大学航空学科。另一方面，毕竟清华已
经开始进行航空学科建设，"其教授中已有航空工程专门人才，进行自易"，
在国内相对有自己优势。因此，钱昌祚提出商同清华大学将航空实验室、
航空研究所设在南京附近，"以策永久之安全"。

钱昌祚的这个提议可谓新颖而大胆，有利有弊。有利的方面，在当时
航空中心南昌筹建第二风洞并成立航空研究所，远离北方战场，安全有所
保障；同时，紧挨南昌诸多航空机构便于开展研究。但这种体制也埋下
教学、研究分离的隐患。航空研究所远离北平、孤悬南昌，不符合大学教

---

1 《钱昌祚致国防设计委员会秘书厅意见书（1933年10月13日）》，龙锋、张江义、姚勇、王
志刚选辑：《1930年代初国防设计委员会资助大学发展航空教育函电选》，《民国档案》第3期，
2016年，第4页。

学、科研并重，不能收教学研究互补之效。迨至于抗战全面爆发初期，航空研究所有不随清华大学而随航空学校迁蓉而导致进退失据、无奈最终迁滇的教训。[1]

当时清华大学航空学科初建，急于获得政府支持。学校权衡利弊，最终接受钱昌祚的这一提议。1936年，清华大学在南昌设立了航空研究所。

1933年10月，国防设计委员会副秘书长钱昌照与秘书长翁文灏曾先后致函顾毓琇、梅贻琦、叶企孙，表示国防设计委员会拟在清华大学与武汉大学设立航空讲座，由国防设计委员会各补助一万元。武汉大学已经着手准备，询问清华能否在工学院设航空讲座。[2]

清华大学积极响应钱昌照的提议。梅贻琦校长与理学院院长叶企孙、工学院院长顾毓琇商议后，10月21日，梅贻琦在回复钱昌照的信中，支持钱昌照在清华大学"工学院原有于机械系中添设汽车及飞机工程一组之议"，决定使汽车及飞机工程组"规模稍为扩大，即改为航空工程组"。[3]

1933年12月13日下午3时召开的清华大学第9次校务会议，萧蘧、顾毓琇、叶企孙、沈履、梅贻琦、张子高、蒋廷黻出席，梅贻琦任主席。会议首先"报告国防委员会来函在本校设置航空讲座及函请增加设备等事情"。[4]

1934年1月，梅贻琦致函国防设计委员会及翁文灏、钱昌照，表示清华决定开办航空讲座教授。[5] 1935年秋，飞机及汽车工程组改称为航空

1　金富军：《迁滇前后清华大学航空研究所考察》，西南联大研究所编：《西南联大研究》(第三辑)，昆明：云南出版集团公司、云南教育出版社，2017年，第412—421页。

2　清华大学档案，1-2：1-204-001，1-2：1-204-002。

3　《国立清华大学校长梅贻琦致钱昌照函（1933年10月21日）》，龙锋、张江义、姚勇、王志刚选辑：《1930年代初国防设计委员会资助大学发展航空教育函电选》，《民国档案》第3期，2016年，第5页。

4　清华大学档案，1-2：1-7：2。

5　清华大学档案，1-2：1-204-005。

工程组。

清华大学发展航空学科不久，便得到国民政府的支持。自身发展与成长与国家国防建设需求紧密结合，成为清华大学航空学科发展的一大特点。

拟聘请冯·卡门来清华任教

1934年1月清华大学与国防设计委员会商定开办航空讲座教授一事确定后，随之而来的就是聘请高水平学者来校主持航空学科发展。清华大学将眼光投向了世界航空领域权威冯·卡门。

冯·卡门（1881—1963）是20世纪世界著名的航空学家，开创了数学和基础科学在航空航天和其他技术领域的应用，被誉为"航空航天时代的科学奇才"。

1934年，清华大学拟聘请冯·卡门来校任教，有两方面考虑。首先，冯·卡门对华友好，"平生酷爱东方文物"，且与清华大学已有联系。早在1929年，冯·卡门第二次访华。在北平，冯·卡门接受理学院院长叶企孙教授邀请访问清华大学。冯·卡门在访问清华大学的过程中，向学校阐述了发展航空工业和航空学科的重要性，建议在清华大学尽快创办航空工程专业和设立航空讲座，培养这方面的人才，以便与邻国日本保持军事上的平衡。[1]在南京，冯·卡门在中央研究院、中央大学、中国科学社联合宴请答词中表示："深觉中国应联合世界科学学者，悉心研究，创立中国科学之基础，再谋发扬光大于世界。"[2]

---

[1] 朱克勤：《冯·卡门与清华大学早期的航空工程学科》，《力学与实践》第35卷第5期，2013年，第107页。

[2] 《招待卡曼教授记事》，《科学》第13卷第9期，1929年，第1281页。

其次，中国当时发展航空，主要就是与日本竞争。而日本航空的飞速发展，得到了冯·卡门的支持。1927年，冯·卡门曾帮助日本河西机械公司建造第一台风洞，风洞于1928年竣工。河西公司成立了一家飞机制造公司，在第二次世界大战中成为日本水上飞机和战斗机的主要生产部门。有日本前鉴，清华大学航空学科如果能得到冯·卡门的支持和帮助，无异于知己知彼。

因此，当1934年清华大学聘请航空专家时，自然而然想到冯·卡门。这一方面源于冯·卡门对华友好及与清华的前缘，更重要的是，清华大学发展航空甫一开始并想对接世界最高标准。

1934年暑假前，清华大学函聘冯·卡门来校任教，并筹备设计风洞等事项。冯·卡门因事由美赴德，不能来华。开学后，清华同时致函美国前航空部次长Warner、MIT航空工程科主任Hunsaker及冯·卡门，请他们推荐人才来清华工作。[1]

感于清华的诚挚邀请和出于对中国人民的友好感情，冯·卡门极为重视清华之请，积极回应清华邀请，与梅贻琦校长多次函电往来。

起初，冯·卡门推荐慕华博士（Dr. Morre），但慕华未能成行。实际上，最初慕华接受了清华的聘请，聘期2年。当时，慕华、冯·卡门以及清华三方均已经协商妥当此事。但是不久，慕华的思想发生了变化。他考虑到当时德国的航空学进展非常迅速，担心在清华工作2年，离开德国太久，对自己学术发展不利。因此，慕华提出将2年聘期改为1年聘期。

冯·卡门对这一变故感到遗憾和不安，1935年8月17日特意致函梅贻琦校长致歉，并推荐另一位专家华敦德（Frank. L. Wattendorf）博士。信中，冯·卡门高度评价华敦德：华敦德博士毕业于哈佛大学和麻省理工学院，1927年到德国，在哥廷根和亚琛与他一起工作。1930年回到自己祖国美国，在加州理工学院工作。华敦德博士绝对是风洞与飞行实验方面的第

1　清华大学档案，1-2：1-204-019。

一流研究人员，也是一名优秀教师。他具有调整自己适应任何外国环境的出色能力。卡门教授相信华敦德博士一定能在清华做好工作。

冯·卡门在信中指出，慕华是航空计算与设计专家，实验方面经验稍逊，而华敦德富于活动与领导经验。此外，冯·卡门还建议清华安排第一年聘请慕华，第二年聘请华敦德，这样费用不会太高，顶多是旅行费开销。[1] 后来，冯·卡门教授关于慕华、华敦德交替来华的设想并未付诸实施，最终华敦德接受清华聘请来华工作。

冯·卡门对慕华、华敦德来清华工作的建议虽未完全实现，但他协调各方，并尽量减省清华支出，充分体现了他对清华的支持和工作的一丝不苟。

华敦德1906年出生于美国波士顿，从1920年代起，跟随冯·卡门研究，1933年获得加州理工学院博士学位，在流体力学、风洞设计等方面成绩卓著，是一位著名的航空专家。清华大学重视华敦德，给出600元/月的高薪。[2]

华敦德学问精深，为人诚恳，负责敬业，给当时清华师生留下深刻印象。张捷迁回忆其"为人忠诚周到，肯吃苦耐劳，又有组织能力，无洋人架子。实事求是，绝不装腔作势。全副精神，用在研究；在冯·卡门教授指导下多年，对于空气动力学，理论实验，都有很深造诣"。[3] 梅贻琦高度评价华敦德等外聘专家对清华的贡献：哈达玛、维纳与华敦德"此数君之来校或期以数月，或一二年，吾校师生利用此时机做学术之探讨，其成就必有逾乎寻常者"。[4] 华敦德为清华航空学科发展做出了重要贡献[5]，

1 清华大学档案，1-2：1-204-021。

2 清华大学档案，1-2：1-204-021。

3 张捷迁：《回忆清华开创的航空研究》，《中国科技史料》第2期，1983年，第16—17页。

4 梅贻琦：《五年来清华发展之概况》，《清华周刊·向导专号》，1936年6月27日，第2页。

5 金富军：《华敦德与清华大学航空研究》，《中国科技史杂志》第27卷第3期，2006年，第229—237页。

这背后，也包含着冯·卡门对清华大学航空学科的支持和贡献。

1937年冯·卡门访华背景

1937年初，清华大学邀请冯·卡门访华。如果说冯·卡门前两次访华都是游历性质，那么这次访华有着明确的目的。

首先，在校内外支持下，几年内清华大学航空学科快速发展，急需进行评估和总结。

1934年12月，钱昌祚受国防设计委员会委托审查评估清华大学机械工程学系航空组发展，认为：

> 窃按凡大学中创办某科系之成功，赖于人才、时间、金钱三者。该校筹设航空工程组之决定，较诸国内其他大学早有一二年，其间进步，虽未云甚速，然在按部就班做去，并未停顿，此时间方面之占优也。该校机械工程系王教授士倬及在延聘中之冯君桂连，俱属航空工程专门人才，此后着手进行，当较他校之尚待物色专任人选者为易。至于物质设备，据该校机械设备概况所载，房屋设备俱属新置，质量方面，尚可与他校抗衡。[1]

1936年3月，钱昌祚受资源委员会委托审查评估清华大学机械工程学系航空组一年发展概况，认为：

---

1 《钱昌祚致资源委员会秘书厅函（1936年3月10日）》，龙锋、张江义、姚勇、王志刚选辑：
《1930年代初国防设计委员会资助大学发展航空教育函电选》，《民国档案》第3期，2016年，
第25页。

该校对于延聘讲座及教授人才方面，在国内各大学中，成就最多，不但竭力罗致外籍专家，以提高教育标准，且能将已有之教授人才，分借政府机关，供给航空教育之需要。较诸其他国立大学，领有政府补助办理航空工程教育，未能罗致外籍教授，并须向航空机关吸引原有人员者，其努力合作情形，殊堪嘉许。[1]

1936年4月24日，航空组研制的5英尺航空风洞成功建成。风洞风速每小时可达120英里，雷诺数达5,500,000。当时世界著名风洞，雷诺数最高为英国伦敦高气压风洞，达83,000,000，次为美国兰雷飞行场风洞，达63,000,000。与清华风洞雷诺数相埒者有日本川西机械制作所风洞，为6,650,000。[2] 当时英、美、日三国均从世界范围内搜罗人才，例如冯·卡门即从德国投向美国，日本风洞研究是在冯·卡门的得力助手埃立希·凯塞直接领导下从1927年即已开始，[3] 费时四五年，耗资数百万日元，建造东京大学10英尺航空风洞，奠定日本航空研究基础。[4] 清华以一校之力自主设计，一次即告成功，并能得到如此高的雷诺数，在中国航空史上有非常重要的意义。[5]

1 《钱昌祚致国防设计委员会意见书（1934年12月31日）》，龙锋、张江义、姚勇、王志刚选辑：《20世纪30年代初国防设计委员会资助大学发展航空教育函电选》，《民国档案》第3期，2016年，第13页。

2 王士倬、冯桂连、华敦德、张捷迁：《国立清华大学机械工程系之航空风洞》，国立清华大学机械及航空工程研究丛刊，机研第八号，1936年5月，第7页。清华大学档案馆，全宗号1，目录号2-1，案卷号204。

3 [美]冯·卡门、李·爱特生著，曹开成译：《冯·卡门：航空与航天时代的科学奇才》，上海：上海科学技术出版社，1991年，第154—155页。

4 庄前鼎：《国立清华大学航空研究所工作报告（1937—1945）（节录）》，清华大学校史研究室编：《清华大学校史资料选编》二（下），1991年，第150页。

5 王士倬、冯桂连、华敦德、张捷迁：《清华大学机械工程系之航空风洞》，《工程》第12卷第

5月，中国工程师学会及各专门工程学会在杭州举行联合年会，王士倬、冯桂连、华敦德、张捷迁联合撰写的5英尺试验风洞论文，被评为1936年中国工程师学会论文第一奖，并作为《工程》杂志"第六届年会论文专号"第一篇文章发表。[1]

紧接着，清华大学在南昌建立航空研究所，开始建造远东最大的15英尺航空风洞，当时中国航空人才缺乏，研究水平不高，技术水平也低。虽然有来自冯·卡门、华敦德等国际友人的支持，但仍面临许多困难。例如机械系航空组第一班学生吕凤章自清华毕业后，通过中德研究生交换项目赴德国航空工业研究中心之一德国亚琛工业大学（Techiche Hoohschule Aachen）学习，欲读工程博士，即因为航空关系国防，而受颇多曲折。"盖德认为航空工程，关系国防，不得与外人研究机会。"[2]

1936年，南昌航空机械学校校长钱昌祚访美时，征求冯·卡门教授对清华建设15英尺风洞的意见。冯·卡门从技术上表示反对：

> 敝校之十呎风洞，供各制造厂研究新机，已甚适用。现在每周工作七十小时，敝校有重造同样者一座之计划。如仅就飞机模型试验，十呎者已颇适用，试观现在所试之双发动机飞机模型，已甚笨重，装置时须二三人协力扛抬。如为十五呎风洞，则模型将重至二百磅，每次装卸，势必用吊车，然而十五呎之风洞，供全个螺旋桨及发动机试验，犹嫌太小，如美国国立航空咨询委员会之风洞系二十呎，英国空军部航空试验所之风洞系二十四呎，鄙意中国如欲造一风洞可以试验螺旋桨者，

1号，1937年2月1日，第7页。

1 王士倬、冯桂连、华敦德、张捷迁：《清华大学机械工程系之航空风洞》，《工程》第12卷第1号，1937年2月1日，第1—10页。

2 《吕凤章君自德与庄先生来函》，《清华机工月刊》第1卷第4期，1937年2月20日，第17页。

至少应有口径十八呎，最好能作两种装置，寻常用十呎，必要时改十八呎，效用可广。至于天称方面，敝校设计者，有一部份不能自动调测，新造者自可改良也。[1]

但建造大口径风洞，此时已经不仅仅是航空工程学科发展的需要，更是中国国防建设的必需。这就迫使清华大学必须克服一切困难，设计并建造大型航空风洞。

在机械系航空组师生努力下，在一个月之内便完成15英尺风洞的初步设计。航空组第一班学生毕业后，华敦德与张捷迁两人又花费一个月，完成修正设计及指导绘图等工作。[2]然后定案，完成正式图。这个风洞是当时世界上最大的风洞之一，比加州理工学院的风洞要大50%。[3]

1937年初，15英尺航空风洞建造设计完毕，3月开工建造，计划于1938年初建造完毕。

与此同时，清华大学向航空委员会提出，计划扩充航空研究范围，除在南昌成立航空研究所、校内设置航空讲座外，"拟再举办一切有关航空各方面之研究，以期向精实用方面而致力。"[4]

在计划进一步推动航空学科发展、15英尺航空风洞设计完成并开始建造之际，清华大学迫切需要冯·卡门亲临，指导清华大学航空学科的下一步发展。

1937年初，清华大学邀请冯·卡门访问清华，视察清华建造的航空风洞，对清华大学航空教育与研究给予指导。3月11日，梅贻琦致函冯·卡

---

1 钱昌祚：《房卡门博士谈话录》，《航空机械》第2卷第3期，1937年8月1日，第3—4页。

2 张捷迁：《国立清华大学十五英尺口径风洞》，《航空机械》第4卷第9期，1940年9月，第1页。

3 《著名科学家冯·卡门谈：协助清华创始航空工程研究经过》，《校友文稿资料选编》第4辑，1996年，第174页。

4 清华大学档案，1-2：1-204-052。

门，代表清华大学邀请他来清华，并提供1,000美元旅行费用。[1] 由于此前冯·卡门"对于华敦德教授在中国所受之礼遇，及清华大学诸青年热心航空研究情形，引为快慰"[2]，故接到梅贻琦邀请，冯·卡门欣然接受，并对中国之行充满期待，表示："借这个好机会，我一方面去探望我的老助手，另一方面亲眼看看航空这门新兴科学在那个文明古国的发展状况。我上次访华至今已有8年了，那时我就提议通过兴办航空教育把孔夫子的故乡推进到航空时代。这一次临行前，我听说中国人已经取得了一些进展。我看他们聘请弗朗克这样的专家去办航空系，至少在一定程度上说明了这个问题。但我仍渴望亲自去看看具体发展情况。"[3]

正如清华大学发展航空学科有国民政府大力支持而非单纯学校行为，此次邀请冯·卡门访华，亦是在中日关系日益紧张背景下，国民政府邀请冯·卡门对中国航空工业给予指导，并且这是更为重要的因素。冯·卡门在华活动主要在南京、江西而非清华，主要与国民政府、空军高层接触而非清华大学航空组师生，非常清楚地说明了这一点。只是出于保密，由清华大学出面邀请。

1937年7月5日，冯·卡门由苏联经东北到北戴河，华敦德到站迎接。当晚，他们乘车赴北平。7月6日早6点半，冯·卡门在华敦德陪同下到达北平。来华之前，冯·卡门只知其一，不知其二，一直以为"主要目的是到清华大学讲学，同时看看清华航空工程系的进展情况"。[4] 到中国后，在从北戴河赴北平火车上，华敦德告诉他实情，此次邀请实际另有意图。

1　冯·卡门此次来华，实际支出除1,000美元外，另有2,000元国内交通、住宿、陪员等支出。清华大学档案，1-2：1-111：2-040。

2　钱昌祚：《房卡门博士谈话录》，《航空机械》第2卷第3期，1937年8月1日，第4页。

3　[美]冯·卡门、李·爱特生著，曹开成译：《冯·卡门：航空与航天时代的科学奇才》，上海：上海科学技术出版社，1991年，第223页。

4　[美]冯·卡门、李·爱特生著，曹开成译：《冯·卡门：航空与航天时代的科学奇才》，上海：上海科学技术出版社，1991年，第230页。

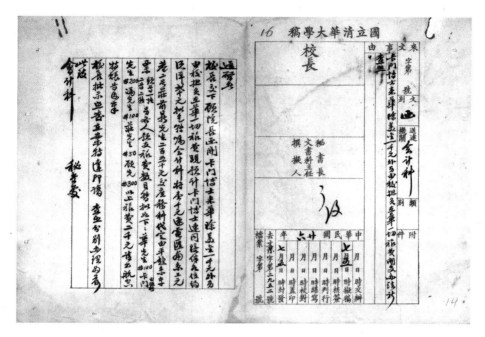

清华大学邀请冯·卡门访问清华、视察清华建造的航空风洞（页1）

冯·卡门回忆当时的谈话：

> 旅途上，弗朗克先简要介绍了一下中国情况，然后才谈到
> 我这次访华的实情：访问清华，察看航空工程系不过是个幌子，
> 背后文章是帮助中国政府建立一支现代化空军，因为蒋介石指
> 望这支空军去抵挡日本的侵略。[1]

按照中国空军发展规划，风洞的设计和运转工作由清华大学承担，
请华敦德担任技术指导。华敦德提议建造大风洞，但国民政府认为规模

1　[美]冯·卡门、李·爱特生著，曹开成译：《冯·卡门：航空与航天时代的科学奇才》，上海：
　　上海科学技术出版社，1991年，第232页。

逕啟者准工學院顧院長函開工學院電機系聘任美

籍教授 *Prof. Karl L. Wildes* (m.9.7) 來校講學

已蒙覆允即乞電匯來往川資美金壹千零肆拾

元等因陳奉

秘書長批示「照電免出留美張　在鋆特達即煩

查照辦理為荷此致

會計科

啟　一月廿七日

（辦公用）聯三甲 25.12.10000.

清华大学邀请冯·卡门访问清华、视察清华建造的航空风洞（页2）

THE CONTINENTAL BANK

大 陸 銀 行

Cable Address: "CONTIBANK."
Chinese Telegraphic Address: "0006"

Codes Used: { Bentley's Complete Phrase and Table Code,
A. B. C. 6th Edition.
Peterson 3rd Edition.

Peiping, _____ **Jan. 28** ___193 **7.**

Tsinghua University,
Peiping.

Dear Sirs:

In accordance with the instructions and conditions contained in your memo of **Jan. 28, 1937**, we now beg to advise having despatched a TELEGRAM to **Agent** a**New York** _____ instructing them without liability on the part of THE CONTINENTAL BANK or its correspondents for any loss or damage in consequence of delay, or mistake in transmitting the messege or for any cause beyond its control, to pay to **Prof. Karl Leland Wildes, c/o Edward Leyburn Moreland, MIT, Cambridge Massachusetts,** _____, for account of **yourgoodselves** _____ the sum of **US$1040.- (USDollars one thousand forty only)** equivalent at **337** _____, as settled on **yesterday** of _____ for which amount we have received payment. **of $3504.80**

As exchange will be promptly purchased to cover this remittance THE CONTINENTAL BANK will not be liable, in the event that payment for any reason cannot be made, for any amount in excess of the value in _____ of such exchange at the time refund is asked. Funds are accepted only upon that condition.

Please hand us **$71.07** _____ for cost of our telegram. **per separate memo.**

Yours faithfully,
THE CONTINENTAL BANK.
PEIPING

Sub-Manager

清华大学邀请冯·卡门访问清华、视察清华建造的航空风洞（页3）

宏大，需要巨额资金，并要请外国公司施工才行，因此不同意大风洞方案。华敦德提议由清华大学学生承担风洞设计和施工管理，征得国民政府同意后，清华开始在南昌设计建造远东最大的15英尺航空风洞。华敦德提议添置空气动力学辅助研究设备，但此事要空军批准。恰在此时，冯·卡门来到中国。可见，邀请冯·卡门来清华访问绝非临时起意，而是清华大学、国民政府发展航空计划的一步。

冯·卡门指导清华和中国航空事业发展

1937年7月7日，冯·卡门在北平饭店与华敦德、清华大学主要领导以及军方高级将领开会，会后马上参观清华大学，并在清华大学工字厅午餐。在清华大学，冯·卡门充分肯定清华大学坚持独立自主培养研究人才、走自主研发道路的方针，他观察到：

> 清华与日本的航空研究部门相仿，迫切需要培养学生运用试验设备解决航空重大问题的意识。走这条路发展中国航空要比凭许可证造外国飞机更切实际。我特别强调指出，那后一条路不过是生搬硬套外国人的设计而已。我说，这一代学生只要坚持不懈钻研航空理论，不断提高独立试验能力，那么，依靠自己的力量肯定能把中国的航空搞上去，而且能有所突破。[1]

在清华大学，冯·卡门被聘为名誉教授。

7月7日，清华大学工学院院长顾毓琇等陪同冯·卡门搭下午5点50

---

1 ［美］冯·卡门、李·爱特生著，曹开成译：《冯·卡门：航空与航天时代的科学奇才》，上海：海科学技术出版社，1991年，第234页。

分的火车赴南京，8日到南京。[1] 在南京，冯·卡门会见了国民政府航空委员会主任周至柔。同日，冯·卡门、华敦德、清华大学机械工程学系教授冯桂连等人草拟了清华大学航空研究所计划。

7月10日，冯·卡门到达南昌。在华敦德、顾毓琇以及航空机械学校校长钱昌祚、教育长王士倬等陪同下，冯·卡门参观了空军基地、中意合作建立的飞机制造厂，以及清华大学15英尺航空风洞工地。[2]

华敦德、张捷迁研究了薄壳理论在钢筋混凝土建筑上的应用问题[3]，从理论上给予支持。应用薄壳理论，15英尺风洞壁厚仅3.5英寸，最大风洞壳直径34英尺。[4] 建造方法国内首创，打破了当时一般建筑师认为中国技术不够好，非请外国人用机械制造不可的心理。这让冯·卡门大为惊叹并大加称赞，[5] 给清华大学航空研究所研究人员很大鼓励。

访华结束后，冯·卡门在写给梅贻琦校长的信中，再次高度评价风洞超前设计与优良性能：

In Nanchang I inspected thoroughly the Tsing Hua 15'wind

1　冯·卡门回忆自己是在7月7日离开北平赴南京。顾毓琇回忆7月6日下午6时陪同冯·卡门教授离开北平赴南京，翌日，卢沟桥事变发生。《著名科学家冯·卡门谈：协助清华创始航空工程研究经过》，《校友文稿资料选编》第4辑，1996年，第174页。[美]顾毓琇：《水木清华》，北京：清华大学出版社，1994年，第272页。据清华大学拟定的行程表，冯·卡门的回忆是对的。清华学档案，X1-3：3-98-052。

2　《15英尺航空风洞的研制》，金富军著：《老照片背后的清华故事》，北京：清华大学出版社，2020年，第119—124页。

3　华敦德、张捷迁：《钢筋混凝土薄层管中应力之分析》，《工程季刊》第1卷第1期，1937年3月，第37—50页。华敦德、张捷迁：《薄层管支环中弯矩之分析》，《工程季刊》第1卷第2期，1937年3月，第207—216页。

4　[美]张捷迁，[美]盛健：《怀念美籍讲座教授华敦德博士对清华的贡献》，《校友文稿资料选编》第4辑，1996年，第172页。

5　[美]冯·卡门、李·爱特生著，曹开成译：《冯·卡门：航空与航天时代的科学奇才》，上海：上海科学技术出版社，1991年，第236页。

tunnel now under construction, and I wish to express my agreement with the design and methods of construction. I find that the aerodynamic design takes into account in a very fortunate way the special needs which occur in China at present, and in addition it also appears sufficiently flexible for future development. Concerning the construction proper, I believe that as the first example of the so-called thin shell construction method in China, it will be a benefit also to other construction plans, I discussed with the members of your staff a broad research program for the Institute, and I am including a copy of the list of suggested items. [1]

事实上，从清华大学开始发展航空学科开始，冯·卡门便参与整个过程。最初，学校便邀请冯·卡门来清华任教。虽然冯·卡门不能来清华任教，但他积极推荐慕华、华敦德，并最终促成华敦德来清华任教。在建造15英尺航空风洞过程中，他坦率地贡献意见并亲临南昌指导风洞建设。事实上他已经成为这项工程的成员之一。1946年5月，航空研究所所长庄前鼎在教育部部长朱家骅信中汇报研究所工作，明确指出：

> 窃职所成立于抗战前一年，为国内学术机关与国防航空方面发生联系之惟一机构。当时蒙委员长核准，由航空委员会拨协款八十万元，于南昌建造远东最大之十五呎口径航空风洞，并由军事委员会资源委员会补助航空讲座经费聘请世界闻名之美国航空专家房卡门（冯·卡门）博士及华敦德博士会同职所全体教授、教员等及清华机械系航空组第一届全体毕业生设计

1　清华大学档案，X1-3：3-98-052。

建造。于民国廿五年十二月开始兴建，七七抗战后在敌机轰炸下仍加紧工作，卒于二十七年一月将土木部分、钢筋混凝土建筑全部完成，不幸于二十七年三月遭敌机轰炸，命中一弹。益以当时南昌空袭频仍，安装马达等工作无法进行，不得不抛弃垂成之工作，随同航空机械学校由赣迁川。[1]

在清华大学及在南昌清华大学航空研究所考察交流活动结束后，冯·卡门开始了与国民政府、军方频繁的交流与指导，开始他此次来华的另一项重要工作——指导中国航空工业发展。

参观完清华大学航空研究所后，在南昌航空机械学校，冯·卡门做了题为"改善飞机性能之途径"的公开讲演。[2]

冯·卡门的演讲从气体动力学、材料、结构方法和发动机四个方面对飞机性能进行了分析。在气体动力学方面，冯·卡门着重指出了风洞的重要性，并高度赞扬清华大学15英尺航空风洞。

利用风洞之设备，以研究改良飞机之性能，已为世界各国专家所公认之最有效方法。余知南昌方面，正在建筑一伟大而效率极高之风洞，其将对于贵国航空事业之前途，做许多重要贡献，余敢断言者也。

冯·卡门将航空工业划分为三个时期："大凡一个国家之航空工业，其进展可分三个时期。第一期为购机时期，飞机与发动机及一切另〔零〕件，均取给于友邦，昔捷克、波兰等国皆如是。第二期为仿造时期，即购取外

---

1 清华大学档案，X1-3：3-98-052。

2 冯·卡门教授讲演，王世倬笔记翻译：《改善飞机性能之途径》，《航空机械》第2卷第3期，1937年8月1日，第10—15页。

邦之国图样即制造权，自行设厂训练工人制造，欧美、日本诸国均有之。第三期则为自行设计制造。在此三个时期中，气动力学之研究，风洞之测验，皆可作实际有效之贡献。"1939年9月，华敦德重申了冯·卡门的这一观点，并明确指出：1936年、1937年的中国航空工业水平，主要处于第一阶段，即购机阶段，但是已经雄心勃勃地开始第二阶段，并为第三阶段做准备。清华大学建造的15英尺风洞则使得中国有能力解决第一，第二阶段问题，同时迈向第三阶段。[1]

冯·卡门在演讲最后还不忘激励大家说：

> 最后余盼望贵国诸位专门学者，继续努力，做航空技术之研究。航空事业，发展未久，前途大可以有为；切勿以为君等现已落后，急起直追，时犹未晚也。诸位大都年事尚轻，余亦素知贵国青年之聪明善学，予以设备，予以教育，贵国航空学术之前途，定无限量！

7月11—12日，华敦德与冯桂连、钱昌祚等陪同冯·卡门会晤国民政府空军高层领导毛邦初、朱霖等。冯·卡门详细回答了与会各位有关航空教育、发展趋势、军火贸易等提问。[2]

中国政府空军高层对冯·卡门非常尊重。冯·卡门回忆："官员们称呼我是中国名誉顾问，希望我对中国航空研究发展长远规划发表意见。耐人寻味的是，他们非常关心我帮助日本搞航空的路子，认为我完全明白，一个技术上落后的国家要急起直追首先应该抓什么。由于当时日本的航空

1　F.L. Wattendorf, *China's Large Wind Tunnel: Details of the Design and Construction of the 15ft. tunnel at Tsing Hua,* AIRCRAFT ENGINEERING, Sep.1939, p.345.

2　钱昌祚：《房卡门博士谈话录》，《航空机械》第2卷第3期，1937年8月1日，第3—9页。钱昌祚：《与房卡门博士谈话录（续完）》，《航空机械》第3卷第1期，1939年1月10日，第3—6页。

领先于中国，因此他们想走类似日本的道路赶上去。看来，就办好空军的最有效途径向蒋介石和当时主管空军的宋美龄进行游说的任务，该落到我的身上了。我也乐意去完成这个使命。"[1] 冯·卡门的这个感觉再次说明国民政府邀请的真正意图，在中日关系紧张之际，希望借重这位对华友好、又曾对日本航空业发展起过重要影响的国际著名航空专家帮助中国航空业发展。

7月14日，在华敦德、梅贻琦、顾毓琇等陪同下，冯·卡门前往庐山牯岭拜见蒋介石。冯·卡门向蒋介石、宋美龄等介绍了风洞原理，并介绍了风和飞机之间的相对运动以及在实验室运用风洞模拟飞机在空中飞行的情况，得到了宋美龄的支持。冯·卡门特意提出，中国航空事业，试验与研究应该齐头并进，一批缺乏经验的人需要做大量的试验工作。[2]

冯·卡门对牯岭之行与蒋介石、宋美龄会谈很满意。他说：

The sojourn in Kuling was of special interest me and great pleasure to me, having the opportunity of meeting a large number of learned and influential men of the country, and most especially your great national leader. I believe that it augers well for the success of your Research Institute that both he and Madam Chiang are so deeply interested in aeronautical development. [3]

与蒋介石会见后，冯·卡门再与国民政府军方高层进行座谈。[4] 冯·卡

1　[美]冯·卡门、李·爱特生著，曹开成译:《冯·卡门：航空与航天时代的科学奇才》，上海：上海科学技术出版社，1991年，第233—234页。

2　[美]冯·卡门、李·爱特生著，曹开成译:《冯·卡门：航空与航天时代的科学奇才》，上海：上海科学技术出版社，1991年，第239页。

3　清华大学档案，X1-3：3-98-052。

4　钱昌祚:《与房卡门博士谈话录（续完）》，《航空机械》，《与房卡门教授谈话录》，《航空机械》

门就大家关心的驱逐机发动机形式采用、中翼机与低翼机设计比较、高压空气风洞与全型大风洞效用对比、木质飞机与金属飞机性能比较、美国民用军用航空标准、美国发动机及燃料研究等各种问题做了解答。

对大家关心的其他问题，冯·卡门也给予一一解答。例如：关于工程师由大学培养，还是工程学院培养？他认为"大概由大学研究训练之工程师，素质可较自办学院为优"。关于中国航空建设人才培养，他认为：中国青年不必勉强模仿西方，"鄙意中国学生于理论研究，较为擅长，而实际经验较缺，应于此注意"。关于基础研究与应用研究关系，他说：以应用研究为主，但须设置可作基本研究之设备，逐渐推进。其进行步骤，可双方并进，一部分从事基本研究，一部分注意规范之审订及应用试验。关于中国大学如何进行研究工作，他建议加强与工业界联系，一方面增加经费，一方面增加学生研究机会。冯·卡门还特意强调要充分发挥航空工程学术团体对航空技术进步的重要促进作用。

访华结束后，冯·卡门在写给梅贻琦校长的信中，特别提到与国民政府、军方高层人士会谈，再次重申他针对中国当前情况提出的建议：

During my visit to Nanking and Nanchang I discussed with member of your staff and representatives of the military authorities the fundamental question concerning the organization of aeronautical research and testing in China, according to present needs. I am submitting to you the outline of my recommendations on the subject in tentative form. The basic idea of this recommendation is the separation of fundamental research problems and the experimental and research work on more immediate requirements of actual Aeronautical Activities. The

第3卷第1期，1939年1月10日，第3—6页。

suggested items of fundamental character are marked by an index; I believe that such items should be handled by an independent research Institute of scientific nature connected with educational institutions such as the Tsing Hua University.*1*

7月23日，冯·卡门在华敦德陪同下赴日本东京大学讲学。讲学完毕，冯·卡门乘船返回美国，华敦德则坚持回到清华大学。"他要留在清华，防止自己长期搞成的那台风洞遭到日军破坏。"*2*

7月25日，已经离开中国的冯·卡门给梅贻琦写信，感谢清华热情邀请和盛情接待，尤其感谢顾毓琇的计划和安排，让他觉得非常愉快。冯·卡门表示，愿意继续和清华保持联系并提供力所能及的帮助。

Before returning home I wish to express again my gratitude for your kind invitation to visit China, and for the hospitality enjoyed in that country... I shall be glad to maintain permanent contact with the progress of your plans and I am always willing to give information and suggestions which may be helpful, as far as I am capable.*3*

1937年7月，冯·卡门访华。除到清华大学讲学，并指导航空风洞建设外，实际上也是考察和指导中国航空工业，并提出发展建议。冯·卡门接触了蒋介石、周至柔、毛邦初等中国政府、军队高级领导，以及清华大

1　清华大学档案，X1-3：3-98-052。

2　[美]冯·卡门、李·爱特生著，曹开成译：《冯·卡门：航空与航天时代的科学奇才》，上海：上海科学技术出版社，1991年，第240页。

3　清华大学档案，X1-3：3-98-052。

学航空专业师生，同时参观了南昌的空军基地、飞机制造厂和清华大学航空研究所等重要设施，对当时中国航空事业发展情况有了初步了解。他从美、英、法、德等强国航空发展历史出发，对中国航空事业发展提出了意见和建议。遗憾的是，由于抗日战争全面爆发，国民政府的空军发展计划被打乱。但他关于基础研究与应用研究并重、培养中国学生实验技能培养，以及注意发挥学术团体作用等正确意见，对此后中国航空事业和教育发展，起到了一定作用。

回到美国以后，冯·卡门依然关注中国航空事业发展。他将对华友好感情投入到中国留学生的精心培育中。抗战期间，他培养了钱伟长、钱学森、林家翘、范绪箕、郭永怀、张捷迁等来自清华大学的优秀人才。

冯·卡门对华充满感情，曾向国民政府航空委员会工作的清华校友王士倬表示"对中国有特殊情感，甚愿来华办理航空教育"。冯·卡门这一积极态度经顾毓琇向蒋介石报告并得到积极回应。王士倬向梅贻琦校长建议，清华敦请冯·卡门担任航空研究所所长，如此"不仅母校之光，实民族前途之幸也"！并请钱学森、周培源等在美着急冯·卡门介绍的学者来清华工作。[1] 遗憾的是，由于形势变化，这一建议没有实现。

虽然来华工作愿望未能实现，但并没妨碍冯·卡门对华友好。当1950年代中美关系处于低潮时，冯·卡门依然乐观地指出：

> 我坚信，中国已经摆脱了许多技术发展的束缚，一旦解决了面前的内政和外交问题，它的巨大科学潜力将会充分发挥出来。[2]

中国航空工业的发展没有辜负冯·卡门教授对华友好的美好愿望。

1　清华大学档案，1-4：2-105：4-027。

2　[美]冯·卡门、李·爱特生著，曹开成译：《冯·卡门：航空与航天时代的科学奇才》，上海：上海科学技术出版社，1991年，第242页。

弦歌未辍

国立联合大学时期（1937—1946）

烽火连天，弦歌未辍

——教育部成立长沙临时大学给梅贻琦等密谕

1937年7月7日，卢沟桥事变发生，中国人民伟大的抗日战争全面爆发。8月，位于北平的国立清华大学、国立北京大学和天津的私立南开大学在长沙联合组成国立长沙临时大学。1939年，长沙临时大学又迁至昆明，改名为国立西南联合大学。长沙临时大学与西南联合大学前后继承，与中国人民伟大的全面抗日战争相始终，三校师生和衷共济、弦歌不辍，创造了战时高等教育的奇迹，也铸就了教育史上不朽的丰碑。

卢沟桥事变爆发时，清华大学校长梅贻琦与陈岱孙、浦薛凤、顾毓琇、庄前鼎等教授以及北京大学校长蒋梦麟、南开大学校长张伯苓等应邀参加于7月9日起在庐山召开的各界知名人士国是问题谈话会。

由于此前几年间，中日之间时有摩擦，所以卢沟桥事变后几天，各方均在仔细评估此次事变的严重性，社会局面尚显镇静。7月10日，清华大学教务长潘光旦、秘书长沈履联名致电南京国民政府教育部，请急转梅贻琦，称"连日市民、学校均镇静。各方安，乞释念"。[1]至14日，局面日益恶化，潘、沈二人急电梅贻琦："和平望绝，战机已迫。"请梅贻琦设法

---

1 《潘光旦、沈履急电梅校长（1937年7月10日 北平—南京）》，清华大学校史研究室编：《清华大学史料选编》（第三卷上），北京：清华大学出版社，1991年，第1页。

绕道正太路、平绥路返校，应付时变。[1] 同时，潘光旦、沈履及清华大学数学系教授郑之藩等人联合北大等校教授密电在庐山与会的梅贻琦、胡适、蒋梦麟等人，希望他们劝谏蒋介石等国民党高层："务请一致主张贯彻守土抗敌之决心，在日军未退出以前绝对停止折冲，以维国权。"[2]

17日，梅贻琦密电潘光旦：当日早晨当局召开重要会议，表示坚决抗日，并已开始布置。梅贻琦表示，与蒋梦麟商量后，不日即将返回。[3] 同日，蒋介石在庐山发表谈话，提出不得侵害中国主权与领土完整等解决卢沟桥事件的四个条件，并致电宋哲元、秦德纯："倭寇不重信义，一切条约皆不足为凭，勿受其欺为要。"同日，东京日本五相会议决定，动员40万日军侵华，华北局势急转直下。29日，北平沦陷。

当时，正值暑假，清华大学一、二、三年级学生在北平西郊妙峰山一带夏令营做军事演习，土木系大部分学生在山东济宁县实习，四年级毕业生有200余人留校找工作，准备研究生与留美公费生考试。教职员大部分都在校内。

8月，北平沦陷后，清华留校师生及家眷纷纷撤向城内。此时校内人心不稳，校内师生对局势议论纷纷。14日晚，沈履、潘光旦等在工字厅召集通气会，通报连日与北平市长秦德纯沟通情况，通报日军决意发动侵华战争吞并华北，大战在即，29军决意抗战等情况。[4] 15日，清华提前发给

1 《潘光旦、沈履急电梅校长（1937年7月14日 北平—牯岭）》，清华大学校史研究室编：《清华大学史料选编》（第三卷上），北京：清华大学出版社，1991年，第2页。

2 《北平各大学负责人密电蒋梦麟、胡适、梅贻琦（1937年7月15日 北平—牯岭）》《李书华等21教授密电庐山谈话会（1937年7月16日 北平—牯岭）》，清华大学校史研究室编：《清华大学史料选编》（第三卷上），北京：清华大学出版社，1991年，第2—3页。

3 《梅贻琦密电潘光旦（1937年7月17日 牯岭—北平）》，清华大学校史研究室编：《清华大学史料选编》（第三卷上），北京：清华大学出版社，1991年，第2—3页。

4 《吴宓日记（1936—1938）》，北京：生活·读书·新知三联书店，1998年，第169页。

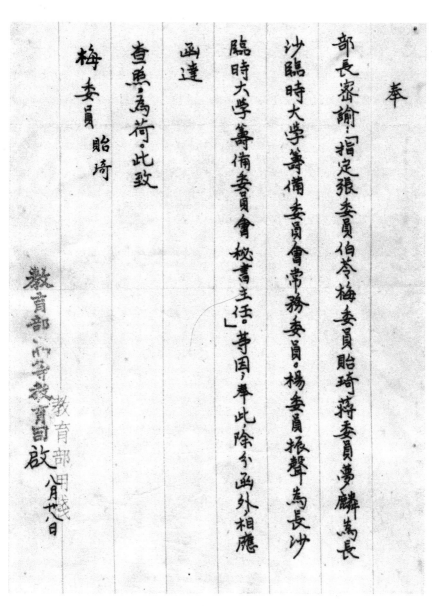

奉

部長密諭：「指定張委員伯苓梅委員貽琦蔣委員夢麟為長沙臨時大學籌備委員會常務委員。楊委員振聲為長沙臨時大學籌備委員會秘書主任。」等因，奉此除分函外相應函達

查照，為荷。此致

梅委員 貽琦

教育部高等教育司 啟 八月廿八日

任命长沙临时大学负责人的密谕

391

教职员七月份工资，以为预备。[1]

8月14日，教育部决定清华、北大、南开三校迁至长沙组建临时大学，致函电告仍在庐山的梅贻琦，请其与顾毓琇出席19日在南京召开的筹备委员会预备会。[2]17日，梅贻琦收到函电。翌日，梅、顾致电函在南京的清华大学机械工程学系主任庄前鼎，请其代为出席预备会，并电示会议结果。[3]同日，二人还回复教育部次长周炳琳解释原因。[4]

梅贻琦下庐山后，即刻北返。行至南京后，由于平津交通中断，无法北上。滞留南京期间，梅贻琦除了积极向南京各方探听消息外，只能依靠函电与学校保持联系。[5]

8月28日，教育部密谕：

奉部长密谕："指定张委员伯苓梅委员贻琦蒋委员梦麟为长沙临时大学筹备委员会常务委员。杨委员振声为长沙临时大学筹备委员会秘书主任。"等因；奉此，除分函外，相应函达

查照，为荷。此致

梅委员贻琦

教育部高等教育司启

八月廿八日[6]

---

1 《吴宓日记（1936—1938）》，北京：生活·读书·新知三联书店，1998年，第169页。

2 《教育部密电梅贻琦、顾毓琇（1937年8月14日　南京—牯岭）》，清华大学校史研究室编：《清华大学史料选编》（第三卷上），北京：清华大学出版社，1991年，第4页。

3 《梅贻琦、顾毓琇急电庄前鼎（1937年8月18日　牯岭—南京）》，清华大学校史研究室编：《清华大学史料选编》（第三卷上），北京：清华大学出版社，1991年，第5页。

4 《梅贻琦、顾毓琇复电教育部（1937年8月18日　牯岭—南京）》，清华大学校史研究室编：《清华大学史料选编》（第三卷上），北京：清华大学出版社，1991年，第4页。

5 梅贻琦：《抗战期中之清华（1939年4月）》，清华大学校史研究室编：《清华大学史料选编》（第三卷上），北京：清华大学出版社，1991年，第18页。

6 清华大学档案，X1-3：1-1-001。

8月底，梅贻琦奔赴长沙，参加筹备临时大学工作。9月初，清华在长沙成立办事处。在天津、南京、上海、汉口四处清华同学会的协助下，办理通知清华南下师生职员到长沙开学等事宜。[1]

经过紧张高效的筹备，仅用不到两个月时间，长沙临时大学便筹备完毕，三校师生克服重重困难赶赴长沙，于1937年10月25日开学，11月1日上课。11月17日，长沙临时大学筹备委员会向教育部工作报告书统计：

临时大学理、法商、工学院租用长沙韭菜园圣经学校，文学院租用南岳圣经学院，同时分别租用四十九标、涵德女校作为男、女生宿舍。临时大学自始即用归并办法，三校共有院系、一校内性质相近院系均予以归并以节省开支，提高效率，归并后设4个学院17个学系。教员148人，其中清华73人，北大55人，南开20人。截止到11月20日，三校原有学生到校1,120人，其中清华631人，北大342人，南开学生147人；此外，新招学生114人、借读生218人；全校学生总计1,452人。此外，经费、建筑设备、行政组织、教学设施也都粗具规模。[2]

梅贻琦曾说："自北平沦陷，战祸延长，我政府教育当局，爰于八月中命本校与北大、南开合组临时大学于湖南省会之长沙，琦于八月底赴湘筹备，……烽火连天，弦歌未辍，虽校舍局促，设备缺乏，然仓卒得此，亦属幸事。"[3] 实际上，从开始筹备到开学不足两月，这已不仅是"幸事"，而是奇迹了。陈雪屏评价：

长沙临大真是名副其实的"临时"大学，一切都是草创急

1 梅贻琦：《抗战期中之清华（1939年4月）》，清华大学校史研究室编：《清华大学史料选编》（第三卷上），北京：清华大学出版社，1991年，第19页。

2 《长沙临时大学筹备委员会工作报告书（1937年11月17日）》，《国立西南联合大学史料》（一），昆明：云南教育出版社，1998年，第3—4页。

3 梅贻琦：《抗战期中之清华（1939年4月）》，清华大学校史研究室编：《清华大学史料选编》（第三卷上），北京：清华大学出版社，1991年，第19页。

就，由于中央和地方教育当局的指导和协助，再加上三大学负责人的努力，竟能在一个月的短时间内，创立规模，奠定基础，像其他尚未直接罹难的学校一样，按照通例，准时开学上课。简直可说是一个"奇迹"。其间经历的困苦和艰辛，是难以文字叙述的。[1]

三校联合，校务纷繁复杂。当务之急是建立联合大学领导机构，尤其是主要负责人员。主要领导人的选择是考验三校的大事。北京大学蒋梦麟、周炳琳、胡适等等推南开大学校长张伯苓总负责，张伯苓不在长沙时则由清华大学校长梅贻琦负责。8月30日，胡适致函张伯苓、梅贻琦。信中写道：

> 孟邻兄有信与枚荪兄和我。他说，临时大学实行时，"虽职务各有分配，而运用应有中心。伯苓先生老成持重，经验毅力为吾人所钦佩，应请主持一切"。孟邻兄此意出于十分诚意，我所深知。我们也都赞成此意。所以我把此意转达两公，付乞两公以大事为重，体恤孟邻兄此意，不要客气，决定推伯苓先生为对内对外负责的领袖，倘有伯苓先生不能亲到长沙之时，则由月涵兄代表。如此则责任有归，组织较易进行。千万请两公考虑。[2]

揆诸实际，查长沙临时大学常务委员会57次会、58次会议记录（第14次出现两次会议记录），其中有7次没有出席者签名；在有出席者签名

1　陈雪屏：《国立西南联合大学简介——抗战期间北大清华南开三校之联合》，《学府纪闻：国立西南联合大学》，第1—2页。

2　清华大学档案，X1-3：1-1-004。

的51次会议记录中,梅贻琦出席46次,潘光旦代理出席3次;蒋梦麟出席36次,樊际昌代理2次;张伯苓出席7次,黄钰生代理35次。可见,在长沙临时大学筹备及开学期间,梅贻琦、蒋梦麟实际上起了领导作用。

北京大学校长蒋梦麟先生也曾回顾这段历史:

我到达长沙时,清华大学的梅贻琦校长已经先到那里。在动乱时期主持一个大学本来就是头痛的事,在战时主持大学校务自然更难,尤其是要三个个性不同历史各异的大学共同生活,而且三校各有思想不同的教授们,各人有各人的意见。我一面为战局担忧,一面又为战区里或沦陷区里的亲戚朋友担心,我的身体就有点支持不住了。"头痛"不过是一种比喻的说法,但是真正的胃病可使我的精神和体力大受影响。虽然胃病时发,我仍勉强打起精神和梅校长共同负起责任来,幸靠同人的和衷共济,我们才把这条由混杂水手操纵的危舟渡过惊涛骇浪。[1]

临时大学初期,清华计划利用原来在长沙岳麓山南为特种研究所修的建筑,做暂时驻扎的打算。但1937年底,南京沦陷,武汉危急,战火逼近长沙,长沙临时大学被迫再度迁校至昆明。[2]正如西南联大校歌中吟唱的"万里长征,辞却了五朝宫阙。暂驻足衡山湘水,又成离别"。到昆明后,1938年4月2日,教育部以命令转知:奉行政院命令,并经国防最高会议通过,国立长沙临时大学更名为国立西南联合大学。6月8日,"国立西南联合大学关防"到校,7月1日正式启用。校名中不再出现"临时",这表明政府意识到了抗战的长期性。

---

1 蒋梦麟著:《激荡的中国》,北京:九州出版社,2015年,第212页。

2 梅贻琦:《复员后之清华(1947年3月)》,清华大学校史研究室编:《清华大学史料选编》(第三卷上),北京:清华大学出版社,1991年,第30页。

1938年12月21日，西南联大第98次常务委员会会议明确规定："自本学年起，本校常务委员〔会〕主席任期定为一年，由清华、北大、南开三校校长按年轮值。本学年本会主席应请由梅贻琦先生担任。"[1] 但实际上并没有施行，三校和衷共济，蒋梦麟、张伯苓谦逊克己，联大校务始终由梅贻琦主持。

陈雪屏指出，长沙临时大学时期，"前线军情紧急，后方日夜空袭，然后临大的师生艰苦卓绝，固守岗位，仍然是'弦歌之声不绝'。对于镇定人心，增强'抗战必胜，建国必成'的信念，起了极大的作用。这种不屈不挠的精神，充分表现了中国学人的德性，更象征着中华民族的伟大"。[2]

长沙临时大学与西南联合大学"此一段非常时期之教育工作，最为艰苦，最费心力"。[3] 在最艰苦、最费心力的时期和岗位上，梅贻琦也继续其在清华谦逊、民主、务实的领导风范，深得西南联大师生衷心拥戴，与蒋梦麟、张伯苓等一起带领西南联大走过风雨如晦的艰难岁月，迎来了抗日战争的伟大胜利。

---

1 《第九十八次会议（1938年12月21日）》，《国立西南联合大学史料》（二），昆明：云南教育出版社，1998年，第79页。

2 陈雪屏：《国立西南联合大学简介——抗战期间北大清华南开三校之联合》，《学府纪闻：国立西南联合大学》，第2页。

3 《梅故校长精神永在》，浦薛凤著：《音容宛在》，北京：商务印书馆，2015年，第70页。

岂可以刻板文章，勒令从同

——西南联大教务会议就课程设置等问题呈常委会函

1938—1940年，为加强对各大学管理与促进大学间互相学习借鉴，教育部数次下发指令，审核各大学课程设置、统一教材与学生考核办法。教育部用意良美，但不顾大学差别、过于强调整齐划一，引起了西南联大教授对其官僚作风的抗议。

1938年9月22日，教育部颁发文、理、法三学院一年级学生共同必修科目。1939年8月12日教育部颁布高壹3字第18892号令，颁发文、理、法、工各学院分系必修、选修科目表及施行要点。这两项部令的要求，与此前1938年7月22日西南联大系主任会议决的一年级必修部分课程设置出现矛盾。

1939年10月12日教育部颁发第25038号令：

> 查大学文、理、法、师范、农、工、商各学院分院必修科目表，及各学院分系必修选修科目表，均经本部先后制定，颁发各院校施行在案。兹以分院共同必修科目业经施行一年，分系必修及选修科目，本年各系二年级亦将遵照实施。本部现为明了各院校实施各该科目实际情形，藉谋互相参考及改进起见，特征集各院校业经实施之各科目教材纲要及即将实施之

各科目教授细目，以凭汇核。除分令外，合亟令仰，□授遵照并报为要。此令。[1]

收到第25038号令后，西南联大于10月31日将部令抄示各系，要求两周内照部令报送以便汇总呈报；并要求各系对1938年9月22日、1939年8月12日两次部令以及西南联大系主任会议决事项与部令矛盾之处签注意见，以便汇总呈报教育部。

1940年5月4日，教育部又颁发高壹1字第13471号训令。

教育部频繁发令，要求统一大学课程设置、教材、考核办法等引起了西南联大教授反感。闻一多在《八年的回忆与感想》中说：

> 大学里的课程，甚至教材都要规定，这是陈立夫做了教育部长后才有的现象。这些花样引起了教授中普遍的反感。有一次教育部要重新"审定"教授们的"资格"，教授会中讨论到这个问题，许多先生，发言非常愤激，但，这并不意味着反对国民党的情绪。[2]

很快，西南联大教授的不满便表达出来，他们以教务会议名义向学校常委会提交陈请函，请转呈教育部，申请变更办法。

1940年6月10日，受教务会议委托、冯友兰起草了呈请信。

敬启者：屡承示教育部廿八年十月十二日第二五〇三八号、廿年八月十二日高壹3字第一八八九二号、廿九年五月四日高壹

---

1 清华大学档案，X1-3：2-120：1-006。

2 闻一多：《八年的回忆与感想》，西南联合大学北京校友会校史编辑委员会编：《笳吹弦诵在春城——回忆西南联大》，云南人民出版社、北京大学出版社，1986年，第146页。

1字第一三四七一号训令，敬悉部中对于大学应设课程以及考核学生成绩方法均有详细规定，其各课程教材亦须呈部候核。部中重视高等教育，故指示不厌求详，但准此以往则大学将直等于教育部高等教育司中之一科，同人不敏，窃有未喻。夫大学为最高学府，包罗万象，要当同归而殊途，一致而百虑，岂可以刻板文章，勒令从同。世界各著名大学之课程表，未有千篇一律者；即同一课程，各大学所授之内容亦未有一成不变者。惟其如是，所以能推陈出新，而学术乃可日臻进步也。如牛津、剑桥即在同一大学之中，其各学院之内容亦大不相同，彼岂不能令其整齐划一，知其不可亦不必也。今教部对于各大学束缚驰骤，有见于齐无见于畸，此同人所未喻者一也。教部为最高教育行政机关，大学为最高教育学术机关，教部可视大学研究教学之成绩，以为赏罚殿最。但如何研究教学，则宜予大学以回旋之自由。律以孙中山先生权、能分立之说，则教育部为有权者，大学为有能者，权、能分职，事乃以治。今教育部之设施，将使权能不分，责任不明，此同人所未喻者二也。教育部为政府机关，当局时有进退；大学百年树人，政策设施宜常不宜变。若大学内部甚至一课程之兴废亦须听命于教部，则必将受部中当局进退之影响，朝令夕改，其何以策研究之进行，肃学生之视听，而坚其心志，此同人所未喻者三也。师严而后道尊，亦可谓道尊而后师严。今教授所授之课程，必经教部之指定，其课程之内容亦须经教部之核准，使教授在学生心目中曾教育部一科员之不若。在教授固已不能自展其才；在学生尤启轻视教授之念，与部中提倡导师制之意适为相反，此同人所未喻者四也。教部今日之员司多为昨日之教授，在学校则一筹不准其自展，在部中则忽然智周于万物。人非至圣，何能如此，此同人所未喻者五也。然全国公私立大学程度不齐，教部训令或系专为比较落后之大学而发，欲为之树一标准，以便策其上进，别有苦心，亦可共谅。若果如此，可否由校呈请将本校作为廿八年十月十二日第二五〇三八号、廿年八月十二日高壹3字第一八八九二号、廿九年五月四日高壹1字第一三四七一号等训令之例外。盖本校承北大、清华、南开三校之旧，一切设施均有成规，行之多年，纵不敢谓为极有成绩，亦可谓为尚无流弊，似不必轻易更张。若何之处，仍祈卓裁。此致

常务委员会。

教务会议谨启

廿九.六.十[1]

这封呈请信措辞典雅，软中带硬，铿锵有力，掷地有声。何炳棣誉为"措辞说理俱臻至妙"。[2]

收到这封信，梅贻琦斟酌后在信上从"教部今日之员司多为昨日之教授"的"教"字开始到信末"仍祈卓裁"的"裁"为止两头做标记，指示"此段不抄入呈部文中"。因此，西南联大呈教育部文并非教务会议呈请信全部，而是呈请信五点中的前四点，省去了第五点以及对西南联大例外对待的内容。

梅贻琦校长划掉"教部今日之员司多为昨日之教授"这部分内容，将呈文反映的意见集中于教育学术而避免人身攻击；划掉"然全国公私立大学程度不齐……似不必轻易更张"，也是考虑到此时教育部部长为长期主管国民党党务的陈立夫，避免西南联大在陈立夫眼中托大而成为异数，给学校发展带来不利。这种处理反映了梅贻琦处理问题的周详与成熟。

1　清华大学档案，X1-3：2-120：1。

2　何炳棣：《忆先师冯友兰》，《炎黄春秋》第7期，2005年，第33页。

11.

國立西南聯合大學用牋

敬啟者：慶承示 教育部廿八年十月十二日第二五〇三八號 廿八年八月十二日高壹字第一八六九二號 廿九年五月四日高壹字字有一三五七號

訓令 敬悉部中對於大學應設課程以及考核學生成績方

法均有詳細規定 其各課程教材亦呈部核 劃一學程 酌爲變通

視高等教育故指示歉求詳但準此推劃一學程

於教育部高等教育司中之一科同人玉歉學術有未喻乎大學

爲最高學府包羅萬象要者同歸而殊途一致而百慮豈

可以刻板文章勒令從同世界各著名大學之課程表未有千

篇一律者即同一課程各大學所授之內容亦未有一成不變者

冯友兰起草的呈请信（页1）

國立西南聯合大學用牋

右教育部之設施如侵權利又不負責任又與此同人所未喻者二也

教育部向政府机關時有進退大學方年樹人政策設

施宜常不宜變為大學內部自出一課程之其慶在於听命

按教部則少所受部中書向進退之影響朝令夕改其

何以策研究之進行肅學生之視听而望其心志此同人所

喻者三也師嚴而後道尊為所謂尊而後嚴今教

授近授之課程必佳教部之擬定其課程之內容亦必

待教部之標准俟教授在學生心目中曾教育部一种矣

冯友兰起草的呈请信（页2B）

402

惟其如是則可以推陳出新字學術乃日臻進步也如牛津

劍橋乃在同一大學之中其各學院之內實亦大不相同彼豈又

許多其哲學家劃一矣且亦有不少也今教部對於各大學東

縛馳驟育見於毫無見於時此同人正千喻者也教部乃最

高教育外政機關大學乃最高教育學術機關教部不視

大學研究教學之成績以為賞罰殿最但求研究教學

宜于大學以週較之自由律以 始中山先生權能分立之說則

教育部內有權者大學內有能者權能分職事乃以治今

冯友兰起草的呈请信（页2A）

15

國立西南聯合大學用牋

訓令之倒外蓋本校承北大清華南開三校之舊一切設

施均有成規分之多年縱欲散謂亦極有成績言可謂

為尚等流弊似亦不必輕易更張為向之处仍於

草載此致

常務委員會

教務會議謹啟 卅六·六·

冯友兰起草的呈请信（页3B）

14

牋用學大合聯南西立國

文

之又春在教授固已又能自展其才在學生尤足啟視輕視教授

之令每部中提倡尊師而一處適與相反此同人來

喻者也教部今日之員司多為昨日之教授在學校如

一等又准其自展在部中則忽然智用彼物人非生聖

何故此此同人所未喻者之也然全國公私立大學程度

又參教部訓令或保守為比較苍皮之大字内教碩內之樹

一種準以使業其進部育晉心而其諸若事文此之又人

由校呈諭歸本校作為

廿九年五月四日高壹一字弟一三四七一稗等

冯友兰起草的呈请信（页3A）

405

西南联大教授着眼点在大学包罗万象、探索未知的特点，反对"刻板文章，勒令从同"；理解教育部出台文件的初衷，"然全国公私立大学之程度不齐，教部训令或系专为比较落后之大学而发，欲为之树一标准，以便策其上进，别有苦心，亦可共谅"。函中所引例证为世界著名、历史悠久的牛津大学与剑桥大学，反映教授们对西南联大办学质量的自信和自期。因而，西南联大教授既愤于教育部不加区别而要求整齐划一的颟顸懒政，又不满"国家政令，贵在统一"体现的将大学视为政府机关的错误认识。

为了更好了解这一点，再看看8年后冯友兰对于大学的理解。1948年6月10日，在清华大学学生自治会举办的教育系统演讲中，冯友兰做了题为《论大学教育》的讲演。演讲一开始，冯友兰指出：

> 就常理说，大学的性质是什么呢？大学不是教育部高等教育司的一科。现在政府的人站在官场上，常常说大学是属于教育部高等教育司的，实在不合理。大学不仅只是一个比高中高一级的学校，它有双重作用：一方面它是教育机关，一方面它又是研究机关；教育的任务是传授人类已有的知识，研究的任务则在求新知识——当然研究也需要先传授已有的知识。[1]

一个大学什么书都应当有，不管它是那一方面的。因为这种性质，所以一个大学不能是教育部高等教育司的一科。严格说，一个大学应该是独立的，不受任何干涉。现在世界的学问越进步，分工越精细，对于任何一种学问，只有研究那一种学问的人有发言权，别人实在说来不能对专门知识发言，因为他没有资格。每一部分的专家如何去研究？研究什么？

---

1 冯友兰：《论大学教育》，清华大学校史研究室编：《清华大学史料选编》（第四卷），北京：清华大学出版社，1994年，第220页。

他不能叫别人了解，也不必叫别人了解；他们研究的成绩的好坏，只有他们的同行可以了解，可以批评，别人不能干涉。所以国家应该给他们研究的自由。因此，一个大学也可以说是独立的，"自行继续"的团体。所谓"自行"就是一个大学内部的新陈代谢，应该由它自己决定、支配，也就是由它自己谈论、批评，别人不能管。所以说大学不仅只是一个比高中高一级的学校。[1]

> 大学既是专家集团、自行继续的团体，所以一个真正的大学都有它自己的特点、特性。……教育部的人特别不了解这一点，认为大学是属于高等教育司的一科，彼此没有分别，不管什么事就立一个规章令所有的大学照搬。比如一个学校应有的组织，有什么职员，全是一样。所有的大学硬要用一个模型造出来，这就是不了解大学是一个自行继续的专家的团体，有其传统习惯，日久而形成一种精神特点。[2]

这个报告，因专题论述"大学"，因而内容比1940年呈文丰富得多，但"大学是专家集团、自治集团"的核心思想则是一以贯之的，两者的继承和延续显而易见。这也有助于我们理解1940年西南联大教授会议呈请教育部变通处理的思想背景。

1940年9月12日，西南联大收到教育部以部长陈立夫名义发的回函：

---

1 冯友兰：《论大学教育》，清华大学校史研究室编：《清华大学史料选编》（第四卷），北京：清华大学出版社，1994年，第221页。

2 冯友兰：《论大学教育》，清华大学校史研究室编：《清华大学史料选编》（第四卷），北京：清华大学出版社，1994年，第222—223页。

教育部指令

令国立西南联合大学

二十九年六月二十日呈一件——为奉令施行规定课程考核学生成绩呈报教材各案，本校教务会议拟请变更办法、仰祈鉴核示遵由。

呈悉。查我国自清末创设大学以来，即以法令规定课程。民国十一年学制改革，课程始由各校自订。但行之未久，流弊滋多。各校所定科目既不一致，即同一科目，名称亦复互异，内容分量，更不相同；甚或因人设课，巧立名目，以致偏于专门而忽于基本，于学生之转学、毕业及应用上均多窒碍。自十八年起，本部即有整理大学课程之计划，近年颁布之大学科目表，系根据各优良大学教授所发表之意见，及临时全国代表大会暨第三次全国教育会议之决议，以最基本之科目列为必修，正所以使优良之学校循以发展，其余之学校有所企及。又查考试院屡经催请施行大学毕业考试，由政府主持办理，以谋人才作育与登庸之联系。在课程方面，自不能不首谋最低限度之统一标准。

本部征集各校课程纲要或教授细目，旨在使各校彼此参考，互补短长，并无限制课程内容之意。若各教授之教材，在各科基本学术上能日新月异，自为本部所厚望，更何止启学生轻视之心。

至若学业成绩之考核及毕业总考制之推行，系采二十一年国立专科以上学校校长会议及历次全国教育会议之决议而规定，所以策励学生努力学业俾提高其程度，对于各教授之教学，亦并无所限制。

以上各项措施，均博采教育界之意见，适应事实上之要求，施行以来，尚未发见若何不便之处。该校遵令呈报之各院系必修及选修科目表，亦经指令备案在案。据所转陈教务会议之意见，自亦有其见地，惟国家政令，贵在统一。为求一致而推行，未便准有例外。该校各教授对于课程及考试办法，如有具体改善意见，可随时由校转陈，本部本斟酌采纳，以备修订之参考。仰即知照。此令。

部长 陈立夫[1]

陈立夫的回信，客气其表，硬气其里。始以大学参差，流弊滋多，次援临时全国代表大会、国立专科以上学校校长会议及历次全国教育会议、考试院等决议，再则祭出"惟国家政令，贵在统一"，明确拒绝西南联大教务会议的呈请。

应该说，双方各有道理，只是出发点和角度不同。作为国立大学，西南联大受教育部领导和管理因而遵从部令理所当然。更重要的是，教育部着眼于整齐大学教学基本水平，针对的是一些大学水平低下、科目混乱、名不副实，"偏于专门而忽于基本"。当然，对办学成绩好的大学，"若各教授之教材，在各科基本学术上能日新月异，自为本部所厚望"。教育部的这番说辞不无道理。揆诸中国近代高等教育发展史，大学的确存在良莠不齐的情况，一些大学甚至被讥讽为"野鸡大学"，任由此类学校存在，既是教育部失职，更是对学生的不负责任。因此，教育部加强管理，提高办学质量，显然也是合理的。

1940年9月25日，西南联大第156次常委会上，梅贻琦报告"教育部为本校教务会议拟请关于施行规定课程、考核学生成绩及教材等变更办法，仰知照指令"。[2]一些文章认为西南联大顶住了教育部压力，此

---

1 清华大学档案，X1-3：2-120：1-006。

2 《第一五六次会议（1940年9月25日）》，《国立西南联合大学史料》（二），昆明：云南教育

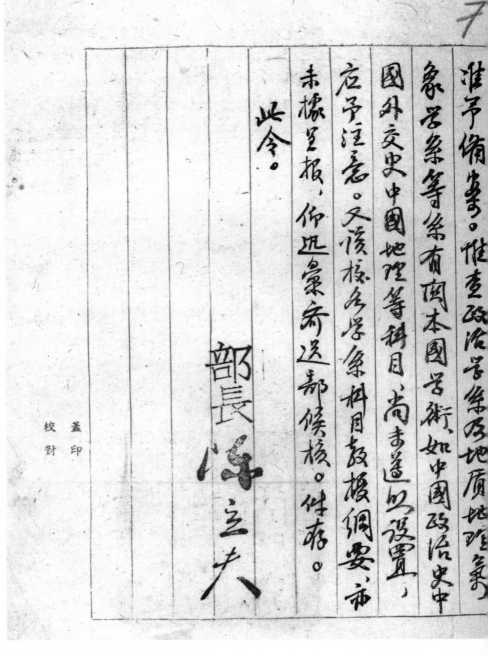

准予备案。惟查政治学系及地质地理系
象学系等系有商本国学术，如中国政治史中
国外交史中国地理等科目，尚未遵照设置，
应予注意。又后核各学系科目教授纲要，亦
未据呈报，仰迅汇齐送部候核。件存。
此令。

部长 陈立夫

盖印
校对

教育部以部长陈立夫名义发的回函（页1）

410

教育部 指令

令國立西南聯合大學

高

中華民國二十　年　月　日收文　字　　　　號

呈悉。查該校所設科目大致尚合。

惟必修及選修科目之實際情形，仰仍

鑒核由。

先年四月廿六日呈一件—呈報本年實施

部頒共同必修科目及各學院分系

必修及選修科目之實際情形，仰仍

呈送均悉。查該校所設科目大致尚合。

鑒核由。

411

43

流弊滋多。各校所定科目既不一致，即同一科目，名稱亦復互異，內容分量，更不相同，甚或因人設課，巧立名目，以致偏於專門而忽於基本，於學生之轉學、畢業，及應用上均多窒碍。自十八年起，本部即有整理大學課程之計劃，近年頒佈之大學科目表，係根據各優良大學教授所發表之意見，及臨時全國代表大會暨第三次全國教育會議之決議，以最基本之科目列為必修，正所以使優良之學校循以發展，其餘之學校有所企及。又查考試院屢經催請施行大學畢業考試，由政府主持辦理，以謀人材作育與登庸之聯繫。在課程方面，自不能不首謀最低

教育部以部长陈立夫名义发的回函（页2B）

事　由

教育部指令

令 國立西南聯合大學

二十九年六月二十日呈一件——為奉令施行規定課

程考核學生成績呈報教材各案、本校教務會議擬

請交更辦法、仰祈鑒核示遵由。

呈悉。查我國自清末創設大學以來、即以法令規定課

程。民國十一年學制改革、課程始由各校自訂。但行之未久、

42

教育部以部长陈立夫名义发的回函（页2A）

要求、施行以來、尚未聞見若何不便之處、該校遵令呈報

之各授舉必修及選修科目表、亦經指令備舉在案。據所軫

陳、教務會議之意見、自亦有其見地、惟國家政令、貴在統一

為求一致推行、未便准有例外。該校各教授對於課程及考試

辦法、如有具体改善意見、可隨時由校轉陳、本部本斟酌

採納、以備修訂之參考。仰即知照。此令。

部長 陳立夫

監印左仲

校對辭鈔珊

教育部以部长陈立夫名义发的回函（页3B）

44

很度之統一標準。

本部徵集各校課程綱要或教授細目，旨在使各校彼此參考、互補短長、並無限制課程內容之意。若各教授之教材、在各科基本學術上能日新月異、自為本部所厚望、更何止敢學生輕視之心。

至若學業成績之考核及畢業總考制之推行、係採二十一年國立專科以上學校校長會議及歷次全國教育會議之決議而規定、旨以策勵學生努力學業俾提高其程度、對於各教授之教學、亦并無所限制。

以上各項措施、均博採教育界之意見、適應事實上之

教育部以部长陈立夫名义发的回函（页3A）

事不了了之。实际上，梅贻琦在常委会上转达教育部"仰知照指令"已经说明学校依照指令办理。1941年5月7日，西南联大第三届第四次校务会议梅贻琦报告，教务会议议决本学年毕业考试遵照教育部令每系加考主要科目三门。[1] 1941年7月4日西南联大第三届第五次校务会议，蒋梦麟报告教育部要求严格实施教育部关于专科以上学生学业成绩考核办法等。[2] 1942年、1945年，西南联大都组织各系进行课程设置讨论和修改。

西南联大教授反对的是教育部将教育、学术与行政混为一谈，并非反对教育部。正如闻一多回忆："教授会中讨论到这个问题，许多先生，发言非常愤激，但，这并不意味着反对国民党的情绪"。[3]

实际上，虽然遵照部令进行课程、教材等调整，但实际执行中存在弹性空间。从西南联大校友回忆中仍可感受到浓厚的学术自由氛围、老师们切合实际的考核方式和因地制宜的多样教材。

回头看这场争论，教育部加强管理固属有理，但置大学良莠不齐现状于不顾，而以"国家政令，贵在统一"为由划一管理，不啻为懒政；让办学成绩较好的大学以高就低，本身也违背其提倡大学之间截长补短、互相学习的初衷。而争论背后的对"大学"认识、部校权利划分等，则是到现在仍值得不断探讨的问题。

出版社，1998年，第152页。

1　《第三届第五次会议（1941年7月4日）》，《国立西南联合大学史料》（二），昆明：云南教育出版社，1998年，第474页。

2　《第三届第五次会议（1941年7月4日）》，《国立西南联合大学史料》（二），昆明：云南教育出版社，1998年，第474页。

3　闻一多：《八年的回忆与感想》，西南联合大学北京校友会校史编辑委员会编：《笳吹弦诵在春城——回忆西南联大》，云南人民出版社、北京大学出版社，1986年，第146页。

思想要独立，态度要谦虚

——何炳棣为留美公费生考试中国通史命题人致梅贻琦校长函

1941年，全力备考清华大学第六届留美公费生考试的西南联大历史系助教何炳棣致函清华大学校长梅贻琦，委婉建议清华大学不要聘请陈寅恪先生担任中国通史命题人。作为陈寅恪学生的何炳棣缘何向梅贻琦提出这种要求呢？

1940年，何炳棣参加了第五届留美公费生考试。在20个门类中[1]，文科只有工商管理和经济史两个方向。何炳棣报考了经济史，考试科目包括经济学原理、西洋史、经济史、经济思想史和经济地理五门专业课。

在备考时，经济学原理与经济思想史两门专业课在陈岱孙先生指点下，何炳棣着重于供、求、价值等内容学习。但考题却与此无关，经济学原理仅得17分，导致此次考试失败。[2]但何炳棣不气馁，总结经验教训，投入第六届考试的准备。

1941年4月10日，清华大学评议会通过第六届公费留美生招考科目，共24门。其中文科有英文（文字学）、西洋史（注重16、17、18世纪）、哲学

1　何炳棣在回忆中误记为22个科门，见何炳棣：《读史阅世六十年》，桂林：广西师范大学出版社，2005年，第129页。

2　何炳棣：《读史阅世六十年》，桂林：广西师范大学出版社，2005年，第129—130页。

（注重西洋哲学史）、人口问题、政治制度、刑法学、会计学、工业经济8个，占总数三分之一。[1] 相对第五届两个（占总数10%），占比有较大提高。

在清华与教育部协商过程中，传出教育部要取消西洋史方向的流言。为此，何炳棣致函曾任清华大学历史系主任、时任行政院政务处处长的蒋廷黻，请其在行政院例会讨论时据理力争，保留这个方向。果然，在蒋廷黻的争取下，保留了西洋史方向。[2] 教育部最终批准的招考方案中，招考人数仍为24名，但文科科目变为西洋史（注重16、17、18世纪史）、社会学（注重社会保险）、会计学、师范教育等4个方向，取消了英文（文字学）、哲学（注重西洋哲学史）、人口问题、政治制度、刑法学、工业经济等6个方向，增加了社会学（注重社会保险）和师范教育两个方向。[3]

何炳棣准备投考西洋史方向。在专业课科目未公布之前，何炳棣预判：

> 我臆测西洋史方面可能有两个科目：西洋通史和一个注重近古（16、17、18世纪）的大断代史。西史一切有客观标准，事先不必作杞人之忧。可能有一门世界地理，亦无大问题。国史方面最可忧者在中国通史，而且我的忧虑不是完全没有事实根据的。事缘两年前（1939年春）在燕京为研究生时，一天下午陈鳌来访。……陈鳌面容戚戚，对我说："炳棣，对不起，今天要你破费请我吃晚饭，让我喝几杯闷酒，因中英庚款考试揭晓，我没考取。"随即告我中国通史命题之"奇"为其致败主因。命题

---

1 《第十三次评议会关于第六届留美公费生考试的议决事项（1941年4月10日）》，清华大学校史研究室编：《清华大学史料选编》（第三卷上），北京：清华大学出版社，1994年，第238页。

2 何炳棣：《读史阅世六十年》，桂林：广西师范大学出版社，2005年，第132、309页。

3 《国立清华大学考选第六届留美公费生规程（1943年夏）》，清华大学校史研究室编：《清华大学史料选编》（第三卷上），北京：清华大学出版社，1994年，第240—241页。何炳棣在回忆中误记为22个科门，见何炳棣：《读史阅世六十年》，桂林：广西师范大学出版社，2005年，第135页。

418

者事后知道是陈寅恪师。通史三题为（措辞不失其意）：（1）评估近人对中国上古研究之成绩。（2）评估近人对中国近代史研究之成绩。（3）解释下列名词：白直；白籍；白贼。

乍看之下，第一、二题至公至允。但事实上当时全国资望之可为中国通史命题者除陈师外，有傅斯年、柳诒徵、钱穆、邓之诚、雷海宗、缪凤林、吕思勉等七八家之多。由于命题人学术修养和观点之不同，同一答卷结果可能有数十分的差距。至于魏晋南北朝隋唐六七百年间政治、军事、民族、社会、经济、宗教、哲学等方面之荦荦大端，陈师试题几全未涉及，仅以至奇至俏之"三白"衡量试子高下，甚至影响他们的前程和命运，其偏颇失衡实极明显。正在思虑中国通史可能命题人选的一两天内，在文林街上遇见陈岱孙先生，即以陈鳌的不幸经验面告。岱孙先生叫我几天之内上书清华评议会，请求慎选中国通史命题人。[1]

何炳棣听从陈岱孙先生建议，给学校写了一封信。不过，何炳棣直接写给梅贻琦校长，而非评议会。

月涵校长钧鉴：

比年以来，国家遭难，暴敌凭陵，政府学校，值此时艰，犹不忘作育人才，提倡实学，筹款举办留美考试，迄今派遣，虽仅五届，将来国家受惠，奚止万千。

校长居中主持，勤劳宵旰，尤为青年学子所钦敬。历届清华留美考试，筹备周详，规章允当，成绩卓著，早已蜚声海内。今岁续办第六届，科门业经披露，内有西洋史一门，系学生主

1　何炳棣：《读史阅世六十年》，桂林：广西师范大学出版社，2005年，第134—135页。

修科目，不揣固陋，颇思一试。按以往中英中美考试，凡有历史一门，中国通史类皆列为必考课目之一。晚近国史研究方面，虽不乏有价值之专门论述，然于通史范畴，迄无规定。考试命题，内容程度，几至完全不可捉摸。如某届中英试题，注释王静安先生咏史诗一首，内容多系殷商典古，虽亦可认为一种史实，但非专考甲骨金文者不为功；另届考及北宋之考古学，此虽亦可勉强认为史学枝节之一，然无关一代制度兴废之大端，即专治宋史者，亦恐未必研究及此；民廿七年则注释"白直，白籍，白贼"三名词，诚恐一半史学专家，亦未必能尽答。类此之例尚多，不必一一赘举。诸先生皆学识淹贯，学生何人，焉敢妄论学术，月旦彦硕，其所以不畏冒昧，喋喋进言者，诚以内中机会幸运之成分多，而甄别学识程度之作用少，且专科所占百分比率甚高，往往由此决定取舍，故颇不乏勤学者落第，傲幸者登科之例也。虽然考试寒幸，何时无之，但各科内容，大体固定，不致有特殊伸缩，独中国通史，范围内容，漫无标准，发问命题，易趋偏宥，此诚留学考试中之一特殊问题也。窃念国家年耗钜万，遴选真才，其于吾辈青年，不为不厚，吾辈青年感奋之余，亦靡不思刻苦考读报效国家。深望校长斟酌裁处，能否将此番款款之诚转达考试委员会，俾考试细节，命题人选，益臻合理。不胜引领翘盼之至。肃此，敬请

　　道安

　　　　　　　　　　　　　　　学生　何炳棣　谨上

　　　　　　　　　　　　　　　　　八月廿五日[1]

何炳棣写信后约半月，清华大学正式公布考试规程，西洋史方向专业

1　清华大学档案，X1-3：3-107：2-055。

因件分复或誊与油印件

月涵校长钧鉴：

比年以来，国家遭难，暴敌凭陵，政府学校，值此
时艰，犹不忘作育人才，提倡实学，筹款举办留美考试，
迄今派遣，虽仅五届，将来国家受惠，奚止万千。
校长居中主持，勤劳宵旰，尤为青年学子所钦敬。历届
清华留美考试，筹备周详，规章允当，成绩卓著，早已蜚
声海内。今岁续办第六届，科门业经报露，内有西洋史。
一考门，像学生主修科目，不揣固陋，颇思一试。接以往

何炳棣致梅贻琦函（页1）

421

109

白籍，白賊」三名詞，誠恐一般史學專家，亦未必能盡答。類
此之例尚多，不必一二贅舉。諸先生皆學識淹貫，學生何人，
焉敢妄論學術，月旦彥碩，其所以不畏冒昧，喋喋進言者，
誠以內中机會幸運之成分多，而甄別學識程度之作用少，且
專科所佔百分比率甚高，往々由此決定取捨，故頗不乏勤學者
落第，僥倖者登科之例也。雖然，考試寒畯，何時無之，但各
科內容，大體固定，不致有特殊伸縮，獨中國通史，範圍
內容，漫無標準，發問命題，易趨偏宕，此誠留學考試中

何炳棣致梅贻琦函（页2B）

422

中英中美政試，凡有歷史一門，中國通史類皆列為必政課
目之一。晚近國史研究方面，雖不乏有價值之專門論述，然
於通史範疇，迄無規定。政試命題，內容程度，幾至完全
不可捉摸。如某屆中英試題，注釋王靜安先生詠史詩
一首，內容多係殷商典古，雖亦可認為一種史實，但非專政
甲骨金文者不為功；另屆政及北宋之政古學，此雖亦可勉
強認為史學校節之一，然無關一代制度與慶之大端，即專
治宋史者，亦恐未必研究及此；民廿七年則注釋「自真，

何炳棣致梅貽琦函（頁2A）

之一特殊問題也。竊念國家年耗鉅萬，遴選真才，其於吾輩

青年，不為不厚，吾輩青年感奮之餘，亦靡不思刻苦攻讀，

報效國家。深望

校長斟酌裁度，能否將此番教之之誠轉達致試委員會，俾於

試細節，命題人選，益臻合理。不勝引領翹盼之至。肅此，

敬請

道安

學生

何炳棣謹上 八月廿五日

何炳棣致梅貽琦函（頁3）

课为西洋通史、西洋近代史、明清史、史学方法、世界地理等5门。没有何炳棣深为忧虑的中国通史而代之以明清史。何炳棣看到以后，"以明清史代替了中国通史完全出我意料，但三思之后觉得非常合理，心中一大隐忧总算解除了"。[1]但随之而来的问题是，新增的史学方法不在何炳棣预判之内，这给他带来了新的忧虑。何炳棣与一起备考的丁则良和姚从吾先生交流以及自己推想，猜测命题人为陈寅恪先生。但何炳棣并不特别担心，他回忆：

> 当时我心中在想，陈寅恪师命题是无法猜中的；但这样也好，因为这门就不需要多准备，要靠平日所读所见所领悟的第一流考证文章。至于所谓的"纯方法"方面，如版本、校雠、史料评价等一般原则，在陈师眼里都极浅显，不会受到他的重视。即使他题中涉及这方面，我从第十一版《大英百科全书》相关几篇专文的卡片摘录似较章学诚《文史通义》《校雠通义》以及近人集中目录学、伪书考诸书所论要更周详、系统、科学。再则答卷时多以陈师考证结果为例总不致有大偏差。无论是何科目，陈师命题总有一定比例的"不可知数"，但史学方法的"不可知数"总比中国通史要少得多。
>
> 五项专门科目之中竟无中国通史，而有明清史，是我意想不到的，似乎可认为是我"再尽人事"的报酬。[2]

实际上，第六届考试，西洋通史命题人为皮名举先生，西洋近代史命题人为王绳祖先生，明清史命题人为郑天挺先生，史学方法命题人为

1　何炳棣：《读史阅世六十年》，桂林：广西师范大学出版社，2005年，第135页。

2　何炳棣：《读史阅世六十年》，桂林：广西师范大学出版社，2005年，第135—136页。

雷海宗先生。[1]

先前何炳棣与丁则良猜想史学方法命题人为陈寅恪先生，但当看到试卷，何炳棣惊喜地忖度命题人是雷海宗先生。何炳棣认为史学方法"试题真可谓是极公允之能事。四题涵盖中西古今，重本弃末，从人人皆有所知的基本课题中，甄别答卷中所表现的知识的深浅和洞悉能力的强弱——与第六届中英庚款考试陈寅恪师中国通史'三白'命题之偏颇，适成一有趣的对照"。[2]

最终，何炳棣以总平均78.5分成绩被录取，是第六届22名考生中最高的。[3]多年以后，何炳棣认为，当年向蒋廷黻、梅贻琦写信，并成功考取第六届留美公费生，应该归功于"尽人事、听天命"的华夏古训。

清华大学一直有鼓励学生独立思考的氛围，就在何炳棣入学的1934年新生开学典礼上，梅贻琦勉励何炳棣在内的大一新生"思想要独立，态度要谦虚，不要盲从，不要躁进"。[4]清华大学实行民主管理，教师能参与到学校管理中。何炳棣就当时国内最重要的两项留学考试之一的清华大学留美公费生考试中国通史专业课命题人提出建议，不单体现了何炳棣特立独行的性格，陈岱孙先生鼓励写信、梅贻琦校长收信后不以为忤，也是清华大学倡导学术自由、民主管理氛围和传统的体现。

考取后，清华大学聘请雷海宗、刘崇鋐为何炳棣导师。[5]何炳棣在雷海宗、刘崇鋐、伍启元等指导下，从哈佛、哥伦比亚、芝加哥和伯克利四

1　《第六届留美公费生考试科目及命题人一览表（1943年夏）》，清华大学校史研究室编：《清华大学史料选编》（第三卷上），北京：清华大学出版社，1994年，第247页。

2　何炳棣：《读史阅世六十年》，桂林：广西师范大学出版社，2005年，第139页。

3　何炳棣：《读史阅世六十年》，桂林：广西师范大学出版社，2005年，第139页。

4　梅贻琦：《欢迎新同学的几句话》，《清华暑期周刊》第9卷第8期，1934年9月7日，第392页。

5　《第六届留美公费生拟入美校及研究计划一览（1944年10月6日）》，清华大学校史研究室编：《清华大学史料选编》（第三卷上），北京：清华大学出版社，1994年，第257页。

校中选定哥伦比亚大学作为最终留学地。[1]

　　留美公费生规定学生已经选定投考科目，则不得再行更改，但实际中并未严格执行。一般来说，理工类专业执行较严，文法类较宽。何炳棣到美国后，研究方向有所调整。

　　　　第一个待决的问题是主修哪个西史领域。清华留美考试委员会事先特别注明西洋史门注重16、17、18世纪史，可是我对16世纪的宗教革命、17世纪的宗教战争及其后果从来不感兴趣。哥大16、17世纪史的教授专长是西班牙史，似乎不合我的需要。如果专攻这段时期历史的博士学位，势必事倍功半。再则清华公费只有两年，一般仅能延长半年，而我开学前已"浪费"了两整月。我不得不置清华原议于不顾。事实上，理工（尤其是工）各方面的公费生大都专攻清华原拟的科目，文法方面，一经出国，公费生有很大的选择自由。最显著的例子是我们同届的李志伟，本是清华十一级外语系毕业考取社会学（注重社会保险）的，而他一到美国即决定去芝加哥大学攻读经济。我内心已倾向主修1500年以后英国及英帝国史，将来论文只好搞比较熟悉的19世纪尚有发掘余地的较重要的题目。[2]

留学期间，何炳棣还申请并经清华大学审议延长公费时间一年。

　　1952年何炳棣获得美国哥伦比亚大学英国史博士学位，逐渐成长为享有盛誉的历史学家。

1　何炳棣：《读史阅世六十年》，桂林：广西师范大学出版社，2005年，第199—201页。

2　何炳棣：《读史阅世六十年》，桂林：广西师范大学出版社，2005年，第215—216页。

略予变通，以应时宜

——赵忠尧、王竹溪为改杨振宁留学专业事致梅贻琦函

1929年留美预备部最后一届学生毕业后，清华停止派遣留学生。1933年起，清华恢复留学生派遣。1930—1940年代，清华继续选派各类留学生。其中持续时间之长、规模之大、影响之远，首推留美公费生。[1]

1933—1936年连续举行四届留美公费生考试。1937年抗战全面爆发，清华南迁，在动荡环境下，留美公费生选拔派遣中断。1941年、1944年，清华又举行了两届。在前后6届总共130余名留美公费生中，有钱学森、赵九章、张光斗、杨振宁等。杨振宁属于1944年第六届，也就是最后一届。

留美公费生留学科目确定程序是：清华大学"酌量社会需要而定"方案后上报教育部，最后经行政院会议通过后实施。[2]可见这是很慎重，也很严格、严肃的过程，因而留学科目一旦确定，尤其是考试结束以后便

---

1 金富军：《清华大学留美公费生考试制度考察》，《清华大学学报》（哲学社会科学版）第3期，2015年，第139—152页。

2 关于第六届公费留美生方案，行政院第11203号令：经行政院第519次会议议决："派遣留学生应注重实科各门，分配应由院与教育部洽商'改订'，复经洽商，再将原拟之'哲学''心理学'改为农学科目，其应特别注重方面，并经饬农林部核复各在案，兹据农林部核复称：该项农学科目，拟分别注重农具制造及畜牧、育种等情，应准照办。"清华大学档案，X1-3：3-108：2。

不能更改。

考生考取留美公费生资格后，清华大学给每个考生指定数位导师。导师一方面指导学生补习留学所需知识，一方面和学生商议确定留学学校。一般来说，对于出国留学的科目，考试时已经确定，不能更改。但同一科目，具体入美国哪所学校，则由导师和学生商定，一般而言导师的建议非常重要；甚至可以不入美国学校，转入欧洲学校。

1943年，清华大学制定第六届公费留美生规程，决定招考24名，其中设定物理学一名，要求注重高电压实验。杨振宁考取了这个物理学名额。1944年，杨振宁考取清华大学公费留美生，清华大学聘请赵忠尧、王竹溪作为导师，辅导杨振宁确定出国专业事。

考虑到杨振宁兴趣和特长，赵忠尧、王竹溪希望学校能予以通融，将注重高电压实验方向调整为原子核物理方向，并选择普林斯顿大学。

1944年10月5日，西南联大物理学系赵忠尧、王竹溪两位教授联名给梅贻琦校长写信，内容如下：

月涵校长先生道鉴：

前奉函嘱对留美公费生杨振宁君之研究计划加以指导，经与杨君数次商谈，以目前美国情形，高电压实验较难进行，可否略予变通，以应时宜。查高电压实验之目的在研究原子核物理，杨君对原子核物理之理论尚有门径，赴美深造适得其时。研究此门学问以普林斯登大学（Princeton University）较宜。专此奉达，以备参考，敬候道安。

赵忠尧　王竹溪敬[1]

相对来说，清华大学留美公费生制度规定，考生出国留学目的地国家

---

[1] 清华大学档案，X1-3：3-108：1。

月涵校長先生道鑒 前奉函囑對迎美公費
生楊振寧君之研究計劃加以指導與楊君
數次商談以目前美國情形高電壓實驗
較難進行可否暫予變通以應時宜查高
電壓實驗之目的在研究原子核物理楊君對
原子核物理之理論尚有門徑赴美深造適得
其時研究此門學問以普林斯澄大學 (Princeton University)
較宜專此奉達以備參考敬候

道安

趙忠堯
王竹溪

赵忠尧教授和王竹溪教授致信梅贻琦校长信

430

和学校都可以和导师商议再定，有一定的灵活性。

杨振宁出国并没有按照赵忠尧和王竹溪提议的去普林斯顿大学学习原子核物理，而是去芝加哥大学跟恩里科·费米（Enrico Fermi, 1901—1954）进行实验物理研究，计划写一篇实验方面的博士论文。但留学科目，由物理学（注重高电压实验）改为原子核物理学。可见，在专业方向上，学校接受了赵忠尧、王竹溪的建议。

可是费米的实验室在阿贡（Argonne），当时是保密的，杨振宁不能进入。因此费米推荐杨振宁先跟特勒做理论工作。1946年秋天，费米介绍杨振宁做艾里逊（Allison）教授的研究生，艾里逊是核试验物理学家，当时正在建造一台400千伏的科克罗夫特－沃尔顿（Cockroft–Walton）加速器。让杨振宁苦恼的是他在西南联大所学到的基本理论物理已达到了当时最前沿的标准，可是动手能力非常蹩脚。同学们很佩服他的理论知识，常常要杨振宁帮他们解决理论习题，但大家一致笑杨振宁在实验室里笨手笨脚。"Where there is Bang, there is Yang！"杨振宁说："1947年对我是一个不快活的一年。那时黄昆在英国做研究生，我给他的信中就曾用'Disillusioned'（幻想破灭）来描述我当时的心情。为什么呢？因为一方面我虽然努力，可是没有做实验的天分，而理论方面呢，几个自己找的题目都没有成果。"[1]"在做了十八个月的工作以后，我的实验不太成功。"他听从泰勒教授建议，放弃实验物理学家的想法，专攻理论物理，此后几十年杨振宁的工作主要集中在粒子物理学和统计力学领域，[2]取得了杰出成就。

赵忠尧、王竹溪两位教授本着对国家、学校和学生负责的态度，审慎地向学校提出建议，为杨振宁发展指出一个正确的方向。清华大学也本着对国家和学生负责的态度，接受两位教授的建议。教授慧眼识才，学校民主管理，这也成为清华大学人才辈出的重要原因。

1　杨振宁：《我的学习与研究经历（二）》，《新清华》，2012年6月22日，第7版。

2　杨振宁：《读书教学四十年》，香港：三联书店香港有限公司，1985年，第116—120页。

影响一生科学成就的恩师

——叶企孙保留的李政道电磁学试卷

这份1945年西南联大电磁学试卷，用纸是当时昆明出产的土纸，非常粗糙，颜色已经深黄，答题者是后来获得诺贝尔物理学奖的李政道，出题人和阅卷者是西南联大物理学系教授叶企孙先生。叶企孙生前一直保存这份考卷，叶先生去世后，他的侄子叶铭汉院士整理遗物时发现了这份试卷。后来，叶铭汉先生将试卷捐赠给清华大学。这份珍藏了几十年的试卷既见证了可贵的师生之情，也反映了为师者慧眼识英才。

2006年，李政道在回忆叶企孙先生文章中写道：

我自1946年离开祖国后，很遗憾再也没有机会见到叶老师。1993年，叶老师的亲属在整理他的遗物时，发现有三张泛黄的纸片，上面有叶老师批改的分数："李政道：58+25=83。"原来是我1945年在西南联大时的电磁学考卷。这份考卷用的纸是昆明的土纸。电磁学的年终分数由两部分合成，一是理论考试部分（即这份考卷），满分是60分，我的成绩是58分；第二部分是电磁学实验成绩的分数，满分是40分，我得了25分。两部分相加得83分。这份考卷叶老师一直存藏着，直到他含冤去世16年之后才被发现。当叶老师的侄子、中国科学院高能物理研究所的叶铭汉院士把这份半个世纪前的考卷给我看时，我百感交集，叶企孙老师的慈爱容貌，如在目前。[1]

2008年2月11日，在清华大学举行纪念叶企孙先生诞辰110周年大会上，李政道以"大音希声，大象无形"为题发表讲话，回顾和叶企孙先生的交往，再次提到这份试卷。李政道深情地说：

> 更令人感动的是，竟然发现了他保存完好的一份试卷。那是我在1945年在西南联大的电磁学考卷，老师正是叶先生，那时是他在教我们电磁学。我上他的课后不久，他得知我在阅读较深的电磁学书籍，他就跟我讲，你不必上我的课，期终参加考试就可以了，但是，实验你一定要做，实验是很重要的。这说明叶先生一贯重视理论和实验，他这种思想给我的教育很深。
>
> 在后来的研究工作中，我虽然一直搞理论研究，但是我也十分重视实验，就是受到叶先生这一思想的影响。在这份试卷上，我的理论部分得了58分，满分是60分；实验部分得了25分，满分是40分。实验得分少是因为我在做实验的时候，不小心把珍贵的电流计的悬丝弄断了，当时管实验的老师很心痛，所以给的分数较低，仅仅及格。这件事情还说明，叶先生对于学生是多么关爱，一份普通试卷，竟然保存了几十年！[2]

一份保存几十年的考卷，见证了叶企孙与李政道之间的师生之情。

---

1 《我的老师和老师的老师——纪念叶企孙老师》，中国高等科学技术中心编：《李政道文选（科学和人文）》，上海：上海科学技术出版社，2008年，第390页。

2 《李政道在"叶企孙先生诞辰110周年纪念大会"上的讲话》，http：//www.tsinghua.org.cn/xxfb/xxfbAction.do?ms=ViewFbxxDetail_detail0&xxid=10018443&lmid=4000343。

其实，在李政道成长过程中，叶企孙起过重要的助推作用。

1945年春，李政道从浙江大学物理系转学至西南联合大学物理系二年级就读。当时西南联大名师荟萃，教学水平高，校园氛围宽松自由，这让天资聪颖又刻苦勤奋的李政道如鱼得水、迅速成长，也让诸多师长和同学对他刮目相看。

在西南联大物理系，李政道选修了叶企孙先生的电磁学课程。据叶铭汉回忆：

> 政道除了听吴大猷的课和其他高年级的物理、数学课之外，还选修了电磁学。他虽已经自学过高深的Jeans的电磁学，为了学分，不得不按规定选电磁学。跟他一起选电磁学的李德平院士回忆，政道在上电磁学的时候看别的较深的电磁学书，被教课的我的叔父叶企孙先生发现了。课后叶先生找李政道了解了情况。叶先生说，我教的内容，你都学过了，你不必上我的课，学期终了时你参加考试就可以了，但是，你对电磁学实验没有接触过，实验很重要，你一定要受到做实验的训练。学期终了，你的实验成绩跟你期终考试成绩一起计算。[1]

可以想见，电磁学课堂上李政道给叶企孙留下了深刻印象。后来，经西南联大物理系教授吴大猷推荐，叶企孙决定让李政道和朱光亚一起作为吴大猷助手赴美学习。当时李政道只是大二学生，按照一般人看法是没有资格去美国进研究生院的。可是，基于对李政道学识和潜力的赏识，叶企孙力排众议批准吴大猷的推荐。这在当时是破例，对李政道而言则

---

1 叶铭汉：《李政道在西南联合大学》，《心通天宇：李政道教授九十华诞文集》，上海：上海交通大学出版社，2016年，第80页。转自黄庆桥：《李政道与他的三位中国恩师》，《科学文化评论》第15卷第2期，2018年，第75—76页。

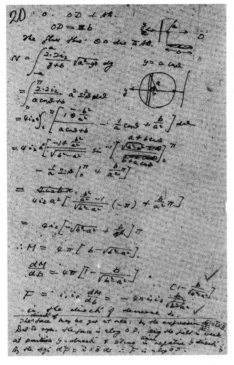
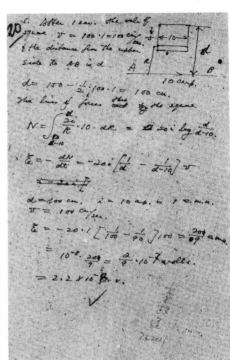

叶企孙批改李政道试卷

是人生的一个关键转变。对此，李政道始终心存感念，他写道：

> 1946年春，华罗庚、吴大猷、曾昭抡三位教授受政府委托，
> 分别推荐数学、物理、化学方面的优秀青年助教各两名去美国
> 深造。吴大猷老师从西南联大物理系助教中，推荐朱光亚一人，
> 尚缺一人他无法确定，就找当年任西南联大理学院院长的叶企
> 孙老师，叶老师破格推荐当时只是大学二年级学生的我去美国
> 作博士生。所以没有叶老师和吴大猷老师，就没有我后来的科
> 学成就。叶老师不仅是我的启蒙老师，而且是影响我一生科学

成就的恩师。[1]

　李政道没有辜负叶企孙先生的期望。他杰出的科学成就和为中美两国科技交流与中国高层次物理学人才培养做出的突出贡献，就是对叶企孙先生当年慧眼识才、无私提携的最好回报。

1　《我的老师和老师的老师——纪念叶企孙老师》，中国高等科学技术中心编：《李政道文选（科学和人文）》，上海：上海科学技术出版社，2008年，第387页。

帮助着这一份力量，送给正在浴血苦斗中的民族
——西南联大保障从军学生权利

1937年10月，清华、北大、南开组成的长沙临时大学成立。随着临时大学开学、原三校师生陆续到来以及图书仪器等征集和添购，临时大学师生以及社会一般人心理"以为只凭我方在上海抗战的成绩推测，战线要进展到湖南，不是三年五年可以实现的"。但随着日本迅速紧逼以及长沙空袭，临时大学又面临再次迁徙。"对于历尽艰辛，奔波来湘的学生，席不暇暖，便将他徙，无疑是给予一种刺激，促成他们抛弃书本投奔军队或做其他政治工作的决心。"[1]有长沙临时大学学生激愤地写道：

> 临大同学是在国难中生活过来的；敌人的凶焰把他们赶出了他们久所依恋的乐土。国破家亡的仇恨，在他们心中种着最深的根源。他们最先看到民族的危机；他们第一个觉悟到自身责任的间距。

这位学生呼吁学校当局及社会：

1　胡嘉：《记国立西南联合大学》，《宇宙风》（乙刊）第5期，1939年，第205页。

在这个斗争中，大学生有他们自己的要求，有他们特有的任务。

他们真受过一般教育的，对于社会和时代的一切方面，他们都已经有一个粗浅的认识。他们是在寻求比较专门的知识，期待着去担任专门的任务。他们虽然还是受教育者，但是他们已经有了工作的自信和工作的能力。他们是青年，他们有血气，有热诚，有比较高的教育程度，有切合时代的精神。在当前的斗争中，他们是最好不过的，而且是最有用的力量。

我们不是在把大学生作过高的估计，事实上，在这个急需人尽其才的时候，对于每一点可用的人力，我们都应该加以充分地运用和发展。我们常常听见人在说现代战争是一个民力比赛；这并不是一句空洞的流行话。在现代战争中需要各式各样的技术，从发动民众起以至增加生产，建筑工事传布战时常识，改建社会经济机构，发展战时工业，运用现代武器，在在都需要专门知识。这种专门知识只有大学生能够最迅速地接受，而且是他们现在最乐意接受的。谁也不会否认，在当前的斗争中我们急切需要这种知识，而且急切需要这种知识的应用，然则我们为什么把这一批最容易和这种专门知识结合的人才（大学生）弃置不用呢？更何况他们决不能再埋头于承平时代的教育？除了大学以外，我们再也找不出最适合于这一方面的更整齐队伍的。

……

事实告诉我们：要争取最后胜利，现有的一切政治经济，和社会机构，一切生产关系和生产方法，一切战争技术和战争工具，都需要经过剧烈的变革。在这个变革中，大学生应该（而且已经要求）有一个特殊的地位。加入行伍当然是挽救民族危亡的重要途径之一，但是他们觉得，他们现在还没有这必要。

因为要舍身去争取期待中的胜利，所以他们更觉得他们应该在这斗争中，为他们所具有的比较一般人微有不同的材料，保持住一个不同的用途。

我们谨以热诚请求临大当局：赶紧帮助着把这一千多个最有用的知识青年，训练成战斗力量吧！我们尤其希望，临大当局会帮助着这一份力量，送给正在浴血苦斗中的民族！[1]

这种情绪普遍弥漫于学生之中，"在二十七年一月印行的《国立临时大学学生名录》上，差不多有百分之八十的学生在'备注'项下都填写着'休学一年（参加晋省救亡工作）''湖南国民训练''空军学校''十四军整治工作''西北军官训练班''军政部学兵队'……等字样，每个人在道上相逢，开首第一句总问'你怎么样？''上哪儿去？'好似长沙临时大学本来是打算'临时'的，看着她在长沙产生，也就在长沙解体"。[2]

在这种情绪感染之下，加上国民政府鼓励和提倡，长沙临时大学、西南联合大学学生积极踊跃参加抗日救亡斗争。闻一多回忆："讲到同学们，我的印象是常有变动，仿佛随时走掉的并不比新来的少，走掉的自然多半是到前线参加实际战争去的。"[3]据统计，长沙临时大学、西南联合大学学生有三次大规模抗日救亡、从军热潮，先后参军的约为1,100人，占就读学生总数8,000人的14%左右，部分校友还为抗战胜利献出了宝贵的生命。

对于学生应该在校发奋读书还是离校投笔从戎，学校和社会上一直存在不同看法。西南联大一方面积极主张学校要坚持教学为国储才，梅贻

1　丁主：《献给临大当局》，龙美光编：《一寸山河一寸血——西南联大抗战救亡曲》，昆明：云南出版集团、云南人民出版社，2018年，第18—20页。

2　胡嘉：《记国立西南联合大学》，《宇宙风》（乙刊）第5期，1939年，第205页。

3　闻一多：《八年的回忆与感想》，西南联合大学北京校友会校史编辑委员会编：《笳吹弦诵在春城——回忆西南联大》，云南人民出版社、北京大学出版社，1986年，第143页。

琦指出:"吾人固知抗战期间经济之困难,吾人尤知建国事业需才之迫切,不及今储才备将来建国之用,后将有才难之感。"[1] "在敌人进占安南,滇境紧张之日,敌机更番来袭,校舍被炸之下,弦诵之声,未尝一日或辍,此皆因师生怵于非常时期教学事业即所以树建国之基,故对于个人职守不容稍懈也。"[2] 同时,梅贻琦强调学生要认真读书,表示学校"绝不希望变成一个难民营。我们诚心地欢迎那些能够证明他们自身值得在此国难当头受国家培植的学生。不过,要是谁当学校不过是一个有膳有宿的逆旅,要是谁老是在轻佻的行动里暴弃时间与精力,那么他可体会错了学校的主意了。我们准得把他摒诸门外"。[3]

另一方面,学校对于学生满腔的爱国热诚给予积极鼓励和保护,根据政府相关规定制定了保护参加各类抗日救亡运动学生的制度,让学生返校后继续安心求学。

1938年1月7日,长沙临时大学发布公告,鼓励学生参加国防机关服务工作。

> 查学生至国防机关服务者,本校准为保留学籍,并得以随班考试分数作为学期成绩,业经公布在案。学生于服务完毕返校时,须呈缴服务机关之证明书,始能取得学期成绩。合行布告,仰各知照。此布。[4]

1　《抗战期中之清华(续)》,刘述礼、黄延复编:《梅贻琦教育论著选》,北京:人民教育出版社,1993年,第88页。

2　《抗战期中之清华(二续)》,刘述礼、黄延复编:《梅贻琦教育论著选》,北京:人民教育出版社,1993年,第94页。

3　莫德昌:《国立西南联合大学的长征与鸟瞰》,龙美光编:《绝徼移栽桢干质——西南联大问学拉杂谭》,昆明:云南出版集团、云南人民出版社,2018年,第12—13页。

4　清华大学档案,X1-3:1-12-007。此件档案以《长沙临时大学关于学生参加国防机关服务有关事宜的布告(1937年12月)》为题收入《国立西南联合大学史料》(五)(昆明:云南教育出版社,1998年,第667页),时间标注为1937年12月,似误。按:国防服务介绍委员会、同日，长沙临时大学公布1937年12月29日第39次常委会议决成立国防工作介绍委员会的布告，宣布将原有的国防服务介绍委员会和国防技术服务委员会合并为国防工作介绍委员会，办事处设在注册组。委员会由吴有训、黄子坚、樊际昌、顾毓琇、曾昭抡、杨石先、庄前鼎、施嘉炀组成，吴有训、杨石先、樊际昌作为三校代表组成常务委员，委员会由吴有训负责召集。布告要求："嗣后各学生参加国防服务工作，概须先受该委员会（办事处在注册组）之指导，方得领取学校介绍函件。"[1]

　　2月9日，即有清华大学机械工程学系、电机工程学系三、四年级28名学生参加装甲兵团，其中有后来考取公费留美生的白家祉、吴仲华、孟少农等。[2]

　　1943年12月3日，西南联大发布《西南联大学生征调充任译员办法》，规定遵照教育部高字第51081号训练，四年级男生于第一学期考试结束后，一律前往翻译人员训练班受训。四年级女生及体弱男生留校继续学习，但毕业后仍遵照《兵役法》服务。选修学分方面，办法对充任译员学生有多条鼓励措施。

> （三）四年级征调服务各生于第一学期期考后考试及格课
> 程，无论系全年或半年，均照给一学期学分；并结至本学期末
> 之成绩，经审查委员会之审查，如较规定毕业所须学分所差不
> 逾三十二学分（必修或选修）者，于服务期满后发给毕业证书，

　　国防技术服务委员会均由1937年12月10日第33次常委会议决设立，分别由黄子坚、樊际昌、潘光旦和顾毓琇、曾昭抡、吴有训、杨石先、庄前鼎组成，后者由顾毓琇负责召集。见《第三十三次会议（1937年12月10日）》，《国立西南联合大学史料》（五），昆明：云南教育出版社，1998年，第29页。

1　《长沙临时大学设立国防工作介绍委员会的布告（1938年1月7日）》，《国立西南联合大学史料》（五），昆明：云南教育出版社，1998年，第667页。

2　清华大学档案，X1-3：3-30-002。

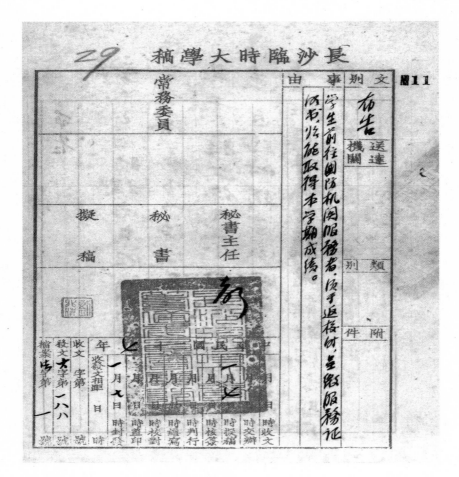

长沙临时大学发布公告，鼓励学生参加国防机关服务工作

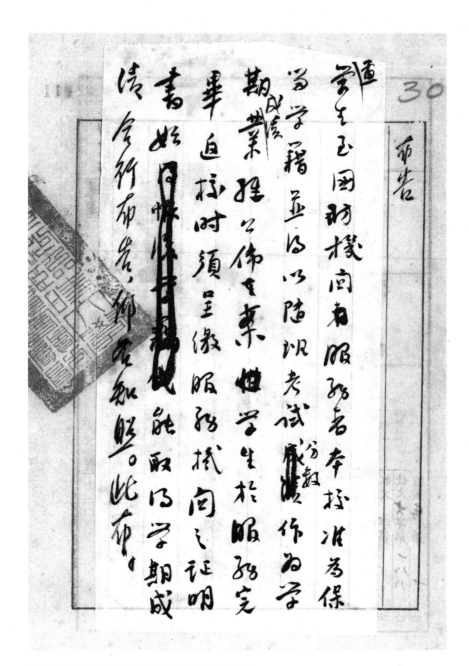

长沙临时大学发布公告，鼓励学生参加国防机关服务工作

仍作为原毕业年度毕业。（本届四年级征调服务学生于三十四年暑假发给毕业证书，仍作为三十三年暑假毕业）

（四）一、二、三年级学生志愿应征服务者，于服务期满返校时，由各该系酌定免修学科三十二学分。

（五）服务各生概予免修军训、体育。

……

（七）四年级征调服务学生所差学分，在三十二学分以上者，于服务期满复学时，除免修三十二学分外，补足所差学分。[1]

1944年11月25日，西南联大发布第970布告，转发教育部《志愿从军学生学业优待办法》。

一、中等以上学校在学学生志愿从军者，其学业方面之优待依本办法之规定办理。

二、中等以上学校学生从军期间，一律保留原有学籍。

上项学生如学籍有问题者，从军期满后由主管教育行政机关追认其学籍。

三、从军学生退伍时得依本人志愿仍回原校原级，并特许参加升级考试。中等学校学生届毕业时，并准免试升学。

四、中等学校从军学生已修满最后一学年第一学期课程，在复学后经过短期补习，准免除会考，给予毕业证书，并准免试升学。

五、大学先修班从军学生，退伍时得免试升学。

六、专科以上学校从军学生，退伍复学时，其肆业时期得

1　《西南联大学生征调充任译员办法（1943年12月3日）》，《国立西南联合大学史料》（五），昆明：云南教育出版社，1998年，第668—669页。

减少一学期，其入伍时已修满最后一学年第一学期课程，在退伍时准由原校发给毕业证书。

七、从军学生如系公费生、免费生及另有奖学金者，复学时一律继续予以公费、免费及给予奖学金之待遇。

八、从军学生参加留学考试，得予以优先录取之机会。

九、从军学生志愿参加国内外军事学校以及出国研究国防科学者，得由政府择优秀保送之。

中华民国卅三年十一月廿五日[1]

这个优待办法没有明确减免学分的标准。西南联大根据实际情况做了进一步明确，制定优待从军学生免修学程及学分办法为：

> 1. 清华或联大学生复学时持有正式退役证书者得视服务时间之长短免修若干学分。
>
> A 二年以上者得免十七至二十四学分
>
> B 一年以上不足二年者免修八至十六学分
>
> C 半年以上不足一年者免修四之八学分
>
> D 不足半年者不免
>
> 2. 免修学分以三四年级科目为原则，由各系主任决定之。

对于从军复校学生，均以此规定办理。教务处根据学生从军服务时间给予减免学分区间，具体减免学分数则由各系主任决定。例如：

工学院土木系三年级学生汪弘（学号31685），1943年11月至1946年9月在军事委员会外事局陆军93军22师从事翻译工作，共计2年10个月。

---

1 《志愿从军学生学业优待办法》，《国立西南联合大学史料》（五），昆明：云南教育出版社，1998年，第672页。

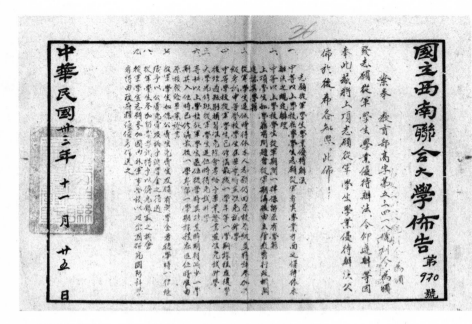

西南联大发布第970号布告，转发教育部《志愿从军学生学业优待办法》

退役时，军委会外事局、22师、美军驻重庆办事处等开具从军证明。汪弘返校后，1947年10月，经学校认定，准予其免修画法几何2学分、工程制图（二）1.5学分、普通化学讲演6学分、四年级选修9学分共计18.5学分。

工学院机械工程系学生林宗棠（学号33151），1944年12月至1945年9月在陆军辎重兵汽车第14团服务，共计10个月。林宗棠返校后，1948年3月，经学校认定，准予免除暑期实习3学分、工程材料2学分、材料实验1.5学分共计6.5学分。

法学院经济系一年级学生朱定宪（学号33661），1945年3月至1946年10月在公谊救护队服务，共计1年8个月。朱定宪返校后，1947年10月，经学校认定，免除选修课程10学分、逻辑6学分共计16学分。

理学院生物系三年级学生张铁梁（学号33525），1945年1月至9月在军事委员会外事局从事译员工作，共9个月。张铁梁返校后，1948年3月，经学校认定，准予免除普通生物学（下）4学分、普通植物学（下）4学分共计8学分。

由汪弘、林宗棠、朱定宪、张铁梁等四人经历可见，西南联大严格按照规定认证免除从军学生学分。既充分肯定学生为国贡献，也严格依照学校规定，保证学生培养质量。

西南联大继承了此前清华大学严谨严格教学传统，注意平时严加督促，维持人才培养的高水准。[1] 梅贻琦强调学生要认真读书，表示学校"绝不希望变成一个难民营。我们诚心地欢迎那些能够证明他们自身值得在此国难当头受国家培植的学生。不过，要是谁当学校不过是一个有膳有宿的逆旅，要是谁老是在轻佻的行动里暴弃时间与精力，那么他可体会错了学校的主意了。我们准得把他摒诸门外"。[2] 于是，"联大还有一种刷人的风气，对不及格的学生，毫不客气，比方上学年学生，共千七百多人，成绩不及格在二分之一以上者一百多人，因之，被一幅皇榜整个的刷出校外，此无他，因去年教部统一招考的录取标准为二取一，较以前十取一时降格相求之故，据说教部本年取录者为四取一，标准较去年稍高，但较前年，仍属降格相求矣"。[3]

西南联大既鼓励学生从军报国，对于从军回来学生也严格按照规定给予支持，但对学习成绩的要求并不放松，对不及格者决不姑息，坚持依照校规做退学处理。正是坚持高标准和严要求，西南联大培养了一大批优秀人才。

1　刘钊：《从西南联大说起》，《中央周刊》第4卷第49期，1942年。龙美光编：《绝徼移栽桢干质——西南联大问学拉杂谭》，昆明：云南出版集团、云南人民出版社，2018年，第198页。

2　莫德昌：《国立西南联合大学的长征与鸟瞰》，《抗战中的学生》，世界学生会中国分会1942年7月印行。龙美光编：《绝徼移栽桢干质——西南联大问学拉杂谭》，昆明：云南出版集团、云南人民出版社，2018年，第12—13页。

3　冯绳武：《西南联大的前身和现状》，《陇铎月刊》第6、7期，1940年。龙美光编：《绝徼移栽桢干质——西南联大问学拉杂谭》，昆明：云南出版集团、云南人民出版社，2018年，第99页。

革故鼎新

国立清华大学后期 （1946—1949）

依依惜别互道离衷
—— 西南联大最后一次结业典礼

　　1945年8月15日，日本宣布投降。中国人民经过艰苦卓绝的斗争，终于取得了反抗日本帝国主义的胜利。9月20日，教育部召开全国教育善后复员会议，商讨当前高等教育所亟待解决的主要问题。会上，教育部部长朱家骅指出："复员决不是简单地'复原'"，"我人对于战后专科以上学校之分布及其院系科别之增减，必须先有通盘计划，方足谋日后之合理发展"。[1] 蒋介石也表示：各校不要匆忙搬移，"准备愈充足愈好，归去愈迟愈好。政府不亟亟于迁都，学校也不应亟亟于回去"。[2] 根据这一意见，各内迁大学有条不紊地进行复员筹备。一方面稳定师生情绪，继续教学上课；一方面积极做好迁移准备，如原校舍的接收修缮、师生迁移、物资输送、校产处理、复员费用的申领、交通工具的组织等工作。西南联大亦不例外，10月13日，梅贻琦在校务会议报告中，传达了蒋介石的这一指示。[3]

1　朱家骅：《教育复员工作检讨》，《教育通讯》复刊第2卷第11期，1947年2月1日，第2页。

2　《第二次中国教育年鉴》第二编"教育行政"，总第103页。转引自金以林：《近代中国大学研究》，北京：中央文献出版社，2000年，第300页。

3　《梅贻琦手拟1945年10月13日校务会议报告提纲（1945年10月）》，清华大学校史研究室编：《清华大学史料选编》（第三卷下），北京：清华大学出版社，1994年，第15页。

经过 10 个月准备，到 1946 年 5 月前后，内迁各大学开始纷纷复员，返回原籍。1946 年 4 月 23 日，教育部电令西南联大三校恢复原校。5 月 1 日，西南联大期考完毕。2 日，西南联大首批学生离昆。[1] 5 月 4 日，西南联大举行结业典礼，并举行西南联大纪念碑揭幕仪式。

由于这是在已经启动复员北返情况下召开的结业典礼，既是抗战胜利后第一次也是最后一次结业典礼，并且在校址立碑作永久纪念，因此这次典礼具有特殊的纪念意义。西南联大邀请云南省各界代表参加，表示惜别之情，并借典礼和揭幕，向几年来支持西南联大办学的云南各界表示感谢。[2] 5 月 4 日，西南联大发布启事：

> 兹谨定于五月四日（星期六）上午九时在本校北区图书馆举行本校结业典礼，除另柬邀请本市各机关首长届时莅临指导外，特此通告。凡本校及三校校友暨各界人士届时务希莅临，毋任企幸。[3]

5 月 4 日上午 9 点，西南联大结业典礼在图书馆隆重举行。

梅贻琦首先代表西南联大致辞，对云南地方当局和各界人士的大力支持表示感谢，同时称赞清华、北大与南开三校和衷共济、精诚团结。

> 联大是勉强开始，也勉强结束。八年来许多困难承地方当局，及各界人士帮助，趁此机会致谢。八年相处，一旦离开，惜别意思大家都是一样，希望这离别只是暂时的，但不希望学

---

1 《正义报》，1946 年 5 月 2 日，第 4 版。刘兴育主编：《旧闻新编》（中），昆明：云南大学出版社，2017 年，第 464 页。

2 《联大今举行结业典礼》，《正义报》，1946 年 5 月 4 日，第 4 版。

3 《国立西南联合大学举行结业典礼启事》，昆明《中央日报》，1946 年 5 月 3 日，第 2 版。刘兴育主编：《旧闻新编》（中），昆明：云南大学出版社，2017 年，第 467 页。

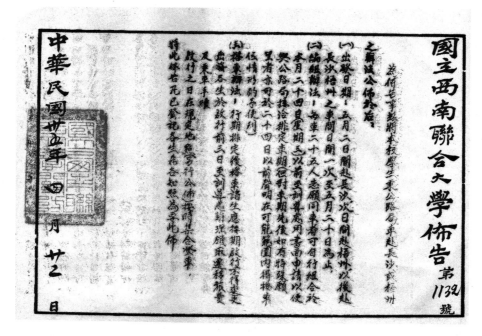

国立西南联合大学复原迁校布告

校再迁来。只是个人的相会。八年来自三校联合办联大，虽三校各有各的作风，而终能大家互相谅解，办了这八年。回忆八年来，深深感到了合作的意义，也感到了合作的需要。西南联大所以能成功，就是因为参加分子都能了解这一点，都能互相谅解。

接着，汤用彤、叶企孙、蔡维藩分别代表北京大学、清华大学、南开大学致辞。汤用彤发言指出：

联大开课是五月四日，刚好结业又是五月四日，这正是联大精神，不要忘记这个节日。中国文人相轻，不但三个学校联合不会成功，一个学校还要分裂。但联大是联合了八年，这正是小型民治精神的表现。民治精神就先要新生各方意见，希望三校精神上以后继续合作，更紧要联合。

叶企孙发言指出：

联大在昆明几年，不论地质、矿业调查、人类语言、民族调查、国事普查、农业研究、小型水利调查，对昆明都多少有点帮助。以后三校仍要求学者独立，每年三校当有一次讨论会，讨论研究结果及方针，这种联合精神对我国学者亦定有大帮忙。

蔡维藩发言指出：

从今天起三校要分校北上，今天开始分家，今天开始向云南告别。有下列几点感想：（一）三校联合八年如一日，望将来在北平的两个大哥哥，不要忘记天津的小弟弟（南开）。（二）联大同学不要忘记南开亦是一个母校。（三）昆明各界同联大的合作友谊是一段不能忘掉的历史。（四）提议每年联大校庆三校在一块庆祝一次，三校轮次做东。（五）联大由五四开始，五四的精神是重科学、重民主、重美术，联大北上，带头重科学、重民主、重美术的精神北上。[1]

三校代表讲毕，马伯安、严燮成、熊庆来等来宾致辞。马伯安指出，我国抗战胜利，建设国家需要一二十年，勉励联大学生能肩负起这个伟大

---

1 《联大完成历史使命，八年合作意义深长，昨日行结业礼三校开始北返，地方父老依依惜别互道离衷》，《云南日报》，1946年5月5日，第2版。

责任。严爕成代表昆明各界，谦逊地表示对西南联大未尽到地主之责而表示歉意，希望滇籍学生赴平求学时各校能给予照顾。[1]

来宾致辞完毕，西南联大附中合唱西南联大校歌，一时间，图书馆内洋溢着庄严的歌声。[2]

最后，冯友兰宣读其起草的西南联大纪念碑碑文。读毕，结业典礼结束。

按照议程，典礼结束后众人为西南联大纪念碑揭幕，然后再到图书馆前拍照。拍照时，下起了小雨。好在雨势不大，参会的师生留下了一张珍贵的合影。待拍完合影，雨势才忽然增大。

当天下午和晚上，西南联大还举行了师生及各界人士参加的体育、文艺等丰富多彩的活动。

西南联大在昆明办学，得到了云南省各界的大力支持。面对即将复员返回的西南联大，云南各界依依惜别。6日，《云南日报》发表社论《惜别联大》。如果说冯友兰起草的西南联大纪念碑文对西南联大坚持办学的高度评价是学校内部对这段可歌可泣历史的回顾和自省，那么《云南日报》的评论，则体现了云南省对西南联大坚持办学的高度评价。

> 与抗战相终始的国立西南联合大学，于日昨（五四）举行最后结业典礼，自这天起，联大结合的三个单位——北平[3]、清华、南开三大学，开始离滇京上，分别赴平津复校。我们全滇同胞，尤其是昆明的同胞，八年来与联大师生，朝夕相依，情感极深，今天握别了！一声珍重，万里依依！临别赠言，能不

1　《联大完成历史使命，八年合作意义深长，昨日行结业礼三校开始北返，地方父老依依惜别互道离衷》，《云南日报》，1946年5月5日，第2版。

2　《正义报》，1946年5月5日，第4版。刘兴育主编：《旧闻新编》（中），昆明：云南大学出版社，2017年，第468页。

3　指北京大学。

藉然！

　　结合成联大的三大学清华大学、北京大学、南开大学。北大是民主堡垒，清华是科学的渊薮，南开是教育的典型，各有各的历史成就，各有各的教育作风，数十年来先后支持着中国的文化阵容，培养着中国的民族新生。抗战军兴，三大学合并南迁，万里迢迢，终止昆明。八年来始终合作，写下了伟大的文化抗战，文化动员的史迹。这就整个的困难意义上说，它是中国历史上的第三次民族大迁徙，但是进一步，就文化、教育本身的意义上说，它真可说是中国甚至于世界史上大规模的文化蒙难了！中国社会五千年来，始终靠士大夫阶级支持着。这是一着胜利的棋局，士大夫阶级到今天仍是民族的潜力。日本侵略中国，毒焰遍及南北，却放走了一批文化集团。胜利之局，就决于此。这一个历史使命，昆明何幸竟得完成它的地理环境，昆明能成为抗战基地，在抗战史上的地位，几乎驾蜀蓉而上之，是联大选择昆明呢？还是昆明选择联大呢？这是我们惜别联大，谢谢联大的第一点！

　　云南居西南极边，重山叠嶂，瘴雨乌烟，"五月渡泸，深入不毛"，汉丞相的批评，令人多么生畏，文化落后不可讳言。虽然自民纪以还，护国护法，义师四出。而省内文化、经济仍十分贫乏，联大集合全国文化精英，老帅宿儒，将黄河流域、长江流域的文化硕果，带到了云贵高原。有东晋的南迁而后有六朝隋唐的文化结晶。有南宋的南迁，而后有明清的文化总汇。现在联大的南来，它赐予我们云南的文化灌输、熏陶，表面的成就固已深深值得珍重，而风声所及，孕育培护，其影响有不可想象的成果。其间如师资的借重、地质、矿业、人口、语言、农业的科学的调查，县志文献的纂修，水利，工业的开发，这些都曾有伟大的表现。这是人类互助合作的精神，也是文化潮流的作用。抗战促成中国的政治统一，却更促成了中国文化的团结。昆明承受了这伟大的文化南向的主流，这是多么的幸运！这是我们惜别联大，谢谢联大的第二点！

"民主""自由"是现代历史的主流。这精神，这风度，理论的实践，就靠了学校的示范。北平是"五四"运动的发源地，联大集合三个作风不同的大学，见仁见智冶于一炉，八年合作，始终保持着自由、民主、合作的学术气氛。始终保持着类似剑桥、牛津的风气。这种伟大的学术风气所给予我们西南青年的影响，只要我们善于接受，善于应用、发挥，其力量是不可限量的。西南人忠诚朴实，北方人恢廓大方，东南人活泼机警，我们云南青年，八年来就受了很多的取益，这是我们惜别联大，谢谢联大的第三点！

联大南来是非常时期中的非常事件。我们今天惜别之余，回忆前尘，又不禁深深地可惜八年的时光真的太短，去来匆匆！我们觉得历史赐予我们宾主们的机会太巧也太好。可是我们云南同胞却并未能充分利用去接受嘉宾的厚贶，且于地主之谊更未能尽其到，坐使此非常的赐予竟匆匆随非常的局面一旦消失，今日检讨之余，于此倍觉神伤！

别矣！联大的师生们，地北天南，八年往事，过眼云烟，我们的精神永远接触地依着，情感永远联系着！珍重吧！前途珍重吧！[1]

这天同时也是抗战胜利后第一个五四日。应该说，五月四日结业典礼的召开，很有象征意义。结业典礼上汤用彤、蔡维藩的发言中都提到五四

---

[1] 《惜别联大》，《云南日报》，1946年5月6日，第1版。

纪念。当天下午，周炳琳应云南省教育会之请演讲。[1] 晚上，闻一多、李广田参加文协昆明分会座谈会。[2]

当天，昆明《中央日报》发表《五四献言》社论，将纪念五四与西南联大结业结合起来。社论指出：

> 今日逢巧的是西南联合大学举行典礼之期，使我们此时此地纪念五四，更有深的意义。联大及其他的学术机关使昆明成为后方的重要文化中心之一，现在骤将离去，凡属市民，都有依依不舍之感。但转过来想，联大师生大多数所要迁返的目的地，就是五四发祥之地北平。组成联大的北京、清华、南开三大学，在五四时代也都处在领导的地位，现在他们重返富有历史联想的旧地，当更易于完成五四的未完之业，我们在惜别之余，又不禁为三校前途庆。谨祝诸君旅途顺利，前程光明！[3]

但西南联大的结束和师生北上复员离开昆明，则有一个过程。从5月2日开始到8月，清华、北大与南开三校学生分批北返，三校教职工亦自6月起分陆路或航运经湖南、上海或重庆北返，一部分教职工等西南联大事务全部结束及三校物品迁运结束，9月底才全部离开昆明。梅贻琦本人9月6日离开昆明，11日到达北平。[4] 由于清华园尚在加紧维修，梅贻琦暂时住在骑河楼清华同学会内。抗战期间，三校精诚团结，复员北返，三校亦行动一致，"以表现八年来通力合作之精神，彻始彻终，互助互让"。三

---

1 《联大今举行结业典礼》，《正义报》，1946年5月4日，第4版。

2 《胜利首届"五四"节联大在昆最后结业》，《云南日报》，1946年5月4日，第2版。

3 《五四献言》，昆明《中央日报》，1946年5月4日，第2版。

4 《复原后之清华》，刘述礼、黄延复编：《梅贻琦教育论著选》，北京：人民出版社，1993年，第138页。

校还约定于10月10日共同开学，国庆校庆一起纪念。[1] 1946年10月10日上午10点，复员后的清华大学在大礼堂举行开学典礼。[2]

　　自此，清华大学开始了一个新的阶段。

1 《复员期中之清华》，刘述礼、黄延复编：《梅贻琦教育论著选》，北京：人民出版社，1993年，第135页。

2 《国立清华大学关于开学典礼的布告（1946年10月7日）》，清华大学校史研究室编：《清华大学史料选编》（第四卷），北京：清华大学出版社，1994年，第2页。

国庆校庆同资纪念
——清华大学复员后第一次开学

1945年8月，日本宣布投降，中国人民抗日战争取得伟大胜利。清华、北大、南开开始做复员复校准备。抗战期间，三校和衷共济、精诚团结，保证了西南联合大学与抗战相始终，创造了高等教育奇迹。三校复员，既分别进行，又互相支持。梅贻琦指出：

> 今年五月初，西南联合大学之战时使命完成，三校之复员随即开始，在联大之学生，依其志愿，分发于北大、清华、南开三校。但北迁之举，三校师生仍联合发动，一因大家路线相同，联合自多便利，一亦以表现八年来通力合作之精神，彻始彻终，互助互让，固非欲以标示国人，抑吾三校同人所同感之快慰，或亦非居外人所能领略者耳。[1]

1946年4月4日，在清华大学评议会上，梅贻琦校长报告清华定于本年10月10日在北平举行复校及开学典礼，并定于10月21日起上课，10月1

---

1 《复员期中之清华》，刘述礼、黄延复编：《梅贻琦教育论著选》，北京：人民出版社，1993年，第135页。

日起学生报到。[1]

1946年4月17日，西南联大校务会议第八届第十次会议议决通过：建议常委会转函三校，下学期请定于10月10日开学，10月1日起学生开始报到。[2] 4月24日，西南联大常委会第372次会议通过校务会提案。[3] 这样，三校约定于10月10日共同开学，"则国庆校庆同资纪念矣"。[4]

1946年4月23日，教育部电令西南联大三校恢复原校。5月4日，梅贻琦在昆明宣布西南联合大学结束。5月至8月，三校学生分批北返，三校教职工亦自6月起分陆路或航运经湖南、上海或重庆北返，一部分教职工等西南联大事务全部结束及三校物品迁运结束，9月底才全部离开昆明。

10月7日，梅贻琦校长手拟了开学布告内容要点：

布告

本校定于十月十日上午十时在大礼堂举行开学典礼，希全体师生莅场参加。此布

琦

十·七

当日，学校以复员后第一号布告发表。

国立清华大学布告 清复布字第零零壹号

为布告事：本校兹定于十月十日（星期四）上午十时在大

1　清华大学档案，X1-3：3-4：1-037。

2　《第八届第十次会议（1946年4月17日）》，《国立西南联合大学史料》（二），昆明：云南教育出版社，1998年，第515页。

3　《第三七二次会议（1946年4月24日）》，《国立西南联合大学史料》（二），昆明：云南教育出版社，1998年，第433页。

4　《复员期中之清华》，刘述礼、黄延复编：《梅贻琦教育论著选》，北京：人民出版社，1993年，第135页。

礼堂举行开学典礼，届时希全体师生莅场参加。此布

中华民国卅五年十月七日[1]

10日这天，天气晴朗。上午9点半，住在城里骑河楼同学会的梅贻琦校长赶到学校。当时，由于清华学堂内部还在装修，梅贻琦暂时在工字厅后厅办公。10点，梅贻琦到工字厅偕部分教授到大礼堂，参加复员后第一次开学典礼。由于部分师生还未到校，因此这次典礼并不是全体师生参加。

复员后的第一次开学典礼意义重大，但典礼议程较为简单。从梅贻琦校长日记中可以知道大概情形。

首先由陈岱孙代表保管委员会报告复校工作的情况，接着由梅贻琦致辞。梅贻琦在讲话中，"告大家今后之艰难，勉以共同努力"。讲毕，1945年10月下旬代表清华、会同教育部特派员接收清华园的外文系教授陈福田献日本医官呈献的军剑，清华校友孙立人的代表潘参谋赠送日本军旗一面、军刀一把，熊祖同代表辛酉级捐赠钟亭修建费150万元。经历艰苦抗战岁月、迎来胜利的师生在故园复员开学，开学典礼隆重热烈，梅贻琦在日记中写道："会场中人大感兴奋矣。"[2]

开学典礼结束后，学校在工字厅准备10桌，招待校友及各教授便餐。由于梅贻琦要参加北平行辕主任李宗仁在中南海勤政殿举行的庆祝酒会，缺席了学校的便餐会。

下午一点，中南海勤政殿酒会结束后，梅贻琦与袁志仁、陈苬民乘机与李宗仁谈供煤问题，请李宗仁设法帮忙。下午四点，梅贻琦又参加北平市长熊斌招待茶会。[3]

1　清华大学档案，1-4：2-18：1-001。

2　《梅贻琦西南联大日记》，北京：中华书局，2018年，第296—297页。

3　《梅贻琦西南联大日记》，北京：中华书局，2018年，第297页。

文別	佈告
機關 送達	
校長	李樅
秘書長	
主任 擬稿	見廑

事由　佈告宣校月古學勺開學

民國卅五年
十月七日交辦　附件
十月七日擬稿
十月七日交發

收文　字　　號
發文　文後字007　號
檔案　　　號

國立清華大學佈告　清後佈字第零零零號

为佈告事本校茲定於十月十日（星期四）上午十時在大禮堂舉行開學典禮屆時務令

師生莅場參加此佈

中華民國卅五年十月 七日

复员后的第一次开学典礼（页1）

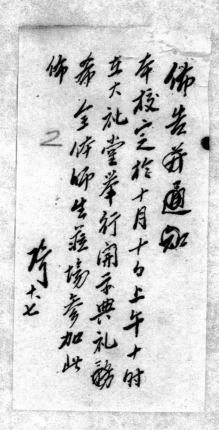

佛告并通知

本校定於十月十五日上午十时
在大礼堂举行开学典礼谨
希全体师生莅场参加此
佈

六七

复员后的第一次开学典礼（页2）

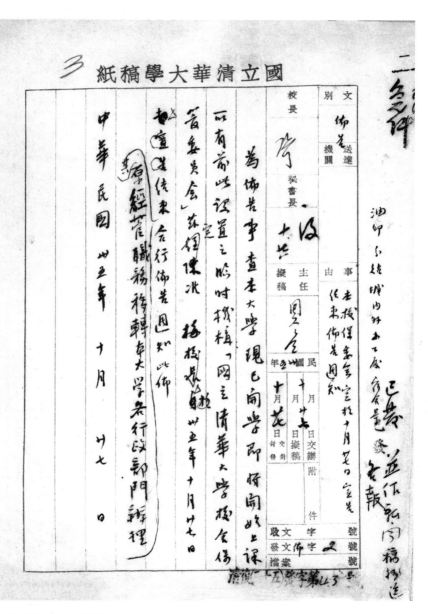

国立清华大学稿纸

复员后的第一次开学典礼（页3）

复员后的第一次开学典礼（页4）

在城里，梅贻琦对记者介绍了清华开学情况：

> 清华已正式开学，教授大部亦已到平，定二十八日上课，联大分发清华学生共千一百余人，刻已有五百余人到平，新生尚有七百余人，将开始注册，入人数到齐连先修班在内，将达两千余人。就目前学校设备恐尚有不能容纳。清华园附近治安尚好，学生可安心读书，学校所感困难者，仍为钱不足用，教授学生均由学校供给膳宿，在目前困难情况下，筹划两千人之吃住问题，已非易事。[1]

实际上，艰苦卓绝的抗日战争取得了胜利，但医治战争创伤，尤其是谋划和推进战后学校的发展是学校更重要的任务。1947年，梅贻琦在告校友书中写到清华"内在之创痕，固深且钜，则非以数年之人力财力不易恢复矣"。[2] 这也正是梅贻琦在典礼中指出的"告大家今后之艰难，勉以共同努力"。参加酒会的同时，也不忘请李宗仁帮忙解决供煤问题。因为10月27日，降霜，清华园入初冬。[3] 天气寒冷，供暖成为急迫问题。

抗战胜利后，清华校领导对复校有长远宏大的规划。不仅仅满足于恢复到1937年前的水平，还力图更上层楼。清华"复员不是'复原'，而是要从原来的地位上向前不断地迈进，它有积极的新生，改进的意义。清华的复员工作，不只是使她的外表恢复旧观，更重要的是她有新生的改进的内容"。[4]

这是"天下兴亡，匹夫有责"的传统的继承，也是着眼于国家未来的

1　《北大清华　昨日开学》，《新闻报》，1946年10月11日，第1版。

2　梅贻琦：《复员后之清华（1947年3月）》，《清华大学史料选编》（第四卷），北京：清华大学出版社，1994年，第33页。

3　《清华两年》，《清华大学史料选编》（第四卷），北京：清华大学出版社，1994年，第71页。

4　《清华纵横》，《清华1948年刊》，第10页。

使命感，更是对清华大学自身发展的责任感，正如1948年，清华校庆纪念刊上，有人写到的：

> 一个由个性很强的人们所组成的集团，经过战争流亡的物质痛苦，而不散伙。经过十年长期的经济压迫，而志向不移。历尽四千英里的跋涉之后，还要在破瓦残砾中重建工作室同住宅，不但如此，并且在一年半以后的今日，居然几乎每个人家窗外，都有几株丁香和紫荆花开着。这一群人的集合，绝不是偶然的，也绝不是被物质享受所吸引的。他们定然有一个精神上的共同信念。这样一群人，是能克服一切环境的困难，而不是容易消散的。假如我们相信命运的话，一个经大乱而犹能继续生存的人，他的"命"一定"大"，同样，一个团体若能平安渡过许多折磨，仍旧能继续存在，那么这个团体，也一定有他存在的价值。他是值得我们爱护，同永久保卫的。[1]

1945年，教育部召集全国教育善后复员会议，会前，文学院院长冯友兰曾撰文要求"把现有的几个有成绩的大学，加以充分地扩充，使之成为一个大大学"。他主张在这样的"大大学"中，"必需有很多冷僻的学问"，"使他们能够包罗万象"，"甚么专家都有"。这种"大大学"的职责不只是教育学生，而且"是国家的智囊团"，要"负起时代的使命"。[2] 1947年3月，梅贻琦表示清华"不应以恢复旧观为满足，必使其更发扬而光大，俾能负起清华应负之使命"。[3]

---

1 《我为什么还在清华——一个清华人的自白》，《清华大学三十七周年校庆纪念特刊》，1948年4月，第35页。

2 《大学与学术独立（三十四年九月）》，冯友兰著：《南渡集》，上海：上海东方出版中心，2017年，第266—270页。

3 梅贻琦：《复员后之清华（1947年3月）》，《清华大学史料选编》（第四卷），北京：清华大学因此，1946年10月10日的开学典礼，既有承前的象征意义，在梅贻琦、冯友兰等学校领导心目中更是开启未来清华发展的新的起点。

回头再看，对于抗战胜利、三校复员后第一次开学日，从清华大学拟定开学日期一变而为三校共同的开学日期，很可能是清华大学基于继续贯彻"八年来通力合作之精神，彻始彻终"而向西南联大校务会议的提议。10月10日具有的高度象征意义使得这一提议顺利为北大和南开认可，从而使得西南联大的意义一定程度上在复员北返、分开独立办学的三校延续。同时，开学与国庆"同资纪念"，也象征着校史与国运息息相关。正如冯友兰先生起草的西南联大纪念碑文中写到的，西南联大第一点值得纪念的就是：

> 我国家以世界之古国，居东亚之天府，本应绍汉、唐之遗烈，作并世之先进。将来建国完成，必于世界历史居独特之地位。盖并世列强，虽新而不古；希腊、罗马，有古而无今。惟我国家，亘古亘今，亦新亦旧，斯所谓"周虽旧邦，其命维新"者也。旷代之伟业，八年之抗战，已开其规模，立其基础。今日之胜利，于我国家有旋转乾坤之功，而联合大学之使命与抗战相终始。此其可纪念者一也。

从这个意义上讲，三校和衷共济的联合历史似可延至1946年10月10日。

出版社，1994年，第33页。

务请继续主持校务，俾全校上下有所遵循

——教授会敦请梅贻琦返校

1948年10月，在人民解放军胜利进军的形势下，国民政府计划把北平一些大学迁往南方，还下达了"国立院校应变计划"，要求各大学拟定应变举措，选定迁校地址，呈教育部备案。在中共地下党组织和进步师生的争取下，国民政府南迁北平高校的计划破产。之后，国民政府又制定"抢救平津学术教育界知名人士"计划，对象包括各院校行政负责人、中央研究院院士、知名学者教授等。这些知名人士既是国民政府极力争取的对象，也是中共的重要统战和挽留对象。

作为清华大学校长、知名教育家，梅贻琦无疑是国民政府重点"抢救"的人物。对梅贻琦去留行止，社会各界都很关心，学校师生、共产党、国民党等都在积极争取。

清华师生对梅校长很有感情，他们一方面准备迎接解放，一方面尽可能争取把梅贻琦留下来，带领清华渡过难关。有同学甚至组织队伍到校长住处挽留校长，清华大学民主墙上也出现过挽留梅校长的壁报。清华学生会一致挽留，认为南京政府将倒，不应使名流为之"殉葬"。

1948年，在解放区的吴晗和几个清华同学联合写信给梅贻琦，向他祝寿（时年六十），并告诉他："春暖花开的时候，我们就要回清华园来了，希望他做几件事：学校不要动，人不要散，设备不要搬，争取解放时保留

一所完整的清华。"[1]

共产党对梅贻琦给予了肯定,希望他留任清华大学校长。北平地下党学工委负责人崔月犁亲自上门,请求梅贻琦留下,参加解放后新中国的建设。[2] 即使梅贻琦离开后,周恩来在京津各大学负责人集会上公开表示:"梅贻琦先生可以回来嘛!他没有做过对我们不利的事。"[3]

国民党更是全力争取,并派专机来接梅贻琦等南下。12月21日,梅贻琦飞离北平,抵达南京。22日,吴铁城即携行政院院长孙科函敦请梅贻琦出任教育部部长。23日晚,蒋介石设晚宴招待自北平南来的梅贻琦、李书华、袁同礼等人。[4]

梅贻琦南下,引起社会广泛关注,媒体多有报道。27日下午,上海市专科以上学校校长聚会欢迎梅贻琦。[5]

虽然离开清华大学,但念兹在兹,梅贻琦心系生斯长斯的清华园。作为梅贻琦同事、教授会诸位教授非常清楚这点。抗战期间,1941年,梅贻琦在向校友介绍校务校情时动情地写道:

> 琦自1909(即宣统元年)年,应母校第一次留美考试,被派赴美,自此即与清华发生关系,即受清华之多方培植。三十二年来,从未间断,以谓"生斯长斯,吾爱吾庐"之喻,琦于清华,正复如之。[6]

---

1 《吴晗访谈录》,清华大学校史研究室藏。

2 周进:《为了新中国:北平教授的抉择与斗争》,《北京党史》第1期,2009年,第13页。

3 吴泽霖:《记教育家梅月涵先生》,《文史资料选编》第18辑,1983年9月。转引自黄延复主编:《梅贻琦先生纪念集》,长春:吉林文史出版社,1995年第2版,第431页。《尚序》,黄延复主编:《梅贻琦先生纪念集》,长春:吉林文史出版社,1995年第2版,第7页。

4 《总统宴梅贻琦》,《新闻报》,1948年12月23日,第10版。

5 《本市各大学校长昨欢迎梅贻琦》,《新闻报》,1948年12月28日,第9版。

6 刘述礼、黄延复编:《梅贻琦教育论选》,北京:人民教育出版社,1993年,第97页。

拳拳爱校之情，溢于言表。梅贻琦曾说："清华既拥有别所大学不具备的庚款基金来提供科研设备，又拥有一支优秀的教学队伍，我们理应把它办成一所世界上著名的学府。我们有责任这样做。"[1] 在艰苦的抗战岁月，梅贻琦苦撑危局，他说："在这风雨飘摇之秋，清华正好像一个船，飘〔漂〕流在惊涛骇浪之中，有人正赶上驾驶它的责任，此人必不应退却，必不应畏缩，只有鼓起勇气，坚忍前进，虽然此时使人有长夜漫漫之感，但我们相信不久就要天明风停，到那时我们把这船好好地开回清华园，到那时他才能向清华的同人校友说一句'幸告无罪'……"[2] 这是他对清华大学的责任感和使命感。梅贻琦将全部心血投入清华大学发展，也得到了广大师生和社会的充分认可和尊重。

对于梅贻琦离开北平，清华师生非常关心，迫切希望梅贻琦能返回北平，主持校务。

梅贻琦南下后，孙科力邀梅贻琦出长教育部，蒋介石、李宗仁等先后敦促梅贻琦，但梅贻琦均予以谦辞。国民政府在军事、政治等节节败退情况下，希望借重梅贻琦的名望维护统治，当时有人分析国民政府力邀梅贻琦出长教育部基于三点原因：

> 第一，由于梅贻琦的入阁，可以证明自由主义者已经积极地与政府合作，正面的和共〔产〕党展开行动上的斗争；第二，因为梅贻琦是天津人，他不但在北方的学术界具有相当的地位，即在政治上，也有其不可忽视的号召力量，所以梅氏的入阁，足以证明政府并不忽视北方，相反的，是较前格外的重视北方，这在今日北方风云日急的时候，对于加强北方对中央的

---

1 吴泽霖：《记教育家梅月涵先生》，黄延复主编：《梅贻琦先生纪念集》，长春：吉林文史出版社，1995年，第287页。

2 《抗战期中之清华（五续）》，刘述礼、黄延复编：《梅贻琦教育论著选》，北京：人民教育出版社，1993年，第129页。

向心力，是很有帮助的；第三、梅氏不但是北方的名教授，也
是全国的著名学者，假使梅氏入阁，足以证明政府对于全国的
名流学者是怎样的推诚相与，而且更可以因此而加强全国知识
分子对中央的向心力。[1]

听闻国民政府任命梅贻琦为教育部部长，清华大学教授会于12月24
日通过决议，恳请梅贻琦返校。

月涵校长先生大鉴：

此次西郊战事变起仓卒，先生因公赴城，遂致内外阻隔，
消息断绝。学校十九日遭轰炸，幸人员、房舍俱无损伤，现仍
由全体师生员工合力维持秩序，一切尚称安堵。顷闻先生另膺
新命，全校师生益深群龙无首之惧。先生领导群伦多历年所，
值此艰难时期，谅亦不忍恝然他去。务请继续主持校务，俾全
校上下有所遵循。事经本会同人一致议决。专肃奉闻，不胜迫
切之致。此请

大安

教授会敬启
十二月廿四日[2]

这份决议，首先向梅贻琦通报了学校现状，告知学校虽遭轰炸，但
人员、房舍无损。接着，恳切地表达了盼望梅贻琦返校主持校务的心情：
"顷闻先生另膺新命，全校师生益深群龙无首之懼。先生领导群伦多历年
所，值此艰难时期，谅亦不忍恝然他去。务请继续主持校务，俾全校上下

---

1 司徒敏：《梅贻琦为什么不做官？》，《新政治家》第1卷第7期，1949年，第15页。

2 清华大学档案，1-4：2-50-036。

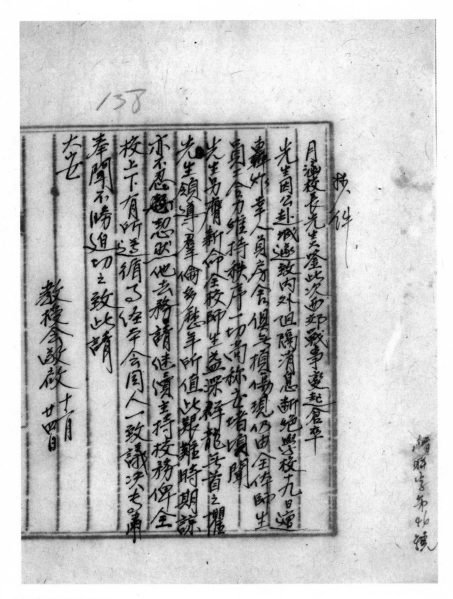

教授会挽留梅贻琦校长

有所遵循。"并强调这是教授会"同人一致议决","不胜迫切之致"。

面对全校师生、共产党、国民党等各方争取，梅贻琦的心情颇为矛盾复杂，在不同的场合他有所说明和表白。

1948年12月29日，在上海同学会为他举行的59岁祝寿宴会上，梅贻琦说："承蒙中央费尽气力把我接来，其实我要应付学校紧急应变，胡适先生半月前起飞我还没有走意，后来因为南边朋友听到说邯郸广播，谓我可以联任校长，所以考虑再三还是在廿一日午后五时飞到了南京，翌晨吴铁城先生即携孙院长函来约我出长教部，想不到我到南京会做官，这又足以使北方朋友不了解我了！"[1] 对于国民政府教育部部长的任命，梅贻琦坚辞不就，认为"甫到南京，便做高官似乎对不起留在北方的朋友"。[2]

当时有报道分析，梅贻琦坚辞不就不止担心南北朋友讥诮，是梅贻琦综合多种原因慎重考虑的结果，其中一个原因是：

> 今天的政治，"无道"已极，虽然不少"忧时爱国"之士极愿意奋袂而起，来从事伟大的革新运动，但是像梅贻琦那样有着深湛修养的学者，对于那种"革新"是不会抱有任何过分乐观的希望的。[3]

这可能比较符合历来只重教育、无意仕途的梅贻琦当时的心境。

梅贻琦最终还是做出了选择，1949年3月20日，梅贻琦由南京飞广州转香港。[4] 6月，梅贻琦代表国民政府出席联合国教科文组织在巴黎召开

---

1 《梅贻琦左右为难》，《海涛》第1期，1949年，第12页。王义俊：《上海清华同学昨为梅贻琦暖寿》，《新闻报》，1949年12月29日，第9版。

2 高风：《梅贻琦为什么不当教育部长？》，《时事观察》第1期，1949年，第8页。

3 司徒敏：《梅贻琦为什么不做官？》，《新政治家》第1卷第7期，1949年，第16页。

4 《梅贻琦冒雨登机　昨晨飞穗转港》，《新闻报》，1949年3月21日，第5版。

的科学会议。会后，梅贻琦迁至伦敦暂居。12月，梅贻琦飞抵纽约。梅贻琦到美国后，仍惦记清华大学发展。他曾托回国的肖家魁（1939级）带亲笔信转交清华大学，表示如果清华需要国外的图书仪器，他可以设法购寄。[1] 1954年，对于唯一的儿子梅祖彦返回祖国，梅贻琦也没有阻止。

梅贻琦离平离校，对他个人、对清华大学，都十分令人惋惜和遗憾。

1　肖家魁：《身在国外依然怀念清华》，《清华校友通讯》复第6期，1982年，第110页。

新清华的航船，即将驶入充满阳光和微风的大海
——解放军第13兵团布告

在清华大学档案馆里，有一份特别的档案，那就是1948年底清华大学解放时解放军第13兵团贴在学校门口的布告。这件经历了岁月冲刷和沉淀完好无损地的布告见证着1948年底清华园解放那段波澜壮阔的历史。

1948年，随着解放战争的胜利推进，清华师生和全国人民一道，看到了革命胜利的曙光。1948年4月，清华37周年校庆纪念刊社论旗帜鲜明地指出："我们清华是爱国的，所以我们痛恨中国的罪人，惟其我们清华是爱民族的，所以我们反抗民族的仇敌。""目前可能是最黑暗的时间，但前面一定是圹远与清明。暴风雨即将过去，新清华的航船，即将驶入充满阳光和微风的大海。"

1948年11月上旬，辽沈战役胜利结束。1948年下半年，在清华地下党的组织与引导下，师生们为迎接解放做了大量的准备工作。一方面，地下党员积极宣传革命形势，发动、组织群众护厂护校，保护学校财产和文物档案；另一方面，他们分头联络在清华园中享有名望的教授，介绍和宣传党的各项政策，深入细致地谈心，说服动员他们留在北平。通过这些工作，清华师生员工坚定了安心留校、迎接解放的思想和信心。11月下旬，还开展了反对南京政府策划的强迫"迁校"斗争。11月24日，教育部督学来北平，与清华、北大校长交换有关"迁校"意见，声称："在遇万一时，政府为保

护民族文化，决定全力设法'抢救'。"企图拉拢一些教授，把清华大学迁到南方。地下党组织通过各种社团在壁报等宣传工具上进行揭露斥责，教授们乃至校领导的绝大多数也都反对"迁校"。清华校务会议上讨论这个问题时，亦无结果而散。随后南京政府又紧急制定了"挽救平津学术教育界知名人士"计划，于1948年12月14日、15日派专机接平津学术教育界知名人士南下。最终，除了几人离校外，全校269位教师全部留校等待解放。

1948年12月上旬，解放军逼近北平城郊。13日拂晓，东北野战军攻克北平沙河车站，为了切断平津联系，又奉命向北平西南前进以强占丰台。中午，部队进入万寿山和圆明园之间的平川地带，突然遭到圆明园附近国民党部队猛烈炮击。国民党军队意图依托周围的名胜古迹和清华大学、燕京大学等著名高校抵抗。追击敌军的解放军团政治处主任李乐之是清华1940届校友，他了解到前面就是母校清华时，立即报告上级，司令部果断命令部队火速避开名胜古迹和学校区，绕道前进，并于14日下午5时占领了丰台。

13日晚，国民党军强行开进清华园并占据化学馆南面球场架设炮位，遭到清华师生的抵制，由于解放军迅速插入圆明园一带，迫使他们于14日晚连夜撤出清华园。

当时，毛泽东得知了炮击的消息。13日晚10时，太原前线野战军徐向前、周士第、陈漫远将截获的阎锡山北平办事处给阎锡山的一份谍报上报中央军委。谍报称："今（元）午北平外围情况急转直下，傅军主力集结，调集城郊。清河、南口镇即有激战，清华大学落有炮弹，人心恐慌，空气极度紧张。"[1] 15日凌晨2时，毛泽东在此谍报上批示，以中央军委名义急电林彪、罗荣桓、刘亚楼和第13兵团司令员程子华、参谋长黄志勇："请你们通知部队注意保护清华燕京等学校及名胜古迹等。"电报等级为4A。

---

1 《毛泽东主席批改的军委关于保护清华燕京等校的通知（1948年12月10日）》，清华大学校史研究室编：《清华大学史料选编》（第四卷），北京：清华大学出版社，1994年，第3页。

12月15日，清华园获得解放，清华大学成为第一个获得解放的国立大学。17日，解放军第13兵团政委刘道生来到清华，在大礼堂向师生做了演讲。他说："我和同学们一起欢庆清华大学的新生，欢庆清华大学的师生员工成为学校的主人！你们为保护学校，迎接解放，进行了勇敢的斗争，人民解放军的战士感谢你们！"刘道生还当场回答了同学们提出的问题。[1]下午6时，毛泽东再给林彪、罗荣桓、刘亚楼并告程子华、黄志勇的电报中指示："沙河、清河、海甸、西山系重要文化古迹区，与清华、燕京等大学教职员学生联系，和他们共同商量如何在作战时减少损失。"[2]

12月18日，解放军第13兵团政治部在西校门贴出了本文开头提到的这份布告，内容为：

> 为布告事，查清华大学为中国北方高级学府之一，凡我军政民机关一切人员，均应本我党我军既定爱护与重视文化教育之方针，严加保护，不准滋扰，尚望学校当局及全体同学，照常进行教育，安心求学，维持学校秩序。特此布告，俾众周知。[3]

当日晚，解放军前线部队两名干部来到梁思成教授家，请梁思成在军用地图上标出北平地区重要古建筑和文化古迹的位置，画出禁止炮击的地区，以备不得已而攻城时使用，以具体落实毛泽东电报指示。

当日晚，在党组织领导下，清华还成立了由教授代表费孝通、戴世光，原秘书长沈履，以及1949届社会学系研究生蔡公期等两名同学组成的5人校务管理委员会。成立会上，大家一致表示坚决贯彻执行13兵团布告精

1　刘道生：《清华园的美好回忆》，《清华校友通讯》复第19期，1989年，第146页。

2　清华大学校史研究室编：《清华大学史料选编》（第四卷），北京：清华大学出版社，1994年，第 XXXIII 页。

3　《中国人民解放军第十三兵团政治部布告（1948年12月18日）》，清华大学校史研究室编：《清华大学史料选编》（第四卷），北京：清华大学出版社，1994年，第4页。

中國人民解放軍第十三兵團政治部　佈告

為佈告事：查清華大學為中國北方高級學府之一，凡我軍政民機關一切人員，均應本我黨我軍既定愛護與重視文化教育之方針，嚴加保護，不准滋擾，尚望學校當局及全體、同學，照常進行教育，安心求學，維持學校秩序。特此佈告，俾衆週知！

此佈

政治部主任　劉道生

中華民國卅七年十二月十八日

中国人民解放军第13兵团布告

480

神，保护好清华校园资产。[1]

毛泽东在三天内两次批示解放军前方将士保护清华、燕京等学校及名胜古迹，足见他对学校和文物的重视。13兵团的布告，则是对毛泽东电报指示的具体执行。布告中提到的"维持"既是对清华师生的期望，也是对军、政、民等的要求，公开宣告了党对清华大学的管理政策。布告内容，尤其是解放军的实际行动，稳定了师生和社会情绪。

机械系1952届张俊迈回忆："清华园解放后，许多天没有一名解放军进入，只有在邀请13兵团政治部主任刘道生来校做报告，以及请文工团来校演出时，我们才在校内看到解放军。而国民党军在撤入城内以前，其炮兵曾以化学馆为阵地，在楼前设置炮位，其装甲列车穿行于西直门与南口之间，日夜通过清华园火车站。在清华园解放后，被困于城内的国民党军还派飞机飞临清华上空，有一次甚至在南园和西院投下炸弹。两相对比，就清楚地看出谁是人民的军队，谁站在人民的反面。"

13兵团贴完布告不久，刘道生再次来到清华大学，检查解放军执行布告精神、保护清华的情况。蔡公期向刘道生汇报：解放军都严格地遵守保护清华校园的布告精神，没有一人进入学校；[2]我们感谢刘将军及时出了布告，使全校师生非常安心，理解并热诚拥护党的政策；还谈到亲身所见小战士个个是优秀宣传员的情景，个个都遵守纪律，在同战士的接触中，可以亲切地感受到解放军真是人民的子弟兵。接着，蔡公期引导刘道生参观了学校。[3]

要特别指出的是，"维持原状"和"必要改良"一道，是解放战争和

---

1 蔡公期：《清华园解放初的一段往事》，贺美英、王浒主编：《峥嵘岁月：解放战争时期清华校友足迹》，北京：清华大学出版社，2008年，第355页。

2 张俊迈：《难忘的1949年》，贺美英、王浒主编：《峥嵘岁月：解放战争时期清华校友足迹》，北京：清华大学出版社，2008年，第369页。

3 蔡公期：《清华园解放初的一段往事》，贺美英、王浒主编：《峥嵘岁月：解放战争时期清华校友足迹》，北京：清华大学出版社，2008年，第356页。

中华人民共和国成立初期党对新解放地区教育的基本政策。

随着解放战争的胜利推进，对于新解放区大学的管理，中共中央早有计划。1948年6月20日，中共中央宣传部做出了《关于对中原新解放区知识分子方针的指示》，指出对于当地学校教育，应采取严格的保护政策，"我军所到之处，不许侵犯学校的财产、图书、仪器及各种设备"。在这个指示中第一次提出了对于原有学校的政策："在敌我往来的不巩固的地区，对于原有学校，一概维持原状。在较巩固的地区，应帮助一切原有的学校使之开学，在原有学校的基础之上，加以必要与可能的改良。"

1949年1月16日，北平解放前夕，周恩来在民主人士座谈会上做了关于时局的报告，再次重申了对原有大学的政策，特别提到清华大学。周恩来说："大学要维持原状。如清华有人要吴老（按：指吴玉章，当时任华北大学校长）搞，我的意见可由学生、教授主持校务，等于工厂管理委员会的机构一样，先维持下来再说。"

在"维持原状"和"必要改良"政策指导下，清华大学在解放前后一段时间内，采取了"坚决改造，逐步实现"的方针，学校实现了平稳过渡。

党和政府的关怀，极大地鼓舞和激励广大师生以更加积极的姿态、更加饱满的热情投入到中华人民共和国的建设事业中去。正如冯友兰先生说的："清华由游美学务处，清华学堂，清华学校，至清华大学，由南迁到复员，经历帝制，军阀、国民党，各时期的统治，到今成为人民的清华大学。校史与国运，息息相关。此后在人民政府的领导培植之下，必能日益发展，为新民主主义的新中国，尽其应负的使命。"这也正是全体清华师生心声的真切表达。

1948年刘道生两次来清华，给清华师生留下了"颇有儒将风度的年轻将领"的美好印象。[1] 后来，刘道生曾任海军副司令。"文革"后，刘

---

[1] 蔡公期：《清华园解放初的一段往事》，贺美英、王浒主编：《峥嵘岁月：解放战争时期清华校友足迹》，北京：清华大学出版社，2008年，第356页。

道生几次来清华，又留下了"司令员不扰教学区"的佳话。

1982年3月，刘道生来清华大学参观无线电系，汽车行至二校门，看到教学区"禁止机动车通行"的牌子，自动向西绕道，转至工字厅。老将军尊重校规的举动令人肃然起敬。[1] 清华大学校长刘达、副校长李传信等热情接待刘道生。刘道生对这次参观影响很深，曾深情回忆："在参观、学习尖端科研成果和新开辟的学科时，遇到了许多青年同学。我立时被一种熟悉的、亲切的气氛所浸润，一下子忆起了1948年12月我第一次来到清华大学时的情景。"[2]

清华大学更没有忘记刘道生。1982年3月刘道生参观清华，刘达校长送给刘道生一本1981年出版的《清华大学校史稿》并说："史稿收录了你当时以十三兵团政治部主任名义，在1948年12月18日发出的布告……这张布告当时贴在西校门上，记载了清华大学从此投入了人民怀抱，掀开了历史新的一页。"[3] 1991年5月3日，清华大学原党委书记、校务委员会副主任、校友总会副会长李传信去医院看望生病的刘道生，向他介绍了清华巨大的变化，赠送了录像带、画册等资料，代表清华大学师生向他表示敬意。1995年5月16日，刘道生因病逝世。18日，李传信前往刘道生家中吊唁，代表清华大学表达向这位为清华大学解放做出贡献的功臣表达沉痛怀念并向家属表示慰问。

1　《司令员不扰教学区　交通警驱车入禁地》，《新清华》第839期，1982年3月15日，第4版。

2　刘道生：《清华园的美好回忆》，《清华校友通讯》复第19期，1989年，第146页。

3　刘道生：《清华园的美好回忆》，《清华校友通讯》复第19期，1989年，第146页。

1949

日新月异

清华大学时期

至今

第一个被人民解放军接管的大学
——清华大学被接管

1948年12月中旬到1949年1月10日近一个月时间，清华大学经历了校长离校、解放、接管，成为"第一个被人民解放军接管的大学"。[1]

清华大学接管是否顺利，直接关系到以后其他国立大学的接管。换言之，解放军在战场上取得了军事斗争的辉煌胜利，但在高等教育领域能否顺利推进，就要看清华大学的接收是否顺利并为其他国立大学的接管提供经验。因此，对清华大学的解放和接管一开始就受到中共中央、北平市委和军管会的高度重视。解放海淀时，毛泽东主席两次电令前线将士要注意保护清华、燕京等大学。[2] 海淀解放后，北平市委书记彭真和市委第一副书记、军管会主任叶剑英等共同指导对清华的接管，并专门写报告向平津前线司令部、中共中央、华北局请示和汇报。在中央、北京市委的指导下，接管清华顺利进行，所积累的经验对接管北平市内高校起了借鉴作用。

---

1 《彭真、叶剑英关于接管清华大学情况向总前委并中央、华北局的报告（节录）（1949年1月19日）》，陈大白主编：《北京高等教育文献资料选编（1949—1976）》，北京：首都师范大学出版社，2002年，第4页。

2 《毛泽东电报指示保护清华》，金富军著：《老照片背后的清华故事》，北京：清华大学出版社，2020年，第44—46页。

一

1948年12月14日，清华园解放前夕，校长梅贻琦离校。12月17日下午3点，学校在甲所召开第95次校务会议，会议议决在梅贻琦返校之前，由冯友兰任校务会议临时主席，[1] 主持校务。

1948年12月15日，清华大学获得解放。21日，梅贻琦校长在城里乘飞机南下。直到1949年5月校务委员会成立，学校一直由冯友兰主持的校务会议领导。校务会议主席为冯友兰，成员有：教务长霍秉权、秘书长沈履、理学院院长叶企孙、法学院院长陈岱孙、工学院院长施嘉炀、农学院院长汤佩松。[2] 在冯友兰主持下，校务会议为学校的平稳过渡做出了重大贡献。

由于清华大学原有各类群众组织基础较为健全，校内师生通过教授联谊会、讲教助会、职员会、工警联合会、学生会、家庭妇女会等群众团体群策群力，派出代表组成各类委员会共同解决各种问题。例如，巡防委员会负责保卫防空等工作，生活委员会负责粮食经济等。各团体派出代表组成有代表性的委员会共同参与过渡时期工作，保证学校与师生财产安全和平稳过渡。[3]

随着解放战争的胜利推进，共产党对接管新解放地区的高等教育做着紧锣密鼓的准备。1948年6月20日，中共中央宣传部发布《关于对中原新解放区知识分子方针的指示》，指出："我军所到之处，不许侵犯学校的财产、图书、仪器及各种设备。"指示第一次提出了对于原有学校政策：

---

1 《第九十五次校务会议记录（1948年12月17日）》，清华大学校史研究室编：《清华大学史料选编》（第五卷上），北京：清华大学出版社，2005年，第67页。

2 《清华大学致军管会文化接管委员会教育部函（1949年2月25日）》，清华大学校史研究室编：《清华大学史料选编》（第五卷上），北京：清华大学出版社，2005年，第51页。

3 《清华大学校务委员会工作总结初稿（1949年5月7日—1949年10月31日）》，清华大学校史研究室编：《清华大学史料选编》（第五卷上），北京：清华大学出版社，2005年，第6—7页。

"在敌我往来的不巩固的地区，对于原有学校，一概维持原状。在较巩固的地区，应帮助一切原有的学校使之开学，在原有学校的基础之上，加以必要与可能的改良。……例如在教职员方面，除个别极反动的分子及破坏分子以外，其余全部争取继续教书，因误会而逃走的亦应争取回来。……对于旧学校的旧教职员不问是否为极反动分子便一脚踢开的态度，是不妥的。"[1]

1948年7月3日，中共中央在《中央批转陈克寒关于新区宣传工作争取青年知识分子致新华总社电》中对"维持原校逐步加以必要与可能的改良"进行了阐释："所谓要维持其存在，就是每到一处，要保护学校及各种文化设备，不要损坏，要迅速对学校宣布方针，并与他们开会，具体商定维持的办法，否则大批学校就要关门，知识分子会被敌人争取去。所谓逐步加以必要与可能的改良，就是在开始只做可以做到的事，例如取消反动的政治课程，公民读本及国民党的训导制度，其余一概仍旧，教员中只去掉极少数的反动的分子，其余一概争取继续工作，逃了的也要争取回来。"[2]

北平解放前夕，北平军管会贯彻中央的各项指示，开始着手准备北平市大学的接管。按原定计划，解放军首先接管的六所公立学校中，第一所就是最先得到解放的清华大学。

1　中央档案馆：《中央宣传部关于对中原新解放区知识分子方针的指示（一九四八年六月二十日）》，《中共中央文件选集》（第十四册）（一九四八——一九四九），北京：中共中央党校出版社，1987年，第180—181页。

2　《中央批转陈克寒关于新区宣传工作与青年知识分子致新华总社电（一九四八年七月三日）》，《中共中央文件选集》（第十四册）（一九四八——一九四九），北京：中共中央党校出版社，1987年，第198—199页。

二

接管清华等大学的准备工作主要分初期准备、实地调查研究和草拟接管方案三部分；并且针对各个学校特点，接管方案也有所区别，做到一校一策，提高接管的针对性和有效性。

首先是准备工作，城市工作部早在1946年即开始做北平各文化教育机关的调查工作，对学校、师生基本情况做了较为细致的调查。1948年9月以后，成仿吾主持的华北大学高等教育委员会也做了平津各大学的调查。这两类材料提供了平津大学基本的材料，供军事管制委员会文化接管委员会（以下简称"文管会"）制定政策参考。

其次是实地调查研究。这一般又分为三个步骤，即：通过地下党获得各校的真实情况，工作人员与各校进步教授、学生个别访问，以及举行座谈会。三种形式获得三种材料分别对照，做出判断。

1948年12月15日，解放军解放海淀，清华大学获得解放。22日，军管会组织西郊工作团，张宗麟、鲁歌两人专做清华大学和燕京大学工作。26日，西郊工作团团长荣高棠一行到清华大学、燕京大学做正式访问。从这天起，清华、燕京两校地下党继续提供各种情况。西郊工作团个别访问进步教授，举行座谈会，调查了解情况。参加座谈会的清华大学教授有张奚若、钱伟长、屠守锷、费孝通、李广田等人。同时，西郊工作团还与讲助教会、学生自治会保持经常接触。[1]

对于先期解放的清华和燕京，考虑到学校性质不同，文管会拟定了不同的接管方案，保证对清华大学的接管慎重而稳妥地进行。

1949年1月3日，张宗麟到良乡，向文管会口头报告，提出将"接管"

---

1 《北平市军事管制委员会文化接管委员会关于接管清华、北大，维持燕大的专题报告（1949年4月1日）》，陈大白主编：《北京高等教育文献资料选编（1949—1976）》，北京：首都师范大学出版社，2002年，第10—11页。

和"维持"分别作为接管清华大学和燕京大学的方针。经过彭真、叶剑英、钱俊瑞、张宗麟等讨论，提出了接管清华大学方针为维持原状；并向华北局和中央请示。1月9日，中央电示同意这一接管方针。

文管会接管清华大学，拟定了两个原则：

一、"实际接管而形式上是维持原状，同时宣布必要而且可能的改革"。

二、"依靠地下党，团结进步分子，争取中间分子，孤立落后分子，必要时给反动分子以必要的镇压"。这是接管清华大学的实施原则。

本着这两个原则，文管会拟定了具体的办法与步骤。

第一步，考虑到地下党和进步分子比较熟悉学校情况，文管会征求他们对接管方案的意见。地下党和进步分子对接管方案提出很好的建议，例如停止国民党、三青团的活动等。

第二步，召集清华大学校务会议，提请讨论、实际上是宣布接管方案：学校组织机构仍旧，员工原职原薪，维持学生生活，取消训导制及反动课程，停止国民党、三青团的活动，缴出私人枪支等。

第三步，由校务会议主席冯友兰召集全校师生工警大会，由钱俊瑞代表军管会宣布新民主主义的教育方针及接管的具体内容。

按照这个步骤，1949年1月10日，文管会主任钱俊瑞到校，正式宣布接管清华。上午11时许，首先召开清华校务会议。钱俊瑞在会上传达了接管方针：

第一，清华以后应实行新民主主义的文化教育，取消过去教育中反对人民、脱离人民的东西。

第二，教育的通盘改革是一个复杂的工程，必须逐步前进。现有机构与制度，除立即取消国民党反动训练制度和立即停止国民党员、三青团员的反革命活动外，其他一律照旧。国民党特务分子暗藏的枪支由校务会议立即负责收缴。

第三，学校经费由军管会负责供给，教职员一般地采取原职原薪，以后当实行量才录用，与考绩升降。

下午2时，全校教职员、学生、校工、校警共2000余人齐集大礼堂，听取钱俊瑞宣布上述接管方针。当钱俊瑞说："今天清华大学从反动派手里解放出来，变成人民的大学，是清华历史上的新纪元。从今以后，它将永远是一所中国人民的大学了。"全场热烈鼓掌。

下午3时，学校召开教授会，出席者有潘光旦、吴景超、钱伟长、曾炳钧、陈桢、高崇熙、段学复、梁思成、顾培慕、李广田、费孝通等近百人。钱俊瑞在会上简要介绍了解放区工农业及文化教育事业的建设概况，并着重解释了中国共产党和人民政府重视科学研究以及保障人民思想信仰自由的方针。

下午5点，又召开了由费孝通主持的生活委员会，教授会、教联会、职员、学生、校工、校警等都派代表出席，讨论学校经费和生活问题，大家对原职原薪办法一致赞成。[1]

由于前期准备充分、政策解释清晰、学校安排细致，1月10日的接管非常顺利，受到了大部分清华师生的欢迎和拥护。

1月11日下午，在第105次校务会议上，校务会议主席冯友兰报告了前一天钱俊瑞接管情形。会议决定，训导处自本日撤销，所负责的公费事宜，除了审核公费名单仍由公费委员会负责外，其他例行事项由教务处接管负责，斋务事宜由秘书处事务组接管处理负责。[2]

1月11日，钱俊瑞赴良乡，张宗麟、李俊甫等则留在清华做进一步的调查研究，并处理发给粮食经费等。

1949年5月4日，文管会成立清华大学校务委员会，任命叶企孙等21人为校务委员会委员，叶企孙等九人为常务委员，叶企孙任主席。文管会

1 《清华已成人民的大学　二千师生员工热烈欢迎接管（1949年2月3日）》，清华大学校史研究室编：《清华大学史料选编》（第五卷上），北京：清华大学出版社，2005年，第46—47页。

2 《第一〇五次校务会议记录（1949年1月11日）》，清华大学校史研究室编：《清华大学史料选编》（第五卷上），北京：清华大学出版社，2005年，第42页。

北平市軍事管制委員會文化接管委員會

清華大學校務委員會名單

葉企孫（常委兼主席）陳岱孫（常委）張奚若（常委）

吳晗（常委）錢偉長（常委）周培源（常委）

費孝通（常委）陳新民 李廣田 施嘉煬

湯佩松、馮友蘭、戴芳瀾 劉仙洲、屠守鍔

潘光旦 張子高

講助教代表二人（中一人為常委）

學生代表二人（中一人為常委）

書記附註：
講助教代表二人為張儵、楚基焯
學生代表二人為盧中遠、君焯

會址·北池子六十六號 （電話）
五五四一·五〇
七九八四·七四
三八四、

文化接管委员会通知（页1）

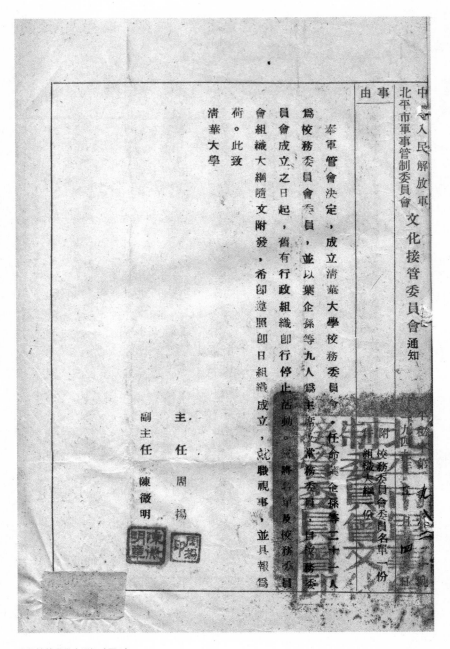

事 由

奉軍管會決定，成立清華大學校務委員會，任命葉企孫等二十一人
為校務委員會委員，並以葉企孫等九人為主席及常務委員，自校務委
員會成立之日起，舊有行政組織即行停止活動。茲將名單及校務委員
會組織大綱隨文附發，希卽遵照卽日組織成立，就職視事，並具報為
荷。此致

清華大學

附校務委員會委員名單一份
組織大綱一份

主　任　周揚

副主任　陳微明

文化接管委员会通知（页2）

494

决定，自校务委员会成立之日起，旧有行政组织即行停止活动。同时，文管会代表及联络员也即行撤销。[1]

《大学校务委员会组织大纲（草案）》规定，管理体制上，校务委员会"归高等教育主管机关直接领导"。"各校校委会委员，由校长、教务长、秘书长及各院院长、教授若干人及讲助教代表、学生代表组成之；为便于工作起见，得就委员中遴选若干人组织常务委员会，校长为校委会当然主席，如校长离校，由高等教育主管机关指定常委一人为主席，必要时设副主席一人。委员及常委均由高等教育主管机关提请任命之。""校务委员会为全校最高权力机关，主持全校校务，并商定全校应兴应革事宜。"校务委员会"采用民主集中制，主席有最后决定权，并对主管机关负责。当主席与大多数委员意见分歧时，应即报告主管机关作最后决定"。[2]校务委员会中，周培源接替霍秉权任教务长，陈新民接替沈履任秘书长。[3]这样，领导机构和领导人员同时发生变化。

清华大学被接管、新的领导机构成立及校领导产生，标志着清华大学进入了一个新的发展时期。

三

对清华的接管，实际上经历了充分调研、"接而不管"、真正接管三个阶段，这是一个分阶段有重点的过程。正如当时主持清华大学校务的

---

1 《北平市军事管制委员会文化接管委员会通知（1949年5月4日）》，清华大学校史研究室编：《清华大学史料选编》（第五卷上），北京：清华大学出版社，2005年，第62页。

2 《北平市军事管制委员会文化接管委员会通知（1949年5月4日）》，清华大学校史研究室编：《清华大学史料选编》（第五卷上），北京：清华大学出版社，2005年，第69—71页。

3 《北平市军事管制委员会文化接管委员会通知（1949年5月4日）》，清华大学校史研究室编：《清华大学史料选编》（第五卷上），北京：清华大学出版社，2005年，第71页。

冯友兰回忆："解放北京以前，党中央预先订了一个处理各大学的政策，第一步是'接而不管'。事后我体会到，这个政策是完全落实了。文管会第一次来清华时，本来就应该派军代表的，可是没有派，而是让原来的那些人继续维持校务，只派来联络员进行工作上的联系，先是两个一般的工作人员，后来是原在清华生物系任教员的吴征镒，这就是'接而不管'。过来一段时间才派军代表，这就是真正的接管了。这可见党中央对北京这些大学是很重视的，对于它们的处理也是很慎重的。这是我在回忆的时候才体会到的，当时并没有这样的体会，也不知道有这样的政策。"3月18日，在校务会议上，临时主席冯友兰报告：北平市军管会代表吴晗自本日起到校办公。"从此以后，校务就实际上由吴晗主持了。"[1]

1948年12月至1949年5月，在中共中央，彭真、叶剑英等直接关心和指导下，文管会贯彻中共中央对新解放地区的学校维持原状、逐步地加以必要的、可能的、改良的方针精神，对清华采取了审慎、稳妥的接管，得到了师生的拥护和支持；同时，冯友兰主持的校务会议积极配合接管，保持了学校校务稳定。清华大学的成功接管及所创立的接管模式，为北平市内和其他地区公立学校的接管提供了成功经验。正如1949年4月文管会总结指出的："一般地说接管北大、清华是成功的。接管了清华，安定了北平各大学，特别是大学教授们安定下来了；接管了北大，对全国大学起了一定的安定作用。"[2]

---

1 冯友兰：《三松堂自序》，北京：东方出版中心，2016年，第135页。

2 《北平市军事管制委员会文化接管委员会关于接管清华、北大，维持燕大的专题报告（1949年4月1日）》，陈大白主编：《北京高等教育文献资料选编（1949—1976）》，北京：首都师范大学出版社，2002年，第12页。

本校旧有教育制度进一步的改革

——"大清华"计划

众所周知，新中国初期的院系调整，清华大学由一所包含文、理、法、工、农、航空等学院的综合性大学调整为多科性工业大学，对清华此后发展影响深远。但在大规模院系调整初期，1951年5月，清华大学副教务长钱伟长、费孝通等人曾拟订一个清华调整方案（以下简称"方案"），意图扩充清华院系设置，将清华变为更为综合的大学。"方案"虽然很快夭折，但能从某个侧面窥见当时清华大学部分教师对院系调整以及学科规划、发展的另一种思考，对当下高校学科设置、发展不无参考意义。

"方案"提出背景及主要内容

新中国成立前后，为了适应社会经济的恢复以及工业化建设的需要，高等教育进行了一系列改革，以课程改革开始，接着是大规模院系调整。

1949年6月27日，华北高等教育委员会公布了《关于南开、北大、清华、北洋、师大等校院系调整的决定》："取消下列各校中之各系：……清华法律系、人类学系。……清华法律系学生可转入该校各系或北大法律系或政法学院，人类学系并入该校社会学系。取消各系教授之工作，在征得本人同意后尽各校先分配，亦得由高教会分配。"[1] 根据决定，清华文学院人类学系并入法学院社会学系，并在该系设立"边疆社会组"（第二年改为"少数民族组"），取消了法律学系。

1949年9月29日，华北高等教育委员会公布《华北高等教育委员会关于成立农业大学令》，决定将清华大学、华北大学、北京大学三校农学院合并，组成一个全国性的农业大学。这样，清华的农学院被分了出去。

1951年3月，全国航空系会议决定将西北工学院、北洋大学、厦门大学、清华大学四校的航空系合并成立清华航空学院。[2]

这一时期，从国家建设需要出发，清华大学受一些政府机关委托，开办了一些专修科。

课程改革、院系初步调整的过程中，清华大学一直是改革的重点院校之一。[3] 在院系调整大背景下，1951年5月中旬，清华大学校委会扩大会议通过了由副教务长钱伟长、费孝通等教授拟定的一个清华院系调整初步方案。

"方案"从1951年3月初开始在校内酝酿、讨论，至5月中旬校委会扩大会议通过初步方案，历时约两个半月。

1　《华北高等教育委员会关于南开、北大、清华、北洋、师大等校院系调整的决定（一九四九年六月二十七日）》，中央档案馆：《共和国雏形——华北人民政府》，北京：西苑出版社，2000年，第420页。

2　《四校航空系合并　准备成立航空学院（1951年5月1日）》，清华大学校史研究室编：《清华大学史料选编》（第五卷上），北京：清华大学出版社，2005年，第460—461页。

3　关于清华大学在新中国成立前后的课程、院系等的变化、改革与改造等问题，较为系统研究参见叶张瑜《清华大学"改革旧教育"之研究（1949—1952）》，清华大学硕士学位论文，2001年，未刊。

一、"方案"响应

响应1951年2月18日中央提出的"三年准备、十年建设"的精神与"加紧课改、培养建设干部的号召","根据需要与能力结合的原则"[1]，经过反复讨论后制订。"主要精神是在有效的服务于国家建设。"[2]力图使调整以后"大学教育可以更灵活地适合各事业部门多样性的要求"。[3]

二、学校院系由4个学院22个系扩充为14个学院43个系

院	系	院	系
语文学院	中国语文系	政法学院	行政系 *
	西方语文系（分英文法文两组）		外交系
	俄文系		民族系 *
哲学历史学院	哲学系	数理学院	数学系
	历史系		应用力学系
财经学院	劳动系 *		物理系
	财政系 *	化学科学及工程学院	化学系
	金融系 *		化学工程系 *
	会计系 *		燃料工程系 *
	统计系 *		冶金系 *
生物科学学院	生物系（分动物、植物、动植生理三组）	土木工程学院	水利工程系
	心理系		结构工程系 *

1 《清华大学院系改革及调整试行计划初步总结报告（1951年5月）》，清华大学校史研究室编：《清华大学史料选编》（第五卷上），北京：清华大学出版社，2005年，第461页。

2 《清华大学院系改革及调整试行计划初步总结报告（1951年5月）》，清华大学校史研究室编：《清华大学史料选编》（第五卷上），北京：清华大学出版社，2005年，第463页。

3 《清华大学院系改革及调整试行计划初步总结报告（1951年5月）》，清华大学校史研究室编：《清华大学史料选编》（第五卷上），北京：清华大学出版社，2005年，第462页。

院	系	院	系
地质采矿学院	矿山地质系 *	土木工程学院（接上页）	筑路工程系 *
	石油地质系 *		水利发电工程系（土木组）*
	采煤工程系 *		卫生工程系 *
	石油钻采工程系 *	机械工程学院	机械制造系 *
地球科学学院	地理系		汽车工程系 *
	气象系 *		原动力工程系 *
营建学院	建筑系	电机工程学院	电力工程系 *
	市镇计划系 *		电机制造系 *
航空工程学院	飞机设计方面，名称未定		应用电子学系 *
	发动机方面，名称未定		

"方案"中的院系，学院数由原有的文、理、法、工四个学院增加到14个，且原有名称均不再保留。43个系中，工程、社会科学类型占大部分，这与解放前清华以文理为中心的院系设置明显不同，显然是为了适应当时国家工业化建设以及培训各级各类干部的急需。

新的院系大致可分为三类：

1. 原有系保留，如中文、历史、哲学、数学、化学、物理、化工、生物、心理、气象等系。

2. 部分系升格为院，如营建、土木、机械、电机等系变为相应学院，整合原来系内专业或方向为系。

3. 部分系裂变为几个系，如政治学系分为行政系、外交系，外语系分为西方语文系与俄文系，等等。

其中，27个系（表中标 * 者）明确与中央及地方各部门合作办学。"方案"要求"各系尽可能地和有关事业部联系，并充分研究。凡是新设的系都是应有关事业部门的需要而提出的，如重工业部要求成立汽车工程等系，燃料工业部要求成立石油钻探等系，水利部要求成立水利等系，财经部门提出成立金融等系，政治部门要求成立行政等系"。[1]

三、明确规定院、系的任务

除航空工程学院两个系外，其余41个系有明确的培养任务。各系专门化特点明显，文科类的语文、哲学历史、政法、财经4个学院13个系，除了外交、会计与统计三个系之外，其余10个系都把干部培养作为重点任务或重点任务之一。理工类的10个学院30个系，绝大多数也都以培养应用型高级技术人员为主。"方案"对各系任务的规定，鲜明地体现出"有效的服务于国家建设"的目标。

以外语系为例，新中国成立前培养目标为："（甲）成为博雅之士；（乙）了解西洋文明之精神；（丙）造就国内急需要之精通外国语文人才；（丁）创造今世之中国文学；（戊）汇通东西之精神思想而互为介绍传布。"[2] "方案"则对西方语文系与俄文系规定的任务分别是"培养学生熟练运用和翻译西方语文的能力，使成为翻译干部，西方语文师资及研究西方文学的人才。（同教育部规定）"和"培养学生熟练运用和翻译俄文的能力，使成为翻译干部，俄文师资及研究苏联文学的人才（同教育部规定）"。[3] 个中差异一目了然。

四、关于学校管理体制，在学校下，实行"院—系—教研组"三级管理，加强学院的作用

新中国成立前，清华实行校、院、系三级管理体系，实际情况是院虚系实。1949年10月，清华大学校务委员会工作总结中概括为："本校原

1　《清华大学院系改革及调整试行计划初步总结报告（1951年5月）》，清华大学校史研究室编：《清华大学史料选编》（第五卷上），北京：清华大学出版社，2005年，第464页。

2　《国立清华大学一览（1937）》，第129页。

3　《清华大学院系改革及调整试行计划初步总结报告（1951年5月）》，清华大学校史研究室编：《清华大学史料选编》（第五卷上），北京：清华大学出版社，2005年，第465页。

有组织中学系的独立性甚高，教学与行政都以学系为基础，可以直接与最高权力机关发生联系，并不一定要通过学院。学系与学系之间也常是直接联系，解决问题。院长的任务只限于必要的有关全院教学上的配合与计划，及各学系聘任问题，事务上对各学系并不过问，即各系预算也不在院内统筹，直接由学系与校方协议。因之，在已有局面的维持工作上院方的任务可以极小。"[1] 这份工作总结透露出学校将要加强院一级管理的意向："在已有局面的维持工作上院方的任务可以极少。但是如果要求发展，为了加强领导，使各系教学提高配合性与计划性，院务会议即有重要性。"[2]

扩充"方案"坚持校务委员会工作总结中提出加强院一级管理的思想，强调"学院为教学基层行政单位，领导学系及教研组"。[3] "本计划加强了院、系、教研组间的联系和统一，克服了过去各系的独立性，并加强了院对系及教研组的领导关系，克服过去院级形同虚设的现象。过去理、工、文、法的分院形式，在初期尚能发生领导作用。但学系数目逐渐增多，内容逐渐专门，学院已流于形式上的分类，不成其为基层教学行政单位"，"因此本计划采用能更有效领导的'小院制'"。[4] 具体而言，"学系根据任务订定教学计划，领导学生学习；教研组领导教师及研究生组织课程内容，进行讲授，指导实习及进行研究；学院为教学基层行政单位，领导学系及教研组"[5]，"确定了院、系、教研组的分工和配合，克服了过去系主任

1 《清华大学校务委员会工作总结初稿（1949年5月7日—1949年10月31日）》，清华大学校史研究室编：《清华大学史料选编》（第五卷上），北京：清华大学出版社，2005年，第11页。

2 《清华大学校务委员会工作总结初稿（1949年5月7日—1949年10月31日）》，清华大学校史研究室编：《清华大学史料选编》（第五卷上），北京：清华大学出版社，2005年，第11页。

3 《清华大学院系改革及调整试行计划初步总结报告（1951年5月）》，清华大学校史研究室编：《清华大学史料选编》（第五卷上），北京：清华大学出版社，2005年，第461页。

4 《清华大学院系改革及调整试行计划初步总结报告（1951年5月）》，清华大学校史研究室编：《清华大学史料选编》（第五卷上），北京：清华大学出版社，2005年，第462页。

5 《清华大学院系改革及调整试行计划初步总结报告（1951年5月）》，清华大学校史研究室编：《清华大学史料选编》（第五卷上），北京：清华大学出版社，2005年，第461页。

'一揽子'弊病"。*1*

强化院的地位则意味着削弱系的行政职能,"本计划中的学系并非行政单位","学系是变数,教研组是常数。因之,学系要做到可有可无,可大可小;教研组要做到各校分工,各有所长,并各校在某一方面尽力培养完整的必需的基础课程的教研组,使重点具有力量"。*2*

"方案"将学院作为基层行政单位,将已有22个系改为14个学院,办事机构实际上实现了精简,因此,"事务工作可以减少,行政效率上应可提高"。*3*

对这个"方案",清华表示:"我们虽尽力体会高等教育会议所提示的精神及参考了苏联先进经验,结合本校具体情况,但是缺乏经验,此项尝试是否正确,一级计划内容是否有错误,商等指示。"*4*

"方案"未能实施原因分析

院系调整的结果是,清华的文、理、法、航空等学院以及工学院部分系、专业被调整出清华。清华不仅未能扩充,反而大大萎缩,不啻一次"伤筋动骨"的"腹泻"。扩充"方案"未能实现的根本原因在于缺乏实施的客观条件。

---

1 《清华大学院系改革及调整试行计划初步总结报告(1951年5月)》,清华大学校史研究室编:《清华大学史料选编》(第五卷上),北京:清华大学出版社,2005年,第462页。

2 《清华大学院系改革及调整试行计划初步总结报告(1951年5月)》,清华大学校史研究室编:《清华大学史料选编》(第五卷上),北京:清华大学出版社,2005年,第463页。

3 《清华大学院系改革及调整试行计划初步总结报告(1951年5月)》,清华大学校史研究室编:《清华大学史料选编》(第五卷上),北京:清华大学出版社,2005年,第463页。

4 《清华大学院系改革及调整试行计划初步总结报告(1951年5月)》,清华大学校史研究室编:《清华大学史料选编》(第五卷上),北京:清华大学出版社,2005年,第465页。

一、"方案"虽然基于既有的办学基础，但不符合国家院系调整的总体政策

新中国成立初，各项建设急需人才。新中国成立前有华北人民政府企业部，新中国成立后有农业部、重工业部、军委会气象局、中国人民银行、染料工业部、重工业部等部门先后商请清华开设相关专业、专修科或系。清华各院系"除了积极从事教学工作之外，绝大多数都参加了政府机关的实际工作"。参与院系涉及气象、生物、物理、营建、电机、政治、哲学、中文、社会等系及银行专修科等。[1] 部分院系还接受政府机关委托进行一些研究项目。即使到1952年院系调整结束、很多院系调整出清华后，各产业部门向清华提出的专业和专修科仍不下六七十种。[2] 与各部门频繁合作，在师资、设备、教学等方面均有一定积累。

但国家院系调整的"总方针是以培养工业建设干部和师资为重点，发展专门学院和专科学校，整顿和加强综合性大学……"[3] 具体调整原则为：综合性大学"各大行政区最少有1所，最多目前不得超过4所"。"工学院是这次院系调整的重点，以少办或不办多科性的工学院，多半专业性的工学院为原则。"[4]

在大学学科机构设置上，"工学院必须单独办"，工学院与文法各学院一起，"不但影响了综合性大学的发展，若以目前工学院的任务来说，影响更大"[5]。"经过这次调整，我国高等教育即可以和国家建设密切结合，

1　《本校各系与政府机关团体合作情形》，《人民清华》第6期，1951年1月16日，第1版。

2　刘仙洲：《京津高等学校院系调整清华大学筹备委员会第一阶段工作总结及第二阶段工作总结（1952年8月7日）》，清华大学校史研究室编：《清华大学史料选编》（第五卷上），北京：清华大学出版社，2005年，第511页。

3　《全国高等学校院系调整基本完成（1952年9月24日）》，《人民日报》，1952年9月24日。

4　苏渭昌：《五十年代的院系调整》，《中国高教研究》第4期，1989年，第10页。

5　张宗麟：《改革高等工业教育的开端（1952年1月1日）》，清华大学校史研究室编：《清华大学史料选编》（第五卷上），北京：清华大学出版社，2005年，第493、491页。

改变过去教育和实际脱节及院系重复的现象。"[1]

可见，国家对院系调整有着明确清晰的思路和政策，在确定清华为工科大学的前提下，文法学院等调出清华是必然步骤。"方案"与国家政策相差甚远，也不符合国家对清华大学的定位。

二、"方案"对院校管理体制的设计与当时高校管理体制不完全一致

"方案"的一个重要目标是在学校下面，建设"院—系—教研组"管理体制并加强院级管理。而实际上，新的教学改革是要建立以专业为核心的人才培养体系，适应这一体系的是"系—教研组"结构。因此，"方案"的这个目标从一开始便与当时高校管理改革方向不一致。

院系调整中，"综合性大学明显减少，单科性大学或学院成为我国高校主体。大多是按一级学科设校，二级学科设系，三级学科设专业。学校的学科覆盖面极小，校内设置二级学院的基础不复存在"。[2] 1952 年 5月，教育部拟定的院系调整原则明确提出："大学行政组织取消院一级，以系为行政单位。"[3] 到了 1955 年 10 月，国务院文件明确指示："为了加强高等学校的领导力量，改进领导方法，提高工作效率，根据苏联先进经验，学校组织机构应该创造条件，逐步将目前的三级制改为两级制，取消教务长、总务长、研究部主任等中间一级职务，分别由各主管校（院）长、副校（院）长直接领导教务、科学研究、人事、总务等工作，这样减少层次，有利工作。"[4] "系在校长的直接领导下进行工作"，[5] "系统一领导本系

---

1 《全国高等学校院系调整基本完成（1952年9月24日）》，《人民日报》，1952年9月24日。

2 郑勇：《我国高校学院制改革的历史考察与现实思考》，《淮阴师范学院学报》（哲学社会科学）第32卷，2010年第6期，第823页。

3 苏渭昌：《五十年代的院系调整》，《中国高教研究》第4期，1989年，第10页。

4 《国务院关于高等学校设置校（院）长助理职位的通知（1955年10月14日）》，清华大学校史研究室编：《清华大学史料选编》（第六卷第一分册），北京：清华大学出版社，2007年，第329页。

5 《清华大学系的工作暂行条例（1954年12月28日）》，清华大学校史研究室编：《清华大学史

性質劃分，不容易密切結合於訓練專業幹部的要求。如果還就其體需要按舊制增設院系又發生重複分裂等等混亂現象。新的院系統一了上述的矛盾。學系根據有關事業部門的需要，訂定教學計劃並督導其實行，經常領導學生從事學習。各事業部門所需幹部在質和量上都可能有變動，教學計劃也可以跟著變動。教研組保證了相關課程的聯系及完整性，結合實際，努力於提高教學內容及教學方法。學系有如設計部門，教研組有如製造部門，兩者在學院的統一領導下取得密切聯系，使教研組教得更切實，學系能更好地完成培養一定性質幹部的任務。

2. 本計劃加強了院、系、教研組間的聯系和統一，克服了過去各系的獨立性，並加強了院對系及教研組的領導關係，克服了過去各院級形同虛設的現象。過去理、工、文、法的分院形式，在初期尚能發生領導作用，但學系數目逐漸增多，內容逐漸專門，學院已流於形式上的分類，不成其為基層教學行政單位。今後由於事業部門的要求將更趨於多樣及專門，過去形式的學院更難發生作用。因此本計劃採用能更有效領導的「小院制」。

3. 本計劃中確定了院、系、教研組的分工和配合，克服了過去系主任「一攬子」的辦法。隻有學系為具體而微的「學校，大

清华大学院系改革及调整试行计划初步总结报告（1951年5月）（页1B）

清華大學院系改革及調整試行計劃初步總結報告

一、本校院系改革及調整是以教師同人半年來在抗美援朝愛國主義運動中所提高的政治認識及工作積極性為基礎，響應錢副部長三月六日所傳達「三年準備十年建設計劃及加緊課改，培養建設幹部的號召，根據需要與能力結合的原則，集中了全校教師同人的意見，反覆討論而發行一致同意的計劃。這個計劃改革了舊有院系制度，規定了新的院、系、教研組的職責。（見附件一簡單說：學系根據任務訂定教學計劃，領導學生學習；教研組領導教師及研究生組織課程內容，進行講授、指導實習及進行研究；學院為教學基層行政單位，領導學系及教研組。在新的試行制度下，在原有人力及設備基礎上，配合國家當前建設需要，本校擬成立十四院四十三系。（見附件二）

二、這次院系改革及調整計劃如果實現是本校舊有教育制度進一步的改革，並且將為再進一步改革教育內容及教學法創造了更好的條件。這項改革可以部分地解決兩年以來大學改造過程中所遇到的若干困難問題。

1. 依本計劃調整了院系之後，大學教育可以更靈活地適合各事業部門多樣性的要求。以往事業部門要求專業訓練，而學校方面難於適應；有一部份原因是舊制院系多依課程內容的

清华大学院系改革及调整试行计划初步总结报告（1951年5月）（页1A）

於發展中的建設需要，及創造各大學重點發展分工合作的條件。

一個大學設有若干教研組(可有計劃的加以增加和培養)，這是它的主觀能力。它可以根據客觀需要綜合若干教研組的課程成為培養一定任務的工作幹部的教學計劃成立一系。受該項訓練成的學生在學系的領導下依該系教學計劃進行學習。學成了參加一定建設部門去工作。客觀需要因建設的發展有所改變時，這個學系也可以結束，如果有新的需要發生，又可以設立新的學系。學系是變數，教研組是常數。因之，學系要做到可有可無，可大可小，教研組要做到各校分工，各有所長，並各校在某一方面盡力培養完整的和必需的基礎課程的教研組，使重點真有所重。

6.本計劃減少原有教學行政基層單位(原為十二系現改為十四學院)，事務工作可以減少，行政效率應可提高。

三本計劃的主要精神是在有效的服務於國家建設，所以關鍵在結合需要和能力。因之我們曾明確提出：「有能力沒有需要不設系，有需要沒有能力也不設系」。在進行討論中，各系都盡可能的和有關事業部門相聯系，並充分研究。凡是新設的系都是根據有關事業部門的需要而提出的，如重工業部要求成立汽車工程等系，燃料工業部要求成立石油鑽探等系，水利部要求

47

清华大学院系改革及调整试行计划初步总结报告（1951年5月）（页2B）

508

學在相當程度上已成為「學系聯邦」。對校內外的聯系，人事調度，買儀器，購圖書，報賬，造調查表格，指導學生實習，分配畢業生工作等等都是系主任的任務，他同時又要教課，甚至比其他教授更重。這種「一攬子」的工作方式必然使系主任陷入事務的瑣事中，無法有效有導執行教學計劃和領導學生的學習。因之，舊有院系制度也難於完成新的任務。撥本計劃明確了院系與教研組的分工之後，學生的學習指導，才能確實加強。

4.本計劃規定了教授屬於院之分列參加教研組，不屬於系。這個規定可以幫助討定各系課程時員教精簡及切合實際需要的原則。過去課程改革的經驗中已感覺到一方面是教授屬於系，各有所長，都希望在系內開課，結果課改委員會確定學系的方針任務時，就寫得面面週到，樣樣俱全。另一方面又有同本系中缺乏某課程師資不能開設專業訓練所需之課程的現象。本計劃統一了這個矛盾。課程的配合屬於系，不必因人設課，教授屬於院並參加教研組，有專長之教授儘可從事提高其專長，改進其課程內容，有需要時開課，暫時無需要也可以不開課，並可利用此機會參加實際工作，聯系實際，為將來開課時作更充分的準備。

5.本計劃中的學系並非行政單位，因之可以靈活的適應
二

清华大学院系改革及调整试行计划初步总结报告（1951年5月）（页2A）

多缺點，比以往是有了進步。最初因醞釀不夠，並且沒有先從思想上提出問題，遇呈擬定了具體方案，以致群眾間有一部份對這次院系調整的基本精神認識不足，甚至有少數認為是「全面擴充」，「敷衍領導上的號召」，「擺場不擺為」。發現了這種思想情況後，即通過多次大組及小組討論，在思想上解決了這些不正確的看法。根據各組彙報，群眾已一致肯定這次調整院系是進步的，認真的。討論時，最初還有「早已決定了的」的反映，後來看到了領導上誠懇的接受意見，屢次修改原定方案，群眾的討論也更坦白和更積極。討論期限也一再延長，務期逐到思想上明確改革與調整的意義。和一致同意的程度，部份地克服了過去急躁和生硬的作風。現在除個別的對教河組的具體組織的問題不太明確，對教育幹部對這計劃支持到什麼程度還有顧慮外，本校教師同人對這計劃是同意和擁護的，而且均相信能以克服。對於實行這計劃時的困難似沒有低示估討，但是寧予很大的希望。文法學院最後一次會議教會後，有一位老教授很興奮地說：「我們一定要保證這計劃做好。」在提高本校同人的積極性上這討劃是起了一定作用的。

六這次院系改革與調整係嘗試性質，我們雖盡力體會高等教育會議所指示的精神及參考了蘇聯先進經驗，結合本校具體

49

清华大学院系改革及调整试行计划初步总结报告（1951年5月）（页3B）

成立水利等系，財經部門提出成立金融等系，政法部門要求成
立行政等系，各部門所提出的要求說明了有需要，所以在有沒
有能力的條件上，曾反覆研究，後來決定如果本校原有能力不
足，沒有有關事業部門在課程上具體幫助和充實的保証，不宜
開設新系的原則。現在所決定設立的學系都是儘可能滿足上述
需要和能力結合的原則的。但是是否有當，還須進一步加以撿
查。

四、本計劃提出時曾著重批判「全面擴充」及「包羅萬象的思想」，
並明確提出：「根據本校現有的人力與設備，進行校內調整，調
整後之教學進行，以在最近一兩年內，少曾設備，少曾人員的
原則。因之本計劃是改革與調整計劃而不是擴充計劃。但是因
恐用院系舊名，表面上或許可能引起這種誤會。實質上本計劃
的「院」系已不同於舊有的「院」系。如果有必要可以適當的名稱代替
之。

五、這次院系改革與調整是響應政府號召後根據群眾要求，
由本校多次向教育部黨報並請示，確定原則後，通過初步醞釀
、發動群象，又反覆討論的過程，才把意見集中的。從三月初
錢副部長的報告開始，到五月中旬在校委會擴大會議通過初步
方案止，計二個半月。在領導上着重走群眾路綫。雖則還有許

清华大学院系改革及调整试行计划初步总结报告（1951年5月）（页3A）

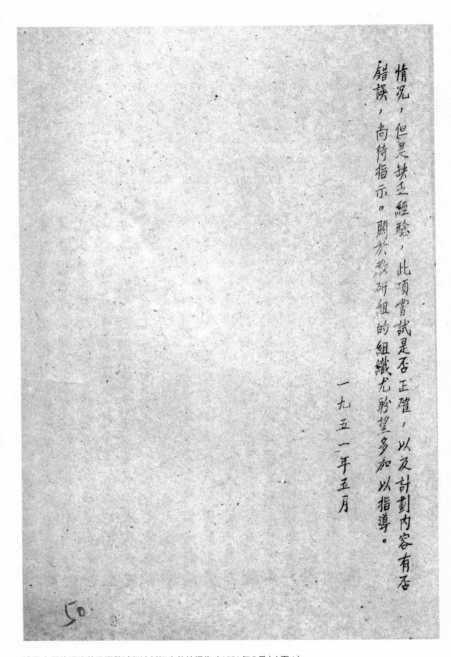

情況，但是缺乏經驗，此項嘗試是否正確，以及討劃內容有否錯誤，尚待指示。關於教研組的組織尤盼望多加以指導。

一九五一年五月

清华大学院系改革及调整试行计划初步总结报告（1951年5月）（页4）

范围内的全部教学工作、科学研究工作、政治思想工作、学生工作以及行政事务工作"。[1]

随着科技迅速发展的高度综合、分化的整体趋势导致学科专业的拓宽和课程的综合化。学科综合趋势日益加速并逐渐成为主导发展方向，很多学科增长点、创新在原有学科交叉地带。原有"系—教研组"的结构已经不能适应科技发展的变化趋势，客观需要学院制。此外，高等学校在探索并推进转换机制、提高效益的体制改革，以及管理上也提出学院制的需要。因此，改革开放以后，高校原有体制进行了调整，学院重新成为大学内重要组织层次。

"方案"的思想渊源

"方案"突出专门化，强调适合建设需要，反映着时代特征。但强调院系的综合性与大学教育适应各部门多样性需求，与此前清华大学的办学理念也有着直接联系。

抗战胜利后，清华校领导对复校有长远宏大的规划。不仅仅满足于恢复到1937年前的水平，还力图更上层楼。清华"复员不是'复原'，而是要从原来的地位上向前不断地迈进，它有积极的新生，改进的意义。清华的复员工作，不只是使她的外表恢复旧观，更重要的是她有新生的改进的内容"。[2]

1945年，文学院院长冯友兰曾撰文要求"把现有的几个有成绩的大

料选编》（第六卷第一分册），北京：清华大学出版社，2007年，第486页。

[1] 《清华大学各级机构的任务和职掌（1955年4月）》，清华大学校史研究室编：《清华大学史料选编》（第六卷第一分册），北京：清华大学出版社，2007年，第379页。

[2] 《清华纵横》，《清华1948年刊》，第10页。

一、

13. 統計系

五、數理學院

14. 數學系

15. 應用力學系

16. 物理系

六、化學科學及工程學院

17. 化學系

18. 化學工程系

19. 燃料工程系

20. 冶金系

七、生物科學學院

21. 生物系（分動物，植物，動物）（生理三組）

22. 心理系

八、地質採礦學院

36. 原動力工程系

十二、電機工程學院

37. 電力工程系

38. 電機製造系

39. 應用電子學系

十三、營建學院

40. 建築系

41. 市鎮計劃系

十四、航空工程學院

42. （飛機設計方面，名稱未定）

43. （發動機方面，名稱未定）

院系调整后的院系组织表

院系調整後的院系組織表（共十四學院四十三系）

一、語文學院
1. 中國語文系
2. 西方語文系（分英文法文）（兩組）
3 俄文系

二、哲學歷史學院
4. 哲學系
5. 歷史系

三、政法學院
6. 行政系
7. 外交系
8. 民族系

四、財經學院
9. 財政經濟學院
10. 財政系

23. 礦山地質系
24. 石油地質系
25. 採煤工程系
26. 石油鑽採工程系

九、地球科學學院
27. 地理系
28. 氣象系

十、土木工程學院
29. 水利工程系
30. 結構工程系
31. 築路工程系
32. 水力發電工程系
33. 衛生工程系
十一、機械工程學院

1951.5.17。

515

培养学生以马列主义的观点和方法分析国际情势，研究国际问题的能力，并掌握必要的专门知识，俾能充任外交干部或国际法国际关系专业人才，及师资。（本系与外交部配合）

8 民族系：

培养熟悉国内少数民族情况，瞭解民族问题和民族政策的干部，并培养掌握分析，研究，调查方法，俾能充任少数民族的研究工作者（本系与民族事务委员会配合）

9 劳动系：

培养学生以马列主义与毛泽东思想的观点与方法，对于劳动问题进行瞭解分析与处理的能力，俾能充任各级劳动行政的干部，或劳动问题的教师或研究工作者（本系由中央劳动部及其他有关劳动的机构配合）

10 财政系：

培养学生用科学的观点和方法，学习研究中国财政问题的实际工作，俾能充任独立处理与研究中国财政问题的实际工作干部和研究工作者（本系与财委会财政部，税务局联系）

11 金融系：

培养学生用科学的观点和方法学习金融理论，政治与业务，俾能充任新民主主义金融建设工作干部或研究工作干部（与人民银行联系）

系的任务（页1）

系的任務

1. 中國語文系：
培養學生完全掌握中國語文的能力和為人民服務的文藝、思想，使成為文藝工作和一般文教工作的幹部（同教部規定）

2. 西方語文系：（分英文、法文兩組）
培養學生熟練運用和翻譯西方語文的能力，使成為翻譯幹部，西方語文師資及研究西方文學的人才（同教部規定）

3. 俄文系：（俄文組）
培養學生熟練運用和翻譯俄文的能力，使成為翻譯幹部，俄文師資及研究蘇聯文學的人才（同教部規定）

4. 哲學系：
培養學生掌握正確的思想方法，引導學生較深刻地去學習辯證唯物主義與歷史唯物主義，培養其對文化思想的整理和批判的能力，俾能充任中等以上學校邏輯學、辯證唯物主義與歷史唯物主義課程的師資及幹部的馬列主義理論基礎的中級學習指導員，同時初步培養邏輯學、馬列主義哲學及哲學史的專門研究人才

5. 歷史系：
培養學生以歷史唯物主義的觀點，分析中外歷史發展過程的能力，並培養學生具有中國和世界歷史的基本知識，使成為中等以上與本校歷史課程的師資，以及有關歷史部門的工作幹部（同教部規定）

6. 行政系：
培養學生以馬列主義的觀點和方法，分析國內政治問題的能力，並掌握必要的專門知識及技能，俾能充任关於政法方面的行政幹部和研究工作幹部。本系分5

17. 化學系：

培養學生以正確的觀點與方法，掌握化學及其有關科學的基本知識（俾能充任經濟建設所需的化學研究與化學技術人才，高等學校的化學教師或科學研究機關的工作人員）。

18. 化學工程系：

培養學生以正確的觀點與方法，掌握化工設計（包括化學工廠設計，及化工機械設計）及其有關科學的基本知識和技術（俾能充任化工設計與高級技術人員，化學工程的研究人員，或高級學校教師（如重工業部及燃料工業部聯系）。

系的任务（页2）

518

12. 會計系：

培養學生用科學的觀點和方法、學生會計理論和技術，俾能充任財經工作中的會計技術工作者，或具有會計專長的企業管理人才或會計師資或研究工作者（與財經委員會財政部聯系）

13. 統計系：

培養學生以科學的觀點與方法來理實際統計問題的能力。俾能充任新民主主義經濟建設的高級統計工作者（與財經委員會聯系）

14. 數學系：

培養學生以正確的觀點與方法，掌握數學基礎部門（剛体力學、流体力學及其有關科學的基本知識，俾能充任高等學校的數學師資或數學師。業務部門的工程技術研究工作者或提高設計理論基礎的人員。

15. 應用力學系：

培養學生以正確的觀點與方法，掌握力學基礎部門（分析代數、幾何）及其有關科學的基本知識，俾能充任高等工程學校的力學教師，或應用數學工作者。

16. 物理系：

培養學生以正確的觀點與方法，掌握物理學及其有關科學的基本知識，俾能修任高等學校的物理學教師，研究機关的工作人員或參加工業生產和技術改進的工作人員。研究機关的工作人員或參加工業生產和技術改進的工作人員。

27. 地理系：
培养学生以正确的观点兴方法，掌握地理科学及其有关科学的基本知识兴技术，俾能独立担任下列各种地理工作：(一)办铁道、水利、内政、民族、军务、市政等事务部门担任地理调查研究工作。(二)在地理研究机关担任调查研究工作。

28. 气象系：
培养学生以正确的观点兴方法，掌握气象学及其有关科学的基本知识兴技术，俾能担任国防建设和经济建设所需的气象干部，现阶段以天气预报和农业气象为主(兴军委气象局、水利部、空军司令部、海军司令部的需要配合)。

29. 水利工程系：
培养学生以正确的观点兴方法，掌握防洪工程、农田水利工程的规划、设计兴营造的基本知识兴技术，俾能充任中央水利部所领导的水利建设中所需要的高级水利技术干部(兴中央水利部作配合)。

30. 结构工程系：
培养学生以正确的观点兴方法，掌握结构分析及设计原理、实际应用的基本知识兴技术，俾能独立负责小型房屋及桥梁之建造，及能负责参加大型结构之计划、设计、施工的高级技术干部(兴中央铁道部、交通部及其它基本建设部作配合)。

31. 筑路工程系：
培养学生以正确的观点兴方法，掌握铁路工程与公路工程的基本知识兴技术，俾能担任铁路工程与公路工程的高级技术干部(兴铁道部、交通部、各省市公路局或运输建设局配合)。(公路、铁路两组)

32. 水力发电工程系：
培养学生以正确的观点兴方法，掌握水力发电工程中有关土木工程方面的基本知识兴技术，俾能充任水力发电工程中所需要的高级技术人员(兴水力发电工程局配合)。

33. 卫生工程系：
培养学生以正确的观点兴方法，掌握上下水之净治及水道系统之设计兴修建的基本知识兴技术，俾能充任卫生工程机关或自来水公司的高级技术人员(兴中央卫生部、军委卫生部、各市卫生工程局、各市自来水公司配合)。

19.燃料工程系：

培養學生以正確的觀點與方法，掌握有關天然與人造石油煉製及其有關科學的基本知識和技術，俾能充任石油煉製的高級技術人員(本系擬招將來設立煉焦油組，包括焦油副產品的應用的訓練，以期培養煉焦人才)(與燃料工業部聯系)

20.冶金系：

培養學生以正確的觀點與方法，掌握有關金屬檢驗及改進煆鑄焊接，和提煉國產特殊礦藏，配製合金的基本知識和技術，俾能充任金屬檢驗及改進的工作者或發展國產金屬品的冶金研究工作者(與重工業部聯系)

21.生物系：

培養學生以正確的觀點與方法，掌握生物學及有關科學的基本知識，俾能充任專科以上學校之動物學植物學生理生化師資研究機關所需之研究工作人員及農業生產廛業衛生方面的技術工作人員(分動物、植物、動物生理三組)

22.心理系：

培養學生以正確的觀點與方法，掌握心理學及有關科學的基礎知識，俾能充任所究機關的工作人員，心理學的師資或保育教育各部門的工作人員。

23.礦山地質系：

培養學生以正確的觀點與方法，掌握地質學及有關科學的基本知識，俾能充任地質工作探尋有色金屬及煤鐵礦藏的高級幹部及能解決礦山上及工程上有關地質的各種問題的工作者(與地質工作委員會配合)

24.石油地質系：

培養學生以正確的觀點與方法，掌握地質學及有關科學的基本知識及技能，俾能充任探尋油田礦藏及產油區域地質構造及採油之程上有關地質問題的工作者(配合燃料工業部石油局)

25.採煤工程系：

培養學生以正確觀點與方法，掌握採煤工程及有關科學的基本知識和技術，使地下的煤得最經濟的採出和最大的利用(配合燃料工業部煤業總局)

工程師，掌握最新的採煤技術，

培養大民學生以正確的觀点與方法，掌握有關電機製造的基本知識及技術，俾能担任電力機械設計製造裝修和研究改造的高级技術人员（與重工業部配合）

39. 應用電子學系

培養學生以正確的觀点與方法，掌握應用電子學的基本知識與技術，俾能担任設計製造和研究有關電子管和其宄應用電子學的高级技術人员（與軍委會通訊部，沒重工業部電信工業局配合）

40. 建築系

培養學生以正確的觀点與方法，掌握有關營造建築方面的基本知識與技術，俾能完任營建幹部建築師和高级師資（與各公營建築企業配合）

41. 市鎮計劃系

培養學生以正確的觀点與方法，掌握有關市鎮計劃的基本知識與技術，俾能完任市鎮計劃，和高级師資（與北京市都市計劃委員會配合）

42
-
43
未足

34. 機械製造系

培養學生以正確的觀点與方法，掌握有關機械製造的基本知識與技術，俾能擔任一般機械製造的高級技術人員（與重工業部機械製造局聯繫）

35. 汽車工程系

培養學生以正確的觀点與方法，掌握有關汽車製造的基本知識與技術，俾能擔任汽車製造的高級技術人員（與重工業部汽車製造部門配合）

36. 原動力工程系

培養學生以正確的觀点與方法，掌握有關原動力廠的基本知識與技術，俾能擔任原動力廠的改進計劃及建廠的高級技術人員，本系以原動力機的設計製造為發展目標（與燃料工業部電業管理總局配合）

37. 電力工程系

培養學生以正確影觀点與方法，掌握有關電力工程的基本知識與技術，俾能擔任設計運行裝配及研究有關電廠及電力綱的高級技術人員（與燃料工業部電業管

16

学，加以充分的扩充，使之成为一个大大学"。他主张在这样的"大大学"中，"必需有很多冷僻的学问"，"使他们能够包罗万象"，"甚么专家都有"。这种"大大学"的职责不只是教育学生，而且"是国家的智囊团"，要"负起时代的使命"。[1]复员初，梅贻琦表示清华"不应以恢复旧观为满足，必使其更发扬而光大，俾能负起清华应负之使命"。[2]

复员以后，学校恢复困难重重，即使如此，在原有文、理、法、工学院内新建人类学、气象、法律、航空、化工、建筑等系，并新设农学院。这样，全校设有5个学院，26个学系，1个研究院。注重学科的多样性、教学与科研并重成为这个时期清华院系设置的鲜明特点。

新中国成立后，清华大学师生对清华人才培养目标和方式有广泛深入的讨论。在清华教师中，主张通识教育者占多少。潘光旦、费孝通、张奚若、金岳霖、钱伟长、陈新民等教授均主张大学应该注重通才教育。金岳霖说："我主张大学中的理、工、文、法、医、农学院不要分开，这正是大学之所以为大学。"[3]潘光旦表示："认为综合大学不但要包括文、法、理，三院所代表的种种学科。这样才可以加强学术的交流合作，才可以促进理论与实际的真正配合。"[4]钱伟长认为："工学院不能离开文法学院，因为今天的工程师是需要有多方面的认识的。"[5]

谈到院系调整原则，钱伟长认为应该考虑并尊重各地各校发展的差

1　《大学与学术独立（三十四年九月）》，冯友兰著：《南渡集》，上海：上海东方出版中心，2017年，第266—270页。

2　梅贻琦《复员后之清华》，《清华大学史料选编》（第四卷），北京：清华大学出版社，1994年，第33页。

3　金岳霖：《从哲学系的功用说到大学任务》，清华大学校史研究室编：《清华大学史料选编》（第五卷上），北京：清华大学出版社，2005年，第159页。

4　潘光旦：《课改与院系调整　应稳步前进　综合大学可促进理论与实际真正结合》，清华大学校史研究室编：《清华大学史料选编》（第五卷上），北京：清华大学出版社，2005年，第149页。

5　钱伟长：《大学的"专"应是广泛的"专"今天的工程师应有多方面的认识》，清华大学校史研究室编：《清华大学史料选编》（第五卷上），北京：清华大学出版社，2005年，第157页。

异，"我国各地文化发展的阶段各异，所以各地的各个大学的内容也可以各异。各个大学本身的发展阶段不同，则各个大学的内容也可以各异"。[1]

对发展专门学院、解决干部严重缺乏等问题，潘光旦同意"利用现在大学一部分师资和设备来协力解决当前经济建设中的困难"，"在各大学各学院添设必要的系和设立切合实际需要的专修科或训练班"。[2] 这只是过渡时期的过渡办法，"但这些是无须把现有的大学完全调动的，不完全调动，做起来反而容易"。[3]

中共中央对清华大学教师的情况已有了解。早在1949年3月17日中央对3月10日中共北京市委的请示批示中明确指出：

> 清华教授中门户之见甚深，该校进步教授虽主张调整合并，但他们占少数，将该校理工以外各院系合并他校及将他校理工院系并入该校，都要审慎地取得多数同意之后来办理。[4]

但当时强调院系调整"特别应该适应国防与经济建设的急迫需要，大力发展短期的专业教育"，"为国家迅速有效地培养大批有用的经济建设和国防建设的人才"。[5] 在1950年的第一次全国高等教育会上，钱俊瑞明

1　钱伟长：《高等学校院系调整的几个原则问题》，《新建设》第2卷第8期，1950年，第14—15页。

2　《教育者本身的教育：记全国高等教育会议》，《费孝通文集》（第六卷），北京：群言出版社，1999年，第218—219页。

3　潘光旦：《课改与院系调整　应稳步前进　综合大学可促进理论与实际真正结合》，清华大学校史研究室编：《清华大学史料选编》（第五卷上），北京：清华大学出版社，2005年，第149页。

4　《中共北平市委关于大学的处理方案向中央并华北局、总前委的请示（1949年3月10日）》，陈大白主编：《北京高等教育文献资料选编（1949—1976）》，北京：首都师范大学出版社，2002年，第8页。

5　钱俊瑞：《高等教育改革的关键（1951年10月30日）》，清华大学校史研究室编：《清华大学史料选编》（第五卷上），北京：清华大学出版社，2005年，第478、482—483页。

确指出："我们的所谓'全面发展的人'和旧教育中的所谓'通才'是有严格区别的。"[1] 因此，大清华"方案"夭折，自是在情理之中。

新的教育模式适应了当时社会发展的客观需要，培养了一大批建设人才。但过分强调专业，隔断了学科内与学科间的联系，造成知识结构的局限，缺乏从比较广阔的视角思考和处理问题的知识基础和能力，影响了高质量、创新型人才的培养。1956年，蒋南翔曾有一段深刻反思："一九五二年全国高等学校的院系调整有很大成绩，但是有某些措施是不够妥当的。清华大学、浙江大学原有的理学院是全国基础最好的，按照苏联经验把清华大学、浙江大学改造为多科性工业大学时，把理学院整个地调整出去了，只给他们留下极少数的理科老教师。现在清华大学要担负培养原子能干部的任务，需要相当强的基础理论课的师资，因为院系调整时过分地削弱了这方面的师资，造成了工作中的困难。我们认为学习苏联经验进行院系调整在总的方面是对的，这使我国高等教育更加适应社会主义建设的需要，但当时没有更多地考虑到不要破坏我国原有的基础和传统，对于我国过去学习英美资产阶级的方法办了几十年教育，其中某些有用的经验也没有采取批判的态度来吸收，而有一概否定的倾向。工科和理科是有密切联系的，当代最新的技术科学都需要坚实的理论基础，美国著名的麻省理工学院就是把工科和理科办在一起的，如果个别学校如清华大学参考他们的经验，兼办理科与工科，未尝没有好处。"[2]

正是基于上述思想认识，蒋南翔一方面着眼于世界科学技术发展趋势，一方面结合国家重大战略需求，从1955年起，清华陆续建立了实验核物理、同位素物理、放射性稀有元素工艺学、电子学、无线电物理、电介质及半导体、热物理、空气动力学、固体物理、自动控制等10个新技

1　钱俊瑞:《团结一致，为贯彻新高等教育的方针，培养国家高级人才而奋斗——一九五〇年六月九日在全国高等教育会议上的结论》，《人民教育》第2卷第2期，1950年，第8—14页。

2　《当前北京市高等学校的几个问题的汇报》，中国高等教育学会、清华大学编:《蒋南翔文集》下卷，北京:清华大学出版社，1998年，第651—652页。

术专业；1956年设立工程物理系，1960年随后几年又相继增设了工程化学、工程力学数学和自动控制等系，并有意识地发展应用理科。到1966年，清华大学已发展为12个系35个专业。从某种意义上讲，新形势下，蒋南翔着力完善学科结构，未尝不是对院系调整的某种修正。

图书在版编目（CIP）数据

档案里的清华 / 金富军著. —上海：上海三联书店，2023.4

ISBN 978 - 7 - 5426 - 8023 - 5

Ⅰ．①档… Ⅱ．①金… Ⅲ．①清华大学—校史—史料 Ⅳ．①G649.281

中国版本图书馆CIP数据核字（2023）第034273号

档案里的清华

著　　者 / 金富军

责任编辑 / 朱静蔚
特约编辑 / 李志卿　齐英豪
装帧设计 / 微言视觉｜沈君凤
监　　制 / 姚　军
责任校对 / 齐英豪

出版发行 / 上海三联书店
　　　　　 （200030）中国上海市徐汇区漕溪北路331号中金国际广场A座6楼
邮购电话 / 021－22895540
印　　刷 / 天津久佳雅创印刷有限公司

版　　次 / 2023年4月第1版
印　　次 / 2023年4月第1次印刷
开　　本 / 710×1000　1/16
字　　数 / 447千字
印　　张 / 33.75
书　　号 / 978-7-5426-8023-5 / G·1668
定　　价 / 99.00元

敬启读者，如发现本书有印装质量问题，请与印刷厂联系18001387168。